# DOMÍNIO DA VIDA

# DOMÍNIO DA VIDA

*Aborto, eutanásia e liberdades individuais*

Ronald Dworkin

Tradução
JEFFERSON LUIZ CAMARGO

Revisão da tradução
SILVANA VIEIRA

*wmf* **martinsfontes**

SÃO PAULO 2019

*Esta obra foi publicada originalmente em inglês com o título*
*LIFE'S DOMINION*
*por Vintage Books, N.Y.*


**1ª edição** *2003*
**2ª edição** *2009*
**3ª tiragem** *2019*

**Tradução**
*JEFFERSON LUIZ CAMARGO*

**Revisão da tradução**
*Silvana Vieira*
**Acompanhamento editorial**
*Luzia Aparecida dos Santos*
**Revisões gráficas**
*Helena Guimarães Bittencourt*
*Maria Luiza Favret*
**Produção gráfica**
*Geraldo Alves*
**Paginação**
*Studio 3 Desenvolvimento Editorial*

**Dados Internacionais de Catalogação na Publicação (CIP)**
**(Câmara Brasileira do Livro, SP, Brasil)**

Dworkin, Ronald
Domínio da vida : aborto, eutanásia e liberdades individuais / Ronald Dworkin ; tradução Jefferson Luiz Camargo ; revisão da tradução Silvana Vieira. – 2ª ed. – São Paulo : Editora WMF Martins Fontes, 2009. – (Biblioteca jurídica WMF)

Título original: Life's dominion.
Bibliografia.
ISBN 978-85-7827-078-0

1. Aborto - Aspectos morais e éticos 2. Aborto – Leis e legislação 3. Aborto legal 4. Direitos humanos 5. Ética médica 6. Eutanásia – Aspectos morais e éticos I. Título. II. Título: Aborto, eutanásia e liberdades individuais. III. Série.

09-00843 CDD-179.7

**Índices para catálogo sistemático:**
1. Aborto : Aspectos éticos 179.7
2. Eutanásia : Aspectos éticos 179.7


***Editora WMF Martins Fontes Ltda.***
*Rua Prof. Laerte Ramos de Carvalho, 133 01325-030 São Paulo SP Brasil*
*Tel. (11) 3293-8150 e-mail: info@wmfmartinsfontes.com.br*
*http://www.wmfmartinsfontes.com.br*

# *Índice*

# *Prefácio à edição Vintage*

Este é um livro sobre a vida e a morte e sobre as relações entre ambas. A título de ilustração, é também um livro sobre as duas questões morais contemporâneas mais ferozmente discutidas: o aborto e a eutanásia. Compreensivelmente, a argumentação sobre o aborto provocou grande parte da atenção crítica que o livro recebeu. A longo prazo, porém, a argumentação sobre a eutanásia – sobre o impacto exercido pelo ponto de vista do livro sobre a vida e a morte, e sobre o direito à morte – pode vir a mostrar-se mais radical, mais controversa e, para a maioria das pessoas, mais importante para suas próprias vidas.

É possível, porém, que dentro em breve esses dois problemas pareçam relativamente naturais quando confrontados com novas questões sobre o controle do ser humano sobre sua própria reprodução. Essas terríveis questões serão provocadas por nossa ciência e nossa medicina – um grande número de novos avanços técnicos na genética e na ciência da reprodução foi anunciado no ano que se seguiu ao da primeira edição deste livro –, mas a forma de tais questões também será regida pela idéia principal que impregna os estudos contidos neste livro, isto é, nossa convicção comum de que a vida humana, em qualquer forma, tem um valor sagrado, inerente, e que quaisquer de nossas escolhas sobre o nascimento ou a morte devem ser feitas, na medida do possível, de modo que seja respeitado, e não degradado, esse profundo valor.

Estamos nos limites de uma nova era religiosa, ainda que muito diversa da longa era religiosa que a história começou a deixar para trás no século XVIII. Só a partir daí nos sentimos forçados a examinar publicamente questões de tamanho alcance cósmico; aprendemos a desfrutar de uma separação entre as questões religiosas, que deixamos a cargo das convicções individuais, e as questões seculares, que devem ser decididas no terreno da política. Contudo, uma das afirmações principais e mais controversas do presente livro é que as questões sobre a reprodução e a morte, que hoje temos de enfrentar, são questões essencialmente religiosas e que, acredito, irão evidenciar ainda mais esse caráter religioso com respeito às questões mais amplas que se irão colocar no futuro – questões ainda por formular, mas obviamente ameaçadoras. Teremos de alterar nossa percepção não apenas de quais questões são religiosas, mas também de por que a liberdade de consciência religiosa é tão crucial e do que ela abarca. Se meus argumentos estiverem corretos, teremos de aprender novas lições sobre como levar a responsabilidade individual a sério na esfera política, começando pelo aborto e pela eutanásia e terminando sabe-se lá onde.

*Domínio da vida* teve a boa sorte de atrair resenhistas criteriosos, e muito agradeço essa oportunidade de chamar a atenção dos leitores para algumas das questões por eles levantadas. Alguns ficaram confusos diante do que entenderam ser minhas expectativas políticas. Em sua opinião, eu teria acreditado que o livro iria convencer todos os que fazem campanhas contra o aborto a depor seus cartazes e juntar-se aos que defendem a liberdade de escolha da mulher, e os críticos assinalaram, corretamente, que as razões que movem muitos adversários da liberdade de escolha são demasiado profundas – muito pouco estudadas, irracionais e viscerais – para serem sensíveis a qualquer tipo de argumentação. Não foi minha intenção negar tal fato: é pouco provável que as pessoas que estão dispostas a atirar em médicos diante das clínicas de aborto venham algum dia a ler um livro como este, ou a deixar-se convencer por tal leitura se e quando a fizerem.

Minha ambição era de outra natureza. Afirmei que, se os argumentos do livro fossem bem fundados, poderiam permitir, "ainda que sem expectativas exageradas, aumentar nossas esperanças de que os norte-americanos e os povos de outros países nos quais se preza a liberdade cheguem a uma solução coletiva para a controvérsia política, e que tal solução possa ser aceita com dignidade por todas as diferentes facções" (p. 141). Muitas pessoas, acredito, esperam ansiosamente por tal solução, mas hesitam porque acham que estariam traindo seus princípios se aceitassem qualquer acordo político que dê às mulheres total liberdade de abortar um feto no início da gravidez. Para tais pessoas, é impossível aceitar essa liberdade sem comprometer sua própria dignidade, pois pressupõem que sua oposição ao aborto tem por base o pressuposto de que se trata de uma prática assassina, a mais cruel dentre as violações possíveis dos direitos de uma criança ainda em gestação, um crime que não podem, em sã consciência, perdoar ou tolerar.

Gostaria muito de convencer essas pessoas, caso estejam dispostas a ouvir-me, de que elas compreenderam mal o fundamento de suas próprias convicções. Ou, de qualquer modo, de que existe um enfoque convincente da controvérsia moral que lhes permitiria continuar a acreditar, com plena convicção, que o aborto é moralmente condenável, mas também a acreditar, com igual fervor, que as mulheres grávidas devem ser livres para tomar uma decisão diferente se suas próprias convicções assim o permitirem ou exigirem. É esta a ambição maior deste livro.

Alguns críticos se opuseram à minha sugestão de que, na verdade, muitas pessoas compreendem erroneamente suas próprias convicções sobre o aborto. Segundo esses críticos, os que afirmam que um feto tem direitos e interesses próprios, e que o aborto é, portanto, um crime, não querem dizer nada além do que suas palavras deixam claro. Os críticos concordam com meu argumento de que a maioria das pessoas que afirmam defender esse ponto de vista também defendem opiniões incompatíveis com ele, e em sua maior parte os críticos também concordam que o ponto de vista não tem sentido lógico. Contudo, dizem eles, não há razão pela qual as pessoas não possam ter opiniões incoerentes, ou pelas quais suas opiniões devam fazer algum sentido. Tal opinião parece-me pouco caridosa, e certamente tem por base uma concepção demasiado cruel do modo como se deve interpretar ou entender o que se passa pela mente de uma outra pessoa.

Se os argumentos apresentados neste livro são bem fundados, as pessoas não poderão pensar que um feto tem interesses próprios a partir do momento da concepção, porque *não existe ainda tal pensamento no feto*. Se algumas pessoas resolvessem portar cartazes nos quais proclamassem a crença em círculos quadrados, não estaríamos sendo sensatos se as entendêssemos como se estivessem afirmando que os círculos podem ser quadrados. Procuraríamos alguma outra idéia coerente para lhes atribuir, uma idéia diferente que pretendessem expressar ao afirmarem o que afirmaram. A idéia de que um feto tenha interesses próprios antes que possa ter qualquer vida mental não é uma autocontradição tão óbvia quanto a afirmação de que um círculo pode ser quadrado. Mas, se meus argumentos estiverem certos, também não é mais sensata. Assim, não podemos afirmar que *entendemos* as pessoas se atribuirmos essa "idéia" a elas: atribuir incoerência constitui, antes, uma confissão da incapacidade de compreender. Precisamos aprofundar nossa maneira de ver essas questões, e é isso que tentarei fazer aqui.

Alguns críticos mostraram-se preocupados com um outro aspecto de minha argumentação: sua preocupação era de que minha discussão das maneiras de interpretar a Constituição dos Estados Unidos, no capítulo 5, só leva em conta duas concepções extremas e ignora as concepções mais moderadas entre os dois extremos. De fato, descrevo apenas duas concepções radicalmente opostas. A primeira insiste em que os juristas e os juízes devem entender até mesmo as cláusulas abstratas da Constituição (como a cláusula de processo legal justo e a de igual proteção, que tiveram um papel fundamental nos debates jurídicos sobre o aborto e o direito à morte) de maneira cautelosa, para que sua força fique restrita, na medida do possível, ao que delas esperavam os estadistas e políticos que as sancionaram.

A segunda pressupõe que essas cláusulas abstratas estipulam princípios morais que juristas e juízes devem aplicar *como* princípios morais, limitados não pelas expectativas concretas de seus autores, mas sim por um sentimento geral de coerência e integridade com as decisões judiciais e a tradição política do passado. Defendo a segunda concepção.

É tentador imaginar que, entre esses dois extremos, deve haver abordagens intermediárias da interpretação constitucional. No que diz respeito aos argumentos que exponho no capítulo 5, devo porém alertar meus leitores para o fato de que não existem abordagens baseadas em princípios que se situem entre as duas que descrevo, pois qualquer decisão de atenuar a abstração dos princípios muito gerais que os redatores da Constituição norte-americana criaram por uma questão de deferência para com as convicções pessoais de alguns dos redatores, porém não de outros, seria arbitrária. É evidente que posso estar equivocado em algumas dessas minhas opiniões, mas os críticos não explicaram os porquês desses possíveis equívocos. Em minha opinião, ao menos, eles tampouco articularam ou defenderam qualquer ponto de vista intermediário que se mostrasse plausível.

Este livro apresenta o que há de mais recente na história das polêmicas sobre o aborto e a eutanásia nos Estados Unidos e em outros países até a data de sua publicação. No momento, há relativamente pouco a se acrescentar a essa história. Em julho de 1993, a Câmara dos Deputados aprovou, por uma margem inesperadamente grande de votos a favor, a manutenção da Emenda Hyde, que proíbe o uso de fundos de assistência médica* para pagar os abortos de mulheres pobres. Contudo, a Câmara ampliou a exceção a essa proibição, que permitia o pagamento de abortos necessários para salvar a vida da mãe, incluindo também os abortos em casos de gravidez decorrente de estupro ou incesto. Em setembro de 1993, o Senado acatou

* No original, Medicaid (forma de assistência pública conjuntamente patrocinada pelos governos federal e estaduais, que oferece assistência médica a pessoas cujos rendimentos ficam abaixo de um certo nível). (N. do T.)

a disposição e as exceções da Câmara, transformando-as em lei. O presidente Clinton então promulgou uma diretriz que entrou em vigor em 1º de janeiro de 1994, ordenando que os estados pagassem os abortos das categorias consideradas exceção. Do modo como hoje se encontra, o anteprojeto de lei de Clinton, Health Security Act, publicado no outono de 1993, estabelece um seguro para o custo do aborto como parte do plano de seguro-saúde que deve ser oferecido a todos, inclusive aos que não têm condições de pagar tal seguro com seus próprios recursos. A recusa do Congresso em revogar totalmente a Emenda Hyde levou alguns críticos a duvidar que os senadores venham a aprovar tal dispositivo em algum sistema nacional de saúde.

As manchetes sobre a eutanásia continuam a ser dominadas, nos Estados Unidos, pelas atividades do dr. Jack Kevorkian, que até o momento esteve presente ao suicídio de vinte pacientes. Kevorkian foi preso em novembro de 1993 por violar uma nova lei do estado de Michigan que torna a assistência ao suicídio um crime, e antes de ser solto perdeu quase sete quilos em uma greve de fome. A lei foi recentemente considerada inconstitucional por três juízes de tribunais inferiores de Michigan, e espera-se para breve que o Tribunal de Recursos do estado tome uma decisão judicial sobre sua constitucionalidade.

Em fevereiro de 1994, uma comissão parlamentar da Câmara Alta do Parlamento inglês recomendou, como se esperava que certamente o faria, que não se alterasse o direito do país para permitir a eutanásia voluntária. A comissão afirmou que havia refletido muito sobre os argumentos deste livro, que pede por tal alteração, mas que tomara uma decisão contrária por dois motivos: seria difícil fazer um anteprojeto de lei que oferecesse a devida proteção contra os abusos, e os idosos e doentes poderiam sentir-se pressionados a pedir para morrer a partir do momento em que lhes fosse possível fazê-lo. No capítulo 7, tento explicar por que esses argumentos são inadequados. Na verdade, a própria comissão recomendou que os médicos deveriam agir com grande prudência ao decidir quando pôr fim à vida de um paciente inconsciente, ainda que essa prudência também esteja sujeita a abusos, e ainda que os parentes possam vir a pressionar os médicos tendo em vista seus interesses pessoais. Muitos críticos ingleses foram de opinião de que a fragilidade dos argumentos da comissão no sentido de não permitir a eutanásia voluntária estimularia a continuidade das pressões por mudanças em seu país.

RONALD DWORKIN
Março de 1994

# *1. Os extremos da vida*

O aborto, que significa matar deliberadamente um embrião humano em formação, e a eutanásia, que significa matar deliberadamente uma pessoa por razões de benevolência, constituem, ambos, práticas nas quais ocorre a opção pela morte. No primeiro caso, opta-se pela morte antes que a vida tenha realmente começado; no segundo, depois que tenha terminado. Cada uma dessas opções vem sendo condenada e defendida há milênios. Nunca, porém, as discussões foram tão acirradas, tão abertas e antagônicas, e a controvérsia sobre uma dessas opções nunca esteve tão estreitamente ligada à controvérsia sobre a outra, como vem atualmente ocorrendo nos Estados Unidos e na Europa.

A discussão sobre a eutanásia passou de repente para as primeiras páginas dos jornais. Os médicos começam agora a admitir abertamente algo que a profissão costumava manter em segredo: que os médicos às vezes matam os pacientes que pedem para morrer, ou os ajudam a acabar com a própria vida. Formalmente, nenhum país ocidental permite que os médicos matem seus pacientes, mas o Parlamento holandês declarou que os médicos que o fizerem não serão punidos se observarem certas normas jurídicas. A eutanásia é hoje responsável por 2% das mortes naquele país, e a prática holandesa tem provocado uma enorme controvérsia não apenas ali como também nos Estados Unidos e em outras partes do mundo. Em 1991, um médico nova-iorquino revelou que havia receitado pílulas letais a uma paciente de leucemia, dizendo-lhe quantas deveria tomar para morrer. A paciente havia seguido suas instruções, e coube a um grande júri decidir se o médico devia ser processado por assistência ao suicídio, um crime que pode ser punido com a pena de prisão. O grande júri decidiu que não. Em 1992, na Inglaterra, um médico injetou cloreto de potássio em uma paciente de artrite reumatóide que agonizava em meio a dores horríveis e implorava que a matassem; o médico registrou a injeção no histórico médico da paciente e foi processado e condenado por tentativa de homicídio. (A acusação teria sido de homicídio se o corpo não houvesse sido cremado e a autópsia tivesse mostrado que a injeção havia sido, de fato, a causa determinante da morte.) Em dois estados norte-americanos, a questão de saber se a eutanásia deve ser tratada como um ato de misericórdia ou como um assassinato tem sido objeto de grande debate político. Em 1991, um plebiscito no estado de Washington rejeitou, por pequena margem de votos, um projeto de lei que legalizava a eutanásia nesse estado; em 1992, uma legislação semelhante foi rejeitada na Califórnia. Em ambos os casos esperava-se, bem antes da eleição, que o projeto de lei seria aprovado, mas os grupos contrários à eutanásia, inclusive a Igreja Católica, fizeram campanhas acirradas e eficazes nas quais gastaram muito mais dinheiro do que os grupos que a apoiavam. Dois dias depois da eleição na Califórnia, contudo, o prestigioso *New England Journal of Medicine* publicou dois artigos, um deles em defesa do suicídio assistido por um médico e o outro em defesa da eutanásia direta. Ninguém acha que a questão já tenha sido resolvida nos Estados Unidos – o *Newsday* afirmou que "ainda por um bom tempo ocupará um lugar de destaque na pauta dos 'direitos'"[1].

Em quase toda parte, porém, a batalha do aborto é ainda mais feroz e politicamente mais importante do que o debate sobre a eutanásia. A guerra entre os grupos antiaborto e seus adversários é a versão norte-americana das terríveis guerras ci-

---

1. B. D. Colen, "Euthanasia Issue Lives On", *Newsday*, 10 de novembro de 1992, 71. Os fatos descritos neste parágrafo são discutidos no capítulo 7.

vis religiosas da Europa do século XVII. Exércitos inimigos marcham pelas ruas ou aglomeram-se em protestos diante de clínicas nas quais se pratica o aborto, de fóruns ou da Casa Branca, insultando-se aos berros e odiando-se mutuamente. O aborto está criando profundas divisões nos Estados Unidos. Está também desfigurando sua política e tornando confuso seu direito constitucional.

A disputa também abala outros países. Batalhas entre grupos "pró-escolha" e grupos antiaborto explodem periodicamente por toda a Europa, e a luta da Alemanha para adotar uma lei nacional sobre o aborto ilustra a profundidade das divisões. Antes da reunificação da Alemanha ocidental e da Alemanha oriental em 1989, as leis sobre o aborto nos dois países diferiam radicalmente. Muito embora a lei em vigência na Alemanha ocidental, até então muito rigorosa, tivesse passado por um processo de liberalização nos anos 70, ainda assim exigia um certificado médico da necessidade de abortar, mesmo no início da gravidez. Como em outros países comunistas, porém, o aborto era permitido na Alemanha oriental, e muitas pessoas viam-no como um método normal de controle da natalidade. Mesmo nos agitados dias da reunificação, as duas antigas nações não conseguiram chegar a um acordo quanto a uma lei unificada para o novo país, e decidiu-se então, como medida transitória, que a antiga lei da Alemanha oriental continuaria em vigor na parte que antes fora seu território. Essa flagrante exceção à reunificação foi necessária porque a questão era por demais emocional e politicamente sensível para que se pudesse chegar a qualquer outra solução. Em 1992, depois de um angustiado debate que dividiu o partido democrata-cristão, que governava, o Parlamento unificado finalmente adotou uma lei de conciliação para todo o país – permitiu que as mulheres grávidas decidissem por conta própria se precisavam abortar nos três primeiros meses de gravidez –, mas os adversários declararam que a nova lei era inconstitucional e apelaram ao Tribunal Constitucional alemão, que ainda está por pronunciar-se sobre a questão. Na Polônia – outro país ex-comunista onde o aborto era praticamente livre, mas que, ao contrário da Alemanha oriental, é predominantemente católico –, as mudanças políticas produziram um resultado bem diferente. Em 1993, a Polônia adotou uma nova lei de aborto bem mais restritiva do que a de qualquer outro país europeu, com exceção da Irlanda.

A Itália e a Espanha recentemente adotaram leis mais liberais sobre o aborto, mas fizeram-no sob a cerrada oposição da Igreja Católica, que é politicamente poderosa nesses países e continua a pressionar pela volta a um regime mais rigoroso. A Grã-Bretanha liberalizou seu direito em 1967, mas a discussão sobre o aborto não parou por aí, e os grupos "pró-vida" vêm travando uma batalha tenaz, e até certo ponto bem-sucedida, para tornar as leis sobre o aborto mais rigorosas. A Irlanda mais uma vez é abalada pela questão do aborto, apesar do grande poder político que a Igreja tem nesse país. Em 1983, depois de uma exaltada batalha política, a Constituição irlandesa foi emendada para reconhecer o direito à vida de uma criança ainda em gestação. As irlandesas que queriam abortar, e podiam arcar com os custos da viagem, passaram a fazê-lo na Inglaterra, e alguns sacerdotes irlandeses, que desaprovavam a condenação radical do aborto defendida por sua Igreja, chegaram mesmo a ajudar a tomar as providências necessárias para tais viagens[2]. Em 1992, porém, os pais de uma garota de quatorze anos, que engravidara devido a um estupro e estava prestes a seguir para Londres, onde pretendia abortar, entraram em contato com a polícia irlandesa para saber se um teste cromossômico do feto[*] ajudaria a encontrar o estuprador. A polícia, oficialmente informada da intenção da jovem de fazer algo que achavam não poder ignorar, conseguiu um mandado de segurança que proibia o aborto. O furor provocado por essa decisão – os protestos explodiram não somente na Irlanda, mas também

---

2. Ver Jason Bennetto, "Irish Priests Help Women Set Up Secret Abortions", *The Independent*, 23 de fevereiro de 1992, 1.

* Embora os biólogos empreguem termos distintos (inclusive "zigoto", "pré-embrião", "embrião" e "feto") para distinguir as diferentes etapas da vida humana pré-natal, usarei o termo "feto" (e às vezes "embrião") para referir-me indiscriminadamente a todas as etapas, pois é assim que esses termos são atualmente usados na maior parte da discussão moral e jurídica sobre o aborto, embora às vezes nela se atente para as distinções extraídas do vocabulário mais especializado.

em Londres e Nova York – mobilizou o Supremo Tribunal irlandês a encontrar algum modo de suspender o mandado, o que acabou conseguindo. Essa decisão, por sua vez, provocou um grande escândalo, e o novo primeiro-ministro irlandês, cujo mandato estava apenas começando, viu-se obrigado a convocar um novo plebiscito nacional em novembro de 1992. Nesse plebiscito, os eleitores irlandeses se recusaram a emendar a disposição constitucional no sentido de permitir a interrupção da gravidez para proteger "a vida, distinguindo-a da saúde da mãe"; permitiram, porém, a aprovação de uma emenda que declarava que as mulheres poderiam viajar para o exterior quando quisessem abortar, e que a informação sobre os serviços de aborto no exterior poderia circular livremente na Irlanda[3].

### *Um caso famoso*

Mas a guerra do aborto parece mais acirrada e mais violenta nos Estados Unidos do que em qualquer outro lugar. Por quê? Parte da razão encontra-se no paradoxo característico da ambivalência desse país diante da religião. Ainda que o direito norte-americano insista em uma nítida separação formal entre a Igreja e o Estado, e que o Supremo Tribunal tenha proibido as orações – mesmo as não-confessionais – nas escolas públicas, os Estados Unidos estão entre os países modernos mais religiosos de todo o Ocidente e, dadas as características de alguns de seus mais poderosos grupos religiosos, são de longe o país mais fundamentalista[4]. Essa religiosidade mistura-se de maneira explosiva aos movimentos feministas progressistas, que pretendem emancipar as mulheres de concepções religiosas tra-

---

3. Ver William Tuohy, "Irish Reject a Move to Allow Abortions", *Los Angeles Times*, 28 de novembro de 1992, A5. O plebiscito irlandês é discutido no capítulo 2.

4. Para uma história recente do papel da religião na política norte-americana, ver Gary Wills, *Under God* (Nova York: Simon & Schuster, 1990).

dicionais na esfera de suas responsabilidades e de sua sexualidade. Os movimentos feministas são também mais poderosos nos Estados Unidos do que em qualquer outra parte do mundo[5].

Muitos analistas insistem, contudo, em que a principal causa da natureza beligerante que envolve, nos Estados Unidos, o debate sobre o aborto encontra-se no modo como se criou o direito norte-americano sobre o aborto[6]. Em outros países, a legislação sobre o aborto foi formada por uma série de acordos políticos e legislativos. Nos Estados Unidos, porém, a legislação foi imposta não depois de lutas e acordos políticos, mas sim por decreto do Supremo Tribunal. Nos termos da Constituição, o Tribunal tem o poder de declarar inconstitucionais as leis adotadas pelo Congresso ou por qualquer estado, isto é, podem ser invalidadas por serem incompatíveis com as restrições que a Constituição impõe ao governo. Uma vez que o Supremo Tribunal tenha se manifestado, nenhuma outra instância governamental pode contrapor-se à sua decisão, por maior que seja a desaprovação popular a ela. É verdade que as pessoas *podem* reverter a decisão do Supremo Tribunal por meio de uma emenda à Constituição que confira explicitamente aos legisladores o poder que o Tribunal negou que possuíssem. Mas é extremamente difícil fazê-lo e, na prática, os políticos e as pessoas que rejeitam uma decisão tomada pelo Supremo Tribunal só podem esperar pela nomeação de novos juízes que concordem com eles, e que um dia um Supremo Tribunal renovado anule suas próprias decisões anteriores, algo que tem o poder de fazer.

Em 1973, no famoso caso *Roe contra Wade*, o Tribunal declarou (por uma votação de sete a dois) que a legislação do Te-

---

5. Para um relato do desenvolvimento da preocupação feminista com o aborto, ver Rosalind Pollack Petchesky, *Abortion and Woman's Choice*, ed. rev. (Boston: Northeastern University Press, 1990).

6. Uma importante defensora dessa tese é Mary Ann Glendon, que a desenvolveu em seu livro *Abortion and Divorce in Western Law* (Cambridge, Mass.: Harvard University Press, 1978), o qual discuto no capítulo 2. Essa tese também tem sido adotada pelos editorialistas. *The New York Republic*, por exemplo, defendeu-a durante vários anos e, recentemente, George Will endossou-a em "Abortion: No Constitutional Right", *Washington Post*, 26 de janeiro de 1992, C7.

xas, que criminalizava o aborto a não ser quando praticado para salvar a vida da mãe, era inconstitucional[7]. Foi mais adiante: afirmou, de fato, que *qualquer* lei estadual que proibisse o aborto para proteger o feto nos dois primeiros trimestres de gravidez – antes do sétimo mês – era inconstitucional[8]. Declarou que os estados só podem proibir o aborto para proteger a vida do feto no terceiro trimestre (quando, de qualquer modo, a incidência de abortos é de apenas 0,01%, em sua maior parte por razões médicas). De um só golpe, em Washington, um tribunal de nove juízes que haviam sido nomeados e não eleitos para seus cargos, e que nem foram unânimes em sua decisão, mudara radicalmente as leis de quase todos os cinqüenta estados norte-americanos. Muitas pessoas, sobretudo as mulheres, ficaram encantadas. Outras, em particular os membros de diferentes grupos religiosos, sentiram como se tivessem sido golpeadas no estômago: um tribunal distante lhes havia dito para fecharem os olhos àquilo que seus instintos e suas religiões lhes diziam ser o assassinato em massa de crianças inocentes ainda em gestação. A guerra do aborto havia começado, e desde então só fez aumentar de intensidade. Os grupos "pró-vida", alguns dos quais organizados e orquestrados pela Igreja Católica, passaram a ter uma atuação política. Tentaram convencer o Congresso a deflagrar um processo de emenda à Constituição que declarasse explicitamente que, nos termos desse documento, os fetos deviam ser tratados como pessoas, e suas vidas deviam ser tão integralmente protegidas quanto as de qualquer outra pessoa.

---

7. *Roe contra Wade*, 410 U.S. 113 (1973).

8. O Supremo Tribunal permitiu que os estados regulassem o aborto no segundo trimestre de gravidez com o objetivo de proteger a saúde da mãe, o que permitiu que os estados impusessem certas exigências que tornaram o aborto mais caro. Em *Simopoulos contra Virginia*, 462 U.S. 506 (1983), por exemplo, o Tribunal sustentou uma exigência estatal no sentido de que os abortos de segundo trimestre fossem realizados em "instalações hospitalares licenciadas"; e, em *Planned Parenthood of Central Missouri contra Danforth*, 428 U.S. 52 (1976), o Tribunal convalidou a exigência de registros médicos, aplicável em qualquer etapa da gravidez, que o estado considerasse necessários para a proteção da saúde da mãe.

A campanha fracassou, mas os grupos "pró-vida" também lutaram em muitas outras frentes. Fizeram uma guerra de relações públicas, distribuindo filmes e fotos ultra-sônicas de fetos em avançado estado de desenvolvimento que já pareciam bebês e que, ao ser aguilhoados, mexiam-se de um modo que sugeria que sentiam dor. Organizaram protestos passivos, comícios e manifestações, como os violentos e assustadores tumultos em Wichita, Kansas, em 1991, que tinham por finalidade impedir que as pacientes entrassem nas clínicas de aborto. E exortaram seus membros a votar somente em políticos dedicados à mudança da lei, para que o aborto voltasse à ilegalidade.

As plataformas presidenciais republicanas reivindicaram uma emenda que proibisse o aborto, exigindo também a "nomeação de juízes que respeitem os valores familiares tradicionais e a santidade da vida humana inocente", deixando claro que desejavam a nomeação de juízes que votassem pela revogação do caso *Roe contra Wade* e pela volta do controle sobre o aborto às mãos dos legisladores de cada estado[9]. Os presidentes Reagan e Bush, eleitos sob tal promessa, impuseram às nomeações judiciais os critérios ideológicos mais rigorosos jamais vistos nos Estados Unidos, e não apenas para as nomeações para o Supremo Tribunal, mas também para todos os tribunais federais inferiores. Até junho de 1992, a maioria dos especialistas previa que pelo menos quatro dos cinco juízes indicados ao Supremo Tribunal por esses presidentes votariam pela revogação do caso *Roe contra Wade* assim que surgisse uma ocasião propícia para fazê-lo, aliando-se aos dois juízes que originalmente haviam assumido uma postura dissidente, William Rehnquist (presidente do Tribunal em 1992) e Byron White, assegurando desse modo um número de votos muito maior do que os necessários para a revogação.

Naquele mês, porém, o Supremo Tribunal anunciou sua decisão no caso *Planned Parenthood of Southeastern Pennsyl-*

---

9. Ver David E. Rosenbaum, "The 1992 Campaign: Parties' Core Differences in Platforms", *The New York Times*, 16 de agosto de 1992, A26.

*vania contra Casey*, mantendo certas decisões que a Pensilvânia impusera ao aborto. Para surpresa geral, no decorrer dessa decisão três dos juízes nomeados por Reagan e Bush – os juízes O'Connor, Kennedy e Souter – anunciaram que *apoiavam* o caso *Roe contra Wader*, ou, ao menos, o que chamavam de sua "decisão central"[10]. Como dois dos outros juízes na época ainda no Tribunal – o juiz Blackmun, que havia redigido a decisão do Tribunal no caso *Roe*, e o juiz John Paul Stevens – também declararam que continuariam a apoiar firmemente a decisão do caso *Roe*, cinco de nove membros do Tribunal endossaram o direito constitucional ao aborto. Mais tarde, em 1992, desta vez por um voto majoritário de seis contra três, o Tribunal recusou-se a rever uma decisão de um tribunal inferior que havia derrubado a nova lei antiaborto da Ilha de Guam[11].

Ainda assim, a decisão do caso *Roe* continua ameaçada. No caso *Casey*, os outros quatro juízes – Rehnquist, White e os outros dois nomeados por Reagan e Bush, Antonin Scalia e Clarence Thomas – deixaram claro que votariam pela revogação da decisão *Roe* assim que surgisse uma nova ocasião. Em seu voto em separado, o juiz Blackmun lembrou à nação que tinha 83 anos de idade e não poderia servir ao Tribunal "para sempre". O presidente Clinton deixou entrever, durante a campanha presidencial de 1992, que não nomearia para o Supremo Tribunal ninguém que votasse pela revogação da decisão *Roe*, e, se Blackmun ou qualquer outro juiz se aposentar durante a presidência de Clinton, é possível que a decisão esteja a salvo. Contudo, enquanto a questão do aborto continuar a dividir os Estados Unidos como tem feito até o momento, o destino e um outro presidente podem, um dia, conseguir o quinto voto que transformaria a famosa decisão em nada mais que história.

---

10. A decisão do caso *Casey* foi publicada em 112 S. Ct. 2791 (1992).

11. *Ada contra Guam Society of Obstetricians and Gynecologists et al.*, 113 S. Ct. 633 (1992).

### *Uma distinção crucial*

Alguns analistas acreditam que, se a decisão *Roe* vier a ser revogada algum dia, o povo norte-americano terá então a oportunidade de refletir e chegar a um acordo conjunto, estado por estado, pelas vias normais da política, que produza soluções conciliatórias com as quais todos possam conviver. Até o momento, porém, há poucos indícios de que assim seja. Durante o período em que era grande a expectativa de que a decisão *Roe* não demoraria a ser revogada, algumas jurisdições norte-americanas, incluindo não apenas a de Guam, mas também as da Louisiana e de Utah, promulgaram novas leis que se opunham frontalmente ao aborto e não davam sinal de nenhum acordo ou conciliação – a de Guam, por exemplo, não admitia exceções nos casos de estupro ou incesto.

Muitos livros recentemente publicados insistem em que se encontre um terreno comum entre os dois lados, ou, se isso for impossível, que os norte-americanos aprendam a conviver com as divergências relativas ao aborto da mesma maneira que convivem com a divergência sobre outras questões[12]. Mas os autores que insistem em uma solução conciliatória fazem-no, compreensivelmente, em termos que protegem o que eles próprios vêem como os princípios fundamentais de justiça. Os que acreditam que as mulheres têm o direito fundamental de tomar suas próprias decisões sobre o aborto, por exemplo, insistem em que qualquer solução aceitável deve respeitar esse princípio. Contudo, nenhuma proposta que o respeite poderia ser aceita por pessoas que acreditam que o aborto é um assassinato que viola os direitos e os interesses mais fundamentais das crianças não nascidas.

Esse é o motivo pelo qual não parecem realistas as propostas aparentemente sensatas de que a questão do aborto deva, de algum modo, ser resolvida mediante uma solução concilia-

---

12. Ver, por exemplo, Laurence H. Tribe, *Abortion: The Clash of Absolutes* (Nova York: W. W. Norton, 1990) e Roger Rosenblatt, *Life Itself* (Nova York: Random House, 1992).

tória. Essas propostas não questionam a opinião corrente acerca do *caráter* da argumentação sobre o aborto – a opinião a respeito do que *trata* a argumentação –, segundo a qual a questão gira em torno da resposta que se dá a uma pergunta polarizadora: será o feto uma criança indefesa ainda não nascida, com direitos e interesses próprios a partir do momento da concepção? Se a resposta for positiva, permitir o aborto equivale a permitir um assassinato, e abortar é pior do que abandonar à morte um bebê indesejável. Se for negativa, os que se dizem "pró-vida" podem ser vistos a partir de duas perspectivas distintas: ou estão incorrendo em um erro terrível ou são sádicos, puritanos fanáticos, ávidos não por salvar vidas, mas por castigar as mulheres por aquilo que consideram um pecado sexual.

Pessoas que têm respeito próprio e dão respostas contrárias à questão de se o feto é uma pessoa, não podem fazer concessões nem concordar em conviver com outros aos quais permitam tomar suas próprias decisões, do mesmo modo que as pessoas que não toleram a escravidão, o *apartheid* ou o estupro não podem fazer tal concessão. Para alguém que acredita que o aborto viola os interesses mais básicos e os direitos mais preciosos de uma pessoa, um chamado à tolerância ou à transigência equivale a um pedido a que os outros tomem suas próprias decisões com respeito ao estupro, ou a um apelo a que se institua uma cidadania de segunda classe, e não a escravidão ou a igualdade plenas, como uma solução conciliatória eqüitativa do problema racial.

Enquanto o debate for colocado nesses termos polarizados, os dois lados não poderão raciocinar em conjunto, pois nada terão sobre o que raciocinar ou ser razoáveis. Um dos lados acredita que o feto humano já é um sujeito moral, uma criança não nascida, a partir do momento da concepção. O outro acredita que um feto recém-concebido não passa de um aglomerado de células sob o comando não de um cérebro, mas apenas de um código genético, e que, nesse caso, é uma criança tanto quanto um ovo recém-fertilizado é um frango. Nenhum dos lados é capaz de oferecer um argumento que o outro possa aceitar – não há nenhum fato biológico à espera de ser descoberto, nenhuma analogia moral esmagadora à espera de ser inventada que possa resolver o problema. Trata-se de uma questão de convicções inatas, e o máximo que podemos pedir a cada lado não é que compreenda o outro, ou mesmo que o respeite, mas apenas uma pálida civilidade, o tipo de civilidade que se poderia esperar de um incompreensível, mas perigoso marciano. Se a divergência for realmente tão forte, não poderá haver nenhuma transigência baseada em princípios; na melhor das hipóteses, haverá apenas um frágil e melindroso empate, definido pelo puro poder político. Se a decisão *Roe contra Wade* fosse revogada, os Estados Unidos rapidamente se veriam divididos, como um tabuleiro de xadrez desigual, entre estados em que as forças antiaborto fossem poderosas e a proibição do aborto quase total, e estados em que a fragilidade dessas forças tornasse o aborto mais acessível.

Um dos temas principais deste livro, porém, é o de que essa compreensão convencional e pessimista da natureza do debate sobre o aborto é um equívoco, e que tem por base uma confusão intelectual muito difundida que podemos identificar e eliminar. Uma vez identificada a confusão, veremos que na verdade é possível encontrar uma solução jurídica racional para a controvérsia, uma solução que não irá insultar nem humilhar nenhum grupo, e que todos poderão aceitar sem que isso implique a total perda do respeito por si mesmos.

Em termos muito gerais, posso descrever de imediato essa confusão intelectual. O debate público sobre o aborto foi incapaz de reconhecer uma distinção absolutamente crucial. Um lado insiste em que a vida humana começa no momento da concepção, que o feto é uma pessoa já a partir desse momento, que o aborto é um assassinato, um homicídio ou uma agressão à santidade da vida humana. Cada uma dessas frases, porém, pode ser usada para descrever duas idéias muito diferentes.

Em primeiro lugar, podem ser usadas para reivindicar que os fetos são criaturas com interesses próprios desde o início, aí incluído, fundamentalmente, o interesse de permanecer vivo, e que portanto eles têm os direitos que todos os seres humanos têm de proteger esses interesses básicos, inclusive o direito de não serem mortos. Nos termos de tal afirmação, o aborto é errado já em princípio por violar o direito de alguém a não ser morto, assim como matar um adulto é normalmente errado por violar seu direito a que não o matem. Chamarei esta objeção ao aborto de objeção *derivativa*, uma vez que pressupõe direitos e interesses que a objeção presume que todos os seres humanos têm, inclusive os fetos, e que deriva desses mesmos direitos e interesses. Uma pessoa que aceita esta objeção, e acredita que o governo deveria proibir ou regulamentar o aborto, acredita que o governo tem uma responsabilidade derivativa de proteger o feto.

A segunda afirmação que se pode fazer mediante o uso da conhecida retórica é muito diferente: a vida humana tem um valor intrínseco e inato; a vida humana é sagrada em si mesma; o caráter sagrado da vida humana começa quando sua vida biológica se inicia, ainda antes de que a criatura à qual essa vida é intrínseca tenha movimento, sensação, interesses ou direitos próprios. De acordo com esta segunda afirmação, o aborto é errado em princípio porque desconsidera e insulta o valor intrínseco, o caráter sagrado, de qualquer estágio ou forma da vida humana. Chamarei esta objeção de objeção *independente*, uma vez que não depende de nenhum direito ou interesse particular, assim como não os pressupõe. Uma pessoa que aceite *esta* objeção, e argumente que o aborto deve ser proibido ou regulamentado por lei por *esta* razão, acredita que o governo tem uma responsabilidade independente de proteger o valor intrínseco da vida.

Essa distinção entre bases derivativas e independentes para a proteção da vida humana fica ainda mais fácil de entender no contexto da eutanásia. Em 1989, o Supremo Tribunal do Missouri decidiu que os pais de Nancy Cruzan – uma jovem que se havia ferido em um acidente de carro que a deixou no estado que os médicos chamam de vegetativo persistente – não tinham o direito de ordenar ao hospital que retirasse os tubos de alimentação que mantinham sua filha viva. O Tribunal alegou que o estado do Missouri tinha o direito de manter Nancy

Cruzan viva por respeito à santidade da vida. O Supremo Tribunal dos Estados Unidos mais tarde confirmou essa sentença[13]. O presidente do Tribunal, juiz Rehnquist, em uma sentença complexa que discutirei no capítulo 7, ampliou a declaração do Tribunal do Missouri sobre a santidade da vida: afirmou que, enquanto comunidade, o Missouri tinha razões legítimas para manter Nancy Cruzan com vida, mesmo que com base no pressuposto de que o fato de continuar viva era contrário a seus próprios interesses, uma vez que o estado tinha o direito de afirmar que é *intrinsecamente* mau que alguém morra deliberada e prematuramente. O juiz Scalia, cuja opinião acompanhava o voto vencedor mas apresentava uma fundamentação distinta, foi ainda mais explícito ao afirmar que o valor intrínseco da vida humana não depende de nenhum pressuposto sobre os direitos ou interesses de um paciente; os estados têm o poder, disse ele, de impedir o suicídio de pessoas capazes que pensam, corretamente, que o melhor para elas seria morrer, um poder que claramente não decorre de nenhuma preocupação com seus direitos e interesses. Se o fato de tais pessoas acabarem com a própria vida é um erro, assim o é a despeito de seus direitos, e não por causa destes. Assim o é porque suas vidas têm valor intrínseco – são sagradas –, ainda que continuar a viver não esteja entre os seus *próprios* interesses.

Da mesma forma, a idéia de que o aborto é um pecado ou uma iniqüidade porque a vida humana é sagrada é muito diferente da afirmação de que é um pecado ou uma iniqüidade porque um feto tem o direito de viver. A primeira oferece um argumento contra o aborto que de modo algum pressupõe que o feto seja uma pessoa com direitos ou interesses próprios. Pois da mesma maneira que alguém pode considerar errado retirar o suporte vital de um paciente em estado vegetativo irreversível, ou ajudar um paciente terminal de câncer a pôr fim à própria vida, favoreça ou não a morte os interesses do paciente, também é possível considerar que é um erro destruir um feto,

13. *Cruzan contra Director, Missouri Department of Health*, 497 U.S. 261 (1990).

tenha ou não o feto quaisquer interesses a proteger. A crença em que a vida humana, em qualquer estágio, tem um valor intrínseco e sagrado pode, portanto, oferecer uma razão para que as pessoas se posicionem violentamente contra o aborto, vendo-o como uma crueldade em qualquer circunstância dada, sem acreditar, em hipótese alguma, que um minúsculo conjunto de células recém-implantadas no útero, ainda sem órgãos, cérebro ou sistema nervoso, já seja alguma coisa que tem interesses e direitos. Alguém que não considere o feto como uma pessoa com direitos e interesses pode, portanto, opor-se ao aborto tão frontalmente quanto alguém que insista em afirmar o contrário. Sua objeção, contudo, terá uma razão diferente e, como tentarei demonstrar, terá implicações muito diferentes para a questão política de saber se, e quando, o Estado deveria proibir ou permitir o aborto.

A confusão que, acredito, tem envenenado a controvérsia pública sobre o aborto, tornando-a mais contenciosa e menos aberta à argumentação e à transigência do que deveria ser, é a confusão entre esses dois tipos de razões para acreditar que o aborto é freqüentemente, quando não sempre, moralmente errado. A exaltada retórica do movimento “pró-vida” parece pressupor a afirmação derivativa de que um feto já é, desde o momento de sua concepção, uma pessoa em sua plenitude moral, com direitos e interesses de importância igual aos de qualquer outro membro da comunidade moral. Muito poucas pessoas, porém – mesmo aquelas que pertencem aos grupos mais radicalmente antiaborto –, realmente acreditam nisso, digam o que disserem. A divergência que realmente divide as pessoas é uma divergência bem menos polarizada sobre o melhor modo de respeitar uma idéia fundamental que quase todos compartilhamos de alguma forma: que a vida humana individual é sagrada. Quase todos os que se opõem ao aborto realmente o desaprovam, como poderiam concluir depois de refletir sobre o assunto, por razões autônomas, e não por razões independentes. Acreditam que o feto é uma criatura humana viva em desenvolvimento, e que algo intrinsecamente mau ocorre, uma espécie de vergonha cósmica, sempre que a vida humana em qualquer estágio é deliberadamente eliminada. Em grande parte, este livro é um argumento ampliado dessa concepção não-ortodoxa da controvérsia sobre o aborto, além de lidar com as conseqüências jurídicas e políticas de considerar a controvérsia sob essa luz.

É comum que os comentaristas se surpreendam com aquilo que vêem como importantes incoerências nas opiniões dos norte-americanos sobre o aborto, tal como revelam as pesquisas de opinião. Ainda que os resultados das pesquisas difiram consideravelmente, muitas delas registram uma difundida e persistente condenação moral do aborto. Uma pesquisa Gallup realizada em 1991, por exemplo, sob encomenda de uma organização chamada *Americans United for Life*, pediu aos entrevistados que escolhessem, dentre uma lista de afirmações, a que melhor representava seus pontos de vista. Dos que responderam, 36,8% optaram por "O aborto é tão perverso quanto matar uma pessoa que já nasceu; é um assassinato"; 11,5% optaram por "O aborto é um assassinato, mas não é tão mau quanto matar alguém que já nasceu"; e 28,3% cento optaram por "O aborto não é um assassinato, mas é evidente que envolve a eliminação da vida humana". Uma pesquisa Wirthlin de 1990, patrocinada pela Conferência Católica dos Estados Unidos (United States Catholic Conference), pediu às pessoas que avaliassem a afirmação "Toda vida humana, inclusive aquela ainda em gestação, deve ser protegida". Para 31% dos entrevistados, a afirmação era extremamente convincente; para 29%, era muito convincente; e para 11% não era absolutamente convincente. Os entrevistados se mostraram divididos, mais ou menos da mesma maneira, a respeito da afirmação de que "Toda criança não nascida tem um direito fundamental à vida"[14].

Contudo, as pesquisas de opinião também mostram que um número substancial e crescente de norte-americanos acredita que o aborto não deve ser proibido por lei. Uma pesquisa *Time*/CNN realizada em agosto de 1992 reportou que 49% dos entrevistados concordavam com a afirmação de que "uma mu-

---

14. Rosenblatt, *Life Itself*, 183 ss.

lher deve ser livre para abortar se tomar essa decisão, não importa por que motivo o faça"; 38% admitiam que o aborto deve ser legal em determinadas circunstâncias. Somente 10% disseram que o aborto deve ser ilegal em todas as circunstâncias[15]. Uma pesquisa NBC News/*Wall Street Journal*, realizada em julho de 1992, relatou que apenas 26% dos entrevistados achavam que o aborto deve ser ilegal, enquanto 67% defendiam uma opinião contrária[16]. A mesma pesquisa Wirthlin/Catholic Conference que constatou que 60% dos entrevistados achavam extremamente convincente, ou muito convincente, que a vida da criança em gestação deve ser protegida, e que as crianças não nascidas têm direito à vida, também revelou que apenas 7% eram de opinião que o aborto deve ser ilegal em todas as circunstâncias, e que apenas 14% afirmaram que só deve ser legal quando necessário para salvar a vida da mãe[17]. Mesmo levando em conta os erros, as variações entre os grupos pesquisados e a inevitável distorção nas diferentes maneiras de formular as mesmas questões, esses resultados podem parecer desconcertantes.

Só são desconcertantes, contudo, se interpretarmos as afirmações das pessoas de que o aborto é um assassinato, ou tão perverso (ou quase tão perverso) quanto um assassinato, ou que a vida em gestação deve ser protegida, ou que as crianças não nascidas têm "direito" à vida, como se expressassem o que chamei de ponto de vista derivativo – o ponto de vista segundo o qual um feto tem direitos e interesses próprios. Ninguém pode afirmar, com coerência, que um feto tem o direito de não ser morto e, ao mesmo tempo, sustentar que é errado que o governo proteja esse direito através das leis penais. Afinal, a responsabilidade fundamental do governo consiste em proteger

15. Pesquisa Yankelovich Clancy Shulman, publicada em 10 de setembro de 1992, Public Opinion Online, disponível em Westlaw, Dialog Library, arquivo de pesquisas.

16. Pesquisa NBC News/*Wall Street Journal*, publicada em 10 de julho de 1992, Public Opinion Online, disponível em Westlaw, Dialog Library, arquivo de pesquisas.

17. Rosenblatt, *Life Itself*, 188.

os interesses de todos os membros da comunidade, particularmente os interesses daqueles que não podem proteger-se por conta própria.

Não estaremos, porém, incorrendo em incoerência alguma se supusermos que as pessoas que condenam o aborto por considerá-lo moralmente errado estão, na verdade, baseando-se naquilo que chamei de explicação independente de por que é errado – em outras palavras, se supusermos que elas compartilham uma profunda convicção de que é intrinsecamente errado pôr fim deliberadamente a uma vida humana. É perfeitamente coerente defender essa idéia, mesmo em sua forma mais extrema, e ainda assim acreditar que a decisão de eliminar ou não uma vida humana no início da gravidez deve ficar a cargo da gestante, a pessoa cuja consciência está mais diretamente ligada à escolha, uma vez que será a mais atingida pelos riscos decorrentes de tal decisão.

Essa combinação de pontos de vista não é apenas coerente; na verdade, mostra-se igualmente de conformidade com uma grande tradição de liberdade de consciência das modernas democracias pluralistas. É bastante comum pensar que não compete ao governo ditar aquilo que seus cidadãos devem pensar sobre valores éticos e espirituais, em especial sobre valores religiosos. Muitas pessoas acham que as práticas (ou as não-práticas) religiosas dos outros desprezam profundamente verdades cósmicas da máxima importância possível. Acreditam, por exemplo, que os ateus ignoram de maneira gritante a origem e a natureza do valor objetivo da vida humana. Há alguns séculos, as pessoas matavam umas às outras porque acreditavam que certas formas de heresia ou de descrença eram demasiado iníquas, demasiado ofensivas às bases fundamentais da ordem moral para que pudessem ser toleradas. Hoje, porém, a maioria dos norte-americanos e dos povos de outras democracias ocidentais adota o ponto de vista oposto. Acreditamos que o fato de uma comunidade impor princípios de fé espiritual ou de convicção aos indivíduos é uma forma terrível de tirania, uma destruição da responsabilidade moral. Se as grandes batalhas sobre o aborto e a eutanásia são realmente travadas em nome do valor intrínseco e cósmico da vida humana, como acredito que o sejam, então essas batalhas têm ao menos uma natureza quase religiosa, e não chega a surpreender que muitas pessoas acreditem que o aborto e a eutanásia sejam profundamente condenáveis e, ao mesmo tempo, que não cabe ao governo tentar estigmatizá-los com a força bruta das leis penais[18].

Vemos, assim, que as pesquisas de opinião pública sugerem uma razão para rejeitar a explicação convencional de que o debate sobre o aborto diz respeito a saber se o feto tem ou não direitos e interesses, e para substituí-la pela explicação que propus. Temos também uma outra razão, um tanto distinta, para essa escolha: é muito difícil conferir qualquer sentido à idéia de que um feto tem interesses próprios, sobretudo um interesse de não ser destruído, já a partir do momento de sua concepção.

---

18. Uma nova rodada de pesquisas foi feita em seguida à decisão do Supremo Tribunal no caso *Casey* que mencionei anteriormente. Ver, por exemplo, *U.S.A. Today*, 30 de junho de 1992, 1. Uma vez mais, as pesquisas mostraram que uma grande maioria dos norte-americanos defendia a legalidade do aborto. Mas também revelaram a existência de uma maioria igualmente significativa que se mostrava favorável a certos tipos de restrições ao aborto que o Tribunal aprovara nesse caso, incluindo, por exemplo, as leis que impõem períodos de espera obrigatórios de vinte e quatro horas e as leis que obrigam os médicos a informar sobre as alternativas ao aborto. Novamente, esses resultados parecerão desconcertantes se pensarmos que as pessoas só adotam posições controversas acerca do aborto porque têm pontos de vista diferentes sobre a questão de saber se o feto é ou não uma pessoa. Se fosse esse o problema, é bem possível que as pessoas para as quais o aborto é uma questão séria o bastante para exigir períodos de espera e informações sobre alternativas também deveriam optar pela total proibição do aborto. Uma vez mais, porém, a suposta contradição desaparece quando nos damos conta de que a maioria das pessoas considera o aborto moralmente grave não por acharem que o feto é uma pessoa, mas por acreditarem que o feto encarna o valor intrínseco da vida humana. A partir desse pressuposto, faz muito sentido, como afirmo no capítulo 6, pensar que as mulheres têm o direito de tomar a decisão definitiva sobre o aborto por si próprias, mas que a comunidade pode encorajá-las a tomar a decisão com seriedade, como uma questão moral de extrema seriedade. Uma outra questão, que também discuto aqui, é saber se uma determinada legislação que só pretende estimular as mulheres a tratar o aborto com seriedade infringe, em termos concretos, o direito da mulher a tomar a decisão definitiva por si própria.

Sem dúvida, nem tudo que pode ser destruído tem interesse em não ser destruído. Uma bela escultura pode ser despedaçada, o que seria um terrível insulto ao valor intrínseco que as grandes obras de arte corporificam, além de um grande atentado aos interesses das pessoas que se comprazem em admirar ou estudar tais obras. Uma escultura, porém, não tem interesses próprios; um ato de vandalismo selvagem não é injusto para com *ela*. Também não é suficiente, para que alguma coisa tenha interesses, que esteja viva e em processo de transformar-se em algo mais maduro – não vai contra os interesses de um broto de cenoura o fato de ser colhido antes do tempo e levado à mesa como uma iguaria –, nem mesmo que seja algo que irá desenvolver-se naturalmente até tornar-se diferente ou mais belo: uma borboleta é muito mais bonita do que uma lagarta, mas não é melhor, para a *lagarta*, transformar-se em borboleta. Para que algo tenha interesses, também não é suficiente que possa crescer ou desenvolver-se até tornar-se um ser humano, desde que tratado da maneira correta. Imaginemos que (como alguns cientistas parecem acreditar que seja concebível) os médicos fossem capazes de produzir uma criança a partir de um óvulo não fertilizado, por partenogênese[19]. A menstruação não iria contrariar os interesses do óvulo; uma mulher que usasse contraceptivos não estaria violando, a cada mês, o direito fundamental de uma criatura.

Para que algo tenha interesses, nem mesmo basta que na verdade esteja em vias de transformar-se em um ser humano completo. Imaginemos que, no exato momento em que o dr. Frankenstein acionou o mecanismo que daria vida ao conjunto de partes de diferentes corpos em sua mesa de laboratório, uma pessoa horrorizada com a experiência arrebentasse toda a aparelhagem. Esse ato, seja o que for que dele pensemos, não teria sido lesivo ou injusto para com o conjunto, assim como não atuaria contra seus interesses. É possível objetar que, ao contrário de um óvulo não fertilizado ou de um conjunto de

19. Ver Harold J. Morowitz e James S. Trefil, "*Roe versus Wade* Passes a Lab Test", *The New York Times*, 25 de novembro de 1992, A21.

partes de diferentes corpos, um feto recém-concebido está em vias de tornar-se um ser humano completo por si próprio, prescindindo, portanto, de qualquer ajuda externa. Mas isso não é verdade – a ajuda externa, tanto da gestante quanto dos recursos da ciência, é fundamental. De qualquer modo, a diferença é irrelevante para a questão em pauta; o conjunto de partes de corpos não teria interesses – interromper a experiência antes que essas partes começassem a viver não lhes causaria dano algum – ainda que o dr. Frankenstein houvesse concebido um processo que funcionasse automaticamente, a menos que fosse interrompido, e que esse processo automático já tivesse começado. Não tem sentido imaginar que alguma coisa tenha interesses *próprios* – não obstante ser importante o que lhe aconteça –, a menos que tenha, ou tenha tido, alguma forma de consciência: algum tipo de vida mental e de vida física[20].

Sem dúvida, as criaturas capazes de sentir dor têm interesse em evitá-la. Contraria frontalmente os interesses dos animais o fato de submetê-los à dor, quando se os apanham em armadilhas ou se fazem experiências com eles, por exemplo. Da mesma maneira, infligir dor a um feto que já possui um sistema nervoso suficientemente desenvolvido também contraria frontalmente seus interesses. Mas um feto só tem consciência da dor quando sua mãe se encontra em estado avançado de gravidez, uma vez que antes disso seu cérebro ainda não está suficientemente desenvolvido. É verdade que a atividade elétrica do cérebro surge no tronco cerebral do feto, tornando-o capaz de movimentos reflexos por volta do sétimo mês a partir da concepção[21]. Mas não existe fundamento algum para supor

---

20. Nos capítulos 7 e 8, quando examinarmos a situação das pessoas que são permanentemente inconscientes ou demenciadas, veremos a importância de insistir em que as pessoas que tiveram uma vida mental têm interesses, ainda que tenham deixado de tê-la. Em poucos parágrafos, discutirei a questão de se alguma coisa – drogas tomadas pela mãe – pode contrariar os interesses de um feto que vai nascer, isto é, que realmente vai ter uma vida consciente. Esta é, por certo, uma questão diferente daquela que estou agora discutindo e que diz respeito a saber se o aborto, que significa nunca vir a ter uma vida consciente, é contrário aos interesses do feto.

21. Ver Michael Flower, *Neuromaturation of the Human Fetus*, 10; *Journal of Medicine and Philosophy*, 237, 239, 245. De acordo com F. Cunningham, P.

que a sensação de dor seja possível antes do estabelecimento de uma conexão entre o tálamo do feto, para o qual fluem os receptores nervosos periféricos, e seu neocórtex ainda em desenvolvimento; e, embora a ciência ainda desconheça o momento exato em que se estabelece essa conexão, é quase certo que ocorre depois de metade do período de gestação. (Um estudo recente concluiu que "as fibras talâmicas se projetam para o neocórtex humano por volta de 22-23 semanas de gestação")[22]. Além disso, essas fibras talâmicas só começam a formar sinapses com neurônios corticais algum tempo depois, o que se imagina ocorrer por volta da vigésima quinta semana. Segundo um importante embriologista, "esse processo de aumento intensivo da conexão entre os neurônios corticais prenuncia uma mudança nos padrões elétricos observados no cérebro através de eletroencefalogramas. Os padrões tendem a tornar-se mais regulares e a assemelhar-se aos padrões adultos associados aos estados de sono e de vigília. Esses critérios levam alguns pesquisadores a sugerir que um substrato neural adequado para a sensação de dor só vai existir por volta do sétimo mês de gravidez (trinta semanas), bem no período em que os fetos prematuramente nascidos tornam-se viáveis mediante o recurso de um intenso suporte vital. [...] Para estabelecer uma margem de segurança contra a intrusão de uma possível sensibilidade primitiva", prossegue o embriologista, "a maturação cortical que se inicia por volta da trigésima semana constitui um limite razoável enquanto não dispusermos de informações mais precisas. Portanto, como devemos usar de extremo cuidado para respeitar e proteger essa possível sensibilidade, um limite provisório que se situe por volta da vigésima sexta semana deve constituir uma razoável margem de segurança. Esse período coincide com a atual definição de viabilidade"[23].

---

MacDonald e N. Grant, *Williams Obstetrics, 103* (18ª ed., 1989), "os estímulos locais podem provocar estrabismo, abertura da boca, fechamento incompleto dos dedos das mãos e flexão plantar dos dedos dos pés" oito semanas após a concepção.

22. *Ibid.*, 245.

23. Ver Clifford Grobstein, *Science and the Unborn* (Nova York: Basic Books, 1988), *55*, 130.

Sem dúvida, muitos atos que não causam dor física às pessoas são contrários a seus interesses. Alguém age contra meus interesses quando escolhe outra pessoa para um cargo ao qual me candidatei, ou move um processo contra mim, ou bate em meu carro, ou escreve uma crítica negativa de meu livro, ou projeta uma ratoeira melhor e passa a comercializá-la a um preço inferior ao daquela que fabrico, mesmo quando essas ações não me causem nenhuma dor física e, na verdade, mesmo quando nem me dou conta de que tenham ocorrido. Meus interesses estão em jogo nessas circunstâncias não por minha capacidade de sentir dor, mas devido a um conjunto diferente e mais complexo de capacidades: ser ou não capaz de sentir prazer, afeições e emoções, ter esperanças e expectativas, experimentar decepções e frustrações. Uma vez que uma criatura pode ser morta de maneira indolor, mesmo depois de ter adquirido a capacidade de senti-la, o que está na base dos interesses de uma criatura em continuar a viver são essas capacidades mais complexas, não a capacidade de sentir dor. Não se sabe quando essas capacidades mais complexas começam a desenvolver-se no ser humano, em sua forma primitiva, incipiente ou indefinida. Mas parece muito improvável que se desenvolvam no feto humano antes da maturação cortical, por volta da trigésima semana de idade gestacional, quando a atividade elétrica cortical torna-se mais complexa e os períodos de vigília podem ser distinguidos dos períodos de sono através do eletroencefalograma[24]. É somente nesse momento que "a atividade elétrica do cérebro começa a demonstrar padrões intermitentes que se assemelham a alguns daqueles encontrados em adultos normais"[25].

---

24. Flower, *Neuromaturation of the Human Fetus*, 246.

25. Grobstein, *Science and the Unborn*, 129. É interessante notar que os bebês prematuros nascidos entre a vigésima oitava e a trigésima segunda semanas mostram um comportamento muito diferente dos bebês de maior idade gestacional. Grobstein cita estudos realizados por Arnold Gesell há quarenta anos, nos quais se demonstra que um feto de menos de trinta e duas semanas "é facilmente estimulado a realizar atividades breves e moderadas, mas nunca se deixa estimular plenamente. Não dorme nem acorda; fica apenas em um estado de sonolência interrompido por movimentos eventuais". Gesell, citado por Grobstein, 130.

A embriologia ainda tem, sem dúvida, muito mais a descobrir sobre o desenvolvimento do sistema nervoso do feto. Como observou o especialista que há pouco citei, "é quase certo que a designação da vigésima sexta semana como um limite de segurança contra a violação da sensibilidade [...] irá mudar quando dispusermos de informações mais exatas e sofisticadas sobre o advento da sensibilidade. E é muito mais provável que esse momento seja posterior à vigésima sexta semana"[26]. Ainda assim, parece fora de dúvida que um feto só passa a ter o substrato neural necessário ao surgimento de qualquer tipo de interesses em algum momento relativamente tardio de sua gestação.

Essa importante questão – a de que um feto imaturo não pode ter interesses, não podendo, portanto, ter o interesse de sobreviver – é freqüentemente negligenciada porque as pessoas cometem o erro de aceitar um argumento contrário, que pode ser mais ou menos assim descrito: é de grande importância para meus interesses que eu esteja vivo agora, e que eu não tenha sido morto em algum momento do passado. Assim, quando eu era um feto recém-concebido, deve ter sido conveniente a meus interesses o fato de não me terem abortado. Portanto, qualquer feto tem interesses a partir do momento de sua concepção, e o aborto contraria esses interesses. Esse argumento é falacioso, mas o porquê da falácia exige uma análise cuidadosa.

Uma vez que as criaturas com interesses existem, faz sentido dizer, em retrospecto, que certos fatos teriam contrariado esses interesses se tivessem ocorrido no passado. Contudo, daí não se segue que, se tais fatos tivessem ocorrido no passado, teriam sido contrários aos interesses de alguém quando ocorreram. Podemos admitir que é do interesse de todos os seres humanos atualmente vivos o fato de que, há milhões de anos, a Terra não tenha sido destruída por uma colisão com um meteoro gigante. Contudo, disso não se pode inferir que, tivesse a Terra explodido em decorrência de tal explosão, tal fato teria

26. *Ibid.*, 130.

sido contrário aos interesses de algum ser humano, uma vez que não teria existido nenhum ser humano contra cujos interesses a explosão *pudesse* ter ocorrido. É de meu interesse que meu pai não tivesse feito uma longa viagem de negócios um dia antes de eu ser concebido. Tivesse ele assim procedido, porém, não se pode afirmar que houvesse contrariado os interesses de alguém nesse sentido, uma vez que nunca teria existido alguém cujos interesses pudessem ter sido prejudicados pela viagem em questão.

É evidente que, quando um feto é abortado, há uma criatura em relação à qual alguém poderia ter considerado tal procedimento condenável; existe ao menos um candidato a esse papel. Mas a existência do feto antes de ser abortado não faz diferença alguma para o ponto de vista lógico. Se, de fato, o dr. Frankenstein tivesse dado vida a seu monstro, e este passasse a agir e a sentir como uma pessoa real, teria então interesses como qualquer outra pessoa, e teria sido claramente contra esses interesses, em retrospecto, o fato de a aparelhagem do médico ter sido destruída antes de o monstro ser criado. Disso não se infere, contudo, que o conjunto de partes de corpos na mesa do laboratório tivesse interesses antes de o interruptor ser ativado, ainda que naquele momento essas partes realmente existissem enquanto partes corporais. O problema de o aborto contrariar ou não os interesses de um feto deve depender da questão de saber se o próprio feto tem interesses no momento em que se faz o aborto, e não se tais interesses irão desenvolver-se caso o aborto não seja feito.

Essa distinção pode ajudar a explicar aquilo que tem parecido enigmático a alguns observadores. Muitas pessoas para as quais o aborto é moralmente permissível acreditam, não obstante, que uma gestante não deve fumar nem comportar-se de modo prejudicial à criança que pretende ter. Os críticos vêem nisso uma contradição; dizem que, como matar alguma coisa é pior do que causar-lhe qualquer espécie de danos, não se pode considerar que seja errado fumar e certo abortar. O erro dessa crítica é exatamente o erro que até aqui analisamos. Se uma mulher fuma durante a gravidez, mais tarde poderá existir um ser humano cujos interesses terão sido seriamente prejudicados por seu comportamento; se ela abortar, porém, não existirá ninguém cujos interesses terão sido prejudicados por seu comportamento. Isso não significa, por certo, que não haja nada de errado no aborto, nem mesmo que o aborto não seja moralmente pior do que arriscar a saúde de uma criança que vai nascer. Mas certamente significa que, se o aborto no início da gravidez é um erro, não o é por essa razão; não o é porque o aborto vai contra os interesses do feto cuja vida elimina.

Portanto, há importantes vantagens em minha sugestão de que a maioria das pessoas que se opõem ao aborto assim procedem com base nas razões "independentes" que descrevi. A referida sugestão torna essa oposição mais coerente do que o seria nos termos da interpretação "derivativa", ligando-a a uma importante tradição de tolerância religiosa com fortes raízes em todos os sistemas verdadeiramente democráticos de nossa época. Impede que se atribua às pessoas a idéia muito pouco compreensível de que um organismo que nunca teve uma vida mental possa, ainda assim, ter interesses. É possível, porém, que o leitor considere minha sugestão arrogante, uma vez que aparentemente tem a pretensão de entender as idéias das pessoas sobre o aborto melhor do que elas próprias entendem. Afinal, muitas pessoas dizem – e muitas levam bandeiras declarando isto – que o aborto é um assassinato e que os que ainda não nasceram têm o direito de viver. Essas frases parecem afirmar, de fato, que os fetos têm interesses e direitos.

Devemos, porém, ter o cuidado de estabelecer uma distinção entre a retórica pública em que as pessoas expressam suas opiniões e as opiniões em si, que às vezes só podem dar-se claramente a conhecer mediante um exame mais cuidadoso do que nos oferecem as pesquisas de opinião e as manifestações públicas. A maioria das pessoas não tem grandes teorias sobre as premissas metafísicas de suas opiniões sobre o aborto, e são poucas as que já refletiram sobre a distinção que estabeleci entre bases derivativas e bases independentes para a oposição ao aborto, ou que chegaram a perceber tal distinção. Quando instadas a formular suas idéias de maneira geral e abstrata, muitas pessoas acham natural usar a retórica emocional e estridente que os líderes de vários grupos de ativistas tornaram conhecida, pouco importando se tal retórica se ajusta ou não a seus instintos e convicções reais. Tais pessoas podem agir de maneira muito diversa daquilo que sua retórica sugere quando, em circunstâncias concretas, têm de tomar decisões reais que dizem respeito a sua família, a seus amigos ou a si próprias. Na campanha presidencial de 1992, por exemplo, tanto o presidente Bush quanto o vice-presidente Quayle, que emitiram opiniões "pró-vida" nos termos ortodoxos mais irredutíveis, afirmaram que apoiariam a própria filha ou neta que se decidisse por um aborto[27]. Dificilmente dariam tal apoio se realmente acreditassem que o aborto significaria o assassinato de seus netos ou bisnetos. Uma pesquisa de opinião *New York Times*/CBS realizada em 1980 ilustra bem a incerta correspondência entre retórica e crenças verdadeiras, bem como a força independente e emotiva da retórica. Somente 29% dos entrevistados concordaram com a afirmação de que deve haver uma emenda constitucional que proíba o aborto, mas 50% do mesmo grupo, em resposta a uma nova versão da mesma pergunta, desta vez formulada em outros termos, afirmaram-se favoráveis a uma emenda constitucional que protegesse a vida de uma criança não nascida[28].

As pessoas que recorrem à arrebatada retórica de termos como "assassinato" e "homicídio" para expressar sua oposição ao aborto poderiam não obstante admitir, depois de refletir sobre o assunto, que defendem o ponto de vista independente, e não o derivativo. Tais pessoas declaram que o aborto é um assassinato, ou tão condenável quanto um assassinato, e insistem em que a vida humana se inicia com a concepção, ou que

27. Ver R. W. Apple, "Behind Bush's Mixed Abortion Signals", *The New York Times*, 15 de agosto de 1992, A1, e Andrew Rosenthal, "Bush, Asked in Personal Context, Takes a Softer Stand on Abortion", *The New York Times*, 12 de agosto de 1992, A1.

28. Rosenblatt, *Life Itself*, 185.

o feto é uma pessoa já desde o início, não porque acreditem que o feto tem direitos e interesses, mas apenas para enfatizar a profundidade de sua crença em que o aborto é um erro por consistir em uma deliberada destruição da vida de um organismo humano. Veremos, no capítulo 2, que "assassinato" e "homicídio" são termos que, historicamente, têm sido usados com esse sentido. Algumas pessoas também emitem seus pontos de vista sobre a eutanásia utilizando termos semelhantes: parece-lhes natural dizer, por exemplo, que permitir a morte de Nancy Cruzan era uma forma de assassinato. Mas o que querem dizer é que sua vida, mesmo no horrível estado a que se viu reduzida, era ainda assim uma vida humana; não querem dizer, necessariamente, que permitir sua morte era uma decisão contrária a seus interesses. Poderiam inclusive admitir que, ao contrário, era do interesse de Nancy morrer.

Não afirmo, portanto, que as pessoas não sabem o que pensam, mas sim que não podemos descobrir o que elas pensam se apenas nos orientarmos pela explosiva retórica que caracteriza o debate público. Devemos ter o cuidado de não nos deixar enganar pelo forte conteúdo emocional das descrições da vida humana, das pessoas e do assassinato, que revelam emoções intensas mas não constituem um guia claro para as crenças que mexem com a emoção das pessoas. É preciso ter um cuidado especial com as afirmações extremamente ambíguas de que a vida humana começa com a concepção e de que o feto já é uma pessoa a partir desse momento. Quando alguém faz uma ou outra dessas afirmações, não temos como saber se pretende fazer uma afirmação derivativa – a de que o feto já tem interesses e direitos próprios desde o instante em que ocorre a concepção – ou uma afirmação independente – a de que a partir da concepção o feto corporifica uma vida humana que é sagrada, uma afirmação que não implica que o feto tenha interesses próprios.

As conhecidas perguntas sobre o momento em que a vida começa, e sobre o fato de o feto ser ou não uma pessoa, não são ambíguas em apenas um sentido, mas em vários, e, como se tornaram aspectos tão conhecidos do debate sobre o aborto, é importante que compreendamos bem essas múltiplas ambigüidades. Tomemos a questão de saber se a vida humana começa já desde a concepção. Os cientistas divergem sobre quando, exatamente, a vida biológica de qualquer animal se inicia, mas parece inegável que um embrião humano é um organismo vivo identificável ao menos no momento em que é implantado em um útero, o que ocorre mais ou menos catorze dias depois da concepção. Também é inegável que as células que compõem um embrião implantado já contêm códigos biológicos que irão reger seu desenvolvimento físico posterior. Quando uma pessoa que se opõe ao aborto insiste em que o feto é um ser humano, é possível que esteja apenas querendo afirmar esses fatos biológicos inegáveis[29].

Desses fatos não se segue, porém, que um feto também tenha direitos ou interesses do tipo que o governo poderia ter uma responsabilidade derivativa de proteger. Esta é, sem dúvida, uma outra questão, e em grande parte é moral, não biológica. Tampouco se segue que um feto já incorpore um valor intrínseco com relação ao qual o governo afirme ter a responsabilidade independente de proteger. Esta é também uma outra questão, e é também moral, não biológica. A questão de saber se um feto é um ser humano já a partir da concepção, ou de algum momento posterior da gravidez, é simplesmente demasiado ambígua para ser de alguma utilidade. As questões cruciais são as duas perguntas morais que acabei de descrever, e devemos examiná-las diretamente, sem ambigüidades. Quando uma criatura humana adquire interesses e direitos? Quando a vida de uma criatura humana começa a incorporar um valor intrínseco, e com quais conseqüências? Para responder a essas questões cruciais, não temos de decidir se um feto é um ser humano completo a partir da concepção, ou em que momento pode ser considerado como tal, ou se esse processo é gradual ou abrupto.

O feto é uma pessoa? Eis uma pergunta ainda mais traiçoeira, uma vez que a palavra "pessoa" tem inúmeros usos e

---

29. Na expressão "um organismo vivo", estou ignorando a remota possibilidade de que um embrião possa resultar em gêmeos inclusive depois da implantação.

sentidos que podem ser facilmente confundidos. Suponhamos que se descubra que os porcos são muito mais inteligentes e emocionalmente complexos do que os zoólogos hoje acreditam, e que alguém então pergunte se um porco deve ser considerado como uma pessoa. Poderíamos tratar essa pergunta como uma questão filosófica que nos pede para apurar nossa concepção da verdadeira natureza de uma pessoa, o que nos permitiria tentar descobrir se, com base em nossas novas informações, os porcos são realmente dignos de tal denominação. Ou poderíamos dar um tratamento prático à questão, indagando-nos se agora deveríamos tratar os porcos do mesmo modo como tratamos as criaturas que consideramos como pessoas, reconhecendo que, como os porcos têm direito à vida, é errado matá-los para servirem de alimento, assim como também é um erro confiná-los em chiqueiros, uma vez que eles também têm o direito de não ser escravizados. Sem dúvida, poderíamos pensar que as duas questões são correlatas: que, se os porcos são pessoas no sentido filosófico, devem ser tratados do mesmo modo como tratamos as outras pessoas, e que, se não são pessoas, não devem ser tratados como tais. Uma coisa, porém, não decorre necessariamente da outra, seja qual for o sentido em que a consideremos. Filosoficamente, poderíamos acreditar que os porcos são pessoas, mas que os seres humanos não têm nenhuma razão para tratá-los do mesmo modo como tratam uns aos outros; ou, ao contrário, poderíamos decidir que os porcos não são pessoas nos termos de nosso melhor entendimento desse complexo conceito, mas que ainda assim suas aptidões os qualificam a receber o mesmo tratamento que as pessoas dão umas às outras.

Uma vez mais, portanto, seria inteligente deixar de lado a questão de saber se o feto é uma pessoa, não por tratar-se de uma questão irrespondível ou metafísica, como afirmaram muitos juízes e comentaristas, mas por ser demasiado ambígua para ser útil. Em vez disso, devemos fazer novamente as perguntas-chave de natureza moral por mim distinguidas: O feto tem interesses que devem ser protegidos por direitos, inclusive pelo direito à vida? Devemos tratar a vida de um feto como sagrada, tenha ele ou não interesses? Outra vez, não precisamos decidir se o feto é uma pessoa para responder a essas perguntas, que são as que contam.

Não obstante, terei de usar a palavra "pessoa" em algumas das argumentações e discussões deste livro, e deverei fazê-lo por duas razões. Em primeiro lugar, como veremos, a Décima Quarta Emenda à Constituição dos Estados Unidos emprega o termo "pessoa" em um contexto crucial: declara que todas as pessoas devem ser tratadas como iguais. Não há como evitar, portanto, a questão de saber se o feto é uma pessoa para os fins dessa cláusula – se um feto é uma pessoa *constitucional*. Em segundo lugar, a palavra "pessoa" tem figurado explicitamente em alguns dos argumentos de outros autores que terei de examinar, inclusive o argumento apresentado por alguns filósofos no sentido de que, mesmo que o feto seja uma pessoa, ainda assim o aborto deveria ser permitido em certas circunstâncias.

Ao discutir essas questões, porém, empregarei a palavra "pessoa" somente no sentido que chamei de prático. Neste sentido, a afirmação de que o feto é uma pessoa significa apenas que tem direito a ser tratado *como* uma pessoa, ou seja, do modo como acreditamos que devam ser tratadas as criaturas que são inegavelmente pessoas, como você e eu[30]. Assim, considerarei a questão jurídica – se o feto é ou não uma pessoa constitucional – como a questão de saber se a Constituição exige que os estados tratem um feto como se este tivesse os mesmos direitos de que desfrutam as crianças e os adultos; e a questão moral – se o feto é ou não uma pessoa moral – será por mim entendida como a questão de saber se convém estender ao

30. Esta leitura evita questões filosóficas perturbadoras que, em minha opinião, não são relevantes para a minha argumentação. Estas incluem a questão de saber o que as pessoas que se dizem dispostas a admitir, a título de argumentação, que o feto é uma pessoa, estão realmente presumindo ou imaginando. Trata-se de um problema sério se utilizarmos a palavra "pessoa" no sentido filosófico, pois é totalmente impossível saber de que tipo de pressuposto contrafactual essas pessoas estão partindo. No sentido prático, porém, não é difícil entender o que se quer dizer. Somos instados a considerar se, ainda que atribuamos a um feto os direitos que as pessoas normalmente têm, o aborto ainda assim deve ser permitido em certas circunstâncias.

feto os mesmos direitos morais que, inegavelmente, as crianças e os adultos têm. (Neste sentido prático poderíamos argumentar, por exemplo, que as crianças recém-nascidas são pessoas constitucionais sem que precisemos decidir se satisfazem ou não algum padrão de consciência que nos pareça necessário para determinar sua individualidade no sentido filosófico.)[31]

Devemos, portanto, distinguir duas controvérsias possíveis a respeito do aborto. A primeira é uma discussão sobre o fato de o feto ter ou não duas propriedades moralmente relevantes: interesses, inclusive o interesse de continuar vivo, e direitos que protejam esses interesses. Se a resposta a esta primeira questão for afirmativa, então existe uma objeção derivativa ao aborto e uma justificação derivativa das leis que o proíbem ou regulamentam. Se a resposta for negativa, então não existe tal objeção ou justificação. A segunda questão é diferente: pretende saber se o aborto é às vezes moralmente errado não por ser condenável ou injusto com alguém, mas pelo fato de negar e profanar a santidade ou a inviolabilidade da vida humana. Se a resposta a esta segunda pergunta for afirmativa, então existe uma objeção independente ao aborto e talvez uma justificação independente para bani-lo ou regulamentá-lo, ainda que não haja nenhuma objeção ou justificação derivativa.

Da mesma maneira, podemos distinguir duas controvérsias sobre a eutanásia. Se um paciente que entrou em coma irreversível for mantido vivo, seus interesses fundamentais estarão sendo atendidos? Se assim for, então os médicos têm uma razão derivativa para não retirar os aparelhos que mantêm esses pacientes vivos. Caso contrário, tal razão inexiste. Será errado permitir que um paciente assim morra, mesmo que morrer esteja entre os seus interesses fundamentais, porque o respeito pela santidade da vida humana exige que não se meçam esforços para prolongar sua vida? Se assim for, então os médicos têm uma razão moral independente para não retirar os aparelhos.

---

31. Para uma discussão da questão sobre se os bebês são pessoas no sentido filosófico, ver Michael Tooley, "Abortion and Infanticide", *Philosophy and Public Affairs* 2, n.º 1 (outono de 1972).

### *O próximo argumento*

Quando falam sobre o assunto, tanto os ativistas quanto os analistas demonstram acreditar que a controvérsia sobre o aborto é do primeiro tipo – em outras palavras, que se trata de uma controvérsia inevitavelmente beligerante cujo aspecto fundamental são os direitos e interesses do feto. É desse modo que a política tem dado forma ao debate. Na verdade, porém, trata-se de um grave erro. No capítulo 2 afirmarei que, se aprofundarmos nosso exame, descobriremos que para quase todos – liberais e conservadores, grupos e indivíduos, católicos e feministas – a discussão sobre o aborto tem mais a ver com o segundo tipo. Trata-se de uma discussão sobre como e por que a vida humana tem valor intrínseco, e que implicações tem isso para as decisões pessoais e políticas sobre o aborto. Essa constatação é de grande importância não apenas por conferir maior clareza ao debate, mas porque contradiz a conclusão pessimista de que a argumentação é irrelevante e a conciliação, impossível.

Muitos leitores podem, de início, achar que a idéia de que a vida humana tem valor intrínseco é vaga e misteriosa. No capítulo 3, tentarei convencer esses céticos de que devem, não obstante, defrontar-se com essa idéia e tentar compreendê-la, pois muitas de suas convicções mais profundas a pressupõem. Além disso, deverei explorar a idéia igualmente conhecida, mas muito mal compreendida, do *sagrado*, pois a idéia que compartilhamos é que a vida humana não tem apenas um valor intrínseco, mas também sagrado. Sei que alguns leitores irão desaprovar, em especial, o termo "sagrado", uma vez que esse termo lhes sugere que a convicção que tenho em mente é necessariamente teísta. Tentarei explicar por que não é e como esse termo pode ser, e costuma ser, interpretado tanto em um sentido secular quanto convencionalmente religioso. "Sagrado", contudo, tem conotações irredutivelmente religiosas para muitas pessoas, razão pela qual em alguns momentos empregarei, em seu lugar, o termo "inviolável", significando a mesma coisa, a fim de enfatizar a possibilidade dessa interpretação secular.

Também tentarei demonstrar que, longe de ser estranha e misteriosa, a idéia do sagrado é conhecida, quase um lugar-comum – as opiniões de muitas pessoas sobre a arte ou a natureza pressupõem, implicitamente, que esses fenômenos também têm uma espécie de valor sagrado. Utilizarei essas opiniões correntes sobre a arte e a natureza para explicar o que significa, de fato, a afirmação de que a vida humana é sagrada e por que tem uma base ao mesmo tempo secular e religiosa. Também tentarei demonstrar uma coisa ainda mais importante: em que sentido o pressuposto de que a maioria das pessoas aceita a santidade da vida humana, mas diverge de maneira complexa sobre suas implicações relativas ao aborto, explica essa grande controvérsia de um modo mais esclarecedor e otimista do que pode fazê-lo a explicação ortodoxa.

Nos capítulos 4 e 6, examinarei as implicações constitucionais e políticas de minhas recomendações. Nesses capítulos, espero demonstrar que não poderemos entender a controvérsia constitucional que se verifica nos Estados Unidos – a complexa argumentação jurídica e política sobre o caso *Roe contra Wade* – se interpretarmos essa controvérsia como se seu aspecto principal fosse a questão dos direitos e interesses do feto. Há um pressuposto geral de que a questão crítica de *Roe contra Wade* é saber se os estados têm o poder constitucional de tratar o feto como uma pessoa; se isso for verdade, porém, a decisão *Roe* seria obviamente – na verdade, quase indiscutivelmente – correta, e a grande oposição a ela, tanto por parte de ativistas contrários ao aborto como também de alguns constitucionalistas de renome, seria totalmente inexplicável. O que estava realmente em jogo nesse importante caso era a questão de saber se os poderes legislativos estaduais têm o poder constitucional de decidir quais valores intrínsecos todos os cidadãos devem respeitar, e como os legisladores podem proibir o aborto com base em tal poder, e de que modo podem fazê-lo. Trata-se de uma questão muito mais difícil e complexa, e pouco surpreende que os constitucionalistas não cheguem a uma posição consensual sobre ela.

Essa questão mais difícil exige que tomemos uma decisão sobre a questão mais ampla de saber se a Constituição deve ser entendida como uma relação limitada dos direitos individuais específicos que estadistas já mortos consideravam importantes, ou como um compromisso com ideais abstratos de moral política que deve ser explorado e reinterpretado em conjunto a cada nova geração de cidadãos, juristas e juízes. Argumentarei que a primeira resposta é indefensável, em que pese sua aparente popularidade entre os membros conservadores do Supremo Tribunal. Reavaliarei a decisão *Roe contra Wade* à luz de minhas diversas conclusões, e revisarei e defenderei um argumento que a muitos juristas tem parecido intuitivamente atraente, mas infundado do ponto de vista jurídico – o argumento segundo o qual a liberdade de escolha no caso do aborto é uma implicação necessária da liberdade religiosa assegurada pela Primeira Emenda e que, portanto, por esse motivo – e também por outros –, as mulheres têm direito a essa liberdade. Nesses capítulos, a discussão irá centrar-se na Constituição dos Estados Unidos, mas a questão subjacente é um problema mais universal de moral política. *Qualquer* comunidade política deve fazer dos valores intrínsecos uma questão de decisão coletiva e não de escolha individual?

Os capítulos 7 e 8 irão voltar-se para o outro extremo crucial da vida – a eutanásia. A idéia de que a vida humana é sagrada ou inviolável é tão central para as discussões desse tema quanto para as discussões sobre o aborto, e a argumentação desses capítulos irá, portanto, remeter à base analítica dos capítulos anteriores. A lei deve permitir que os médicos matem pacientes terminais que, por estarem sofrendo dores atrozes, pedem para morrer? Deve permitir que familiares de pacientes que se transformaram em "vegetais" inconscientes tomem a decisão de desligar os aparelhos que podem manter vivas por muitos anos as pessoas que se encontram nessa situação? Deve permitir que médicos ou familiares não tratem de pessoas em estágio avançado do mal de Alzheimer, ou de outras formas irreversíveis de demência, quanto estas contraiam pneumonia ou câncer? Estas questões, que eram tabu no passado, são hoje abertamente discutidas não apenas por médicos, mas também por políticos. Essa discussão, porém, comete o erro de ignorar até que ponto essas questões sobre a morte também exigem que pensemos na vida.

Três problemas distintos giram em torno das decisões sobre a eutanásia. Devemos ter a preocupação de respeitar ao máximo a autonomia do paciente, seus interesses fundamentais e o valor intrínseco ou a santidade de sua vida. Contudo, corremos o risco de não entendermos adequadamente nenhuma dessas questões, ou de não percebermos se elas são favoráveis ou contrárias à eutanásia em uma circunstância dada, enquanto não compreendermos melhor por que algumas pessoas querem permanecer biologicamente vivas enquanto puderem fazê-lo, inclusive em circunstâncias terríveis, e por que outras, nas mesmas condições, insistem em morrer tão logo lhes seja possível. Esses dois desejos parecem incompreensíveis se tentamos entendê-los como reflexos das opiniões das pessoas sobre a relativa adversidade de experiências futuras, pois não faz sentido perguntar se é pior estar permanentemente inconsciente, em estado de total demência ou morto. Devemos, antes, nos perguntar sobre o significado *retrospectivo* da morte ou da diminuição da vida, sobre o modo como a derradeira etapa da vida afeta seu caráter geral. Compreendemos como uma vida pode ser mais agradável, saborosa ou cheia de realizações do que outra. Mas a sugestão de que um período de inconsciência ou demência antes da morte pode tornar essa vida pior, em termos gerais, do que se a morte tivesse ocorrido antes, introduz um tipo bem diferente de critério para se avaliar a vida; esta é avaliada não apenas em termos do cômputo geral de prazer, desfrute ou realizações, mas em termos mais estruturais, como quando julgamos uma obra literária, por exemplo, cujo final adverso compromete tudo o que veio antes.

Uma vez mais, a idéia de que as vidas podem ser julgadas dessa maneira estrutural irá surpreender alguns leitores, aos quais parecerá misteriosa. Mas tentarei demonstrar que muitas de nossas mais profundas convicções sobre como viver e quando morrer são inexplicáveis sem essa idéia. Também tentarei demonstrar de que modo essa forma de julgar a vida pressupõe uma premissa ainda mais básica: a de que somos eticamente responsáveis por fazer algo valioso de nossas vidas, e que essa responsabilidade provém da mesma idéia, ainda mais fundamental, que afirmei encontrar-se também na base da controvérsia sobre o aborto: a idéia de que cada vida humana tem um valor intrínseco e inviolável.

Uma revisão de nosso ponto de vista sobre a questão central do debate sobre o aborto nos permite estabelecer essa importante ligação entre o aborto e a eutanásia – entre questões que dizem respeito à morte nos dois extremos da vida normal. Se os instintos e as opiniões das pessoas sobre o aborto dependessem todos de elas acreditarem ou não que um feto tem interesses e direitos, como insiste o ponto de vista convencional do debate sobre o aborto, tais instintos e opiniões estariam logicamente desvinculados de suas outras convicções e do resto de suas vidas. Não teriam nenhuma ligação necessária com nenhuma de suas opiniões sobre a eutanásia, a pena de morte, a guerra, a importância dos programas de bem-estar social ou qualquer outra iniciativa de grande importância. Contudo, se a controvérsia sobre o aborto tem a forma que afirmo ter – se se trata de uma controvérsia que diz respeito a saber se a vida humana é sagrada ou não, e por que o é, e sobre quais atos demonstram respeito ou desrespeito pela vida humana –, então as opiniões de alguém sobre o aborto irão refletir, inevitavelmente, suas atitudes, suas idéias e seus instintos mais básicos, instintos que inevitavelmente impregnam suas reações a todas as outras grandes questões morais e políticas. Se uma pessoa acredita que nenhuma circunstância ou interesse pode justificar a morte intencional de um feto, ainda que esse feto não tenha interesses próprios, é bem provável que também acredite que nada pode justificar que se permita que um doente terminal morra, mesmo que possa não mais ter quaisquer interesses a proteger. Por outro lado, se alguém acha que é moralmente permissível interromper uma gravidez quando o feto apresenta anomalias profundas – quando se sabe que o bebê nascerá com a doença de Tay-Sachs ou sem cérebro, por exemplo –, o mais provável é que também considere preferível pôr fim à vida de um paciente mergulhado em sofrimentos terríveis, e que por isso quer morrer, ou de um paciente em estado vegetativo irreversível. A idéia que, como afirmei, nos une a todos – a idéia de que nossas vidas têm um valor intrínseco e inviolável – também nos divide profunda e sistematicamente, pois a concepção de cada pessoa sobre o *significado* dessa idéia irá acompanhá-la ao longo de toda a sua vida.

## *A filosofia de dentro para fora*

Este livro oferece um argumento, uma defesa de certas conclusões específicas, e não uma história, uma pesquisa ou um retrospecto. Discutirei diversas questões de direito constitucional, filosofia moral, teologia e pensamento político e social, mas só irei discuti-las na medida em que existam pontos de contato entre elas e minha argumentação geral. Não estou me desculpando por essa seletividade, nem por construir este livro na forma de uma argumentação sucessiva, e não de um estudo mais discursivo. Ao contrário, espero que o livro possa servir como exemplo de um gênero atualmente descurado: um ensaio argumentativo que se ocupe de questões teóricas, mas que comece com um tema moral de importância política prática e se paute por ele.

Nos últimos anos, os filósofos da política e do direito, os teóricos das ciências sociais, os lingüistas, os estruturalistas, os pragmatistas e os desconstrucionistas produziram teorias inovadoras, e às vezes muito influentes, que outras pessoas tentaram aplicar a questões sociais e políticas. Contudo, essas teorias ainda não contribuíram para iluminar a qualidade do debate político público tanto quanto poderiam tê-lo feito, e isso se deve em parte ao fato de que, embora essas teorias tenham implicações inequívocas para algumas controvérsias políticas contemporâneas, não foram construídas tendo em vista essas controvérsias, nem em resposta a elas.

A teoria pode ligar-se à prática de duas maneiras ou direções diferentes. Pode ligar-se de fora para dentro: podemos construir teorias gerais da justiça, da ética pessoal ou da interpretação constitucional a partir de pressupostos gerais sobre a natureza humana, a estrutura da linguagem ou do pensamento, ou a partir dos primeiros princípios de outra natureza qualquer, e em seguida tentar aplicar essas teorias gerais a problemas concretos. Ou podemos tomar a direção contrária, de fora para dentro, que é o que pretendo fazer aqui. Podemos começar por problemas práticos, como a questão de saber se o direito deve alguma vez permitir o aborto ou a eutanásia, e, se assim for, em quais circunstâncias, e em seguida perguntar com que questões filosóficas ou teóricas gerais teremos de nos defrontar para resolver esses problemas práticos.

A diferença não está no nível de abstração ou de profundidade teórica que se possa finalmente alcançar. Algumas das discussões deste livro, por exemplo, são evidentemente filosóficas e abstratas, e as perguntas que tentam responder são tão profundas quanto se poderia desejar. A diferença está no modo como essas questões abstratas são escolhidas, combinadas e formuladas. Quando raciocinamos de fora para dentro, uma questão prática deve vasculhar nas prateleiras das teorias já prontas para ver qual delas formula, e tenta responder, as perguntas que melhor se ajustam às suas dimensões. Quando raciocinamos de dentro para fora, as teorias são feitas sob encomenda, tendo em vista uma circunstância ou ocasião específica – sob medida, e não *prêt-à-porter*. As teorias feitas assim sob medida, e não as importadas ou vendidas por atacado, têm maiores probabilidades de sucesso no debate político. É possível que também sejam melhores para o meio acadêmico, mas esta já é uma outra história.

## 2. A moralidade do aborto

Às vezes, pessoas que discordam veementemente entre si não têm uma clara idéia do objeto de sua divergência, mesmo quando esta é violenta e profunda. A maioria das pessoas supõe que a grande polêmica sobre o aborto é, no fundo, um debate sobre uma questão moral e metafísica: saber se mesmo um embrião recém-fertilizado já é uma criatura humana com direitos e interesses próprios, uma pessoa no sentido que defini no capítulo 1, uma criança não-nascida, indefesa diante do bisturi assassino do médico que vai fazer o aborto. A retórica política é explícita quanto ao fato de ser esta a questão em debate. A emenda "pela vida humana" que os grupos antiaborto têm tentado introduzir na Constituição dos Estados Unidos declara: "O direito supremo à vida é conferido a cada ser humano a partir do momento da fertilização, independentemente da idade, da saúde ou das condições de dependência". Os que sustentam que a decisão cabe à mulher defendem o aborto com base na afirmação de que o embrião é uma criança tanto quanto uma semente já é uma árvore. Em sua maior parte, as discussões teológicas, morais, filosóficas e, inclusive, sociológicas sobre o aborto pressupõem que as pessoas divergem sobre essa questão porque divergem quanto a se o feto é uma pessoa com direito à vida desde o momento de sua concepção, ou se se torna uma pessoa em algum momento da gravidez, ou se não se tornará uma criança enquanto não nascer. E também divergem quanto a se, admitindo-se que o feto já seja uma pessoa, seu direito à vida deve ou não curvar-se diante de algum direito mais forte da gestante.

Sugeri algumas razões preliminares para se concluir que, a despeito de sua grande popularidade, esse modo de apresentar o debate sobre o aborto é fatalmente enganoso. Assim não poderemos entender as convicções morais e políticas da maioria das pessoas sobre quando o aborto é permissível e sobre o que o governo deve fazer com relação a ele. A estrutura detalhada da maior parte da opinião conservadora sobre o aborto é na verdade incompatível com o pressuposto de que o feto tem direitos já a partir de sua concepção, e a estrutura detalhada da maior parte da opinião liberal não pode ser explicada apenas com base no pressuposto de que tais direitos inexistem.

Sem dúvida, as opiniões das pessoas sobre o aborto não têm apenas duas únicas variantes, uma conservadora e outra liberal. De ambas as partes existem graus de opinião, desde as posições extremas até as moderadas, e também há diferenças de opinião que não podem, de modo algum, situar-se no espectro conservador-liberal – por exemplo, o ponto de vista de que um aborto tardio é pior do que um aborto prematuro não pode ser identificado claramente como mais liberal ou mais conservador. Não obstante, nesta parte de minha argumentação, partirei do pressuposto de que as pessoas se situam ao longo de um espectro conservador-liberal, o que me permitirá descrever mais facilmente minhas idéias principais sobre a questão.

Vimos que muitas pessoas moralmente muito conservadoras sobre a questão do aborto – que acreditam que abortar não é nunca, ou quase nunca, moralmente permissível, e que ficariam horrorizadas se algum parente ou amigo resolvesse abortar – ainda assim pensam que a lei deveria deixar as mulheres livres para tomar suas próprias decisões quanto a abortar ou não, que é errado que a maioria ou o governo lhes imponham seu ponto de vista. Muitos católicos, inclusive, pensam assim: um deles é o governador Mario Cuomo, de Nova York, conforme deixou claro em um famoso discurso que pronunciou em 1984 na Universidade de Notre Dame, em Indiana[1].

---

1. O discurso de Mario Cuomo foi reimpresso em *The New York Review of Books*, 25 de outubro de 1984.

Alguns conservadores que assumem esse ponto de vista, baseiam-no, como fez Cuomo, no princípio de que Igreja e Estado devem ser separados: acreditam que a liberdade de decisão sobre o aborto é parte da liberdade que as pessoas têm de tomar suas próprias decisões religiosas. Outras fundamentam sua tolerância em uma idéia mais geral de privacidade e liberdade: para elas, o governo não deve ditar a moral privada de nenhum indivíduo. Contudo, as pessoas que realmente acham que o feto é uma pessoa com direito a viver não poderiam defender nenhuma dessas concepções. Proteger as pessoas contra agressões homicidas – particularmente as que são demasiado frágeis para proteger a si mesmas – é um dos deveres mais centrais e indiscutíveis do governo.

Sem dúvida, muitas das pessoas extremamente conservadoras sobre a questão do aborto não adotam essa postura de tolerância: acreditam que os governos devem proibir o aborto, e algumas delas têm dedicado suas vidas à concretização de tal objetivo. Ainda assim, mesmo os conservadores que acreditam que a lei deve proibir o aborto admitem algumas exceções. É uma opinião bastante comum, por exemplo, acreditar que o aborto deve ser permitido sempre que se fizer necessário para salvar a vida da mãe[2]. Esta exceção, porém, é também incompatível com qualquer crença de que o feto é uma pessoa com direito à vida. Alguns dizem que, nesse caso, justifica-se que a mãe aborte por tratar-se de uma questão de autodefesa; mas qualquer aborto seguro é realizado por uma outra pessoa – um médico –, e são poucos os que acreditam que seja moralmente justificável que um terceiro, mesmo um médico, possa matar uma pessoa inocente para salvar outra.

Não é raro que os conservadores em matéria de aborto também admitam outras exceções. Para alguns deles, o aborto é moralmente permissível não apenas para salvar a vida da mãe, mas também quando a gravidez é resultado de estu-

---

2. Uma pesquisa *Time*/CNN realizada em junho de 1992 informou que 84% dos norte-americanos são favoráveis ao aborto quando a vida da mãe estiver correndo perigo. Public Opinion Online, disponível em Westlaw, Dialog Library, arquivo de pesquisas.

pro ou incesto[3]. Quanto mais se admitem tais exceções, mais claro se torna que a oposição conservadora ao aborto não pressupõe que o feto seja uma pessoa com direito à vida. Seria contraditório insistir em que o feto tem um direito à vida que seja forte o bastante para justificar a proibição ao aborto mesmo quando o nascimento possa arruinar a vida da mãe ou da família, mas que deixa de existir quando a gravidez é resultado de um crime sexual do qual o feto é, sem dúvida, totalmente inocente.

Do outro lado da questão, acontece algo semelhante. As concepções liberais sobre o aborto não decorrem simplesmente da negação de que o feto seja uma pessoa com direito à vida; elas pressupõem que outro valor importante está em jogo. Isento, aqui, as pessoas para as quais o aborto nunca é nem mesmo moralmente problemático – Peggy Noonan, que escrevia discursos para a Casa Branca durante a administração Reagan, disse que quando estava na universidade "via o aborto como uma simples intervenção cirúrgica"[4] –, bem como aquelas para as quais as mulheres que sentem escrúpulos sobre o aborto, ou arrependimento ou remorso, não passam de tolas. Quase todas as pessoas que se vêem como liberais em matéria de aborto adotam um ponto de vista mais moderado e complexo. Apresentarei um exemplo de tal ponto de vista, ainda que não pretenda sugerir que todos os liberais moderados o aceitem na íntegra.

Uma posição liberal paradigmática sobre o aborto consta de quatro partes. Em primeiro lugar, rejeita a opinião extrema de que o aborto não é moralmente problemático, insistindo, pelo contrário, em que constitui sempre uma séria decisão moral, pelo menos a partir do momento em que a individualidade genética do feto se estabelece e ele é implantado com êxito no útero, em geral depois de mais ou menos quatorze dias. A par-

---

3. A pesquisa descrita na nota 2 também informava que 79% dos norte-americanos são favoráveis ao aborto em casos de estupro ou incesto.

4. Ver "She's Come for an Abortion. What Do You Say?", *Harper's* (novembro de 1992), 51-2.

tir daí, o aborto significa a eliminação de uma vida humana que já começou a existir, e só por esse motivo já envolve um grande custo moral. O aborto nunca é permissível por razões triviais ou frívolas; nunca é justificável, a menos que praticado para impedir algum dano grave. Seria errado que uma mulher abortasse porque, se não o fizesse, perderia uma viagem à Europa com a qual tanto sonhara, ou por achar que seria mais confortável engravidar em outra época do ano, ou por descobrir que teria uma menina, quando queria um menino.

Em segundo lugar, o aborto se justifica moralmente, não obstante, por uma série de razões importantes. Justifica-se não apenas para salvar a vida da mãe e nos casos de estupro ou incesto, mas também nos casos em que se diagnosticou uma grave anomalia fetal – as anomalias dos bebês com talidomida, por exemplo, ou com a doença de Tay-Sachs – que torna provável, se a gravidez for levada a termo, que a criança só terá uma vida breve, sofrida e frustrante[5]. Em alguns casos, de fato, quando a anomalia é muito grave e a vida potencial estiver fadada a uma deformidade cruel e à brevidade, a concepção liberal paradigmática sustenta que o aborto não só é moralmente permissível como pode ser uma necessidade moral, uma vez que seria um erro trazer ao mundo, conscientemente, uma criança em tais condições.

Em terceiro lugar, a preocupação de uma mulher por seus próprios interesses é tida como uma justificação adequada do aborto quando as conseqüências do nascimento forem graves tanto para a vida da mulher quanto para a de sua família. Dependendo das circunstâncias, pode-se permitir que ela interrompa sua gravidez se, caso contrário, ela tivesse de abandonar a escola, abrir mão de sua carreira ou de uma vida independente e satisfatória. Para muitas mulheres, são esses os casos mais difíceis, e as pessoas que defendem a concepção liberal paradigmática presumiriam que a gestante sentiria algum arrepen-

5. A pesquisa descrita na nota 2 também informava que 70% dos norte-americanos entrevistados declaram-se favoráveis ao aborto quando se sabe que o feto vai nascer com graves deformações.

dimento caso se decidisse pelo aborto. Mas não condenariam a decisão por considerá-la egoísta; pelo contrário, poderiam muito bem pensar que a decisão contrária é que constituiria um grave erro moral.

O quarto componente da concepção liberal é a opinião política que, segundo afirmei, as pessoas moralmente conservadoras às vezes compartilham: a opinião de que, ao menos na fase final da gravidez, quando o feto já se desenvolveu o bastante para ter interesses próprios, o Estado não deve intervir nem mesmo para impedir os abortos não permissíveis moralmente, uma vez que, em última instância, a questão de saber se um aborto se justifica ou não deve ser decidida pela mulher que traz consigo o feto. Outros – o companheiro, a família, os amigos, o público – podem desaprovar, e é possível que moralmente estejam certos em fazê-lo. Em certas circunstâncias, a lei pode obrigá-la a discutir sua decisão com outras pessoas. Ao final, porém, o Estado deve deixar que ela decida por si mesma; não deve impor-lhe as convicções morais de terceiros.

Acredito que esses quatro componentes da concepção liberal paradigmática representem as convicções morais de muitas pessoas – ao menos de uma minoria bastante significativa nos Estados Unidos e em outros países do Ocidente. A concepção liberal que tais pessoas configuram é obviamente incompatível com qualquer pressuposto de que, no estágio inicial da gravidez, um feto é uma pessoa com direitos e interesses próprios. Esse pressuposto certamente justificaria o ponto de vista de que o aborto é sempre moralmente problemático, mas iria mostrar-se claramente incompatível com o quarto componente acima apresentado: aquele segundo o qual o Estado não tem o direito de proteger os interesses do feto por meio da lei penal. Também mostraria uma evidente incompatibilidade com o terceiro componente: se um feto tem, de fato, direito à vida, dificilmente se poderia considerar que os interesses da mãe em levar uma vida satisfatória fossem mais importantes do que esse direito. Até mesmo o segundo componente, que insiste em que o aborto pode ser moralmente permissível quando se constata uma grave malformação fetal, é de difícil justificação quando se pressupõe que o feto tem direito a permanecer vivo. Nos casos em que as deformidades físicas de uma criança forem tão dolorosas ou incapacitantes que nos levem a crer que, em nome de seus interesses fundamentais, seria melhor deixá-la morrer, podemos dizer que o aborto também atenderia aos interesses fundamentais da criança. Mas as coisas não são assim em todos os casos nos quais a concepção liberal paradigmática admite o aborto; mesmo as crianças com terríveis deformidades podem estabelecer relações, dar e receber amor, lutar e, até certo ponto, superar suas deficiências. Se suas vidas valem a pena, como então teria sido melhor, para *elas*, que fossem mortas quando ainda no útero?

Entretanto, ainda que o pressuposto de que um feto não tem direitos ou interesses próprios seja *necessário* para explicar a concepção liberal paradigmática, não é suficiente porque não pode, por si só, explicar por que existem casos em que o aborto é moralmente errado. Por que o aborto deveria suscitar algum problema moral se não existe ninguém a quem possa prejudicar? Por que, então, fazer um aborto *não* é semelhante a fazer uma tonsilectomia? Por que uma mulher deveria sentir-se arrependida depois de abortar? Por que deveria sentir-se mais arrependida do que se sentiria depois de fazer sexo tendo antes recorrido a algum anticoncepcional? A verdade é que a opinião liberal, como a conservadora, pressupõe que a vida humana tem em si mesma um significado moral intrínseco, de modo que é um erro, em princípio, pôr fim a uma vida mesmo quando não estão em jogo os interesses de ninguém. Se virmos isso com clareza, poderemos explicar por que as opiniões liberal e conservadora diferem do modo como o fazem.

Até aqui, minha argumentação enfatizou a opinião moral individual. As pessoas, porém, não respondem às grandes questões morais ou jurídicas apenas como indivíduos; ao contrário, muitos insistem em que suas idéias sobre questões de tamanha importância refletem compromissos, lealdades ou associações mais amplas e mais gerais, e delas decorrem. Acreditam ter opiniões não apenas como indivíduos, mas como católicos, batistas, judeus, defensores dos valores familiares, feministas, ateus, socialistas, críticos sociais, anarquistas ou adeptos de alguma outra concepção ortodoxa ou radical sobre a justiça e a sociedade. Devemos considerar em que medida a hipótese que defendo – a de que o debate sobre o aborto é um debate sobre valores intrínsecos e não sobre os direitos ou interesses do feto – nos ajuda a entender melhor as afirmações, intuições, doutrinas e argumentações dessas grandes instituições ou movimentos. Colocarei essa questão tomando por referencial dois dos mais importantes grupos que participam da controvérsia: as religiões tradicionais e o movimento feminista.

### *A religião*

Em todo o mundo ocidental, mesmo onde a Igreja e o Estado são normalmente separados, a batalha do aborto quase sempre tem o caráter de um conflito entre seitas religiosas. Nos Estados Unidos, as opiniões sobre o aborto correm em paralelo com as crenças religiosas. Segundo pesquisa realizada pelo Estudo Sobre as Eleições Nacionais nos Estados Unidos (American National Election Study) em 1984, 22% dos batistas e fundamentalistas, 16% dos batistas do Sul* e 15% dos católicos acreditavam que o aborto jamais deveria ser permitido. A mesma pesquisa mostrou que os luteranos (9% dos quais não admitiam o aborto) e os metodistas (8%) eram as seitas mais liberais, e que os episcopalianos (5%) e os judeus (4%) o eram ainda mais. Os religiosos praticantes de todas as tendências religiosas existentes nos Estados Unidos tendem muito mais a sustentar posições conservadoras sobre o aborto do que aqueles que não freqüentam suas respectivas igrejas, ou que só o fazem esporadicamente. Uma vez que a religião tende a correla-

---

* No original, *Southern Baptists* (membros da Southern Baptist Convention, fundada em 1845). (N. do T.)

cionar-se, ao menos de maneira aproximada, com outras divisões sociais nos Estados Unidos – com a classe econômica, por exemplo –, essas divisões podem expressar outras influências. Nesse país, porém, a controvérsia sobre o aborto realmente parece ter uma forte dimensão religiosa[6].

O movimento antiaborto é liderado por grupos religiosos, utiliza uma linguagem religiosa, invoca Deus o tempo todo e freqüentemente atribui uma grande importância à oração. Congrega membros de muitas religiões, como sugerem as estatísticas que há pouco apresentei, incluindo não apenas fundamentalistas, mas também judeus ortodoxos, mórmons e muçulmanos negros. A liderança organizacional, porém, fica a cargo dos católicos. Em 1980, John Dooling, um juiz federal de Nova York, declarou que a emenda Hyde – que o Congresso havia adotado em 1976 e que proibia o uso de fundos federais de assistência médica para financiar abortos – era inconstitucional porque negava o direito das pessoas ao livre exercício de sua religião[7]. Ao longo de uma sentença extremamente meticulosa, Dooling, ele próprio um católico fervoroso, afirmou: "O clero e o laicato católicos não estão sozinhos no movimento pró-vida, mas os indícios nos levam à conclusão de que foram eles que vitalizaram o movimento, dando-lhe organização e diretrizes, e que utilizaram os canais de comunicação eclesiásticos em seu apoio"[8].

---

6. Embora os católicos sejam menos propensos a apoiar o aborto do que outros grupos religiosos, a porcentagem de abortos entre eles não é menor. De acordo com *Facts in Brief: Abortion in the United States* (Nova York: The Alan Gutmacher Institute, 1991): "As mulheres católicas abortam quase tanto quanto as outras mulheres em escala nacional, enquanto as protestantes e as judias abortam menos. A incidência de aborto entre as mulheres católicas é trinta por cento superior à que se verifica entre as protestantes".

7. *McRae contra Califano*, 491 F. Supp. 630 (1980). Mais tarde, o Supremo Tribunal revogou a sentença desse juiz em *Harris contra McRae*, 448 U.S. 297 (1980). Não se pronunciou, porém, sobre sua afirmação de que a emenda privava algumas mulheres do exercício de sua liberdade religiosa, pois, como afirmava, nenhum dos demandantes havia apresentado os argumentos ou as alegações necessários para que se colocasse tal questão. 448 U.S. 321.

8. 491 F. Supp. 712.

Mas é importante notar que os líderes de muitas outras crenças religiosas também se manifestaram publicamente sobre o assunto, inclusive muitos que defendem posições liberais, e não conservadoras, e Dooling reproduz o testemunho de muitos deles. Muitas dessas afirmações, tanto as que condenam o aborto quanto as que o aprovam em circunstâncias cuidadosamente delimitadas, não têm por base o pressuposto de que o feto é uma pessoa. Todas afirmam uma idéia diferente que está na base das opiniões sobre o aborto que a maioria das pessoas defende: a idéia de que qualquer forma de vida humana tem um valor intrínseco e sagrado que devemos nos empenhar em não sacrificar. Não surpreende, portanto, que todas essas afirmações declarem ou sugiram uma fonte específica desse valor intrínseco e sagrado; vêem a vida humana como a mais grandiosa criação de Deus.

Dooling citou, por exemplo, o testemunho do dr. James E. Wood, Jr., diretor executivo da Comissão Conjunta Batista para Assuntos Públicos (Baptist Joint Committee on Public Affairs), que relatou que os batistas estavam divididos quanto à questão do aborto e que não havia nenhuma posição batista oficial. Mas o dr. Wood também afirmou que em 1973 a comissão conjunta, reagindo à decisão dos bispos católicos de trabalhar em prol de uma emenda constitucional que revogasse a decisão *Roe contra Wade*, se opôs a uma campanha que "obrigaria todos os cidadãos a aceitar um juízo moral emitido por um membro do Corpo de Cristo". Do mesmo modo, a Assembléia Batista do Sul (Southern Baptist Convention) de 1976 rejeitou qualquer "atitude indiscriminada para com o aborto como contrária à concepção bíblica", mas recusou-se a adotar uma sugestão de resolução que declarava: "Toda decisão favorável a um aborto, por qualquer que seja o motivo, deve necessariamente envolver a decisão de pôr fim à vida de um ser humano inocente". O dr. Wood afirmou que, em sua opinião, a verdadeira fé batista condenava o aborto por razões frívolas, mas admitia sua possibilidade quando a gravidez fosse involuntária (aí incluídas a gravidez de adolescentes cuja menoridade não lhes permite dar seu consentimento, e de mulheres cujos métodos anticoncepcionais falharam), nos casos de malformação do feto e sempre que a família tiver sólidas razões para se opor à gravidez[9].

O reverendo John Philip Wagoman, um pastor metodista que em 1980 foi decano do Wesley Theological Seminar, em Washington, e que havia sido presidente da American Society of Christian Ethics, declarou, nas palavras do juiz Dooling, que "era opinião corrente entre os teólogos cristãos protestantes, e até certo ponto entre outras congregações religiosas, que a personalidade humana – no sentido em que a pessoa recebe seu máximo valor em relação à fé cristã – não existe nos estágios iniciais da gravidez [...]; em sua plenitude, a pessoa humana só existe quando se atinge aquela etapa do desenvolvimento em que alguém começa a ter experiência da realidade". Segundo Dooling, porém, o decano Wagoman ainda assim insistiu em que "quase nenhum outro aspecto da vida é mais sagrado, mais próximo do que significa ser humano em relação a Deus, do que trazer ao mundo uma nova vida que possa compartilhar o dom da graça divina. [...] Ao trazer uma nova vida ao mundo, os seres humanos devem estar convencidos de que as condições nas quais a nova vida será trazida ao mundo irão sustentar essa vida de acordo com as intenções de Deus de realização do ser humano. [...] É importante saber se uma nova vida [...] pode ameaçar destruir a realização teologicamente compreendida dos seres humanos já existentes". Uma mulher grávida "que responde com amor e fé em Deus ao amor que Deus concedeu aos seres humanos" pode decidir-se por um aborto se for improvável que a nova vida venha a receber os cuidados necessários à plena realização humana, ou por ser apenas uma adolescente, por exemplo, ou por estar muito próxima da menopausa, ou, ainda, porque a existência de uma nova criança poderia tornar a vida muito mais difícil para a família já existente[10].

De acordo com o testemunho do rabino David Feldman, "para a lei judaica um feto não é uma pessoa, e pessoa alguma

9. 491 F. Supp. 697-700.
10. 491 F. Supp. 700-702.

existirá enquanto o bebê não sair do útero para o mundo", razão pela qual o aborto não é um assassinato para a lei judaica. (E, se fosse, complementa o rabino Feldman, não se permitiria que um médico praticasse um aborto nem mesmo para salvar a vida da mãe, uma vez que isso significaria matar uma pessoa inocente para salvar outra.) O judaísmo, porém, sustenta que o aborto é errado em princípio. Nos termos da mais estrita tradição judaica, disse o rabino Feldman, o aborto é objetável por qualquer razão, a não ser para proteger a vida, a saúde mental ou o bem-estar pessoal da mãe; uma tradição mais liberal, disse ele, admite outras exceções; dentre estas, por exemplo, a de proteger a mulher da "angústia mental". Em ambas as tradições, porém, em alguns casos o aborto não é meramente permissível, mas obrigatório. Nesses casos, o aborto pode ser exigido em nome do senso de dever religioso de uma mulher, pois se trata de uma escolha, sancionada pela fé judaica, da vida neste mundo em detrimento da vida em outro mundo. Em 1975, a Biennial Convention of the United Synagogues of America declarou que os abortos, "apesar de graves nos estágios iniciais da gravidez, não devem ser equiparados ao assassinato, ficando praticamente no mesmo nível da decisão de não engravidar". E acrescentou que "o aborto envolve sérios problemas psicológicos, religiosos e morais, mas o bem-estar da mãe deve ser sempre nossa preocupação fundamental"[11].

Cada uma dessas declarações insiste em que qualquer decisão sobre o aborto exige a reflexão sobre um importante valor: o valor intrínseco da vida humana. Cada uma entende que esse valor se fundamenta no amor e no poder criador de Deus, mas insiste em que uma atitude religiosa adequada deve reconhecer e avaliar um outro tipo de ameaça à santidade da vida: a ameaça que uma gravidez indesejada pode representar para a saúde e o bem-estar de uma mulher. Nesses casos, demonstrar respeito pela criação divina é algo que exige ponderação e equilíbrio, e não uma afirmação da prioridade automática da vida biológica de um feto sobre a vida plenamente desenvolvida de sua mãe.

---

11. 491 F. Supp. 696-7.

Alguns teólogos e líderes religiosos conservadores também afirmaram explicitamente que a questão crucial sobre o aborto não é saber se o feto é ou não uma pessoa, mas sim a melhor maneira de respeitar o valor intrínseco da vida humana. O falecido professor Paul Ramsey, de Princeton, um influente teólogo protestante, opunha-se ferozmente ao aborto. Escrevendo antes da decisão do caso *Roe contra Wade*, insistiu em que mesmo o uso de métodos contraceptivos intra-uterinos, que impedem a implantação de um óvulo fertilizado, era pecaminoso, e sugeriu que todas as jovens fossem deliberadamente contaminadas com o vírus da rubéola, imunizando-as contra essa doença de modo que não fosse necessário abortar um feto afetado na eventualidade de uma mulher contrair essa doença durante a gravidez. Ramsey, porém, deixou claro que suas fortes opiniões baseavam-se não no pressuposto de que o feto é uma pessoa ou tem direitos, mas no respeito para com a dignidade divina que é "estranha" ao homem, mas que o "envolve". "Desse ponto de vista", afirmou, "é *relativamente* desimportante dizer exatamente quando, dentre os produtos da geração humana, estamos lidando com um organismo que é humano, e quando estamos lidando com vida orgânica que não é humana. [...] A dignidade de um homem é uma emanação das relações de Deus com ele, não se tratando, fundamentalmente, de uma antecipação de alguma coisa que o homem venha alguma vez a ser por si mesmo. [...] O Senhor não te envolveu em seu amor, nem te escolheu porque já fosses intrinsecamente mais que uma gota de tecido no útero"[12]. Ramsey argumentava que o que faz do aborto um pecado é o respeito pela escolha criadora de Deus e por seu amor à humanidade, e não os direitos de "uma gota de tecido no útero".

Contudo, a condenação do aborto pela Igreja Católica Romana parece ser, de fato, um importante contra-exemplo à mi-

---

12. Ver Paul Ramsey, "The Morality of Abortion", em Robert M. Baird e Stuart E. Rosenbaum, orgs., *The Ethics of Abortion* (Buffalo: Prometheus Books, 1989), 61, 66 ( em itálico no original).

nha afirmação de que, para a maioria das pessoas, a controvérsia sobre o aborto não diz respeito a saber se o feto é uma pessoa com direito à vida, mas sim sobre a santidade da vida entendida de maneira mais impessoal. Atualmente, a posição oficial da Igreja sobre a vida do feto encontra-se em sua *Instrução sobre o respeito pela vida humana em sua origem e sobre a dignidade da procriação*, publicada em 1987 pela Sagrada Congregação do Vaticano para a Doutrina da Fé, com o consentimento do Papa. A *Instrução* declara que "todo ser humano" tem "direito à vida e à integridade física desde o momento da concepção até a morte"[13]. Em sua maioria, porém, os católicos norte-americanos parecem não aceitar essa idéia, que tem sido a evidente posição oficial da própria Igreja há mais ou menos um século, uma insignificante fração se considerarmos a longa existência do catolicismo. Durante períodos consideráveis, se houve alguma opinião dominante na hierarquia da Igreja, tratou-se sem dúvida da opinião contrária: a de que o feto se torna uma pessoa não no momento em que ocorre a concepção, mas somente em uma fase posterior da gravidez – posterior, inclusive, à fase em que atualmente são feitos quase todos os abortos. Não quero dizer com isso que a Igreja algum dia aprovou o aborto na fase inicial da gravidez. Bem ao contrário: desde seus primórdios, a condenação da Igreja ao aborto, tanto ao prematuro quanto ao tardio, foi clara e imperativa; como afirmou um importante católico leigo, era um valor quase absoluto na história da Igreja[14]. Essa condenação, porém, não se baseava na afirmação derivativa de que o feto é uma pessoa que tem o direito de não ser morta, mas sim na concepção independente de que o aborto é um erro por ser um insulto ao dom divino de criar vida.

Historicamente, a razão independente para se condenar o aborto tem bases mais sólidas do que a concepção expressa

---

13. Tradução inglesa (Londres: Catholic Truth Society, 1987).

14. Ver John Noonan, "A Nearly Absolute Value in History", em John Noonan, org., *The Morality of Abortion* (Cambridge, Mass.: Harvard University Press, 1970).

pela *Instrução* do Vaticano em 1987 e, segundo muitos filósofos católicos, tem raízes mais profundas na teologia católica. Além do mais, liga a oposição da Igreja ao aborto a suas outras preocupações históricas com a sexualidade, inclusive sua oposição aos anticoncepcionais. Por muitos séculos, os teólogos católicos enfatizaram essas ligações, mas a afirmação de que o feto é uma pessoa a partir do momento da concepção as suprime. A posição oficial da Igreja de que o aborto é pecado em quase todas as circunstâncias não mudaria dramaticamente se hoje a Igreja abandonasse a nova justificação, aquela em cujos termos o feto é uma pessoa, e se voltasse para a afirmação mais antiga. Um passo desses teria a importante vantagem, como veremos, de mudar a natureza do confronto, nos Estados Unidos e em outros países, entre a Igreja e seus membros que defendem pontos de vista surpreendentemente mais liberais sobre o aborto.

O aborto era comum no mundo greco-romano, mas já em seus primórdios o cristianismo o condenou. No século V, Santo Agostinho referiu-se como "prostitutas" às mulheres, inclusive às casadas, que para evitar as conseqüências do sexo "procuram venenos que as esterilizem e, quando estes não funcionam, destroem de algum modo o feto que trazem no útero, preferindo que seu filho morra antes de chegar a viver ou, se já estava vivo no útero, que seja morto antes de nascer"[15]. Nenhuma das primeiras denúncias contra o aborto pressupunha que o feto havia sido animado – dotado de alma por Deus – no momento da concepção. Santo Agostinho declarou-se inseguro quanto a esse ponto e assim admitiu que nos abortos feitos no início da gravidez um "filho" pode morrer "antes de chegar a viver". São Jerônimo afirmou que "as sementes formam-se gradualmente no útero, e [o aborto] não é considerado homicídio enquanto os elementos dispersos não adquirem sua aparência e seus membros"[16]. O grande filósofo católico do século XIII, Santo Tomás de Aquino, afirmava categoricamente que o feto

15. Santo Agostinho, *De nuptias et concupiscentia*, citado em Noonan, 16.
16. Epístolas 121.4, *Corpus Scriptorum Ecclesiasticorum Latinorum*, 56.16.

não tem uma alma intelectual ou racional no momento em que é concebido, mas que a adquire em algum momento posterior – quarenta dias no caso de um feto masculino, segundo a doutrina católica tradicional, e mais tarde no caso de um feto feminino.

Santo Tomás e quase todos os teólogos católicos posteriores rejeitaram a concepção de Platão de que uma alma humana pode existir de maneira totalmente independente e incorpórea, ou que pode combinar-se com qualquer tipo de substância. Segundo a concepção platônica, Deus podia combinar uma alma humana com uma rocha ou uma árvore. Santo Tomás aceitava, porém, a doutrina aristotélica do hilemorfismo, que sustenta que a alma humana não é uma substância independente e flutuante que possa ser combinada com qualquer coisa, mas que se relaciona logicamente com o corpo humano do mesmo modo que a figura ou a forma de qualquer objeto se relaciona logicamente com a matéria-prima da qual é feita. Nenhuma estátua pode ter uma determinada forma a menos que *ela* – a totalidade da pedra, da madeira, da cera ou do gesso – tenha essa forma. Nem mesmo Deus poderia fazer com que um grande bloco de pedra sem forma viesse a ter a forma do Davi de Michelangelo. Da mesma maneira, segundo esse ponto de vista, nada pode incorporar uma alma humana a menos que já seja um corpo humano, o que significava, para Santo Tomás e a doutrina católica posterior, um corpo com a forma e os órgãos de um ser humano. Santo Tomás, portanto, negava que a alma humana já estivesse impregnada no embrião que um homem e uma mulher criam juntos por meio do sexo. Esse embrião inicial, pensava ele, é apenas a matéria-prima de um ser humano cujo desenvolvimento é dirigido por uma série de almas, cada qual apropriada ao estágio que alcançou e cada qual corrompida e substituída pela seguinte, até que o embrião finalmente alcance o desenvolvimento necessário a uma alma claramente humana.

As idéias de Santo Tomás sobre o desenvolvimento do feto, que ele foi buscar em Aristóteles, eram extraordinariamente prescientes em alguns aspectos. O santo entendeu que o embrião não é uma criança extremamente pequena, mas plenamente formada, que simplesmente aumenta de tamanho até o nascimento, como concluíram alguns cientistas posteriores, utilizando microscópios primitivos, mas sim um organismo que primeiro se desenvolve ao longo de um estágio essencialmente vegetativo, entrando a seguir em um estágio no qual se inicia a sensação e, por último, em um estágio em que já estão presentes o intelecto e a razão. Em dois aspectos importantes, porém, Santo Tomás equivocou-se a respeito da biologia da reprodução. Acreditava que o poder ativo que leva um novo ser humano a desenvolver-se era o que chamava de alma "gerativa" do pai, que atuava à distância através da presença de "espuma" no sêmen, e que a mãe apenas contribuía com a nutrição que sustentava o crescimento. Hoje sabemos, por certo, que tanto o pai quanto a mãe contribuem com cromossomos para o desenvolvimento do embrião, que tem uma estrutura genética diferente da deles. Aparentemente, Santo Tomás também acreditava que o cérebro do feto e outros órgãos imprescindíveis para prover a forma corporal necessária para uma alma sensível ou intelectual já estão em seu lugar quando os sinais de vida são percebidos pela mãe devido aos movimentos fetais. Os embriologistas modernos acreditam que o substrato neural necessário para tornar possível qualquer sensibilidade só vem a formar-se muito tempo depois[17].

Os filósofos católicos estão atualmente engajados em um intenso debate sobre a questão de saber se Aquino teria modificado seu ponto de vista sobre o momento em que um feto já possui alma se tivesse tido conhecimento das descobertas da ciência biológica atual. Um grupo afirma que ele teria continuado a pensar que o feto tem uma alma a partir do momento da concepção; assim concluem porque Santo Tomás acreditava que o desenvolvimento orgânico de um feto deve ser dirigido por uma alma e, como a ciência demonstrou que esta não pode ser a alma do pai atuando de maneira independente, como acreditava o santo, ele teria decidido que o desenvolvimento embriológico é dirigido pela alma do próprio feto, que deve, por-

17. Ver discussão sobre a sensibilidade do feto no capítulo 1.

tanto, estar presente já desde o início[18]. Este argumento, porém, parece duvidoso. Santo Tomás acreditava que a alma do pai controlava o desenvolvimento fetal à distância, através de alguma forma de poder da espuma do sêmen. Se tivesse chegado a essa opinião à luz da embriologia moderna, poderia muito bem ter afirmado que as almas geradoras do pai e da mãe dirigem o desenvolvimento do feto em conjunto, agindo a distância através dos cromossomos com os quais cada um contribui, uma opinião que parece muito mais próxima do espírito de sua opinião original do que a hipótese mais radical da animação* imediata.

O grupo rival dos filósofos católicos, que argumenta que o santo não teria mudado de opinião, afirma que seu motivo mais fundamental para negar a animação imediata era seu hilemorfismo – sua convicção de que uma alma humana plena, que é essencialmente intelectual, não pode ser a forma de uma criatura que nunca tenha tido a forma material necessária até mesmo para o mais rudimentar estágio de pensamento ou sensibilidade. O jesuíta Joseph Donceel assim coloca a questão: "Se forma e matéria são estritamente complementares, como sustenta o hilemorfismo, uma verdadeira alma humana só pode existir em um corpo dotado dos órgãos necessários às atividades espirituais do homem. Sabemos que o cérebro, e especialmente o córtex, é o órgão principal dessas mais elevadas atividades dos sentidos sem as quais nenhuma atividade espiritual é possível"[19]. Donceel e outros parecem-me certos ao considerar que essa opinião (que é a versão aristotélica da hipótese que defendi, segundo a qual um feto não pode ter interesses próprios antes de ter vida mental) é fundamental para as concepções tomistas sobre a animação. Isso, porém, significa não apenas que

---

18. Ver, por exemplo, Stephen J. Heaney, "Aquinas and the Presence of the Human Rational Soul in the Early Embryo", *The Thomist* 56 (1992): 19.

* O termo "animação" é empregado, tanto aqui quanto nas ocorrências futuras, com o sentido de "dotação de alma". (N. do T.)

19. Ver Joseph Donceel, S. J., "Immediate Animation and Delayed Hominization", *Theological Studies* 31 (1970): 76, 83.

Santo Tomás teria continuado a negar a animação imediata ainda que se houvesse beneficiado das descobertas modernas, mas que bem poderia ter pensado que o feto é dotado de alma mais tarde do que afirmou – talvez só depois da vigésima sexta semana, o que constitui, na opinião do especialista que citei, uma escolha prudente do momento antes do qual, ao longo do desenvolvimento do feto, a sensibilidade não é possível. A combinação da metafísica tomista com a ciência contemporânea poderia, portanto, produzir uma versão espiritual da principal distinção estabelecida no caso *Roe contra Wade*: o feto não tem alma humana, e o aborto só pode ser considerado um crime quando praticado por volta do final do segundo trimestre de gravidez. Seja como for, porém, é no mínimo problemático saber se a concepção católica oficial vigente – aquela segundo a qual o feto tem uma alma humana plena a partir do momento da concepção – é compatível com a tradição tomista.

Tampouco se imaginou, no passado, que essa concepção fosse necessária para justificar a mais contundente condenação do aborto, inclusive daquele praticado prematuramente. Por muitos séculos a doutrina católica, seguindo Santo Tomás, sustentou que o aborto nas primeiras semanas de gravidez, antes que o feto esteja "formado", não é um assassinato porque a alma ainda não se acha presente. Um manual de instrução, descrito como o mais influente livro para a instrução dos seminaristas no século XIX, ainda declarava: "Apesar de não dotado de alma, o feto se dirige para a formação de um homem; sua ejeção constitui, pois, um homicídio antecipado". Contudo, apesar de não ser visto como um assassinato durante esse longo período, o aborto prematuro era certamente tido em conta de um grave pecado, como insiste a expressão "homicídio antecipado". Ainda que São Jerônimo não acreditasse que um feto prematuro tivesse alma, e que Santo Agostinho se mostrasse em dúvida quanto a essa questão, nenhum deles estabeleceu qualquer distinção entre a pecaminosidade do aborto prematuro e a do tardio. Santo Agostinho condenava nos mesmos termos a contracepção, o aborto prematuro – antes que o feto "tivesse vida" – e o aborto tardio. Na Idade Média, o termo "homicídio" era às vezes usado para designar qualquer crime, inclusive a contracepção, contra a ordem natural da procriação e, portanto, contra a santidade da vida concebida como uma dádiva divina. Alguns decretos do papa Gregório IX estipulavam que todo aquele que tratasse um homem ou uma mulher "de tal modo que ele não pudesse gerar, ou ela conceber, ou os filhos nascer, deve ser considerado um homicida"[20]. Essa concepção abrangente do homicídio, que inclui não apenas a morte de um ser humano real como qualquer interferência na força criadora de Deus, era um ponto de ligação entre as diferentes preocupações da Igreja com a procriação. A masturbação, a contracepção e o aborto eram indistintamente vistos como crimes contra a dignidade e a santidade da vida humana em si. Essa idéia foi reformulada em 1968, na influente encíclica do papa Paulo VI sobre a contracepção, a *Humanae Vitae*:

> Do mesmo modo que o homem não tem o domínio ilimitado sobre o seu corpo, assim também, e com maior razão, não tem o domínio sobre suas aptidões especificamente sexuais, as quais remetem, por sua própria natureza, à geração de vida, da qual Deus é a fonte. Pois a vida Humana é sagrada – todos os homens devem reconhecer esse fato –, recordou-nos Nosso Predecessor, o Papa João XXIII, "a partir do momento em que, já em seus primórdios, invoca a ação criadora de Deus". Portanto [...] a interrupção direta dos processos gerativos já iniciados e, acima de tudo, o aborto direto, mesmo que praticado por razões terapêuticas, devem ser absolutamente excluídos como meios legítimos de controlar o nascimento de crianças. Digna de igual condenação [...] é a esterilização direta, seja do homem ou da mulher, permanente ou temporária. Igualmente excluída encontra-se uma ação que antes, durante ou depois da relação sexual visa especificamente a evitar a procriação – seja como fim seja como meio[21].

---

20. Decretales 5.12.5.

21. Tradução inglesa, *On Human Life: Encyclical Letter of Pope Paul VI* (Londres: Catholic Truth Society, 1970), 14-15.

Durante muitos séculos, acreditou-se que essa concepção tradicional da Igreja – a de que o aborto é condenável por insultar a santidade da vida humana mesmo quando o feto abortado ainda não foi dotado de alma – fosse capaz de sustentar uma firme e irredutível oposição moral ao aborto prematuro. Mesmo em 1974, quando a doutrina de que o feto tem direito à vida desde a concepção fora oficializada pela doutrina católica, uma declaração da Sagrada Congregação para a Doutrina da Fé declarava que sua oposição ao aborto não se apoiava em "questões acerca do momento em que a alma espiritual é infundida" (sobre o qual, afirmava-se, ainda não existe consenso entre os autores), porque, mesmo que haja um retardamento da animação, ainda assim existe uma vida humana preparando-se para receber uma alma, o que é suficiente para fundamentar uma "afirmação moral" de que o aborto é pecado. A declaração especificava que a posição da Igreja ao aborto foi igualmente forte no longo período durante o qual essa doutrina foi negada[22]. O direito canônico e o secular alteraram períodos de maior e menor severidade para com o aborto, mas até mesmo a mais severa condenação do aborto prematuro foi considerada coerente com a negação da animação imediata: por um breve período no século XVI, por exemplo, mesmo a excomunhão era vista como um castigo permissível, como o é atualmente, para um aborto prematuro. É verdade que a posição atual da Igreja sobre o aborto é particularmente severa tendo-se em vista os padrões históricos, não apenas pela punição que determina para os abortos prematuros, mas, de maneira ainda mais significativa, pelas exceções que se nega a reconhecer nos casos de abortos tardios. Em 1930, por exemplo, uma encíclica papal tornou mais rigorosa a recusa da Igreja em permitir um aborto tardio para salvar a vida da mãe; essa mudança não tinha nada a ver com alguma modificação na doutrina teológica sobre a animação ou sobre o *status* de um feto ainda não formado.

---

22. *Let me Live: Declaration by the Sacred Congregation for the Doctrine of the Faith on Procured Abortion, approved and confirmed by Pope Paul VI* (Londres: Catholic Truth Society, 1974), 5-6.

Muitos acreditam que um decreto papal de 1869, no qual Pio IX declarava que até mesmo um aborto prematuro podia ser punido com a excomunhão, marcou a primeira rejeição oficial da concepção tradicional de que o feto é dotado de alma algum tempo depois da concepção, e a adoção oficial da concepção atual da animação imediata. Há um debate considerável entre os historiadores e filósofos da religião a propósito do que teria deflagrado tal mudança. Alguns filósofos católicos sugerem que as descobertas da biologia moderna encontram-se na origem dessa mudança, mas, como vimos, essas descobertas foram no mínimo capazes de levar os líderes religiosos a acreditar que a animação ocorre não antes, mas depois do momento assinalado por Santo Tomás de Aquino. Alguns historiadores sugerem uma inspiração mais teológica do que filosófica para a mudança de doutrina. Em 1854, Pio IX pronunciou o dogma da Imaculada Conceição, em cujos termos "a Virgem Maria foi, desde o primeiro instante de sua concepção, conservada sem mácula do pecado original", o que parece pressupor que a Virgem tinha alma já a partir desse momento. Mas, como argumenta Michael Coughlan, existem interpretações alternativas do dogma que pressupõem que Deus abriu uma exceção nesse caso, para o qual existem amplos precedentes históricos[23].

Ainda que continue controverso saber se alguma tese filosófica ou doutrinária explica adequadamente a mudança da opinião oficial da Igreja, não há dúvida de que a mudança deu-lhe uma considerável vantagem política em sua campanha contra o aborto. Desde o século XVIII, as democracias ocidentais haviam começado a rejeitar, na esfera política, os argumentos explicitamente teológicos. Nos Estados Unidos, a Primeira Emenda à Constituição estipula que o Congresso não tem o poder de estabelecer nenhuma religião em particular, nem de legislar a serviço de qualquer dogma ou metafísica religiosos. Em fins do século XIX, a idéia de que Igreja e Estado deviam

---

23. Ver Michael J. Coughlan, *The Vatican, the Law and the Human Embryo* (Iowa City: University of Iowa Press, 1990), 86-8.

separar-se vinha se convertendo em critério ortodoxo também em muitos países europeus. Numa cultura política que insiste nas justificações seculares de seu direito penal, o argumento autônomo de que o aborto prematuro é pecado porque qualquer aborto insulta e frustra o poder criador de Deus não pode contar como razão para tornar o aborto um crime. É revelador que, embora leis antiaborto tenham sido promulgadas nos Estados Unidos em meados do século XIX, os grupos e argumentos religiosos praticamente não tenham desempenhado nenhum papel importante na campanha, que em grande parte foi conduzida por médicos recém-organizados em associações profissionais. (Alguns dos médicos que participaram da campanha se opunham ao aborto por razões morais; outros queriam acabar com a concorrência de leigos que praticavam abortos.)

A mudança da Igreja Católica Romana para a doutrina da animação imediata conferiu grande força à sua posição política. As pessoas que acreditam, por alguma razão, que o feto é uma pessoa a partir do instante de sua concepção, têm total liberdade para argumentar que o aborto, inclusive o aborto no início da gravidez, equivale ao assassinato de uma criança não nascida, um argumento que não podem apresentar quando acreditam que só mais tarde o feto adquire uma alma ou torna-se uma pessoa. Em outras palavras, a doutrina católica agora admitia um argumento secular derivativo, assim como um argumento religioso independente. Assim como qualquer ordem religiosa pode legitimamente argumentar, mesmo em uma sociedade pluralista que separa a Igreja do Estado, que os direitos das crianças, das minorias ou dos pobres não podem ser negligenciados, assim também se pode argumentar que os direitos das crianças não nascidas não podem ser sacrificados. Deus não precisa ser mencionado no argumento. A declaração da Sagrada Congregação que há pouco citei, publicada um ano depois da decisão *Roe contra Wade*, enfatizava esse ponto ao afirmar: "É verdade que não cabe ao direito escolher entre pontos de vista para impor um em detrimento dos outros. Mas a vida da criança tem prioridade sobre todas as opiniões. Não se pode invocar a liberdade de pensamento para destruir essa vida. [...] Em todos os momentos, cabe ao Estado preservar os direitos das pessoas e proteger as mais fracas dentre elas"[24].

A doutrina da animação imediata tinha outra vantagem política de natureza prática. A doutrina mais antiga, tradicional – em cujos termos o aborto prematuro era um pecado por insultar o valor inerente do dom de vida concedido por Deus – era parte de uma concepção geral mais ampla da sexualidade e da criação que condena o aborto, a masturbação e a contracepção como manifestações distintas do pecado do desrespeito a Deus e à vida, que são vistos como aspectos do "homicídio" no sentido mais vasto do termo. A Igreja continua a condenar a contracepção nos termos mais rigorosos; na encíclica *Humanae Vitae*, o Papa Paulo VI denunciou a contracepção deliberada como "intrinsecamente iníqua"[25]. A contracepção, porém, está tão solidamente arraigada em muitos países ocidentais, e aparenta ser um aspecto tão desejável das tentativas de conter a expansão demográfica e melhorar a vida econômica nos países de Terceiro Mundo, que a Igreja precisa encontrar uma maneira muito forte e perspicaz de distinguir entre aborto e contracepção; nos Estados Unidos, isso tornou-se particularmente importante depois da decisão tomada pelo Supremo Tribunal em 1965, no caso *Griswold contra Connecticut*, a qual, juntamente com outras decisões subseqüentes, proibiu totalmente que os estados declarassem a contracepção ilegal. Sem dúvida, mesmo de acordo com a concepção tradicional, o aborto pode ser caracterizado como a mais grave ofensa ao poder criador de Deus, e muitas pessoas profundamente religiosas crêem plausivelmente que a contracepção, que não frustra nenhum investimento na vida humana real, não constitui ofensa alguma. Contudo, a doutrina da animação imediata faz uma distinção mais dramática, pois afirma que o produto da concepção tem uma alma divina, ainda que o esperma ou o óvulo não a tenham.

A doutrina tem tido, porém, a desvantagem evidente de tornar o dogma católico oficial muito mais distante das opiniões e

---

24. *Let me Live*, 11.
25. *On Human Life*, 16.

práticas da maioria dos católicos. Em 1992, uma pesquisa de opinião Gallup informou que 52% dos católicos norte-americanos acreditavam que o aborto deveria ser legal em "muitas ou todas" as circunstâncias; para outros 33%, em "raras" circunstâncias, e somente 13% não admitiam o aborto em circunstância alguma. A pesquisa também revelava que 15% dos católicos acreditavam que o aborto é moralmente aceitável em todas as circunstâncias, 26% em muitas circunstâncias, 41% em raras circunstâncias, e somente 13% em nenhuma circunstância[26]. Nos Estados Unidos, como afirmei, a probabilidade de que as mulheres católicas abortem não é menor do que a das mulheres em geral.

Os católicos praticantes não poderiam aceitar as exceções que, em sua maioria, aceitam, se realmente acreditassem que o feto é uma pessoa com direito à vida a partir do momento da concepção. Mesmo na Irlanda, um país há muito dominado pelo catolicismo conservador, e onde o aborto é proibido pela Constituição, a maioria dos católicos aparentemente rejeita esse ponto de vista. Como já afirmei aqui, quando um tribunal irlandês proibiu que uma jovem de catorze anos, vítima de estupro, fizesse um aborto na Inglaterra, a ordem provocou grande indignação. Em resposta ao recurso de apelação, o Supremo Tribunal irlandês sustentou que a proibição constitucional isentava os abortos necessários para salvar a vida da mãe, e que, como a jovem ameaçara matar-se se fosse forçada a dar à luz, a exceção aplicava-se ao caso. Como assinalaram os críticos católicos, essa opinião pareceria permitir o aborto não apenas no exterior, mas também na Irlanda, bem como em qualquer ocasião em que uma mulher grávida ameaçasse suicidar-se se fosse impedida de abortar e um médico acreditasse nela. Ainda assim, o Supremo Tribunal irlandês sentiu-se obrigado pela opinião pública a encontrar alguma maneira de permitir o aborto.

---

26. Ver "Catholics: 52% Support Abortion in Most Circumstances", *American Political Network* (18 de junho de 1992); "Catholics' Views Shift on Ordination; Poll Finds Majority Support Women Priests, Abortion Rights", *Washington Post*, 19 de junho de 1992, A4.

Essa série de acontecimentos provocou o plebiscito de 1992 que mencionei, no qual a maioria recusou uma emenda constitucional que declarasse que o aborto poderia ser legalizado quando necessário para salvar a vida da mãe, mas ainda assim aprovou mudanças constitucionais que permitiram que as irlandesas abortassem no exterior, e que as informações sobre a prática do aborto em outros países pudessem ser veiculadas em território irlandês. Ainda que o primeiro desses votos tenha sido amplamente entendido como uma recusa a liberalizar o aborto, a lei que resultou do plebiscito pressupunha, claramente, que o feto não é uma pessoa a partir do momento da concepção; se o fosse, justificar-se-ia, sem dúvida, que o Estado determinasse que seus cidadãos não matassem um feto em um país estrangeiro – na verdade, o Estado estaria moralmente obrigado a impedir tal procedimento. (E se algum país pobre resolvesse permitir o infanticídio com a finalidade de incentivar o turismo? Certamente seria conveniente que os outros países proibissem que seus cidadãos levassem crianças indesejadas para tal país.)

Assim, o voto mais recente dos irlandeses é uma nova confirmação de que mesmo as pessoas que acreditam, por razões religiosas, que o Estado deveria proibir quase todos os abortos, na verdade não acreditam que o feto já seja uma pessoa a partir do momento de sua concepção. Acreditam em algo diferente, mas com raízes muito mais profundas na tradição católica: que o aborto é uma perda terrível, e raramente justificável, do dom divino da vida humana. Os que se opõem ao aborto por essa razão podem perfeitamente achar aceitável que se permita que os cidadãos abortem no exterior. Quase ninguém é um relativista moral a ponto de acreditar que o infanticídio é moralmente admissível quando praticado onde as leis o permitem, mas muitas pessoas acreditam que cada país deve decidir por conta própria o que se pode fazer em seu território, por uma questão de respeito a valores intrínsecos fundamentais, quando não se violem os direitos de ninguém.

Esses fatos e estatísticas tendem a sustentar a enfática afirmação de Gary Wills de que "a maioria dos católicos concluiu que seus líderes religiosos estão confusos em matéria de sexo"[27]. Se a Igreja retomasse sua concepção tradicional sobre o *status* moral do feto, tanto do prematuro quanto do tardio, não mais se veria em um confronto doutrinário tão agudo com seus próprios membros. Segundo sua concepção atual, os católicos que aceitam a permissibilidade do aborto nos casos de estupro ou de grave deformação do feto estão fazendo vista grossa ao assassinato de inocentes; a doutrina oficial não permite nenhuma outra descrição. Do ponto de vista mais tradicional, porém, as diferenças entre a hierarquia e o laicato poderiam ser vistas como diferenças de interpretação de um compromisso comum fundamental – um compromisso com a vida humana como dádiva divina – que é compartilhado por todos os católicos. Pois, sem dúvida, os católicos que rejeitam a doutrina da animação imediata e negam que o aborto prematuro seja um assassinato podem, ainda assim, admitir que o aborto prematuro é um ato muito grave e pecaminoso, a não ser quando praticado nas circunstâncias mais dramáticas. O jesuíta Joseph Donceel não acredita que um feto recém-formado seja uma pessoa, mas mesmo assim insiste em que, "embora um embrião pré-humano não possa exigir de nós o respeito absoluto que devemos à pessoa humana, é merecedor de uma grande consideração, pois se trata de um ser humano dotado de uma finalidade humana em sua trajetória para a hominização. Portanto, parece-me que somente razões muito sérias deveriam permitir que puséssemos fim à sua existência"[28]. Donceel poderia reconhecer exceções que católicos mais conservadores não reconheceriam, mas o fundamento do juízo que propõe – se se permite uma exceção nos termos da melhor interpretação do respeito devido a qualquer exemplo de vida humana em processo de desenvolvimento – estimula tanto os conservadores quanto os liberais a perceber suas diferenças como menos importantes do que o res-

---

27. Wills, *Under God*, 310. Wills cita George Gallup, Jr., e Jim Castelli, *The People's Religion: American Faith in the 90's* (Nova York: Macmillan, 1989).

28. Joseph F. Donceel, S. J., "A Liberal Catholic's View", em Joel Feinberg, org., *The Problem of Abortion* (Belmont, Calif.: Wadsworth, 1984), 15.

peito que compartilham pela vida humana enquanto algo intrínseca e extremamente valioso.

Talvez a doutrina católica já esteja avançando nessa direção, ainda que não de maneira explícita ou consciente. Um dos mais interessantes dentre os desdobramentos religiosos atuais é o surgimento, entre os católicos e protestantes que se opõem firmemente a qualquer tipo de aborto, da doutrina que alguns deles chamam de Ética Coerente da Vida. Essa doutrina insiste em que as pessoas que se opõem ao aborto devem mostrar um respeito coerente pela vida humana em suas opiniões sobre outras questões sociais. Joseph Cardinal Bernardin*, arcebispo de Chicago, foi um dos primeiros a desenvolver e defender essa tese. Numa série de importantes ensaios e discursos, argumenta que os católicos que se opõem ao aborto por respeito à vida humana devem, se forem coerentes, opor-se também à pena de morte (ao menos quando seu valor dissuasivo estiver em dúvida), trabalhar por uma política de assistência médico-sanitária mais justa para os pobres, promover políticas de bem-estar social que aumentem a qualidade e a duração da vida humana e opor-se à legalização da eutanásia ativa mesmo nos casos de pacientes terminais[29].

Até onde sei, Cardinal Bernardin não questionou explicitamente a opinião oficial da Igreja Católica de que o feto é uma pessoa a partir da concepção. Em um de seus discursos, estimulou seus ouvintes a ajudarem a "salvar as vidas de milhões de nossos irmãos e irmãs não nascidos"[30]. Mas seu argumento – de que é *incoerente* defender a pena de morte ou a eutanásia ao mesmo tempo que se condena o aborto – pressupõe que a oposição arrazoada ao aborto se baseia no respeito pelo valor intrínseco da vida, não em algum pressuposto de que o feto é uma pessoa com direito à vida. Pois alguém que ba-

---

* Falecido em 20 de novembro de 1996. (N. do T.)

29. Ver Joseph Cardinal Bernardin, *The Consistent Ethic of Life* (Kansas City: Sheed & Ward, 1988).

30. Ver Bernardin, "The Consistent Ethic of Life After *Webster*", Discurso, Woodstock Theological Center, Georgetown University, 20 de março de 1990, 9.

seasse sua condenação do aborto nesta última premissa – a de que o feto realmente tem esse direito – *não* seria incoerente ao defender a pena de morte se também acreditasse (como Bernardin) que um assassino perdeu seu direito à vida[31]. Também não seria incoerente ao apoiar a eutanásia se concordasse com a opinião de Bernardin sobre por que a eutanásia é uma prática iníqua.

Bernardin baseia explicitamente sua oposição à eutanásia em um argumento independente, não em um argumento derivativo. "O princípio fundamental [...] encontra-se na herança judaico-cristã que desempenhou um papel tão influente na formação de nosso *ethos* nacional. Nessa tradição religiosa, o significado da vida humana está baseado no fato de sua natureza divina, uma vez que Deus é sua origem e seu destino." Esse princípio, diz Bernardin, explica por que é errado julgar a eutanásia levando-se em conta apenas a questão de se ela beneficia ou prejudica o paciente como indivíduo, e não a questão mais profunda de se prejudica um "bem social" que pode estar em "tensão" com os "direitos pessoais". Só seria incoerente opor-se ao aborto e defender a eutanásia se a oposição ao aborto incluísse uma concepção paralela de natureza independente: que o aborto também é condenável não apenas porque o feto tem direito à vida, se é que o tem, mas porque o aborto insulta o "bem social" do respeito à vida, o que faria mesmo que o feto não tivesse tal direito. Não quero dizer, por certo, que Cardinal Bernardin ou outros influenciados por suas concepções não possam também insistir em que o feto é, de fato, uma pessoa com direitos e interesses. Mas sua atraente invocação à coerência pressupõe que a acusação contra o aborto não depende, em absoluto, dessa concepção.

---

31. Em um discurso sobre "The Death Penalty in Our Time", reimpresso em *Consistent Ethic of Life*, 59, Cardinal Bernardin deixa claro que o estado tem o direito de executar um assassino, negando apenas que deva exercer esse direito nas circunstâncias da sociedade contemporânea.

### *Feminismo*

Venho argumentando que a opinião doutrinária religiosa sobre o aborto será mais bem apreendida se entendermos que ela tem por base o pressuposto independente de que a vida humana tem valor intrínseco, e não a idéia derivativa de que o feto é uma pessoa com interesses e direitos próprios. Gostaria de fazer uma afirmação contrária, porém paralela, sobre um movimento vasto e diversificado cujas forças se voltam basicamente para a vertente "pró-vida": pretendo sugerir que os argumentos e os estudos feministas têm por base não apenas a negação de que o feto é uma pessoa, ou a afirmação de que o aborto é permissível ainda que o feto o seja, mas que se baseia igualmente em preocupações positivas que reconhecem o valor intrínseco da vida humana.

Sem dúvida, é um erro grosseiro tratar todas as mulheres que se consideram feministas, ou que se vêem como parte do movimento das mulheres em termos gerais, como adeptas do mesmo conjunto de convicções. Há, no feminismo, muitas divisões de opinião sobre as estratégias para melhorar a posição política, econômica e social das mulheres – por exemplo, sobre a ética ou a sabedoria que possa existir na censura aos textos literários que algumas feministas consideram aviltantes para as mulheres. As feministas também divergem sobre questões mais profundas: sobre a natureza e as raízes da discriminação de sexo e gênero, sobre a questão de se as mulheres são geneticamente diferentes dos homens em sensibilidade ou percepção moral e se o objetivo do feminismo deve ser, simplesmente, acabar com a discriminação formal e informal ou aspirar a um mundo totalmente sem distinções de sexo, no qual, em termos gerais, haja um número equivalente de pais e mães encarregados de cuidar dos filhos e no qual as mais altas posições militares sejam igualmente acessíveis a homens e mulheres. As feministas chegam, inclusive, a divergir sobre a questão da conveniência ou não do aborto: existem feministas "pró-vida"[32]. As con-

32. Ver Sidney Callahan, "A Moral Obligation", *Sojourners: An Independent Christian Monthly* (novembro de 1989): 18.

cepções feministas que aqui discutirei são centrais a este livro – remetem à ligação especial que existe entre a mulher grávida e o feto que traz consigo.

Nos Estados Unidos, nas décadas que antecederam a decisão *Roe contra Wade*, as feministas lideraram as campanhas para a revogação das leis antiaborto em vários estados: argumentavam, com insistência e poder não igualados por nenhum outro grupo, em favor dos direitos que a decisão *Roe* terminou por reconhecer. Desde então, vêm demonstrando uma profunda insatisfação com sentenças do Supremo Tribunal que permitiram que os estados restringissem esses direitos de diversas maneiras[33], e têm realizado manifestações em defesa de sua posição, arriscando-se, em alguns casos, a ser gravemente feridas por manifestantes contrários ao aborto. Não obstante, algumas feministas encontram-se entre os mais ferozes críticos dos argumentos que o juiz Blackmun utilizou no parecer em que justificou a sentença do caso *Roe*; elas insistem em que o tribunal chegou ao resultado correto, mas que o fez por ter seguido um raciocínio muito equivocado. Algumas delas sugerem que, ao fim e ao cabo, a decisão pode ter funcionado em detrimento das mulheres, não em seu benefício.

A sentença de Blackmun argumentava que as mulheres têm um direito constitucional geral à privacidade, e que desse direito geral se infere que elas podem optar pelo aborto antes do final do segundo trimestre de gravidez. Algumas feministas objetam que o chamado direito à privacidade é uma perigosa ilusão e que a liberdade de escolha da mulher em matéria de aborto nas sociedades contemporâneas, dominadas pelos homens, deve ser defendida não mediante um apelo à privacidade, mas por ser vista como um aspecto essencial de qualquer tentativa genuína de aumentar a igualdade entre os sexos. Não é de surpreender que as feministas queiram defender o direito ao aborto de todas as maneiras possíveis, e sem dúvida não é surpreendente que algumas delas chamem a atenção para a

33. Algumas dessas sentenças, inclusive a do caso *Casey* que mencionei no último capítulo, são discutidas no capítulo 6.

desigualdade sexual como parte da razão pela qual as mulheres precisam desses direitos. Mas por que elas insistem não apenas em apresentar um argumento adicional a partir da questão da igualdade, mas também em rejeitar o argumento do direito à privacidade em que o tribunal se havia fundamentado? Não deveriam defender ambos os argumentos, assim como tantos outros que pareçam pertinentes?

Muitas das razões que as autoras feministas oferecem em defesa de sua rejeição do direito à privacidade são, de fato, pouco convincentes, mas é importante tentar descobrir *por que* a fim de identificar as razões esclarecedoras e reveladoras que também oferecem. A professora Catharine MacKinnon, da Faculdade de Direito de Michigan, por exemplo, uma importante advogada feminista, afirma que o argumento do direito à privacidade pressupõe o que ela considera uma distinção falaciosa entre questões que são em princípio privadas, como os atos e as decisões sexuais dos casais, que o governo não deveria tentar regular ou supervisionar, e as que são em princípio públicas, como a política econômica externa, sobre a qual é evidente que o governo deve legislar[34]. Essa distinção, acredita ela, é equivocada e perigosa para as mulheres de muitas maneiras. Pressupõe que elas realmente são livres para tomar decisões por si próprias no espaço privado que ocupam, ainda que na verdade, insiste MacKinnon, o mais freqüente é que as mulheres sejam muito pouco livres na chamada esfera pública; os homens comumente forçam-nas à submissão sexual na esfera privada, e esse domínio sexual privado tanto reflete quanto ajuda a manter a subordinação política e econômica das mulheres na comunidade pública.

Existem dois sentidos, sugere MacKinnon, nos quais é perigoso apelar a um direito à privacidade. Em primeiro lugar, insistir em que o sexo é uma questão privada implica que o governo não tem nenhuma preocupação legítima com o que acontece com as mulheres por trás da porta do quarto, onde podem

34. Ver Catharine A. MacKinnon, "Reflections on Sex Equality Under Law", 100 *Yale Law Journal* 1281 (1991).

ser estupradas ou espancadas. Em segundo lugar, a afirmação de que o aborto é uma questão privada parece implicar que o governo não tem nenhuma responsabilidade de ajudar a financiar o aborto das mulheres pobres da mesma maneira que as ajuda a financiar o parto. (Outras feministas vão além desse ponto: a atitude de basear o direito ao aborto em um direito à privacidade parece sugerir, dizem elas, que o governo faz o que é necessário em prol da igualdade sexual ao conceder às mulheres essa liberdade de escolha, ignorando a verdade maior de que qualquer avanço substancial em direção à igualdade exigirá um considerável gasto público com programas de previdência social, entre outros, dirigidos às mulheres.) Para MacKinnon, a sentença do Supremo Tribunal de 1980, no caso *Harris contra McRae*, que revogou a do juiz John Dooling, a qual considerava inconstitucional a emenda Hyde contra o uso de fundos federais para financiar o aborto, foi um resultado direto da retórica do tribunal sobre a privacidade no caso *Roe contra Wade*.

Será isso convincente? É verdade, sem dúvida, que muitas mulheres sofrem intimidação sexual e que a presunção, que permeia grande parte do direito criminal e civil, de que as mulheres que têm uma relação sexual ou foram estupradas ou consentiram nela por livre e espontânea vontade, é demasiado grosseira, e a legislação norte-americana sobre o assédio sexual lentamente começou a mudar (graças, em boa parte, ao trabalho de MacKinnon) a fim de refletir essa percepção. Mas não há uma ligação evidente entre esses fatos e as afirmações de MacKinnon sobre a retórica da privacidade. O direito à privacidade que o tribunal reconheceu no caso *Roe contra Wade* não pressupõe, de modo algum, que todas – ou mesmo algumas – mulheres sejam agentes verdadeiramente livres em matéria de decisões sexuais. Ao contrário, o fato de as mulheres serem freqüentemente dominadas pelos homens faz com que seja mais, e não menos, importante insistir em que elas devem ter um direito constitucionalmente protegido de controlar o uso de seus próprios corpos. MacKinnon, é verdade, faz pouco dos motivos dos homens que favorecem o direito das mulheres ao aborto. As regras liberais sobre o aborto, diz ela, permitem que os homens usem sexualmente as mulheres sem temer as conseqüências da paternidade; permitem também, diz MacKinnon citando uma colega feminista, que eles encham as mulheres, esvaziem-nas e voltem a enchê-las. Mas sua desconfiança com relação aos homens que são seus aliados, ainda que fosse bem fundada, não nos ofereceria razão alguma para ser mais críticos com relação ao direito à privacidade do que de qualquer outro argumento em favor de regras mais liberais sobre o aborto que os homens pudessem defender.

Não é mais convincente, também, a segunda razão que ela apresenta contra o argumento do direito à privacidade – o fato de que reconhecer a privacidade em matéria de sexo significa que a lei não irá proteger as mulheres do estupro marital, nem ajudá-las a financiar os abortos –, uma vez que mistura diferentes sentidos de "privacidade". A privacidade é, às vezes, territorial: as pessoas têm direito à privacidade em sentido territorial quando é legítimo que façam o que desejam em um espaço demarcado – dentro de suas próprias casas, por exemplo. Às vezes, a privacidade é uma questão de confidencialidade: dizemos que as pessoas podem manter suas convicções políticas na esfera privada, querendo com isso dizer que não precisam revelar em quem votaram. Às vezes, porém, a privacidade significa algo diferente de qualquer desses sentidos: significa soberania quanto a decisões pessoais. O Supremo Tribunal, por exemplo, citou como precedentes do direito à privacidade nas decisões sobre contracepção e aborto suas determinações anteriores de que a Constituição protege o direito dos pais de mandar seus filhos para uma escola particular, ou para uma escola na qual se ensine uma língua estrangeira[35]. Trata-se, aqui, de uma questão de soberania relativa à decisão dos pais que, no entender do tribunal, devia ser protegida; não é uma questão de privacidade territorial nem de confidencialidade. (É verdade que em *Griswold contra Connecticut*, o caso de contracep-

35. Ver *Meyer contra Nebraska*, 262 U.S. 390 (1923); *Pierce contra Society of Sisters*, 268 U.S. 510 (1925).

ção que já mencionei aqui, um juiz afirmou que a lei não deve proibir os anticoncepcionais porque, se o fizesse, a polícia teria de fazer buscas nos quartos das pessoas. Mas ele foi o único a insistir nessa fundamentação lógica, e o tribunal rejeitou-a explicitamente em uma decisão tomada pouco depois, quando sustentou que o direito à privacidade significava que os adolescentes eram livres para comprar anticoncepcionais nas farmácias.)[36]

O direito à privacidade que o tribunal endossou no caso *Roe contra Wade* significa, claramente, privacidade no sentido de soberania quanto a decisões particulares específicas, e não se segue, do fato de o governo proteger a soberania da mulher quanto ao uso de seu próprio corpo para fins de procriação, que seja indiferente ao modo como seu parceiro a trata – ou como ela o trata – dentro de sua própria casa. Ao contrário: o direito de não ser estuprada ou forçada a fazer sexo é mais um exemplo do direito de controlar o uso do próprio corpo. Também não se segue que o governo não tenha a responsabilidade de assegurar as condições econômicas que tornam possível o exercício do direito e valiosa a sua posse. Ao contrário: reconhecer que as mulheres têm o direito constitucional de determinar como seu próprio corpo vai ser usado é um requisito prévio, e não um obstáculo, à afirmação posterior de que o governo deve assegurar que esse direito não seja ilusório[37].

---

36. *Carey contra Population Services International*, 431 U.S. 678 (1977).

37. No capítulo 6, sugiro que o Supremo Tribunal cometeu um erro no caso *Harris contra McRae*. Dificilmente se pode afirmar, contudo, que sua sentença resultou do fato de ter reconhecido previamente um direito à privacidade em questões de procriação. Afinal, se as mulheres têm um direito à privacidade que lhes permite interromper a gravidez, têm igualmente o direito de *não* interrompê-la, e esse fato não impediu que o Congresso tomasse a decisão de ajudar financeiramente as mulheres que fazem essa opção. A questão colocada em *Harris contra McRae* não dizia respeito a saber se a decisão de uma mulher de interromper a gravidez é uma decisão privada, em qualquer sentido que se atribua à palavra privacidade, mas sim a questão muito diversa de saber se o Congresso pode apoiar financeiramente as mulheres que fazem uma opção privada sobre a gravidez ao mesmo tempo que se recusa a apoiar as que fazem uma opção diferente que lhes é igualmente assegurada pela Constituição.

Essas explicações que MacKinnon e outras feministas dão acerca de sua oposição à linguagem da privacidade não chegam ao âmago da questão. Contudo, outros trechos de suas obras sugerem uma explicação bem mais sólida: afirmar que o direito à *privacidade* protege a decisão de uma mulher quanto a abortar ou não assimila a gravidez a outras situações que são muito diferentes; o efeito dessa assimilação é obscurecer o significado especial da gravidez para a mulher e denegrir, por ignorá-lo, sua natureza única. Segundo essas feministas, a afirmação de privacidade trata a gravidez como se a mulher e o feto fossem entidades moral e geneticamente distintas. Trata a gravidez, diz MacKinnon, como se fosse apenas outro caso em que duas entidades distintas tornaram-se, deliberada ou acidentalmente, ligadas de alguma maneira, e em que uma das partes tem, de modo inequívoco, o "direito soberano" de desfazer a ligação quando assim o desejar. Ela oferece estes exemplos de outros casos: a relação entre um empregado e seu empregador, entre um inquilino sob um contrato de curta duração e o proprietário do imóvel, ou (em referência a um famoso artigo sobre o aborto da filósofa Judith Jarvis Thomson que muitas feministas não apreciam) entre um violinista doente e uma mulher que, ao acordar, descobre que o violinista foi ligado a seu corpo por meio de tubos, uma ligação que deve ser mantida por nove meses para que o violinista possa continuar vivo. MacKinnon insiste em que a gravidez é diferente dessas relações; em um trecho surpreendente de seu texto, ela descreve como é a gravidez a partir da perspectiva da mulher:

> Em minha opinião, e segundo a experiência de muitas mulheres grávidas, o feto é uma forma de vida humana. Está vivo. [...] Mais que uma parte do corpo, mas menos que uma pessoa, o lugar onde está é, em grande parte, aquilo que é. Do ponto de vista da gestante, é ao mesmo tempo eu e não-eu. "É" a gestante no sentido de que está nela e é dela, e é dela mais do que de qualquer outra pessoa. "Não é" ela no sentido de que ela não é somente o que se encontra ali[38].

38. MacKinnon, "Reflections on Sex Equality Under Law", 1316.

MacKinnon também cita um comentário da poeta Adrienne Rich: "A criança que trago comigo durante nove meses não pode ser definida *nem* como eu nem como não-eu"[39].

Ao ignorar a natureza única da relação entre a mulher grávida e o feto, negligenciar a perspectiva da mãe e comparar sua situação à do proprietário de um imóvel ou à de uma mulher ligada a um violinista, a afirmação de privacidade obscurece, em particular, o *especial* papel criativo da mulher durante a gravidez. Seu feto não está meramente "dentro dela" como poderia estar um objeto inanimado, ou alguma coisa viva mas estranha que tivesse sido transplantada para o seu corpo. É "dela, e é dela mais do que de qualquer outra pessoa" porque é, acima de tudo, sua criação e sua responsabilidade; está vivo porque *ela* fez com que se tornasse vivo. Ela já fez um intenso investimento físico e emocional nele, diferente do que qualquer outra pessoa possa ter feito, inclusive o pai; por causa dessas ligações físicas e emocionais, é tão errado dizer que o feto está separado dela quanto dizer que não está. Todos esses aspectos da experiência de uma mulher grávida – tudo que existe de especial, complexo, irônico e trágico sobre a gravidez e o aborto – são negligenciados pela explicação liberal de que as mulheres têm direito ao aborto porque têm direito à soberania sobre as decisões pessoais, uma explicação que se aplicaria com a mesma força ao direito que a mulher tem de escolher suas próprias roupas.

A afirmação feminista mais fundamental e característica é a de que a subordinação sexual das mulheres deve tornar-se um atributo central do debate sobre o aborto. MacKinnon coloca a questão de uma maneira particularmente inusitada: se as mulheres fossem realmente iguais aos homens, diz, então o *status* político de um feto seria diferente do que é hoje. Isso parece paradoxal: como pode a desigualdade das mulheres, por injustificada que seja, condenar os fetos – metade dos quais per-

39. Ver Adrienne Rich, "Of Woman Born", 64 (1976), citado em MacKinnon, "Reflections on Sex Equality Under Law", 1316 (em itálico no original).

tence ao sexo feminino – a um *status* inferior, e a um menor direito à vida, do que teriam se fossem outras as circunstâncias? Mas esta objeção à sugestão de MacKinnon, como tantas outras coisas que permeiam o debate público e filosófico sobre o aborto, pressupõe que o problema central é saber se o feto é uma pessoa com interesses e direitos próprios. A objeção seria bem fundada se fosse essa a questão central – se o debate fosse sobre o *status* do feto *nesse* sentido. Mas a afirmação de MacKinnon torna-se não apenas sensata, como também poderosa, se considerarmos que ela está discutindo o *status* do feto no sentido independente por mim distinguido. A questão crucial passa a ser, então, se e quando o aborto é uma eliminação injustificável de algo de importância intrínseca, e MacKinnon então passa a defender a surpreendente afirmação de que a importância intrínseca de uma nova vida humana pode depender do significado e da liberdade do ato que a criou.

Se as mulheres fossem livres e iguais aos homens em suas relações sexuais, dizem as feministas – se tivessem um papel mais verdadeiramente igual na formação do ambiente moral, cultural e econômico no qual as crianças são concebidas e criadas –, então o *status* de um feto seria diferente, pois seria mais verdadeira e inequivocamente a criação intencional e desejada da própria mulher, em vez de algo que lhe é imposto. Como muitas mulheres hoje acreditam, o aborto então seria, muito mais claramente, uma espécie de autodestruição, uma mulher destruindo alguma coisa entranhada em seu próprio ser. As mulheres não podem atualmente adotar esse ponto de vista sobre o aborto, argumentam algumas feministas, porque o excesso de relações sexuais configura, em certa medida, estupros, e muito freqüentemente a gravidez é resultado não de uma realização criativa, mas de uma subordinação que nada tem de criativo, e porque os custos da gravidez e da criação dos filhos estão distribuídos de maneira muito injusta, incidindo tão pesada e desproporcionalmente sobre elas.

Este argumento, ao menos do modo como o apresentei aqui, pode ser exagerado. Não leva em conta o papel criativo do homem, por exemplo, e ainda que mostre o que há de censurável no fato de basear-se totalmente no conceito de privacidade para defender o direito da mulher ao aborto, não prova que o Supremo Tribunal estava equivocado ao basear-se nesse conceito para decidir o problema constitucional que estava em jogo no caso *Roe contra Wade*. Afinal, apelar à privacidade não nega os sentidos nos quais a gravidez é uma relação única, nem o caráter ambivalente e complexo das atitudes de muitas gestantes para com os embriões que trazem no ventre. Na verdade, o melhor argumento para aplicar o direito constitucional à privacidade ao aborto, como veremos no capítulo 6, enfatiza os custos especiais, tanto psíquicos quanto físicos, das gestações não desejadas. Por último, não acredito que mesmo um grande avanço na igualdade entre os sexos nos Estados Unidos possa abalar o argumento de que as mulheres têm um direito constitucional ao aborto nem evitar a necessidade de tal direito.

Apesar dessas importantes ressalvas, o argumento feminista tem acrescentado uma dimensão muito importante ao debate sobre o aborto. É verdade que as atitudes de muitas mulheres com relação ao aborto são afetadas por um sentimento contraditório tanto de identificação quanto de opressão diante de sua gravidez, e que a subordinação sexual, econômica e social das mulheres contribui com esse insidioso sentimento de opressão. Em uma sociedade melhor, que amparasse a criação dos filhos com o mesmo entusiasmo com que desestimula o aborto, é bem possível que o *status* do feto passasse por modificações, tornando mais verdadeiro e menos problemático o sentimento das mães de que a gravidez e a maternidade são processos criativos, e fazendo-as perceber que o valor intrínseco de suas próprias vidas não está sujeito a tantas ameaças. Os argumentos feministas revelam outro sentido, então, no qual nosso entendimento se vê limitado, e nossa experiência distorcida, pela idéia unidimensional de que a controvérsia sobre o aborto remete apenas à questão de saber se o feto já é uma pessoa a partir do momento da concepção. As feministas não sustentam que o feto é uma pessoa com direitos morais próprios, mas insistem em que é uma criatura dotada de importância moral. Enfatizam não o direito da mulher que é sugerido pela retórica da privacidade, mas a responsabilidade da mulher de tomar uma decisão complexa que ninguém melhor que ela pode tomar.

Esta é, explicitamente, a mensagem de outra importante advogada feminista, a professora Robin West, que argumenta que, se o Supremo Tribunal algum dia revogar a decisão *Roe contra Wade*, e se a batalha sobre o aborto passar das salas dos tribunais para o poder legislativo, as mulheres não conseguirão defender o direito ao aborto se enfatizarem seu direito à privacidade, que sugere decisões egoístas e voluntariosas tomadas por trás de um véu de imunidade perante a censura pública. Em vez disso, afirma Robin, as mulheres deveriam enfatizar a responsabilidade, e oferece o que chama de "argumento baseado na responsabilidade" como complemento às alegações da decisão do caso *Roe*, que têm por base os direitos.

> As mulheres precisam da liberdade de tomar decisões relativas à reprodução não apenas para reivindicar o direito de serem deixadas em paz, mas sim, na maior parte das vezes, para fortalecer os laços que as unem aos demais: para planejar responsavelmente uma família cujo sustento possam prover, para dar conta de seus compromissos profissionais assumidos com o mundo exterior, ou para continuar a sustentar suas famílias ou comunidades. Em outros momentos, a necessidade de abortar se impõe não a partir de um impulso assassino de pôr fim a uma vida, mas da dura realidade de um parceiro financeiramente irresponsável, uma sociedade indiferente aos cuidados com os filhos e um ambiente de trabalho incapaz de atender às necessidades dos pais que trabalham. [...] Seja qual for a razão, a decisão de abortar é quase invariavelmente tomada no contexto de uma rede de responsabilidades e compromissos interligados, conflitantes e, em geral, irreconciliáveis[40].

West pressupõe, obviamente, que o público ao qual dirige esse argumento tenha rejeitado categoricamente a tese de que

40. Ver Robin West, "Taking Freedom Seriously", 104 *Harvard Law Review* 43 (1990): 84-5 (notas de rodapé omitidas).

o feto é uma pessoa. Se suas afirmações fossem interpretadas como proposições de que uma mulher pode assassinar outra *pessoa* a fim de "fortalecer os laços que a unem aos demais", ou porque seu marido é financeiramente irresponsável, ou porque a sociedade não torna obrigatória a licença-maternidade, tais afirmações seriam um suicídio político para a causa feminista. West pressupõe o mesmo que venho argumentando ao longo deste capítulo: que a maioria das pessoas reconhece, mesmo quando sua retórica não o faz, que o verdadeiro argumento contra o aborto remete à irresponsabilidade de pôr fim a uma vida humana sem uma justificação realmente importante.

West e outras feministas referem-se freqüentemente à pesquisa da socióloga Carol Gilligan, professora da Universidade de Harvard. Em um estudo muito citado, Gilligan argumentou que, ao menos na sociedade norte-americana, as mulheres normalmente pensam as questões morais de maneira distinta da dos homens[41]. As mulheres que se vêem diante de decisões morais difíceis, afirmou Gilligan, prestam menos atenção a princípios morais abstratos do que os homens, mas sentem uma maior responsabilidade de cuidar dos outros, bem como de evitar a dor ou o sofrimento. Dentre outros estudos e pesquisas, ela baseou-se em entrevistas com 29 mulheres que pretendiam abortar e haviam sido encaminhadas a seu projeto de pesquisa pelos serviços de aconselhamento. Não eram mulheres representativas das que normalmente pensam em abortar; ainda que 21 delas tenham abortado depois das discussões (dentre as outras, quatro deram à luz, duas tiveram um aborto natural e duas não foram encontradas para informar o que haviam decidido), todas se mostraram ao menos dispostas a discutir suas decisões com um estranho e, para tanto, a retardar seus abortos.

Uma característica das respostas é particularmente surpreendente. Ainda que muitas das 29 mulheres do estudo tivessem dúvidas consideráveis quanto à decisão correta a ser tomada, e se mostrassem angustiadas por isso, aparentemente ne-

---

41. Ver Carol Gilligan, *In a Different Voice* (Cambridge, Mass.: Harvard University Press, 1982).

nhuma delas atribuía essas dúvidas a qualquer incerteza ou perplexidade diante da questão de se o feto é ou não uma pessoa com direito à vida. Uma delas, ao menos – uma enfermeira católica de 29 anos –, disse acreditar no princípio de que o feto é uma pessoa e o aborto um assassinato, mas é duvidoso que realmente pensasse assim, uma vez que também disse acreditar que o aborto poderia às vezes ser justificado devido ao fato de situar-se em uma "zona nebulosa", exatamente como passara a crer, com base em sua experiência como enfermeira, que a eutanásia podia ser às vezes justificada a despeito dos ensinamentos contrários de sua igreja. De qualquer modo, até mesmo ela estava preocupada, como as outras, não com o *status* metafísico do feto, mas com um conflito de responsabilidades que via como influência de sua família, das pessoas em geral e de suas próprias crenças.

As mulheres que participaram do estudo não viam esse conflito como um embate entre o mero interesse pessoal e suas responsabilidades para com os outros, mas antes como um conflito entre responsabilidades verdadeiras de ambas as partes; um conflito decorrente do fato de ter de decidir – como disse uma jovem de 20 anos que já havia feito um aborto – como agir "de maneira decente e humana, deixando uma pessoa talvez um pouco abalada, mas não totalmente destruída". Algumas delas afirmaram que a escolha egoísta seria dar à luz seus bebês. Uma jovem de 19 anos sentia tratar-se de "uma escolha entre prejudicar a si mesma [fazendo o aborto] ou às outras pessoas de seu círculo familiar e de amigos. O que é mais importante?" Ou, como disse uma jovem de 17 anos, "o que quero é ter o bebê, mas o que sinto que devo fazer, que preciso fazer, é abortar sem mais demora, pois às vezes o que se quer não é o certo". Quando queria ter o bebê, disse, não estava pensando nas responsabilidades que isso acarretava, e estava aí o egoísmo.

Todas as participantes do estudo de Gilligan conversavam e se questionavam sobre a responsabilidade. Às vezes falavam da responsabilidade para com a criança, mas referiam-se com isso a uma hipotética criança futura, não ao embrião existente

– queriam dizer que seria errado ter um filho do qual não poderiam cuidar bem. Também se preocupavam com outras pessoas que seriam afetadas por sua decisão. Uma mulher de quase 30 anos disse que uma decisão acertada dependia da consciência "do que irá tornar-se a relação com o pai, e de como este será emocionalmente afetado". Falavam da responsabilidade para consigo mesmas, mas tinham em mente não o prazer de fazer o que desejavam no momento, mas a responsabilidade de fazer alguma coisa por suas próprias vidas. Uma adolescente disse: "O aborto, quando feito pelas razões certas, ajuda uma mulher a recomeçar e fazer coisas diferentes". Uma musicista de quase 30 anos disse que sua opção pelo aborto era egoísta porque visava à sua "sobrevivência", mas referia-se a sobreviver em seu trabalho, que em suas palavras era o espaço "que dá sentido àquilo que sou".

Em seu sumário, Gilligan afirma: "Aqui, a voz feminina convencional emerge com grande clareza, definindo a identidade pessoal e proclamando seu valor com base na capacidade de cuidar dos outros e protegê-los". As mulheres, contudo, também falaram de outro tipo de responsabilidade, mais abstrata: a responsabilidade para com o que chamavam de "o mundo". Uma delas disse: "Não preciso pagar minhas dívidas imaginárias com o mundo através desta criança, e não me parece certo trazer uma criança ao mundo e usá-la com esse objetivo". Outra disse que para ela seria egoísta abortar porque isso negaria "a sobrevivência da criança, outro ser humano", mas não quis dizer com isso que o aborto era um assassinato, nem que violava algum direito do feto. Colocou suas idéias em termos bem diferentes, mais impessoais e abstratos: "Uma vez que uma certa vida tenha começado, não deve ser artificialmente interrompida".

Esta é uma breve, porém exata descrição do que, por trás de toda a eloqüente retórica sobre direitos e assassinato, a maior parte das pessoas encara como o verdadeiro defeito moral do aborto. Praticá-lo equivale a menosprezar o valor intrínseco – a santidade, a inviolabilidade – de uma vida humana e, portanto, configura um grave delito moral, a não ser quando o valor intrínseco de outras vidas humanas fosse menosprezado em uma decisão *contra* o aborto. Cada participante do estudo de Gilligan explorava e reagia a esse terrível conflito. Cada uma tentava, acima de tudo, avaliar sua responsabilidade para com o valor intrínseco de sua *própria* vida, situar nesse contexto a terrível decisão que teria de tomar e examinar as decisões quanto a interromper ou não uma nova vida como parte de um desafio maior de mostrar respeito por qualquer vida, vivendo-a de maneira satisfatória e responsável. Decidir sobre um aborto não é um problema isolado, independente de todas as outras decisões, mas sim um exemplo expressivo e extremamente emblemático das escolhas que as pessoas devem fazer ao longo de suas vidas, todas as quais expressam convicções sobre o valor da vida e o significado da morte.

### *Outros países*

Nas democracias, as convicções das pessoas acerca da natureza da controvérsia sobre o aborto refletem-se muitas vezes não apenas em suas opiniões como indivíduos e nas posições dos grupos aos quais elas pertencem, mas também nos detalhes das restrições jurídicas sobre o aborto que são promulgadas por seus respectivos governos. Nos Estados Unidos, desde 1973, essa legislação tem sido limitada pela sentença emitida pelo Supremo Tribunal no caso *Roe contra Wade*. Nas últimas décadas, contudo, a Europa viu surgir uma vasta legislação sobre o aborto, e, a exemplo do plebiscito irlandês que mencionei, essa legislação sustenta o ponto de vista de que, em sua maioria, as preocupações das pessoas sobre o aborto se baseiam em razões independentes, não em razões derivativas.

A professora Mary Ann Glendon, da Faculdade de Direito de Harvard, escreveu um livro influente, publicado em 1987, no qual compara as leis norte-americanas sobre o aborto e o divórcio com as de outros países do Ocidente. A autora argumenta que a lei sobre o aborto imposta pela sentença *Roe contra Wade* é muito diferente das leis que vigoram em muitos países da Europa ocidental. Alguns desses países permitem o aborto prematuro, que está sujeito a muito poucas ou a nenhuma restrição de natureza prática. De diferentes maneiras, porém, também reconhecem e buscam proteger o valor intrínseco de qualquer forma de vida humana, o que, segundo Glendon, não ocorre na sentença *Roe contra Wade*, que enfatiza desmedidamente os direitos individuais e a liberdade individual e incentiva "a autonomia, a separação e o isolamento na guerra de todos contra todos", ao contrário da ênfase européia, que incide sobre a "solidariedade social"[42]. Glendon sugeriu que o Supremo Tribunal reveja sua decisão para permitir que cada estado norte-americano solucione a seu modo o dilema do aborto, proibindo apenas as leis que, nos termos de uma sentença italiana que cita, atribuem "uma prioridade total e absoluta" à sobrevivência do feto. A autora esperava que um espírito de conciliação razoável pudesse então produzir, em cada estado, soluções conciliatórias do mesmo teor das leis européias por ela discutidas.

Não concordo com grande parte da análise de Glendon. Acredito que o contraste que ela estabelece entre "direitos individuais" e "solidariedade social", apesar de ser hoje muito popular entre os críticos conservadores da tradição liberal, é ao mesmo tempo simplista e perigoso. O compromisso histórico dos Estados Unidos com os direitos humanos individuais não mostrou ser isolacionista ou hobbesiano, como ela e outros críticos sugerem, nem solapou o sentimento comunitário nacional. Ao contrário, os Estados Unidos são um país de dimensões continentais, abrangendo muitas regiões grandes e distintas, e é pluralista em quase todos os aspectos possíveis: racial, étnico e cultural. Em um país assim os direitos individuais, na medida em que são reconhecidos e aplicados, oferecem a única possibilidade de uma comunidade verdadeira na qual todos os indivíduos participem como iguais. Além do mais, os Estados Unidos só podem ser uma comunidade *nacional* se os direitos mais fundamentais forem também nacionais, se os mais

42. Glendon, *Abortion and Divorce in Western Law*, 58.

importantes princípios de liberdade reconhecidos em algumas partes do país forem igualmente honrados em todas as outras. É verdade que muitas das afirmações que diferentes grupos dos Estados Unidos agora fazem sobre o que lhes cabe por direito são exageradas e, às vezes, despropositadas. Mas servir-se da possibilidade de abuso para refutar a necessidade de direitos individuais genuínos equivale a servir-se do fascismo ou do comunismo, que proclamam sua autoridade em nome da "solidariedade social", para refutar os apelos de Glendon por um maior senso de propósito e metas comuns.

Além do mais, os países europeus que Glendon afirma terem optado pela solidariedade acima dos direitos vêm reconhecendo, cada vez mais, a pobreza e o perigo desse contraste. O movimento contemporâneo mais visível no direito europeu ocidental não é nenhum esforço comunitário de colocar as virtudes de "outros valores importantes" acima dos "valores da tolerância", como recomenda Glendon[43]. A Europa ainda se lembra muito bem dos resultados dessa ordenação em seu passado recente e vê com horror seu atual ressurgimento em algumas partes do leste europeu. Não, a tendência jurídica mais importante volta-se para os direitos individuais constitucionalmente estabelecidos, que são atribuídos e executados por tribunais – não apenas por tribunais nacionais, mas também pelos tribunais internacionais de Luxemburgo e Estrasburgo, que se empenham em unificar a Europa não só como uma comunidade comercial mas também de princípios[44].

A Europa é diferente dos Estados Unidos em muitos aspectos que tornam irrealistas as expectativas de Glendon de que os estados norte-americanos venham algum dia a seguir o padrão europeu de conciliação a propósito do aborto. Os Estados Unidos são muito menos homogêneos, racial e culturalmente, do que a França, a Grã-Bretanha, a Alemanha, a Espanha, a Itá-

---

43. *Ibid.*, 36.

44. Ver Anthony Lester, "The Overseas Trade in the American Bill of Rights", 88 *Columbia Law Review* 537 (1988), e Ronald Dworkin, *A Bill of Rights for Britain* (Londres: Chatto & Windus, 1990).

lia ou outras nações européias, e, em algumas regiões do país, a política é mais dominada por atitudes e grupos religiosos do que a política nacional de muitos daqueles países[45]. A esse respeito, algumas partes dos Estados Unidos se parecem mais com a Irlanda do que com a Grã-Bretanha, a França, a Alemanha ou a Itália. Como afirmei, vários estados norte-americanos e o território de Guam, cada qual com a esperança de convencer o Supremo Tribunal a revogar a sentença *Roe contra Wade*, adotaram recentemente leis antiaborto extremamente rigorosas – a de Guam não abre exceção nem mesmo para os casos de estupro –, e muitos outros estados talvez terminem por criar leis semelhantes se a referida sentença vier a ser revogada algum dia. Também não parece provável que o Congresso Nacional ou os legislativos de diversos estados criem logo os programas de previdência social e outros tipos de assistência às mães pobres, que constituem uma parte tão importante da dedicação européia à vida humana.

Não obstante, apesar dessas importantes ressalvas à argumentação geral de Glendon, considero suas comparações entre o direito norte-americano e o de outros países extremamente informativas e reveladoras. Internacionalmente, elas confirmam a hipótese que venho defendendo: a de que o debate sobre o aborto não é bem compreendido se visto como um debate sobre a questão de o feto ser ou não uma pessoa, devendo ser reformulado como um debate de natureza bastante diversa.

Um país europeu – a Irlanda, como já vimos – tem leis antiaborto muito rigorosas. Outros cinco – Albânia, Irlanda do Norte, Portugal, Espanha e Suíça – restringem nominalmente o aborto, mesmo no início da gravidez, a circunstâncias nas quais a saúde geral da mãe se vê ameaçada, e, na Espanha e em Portugal, a casos de estupro, incesto e malformação do feto. No resto dos países da Europa ocidental, inclusive Bélgica, Grã-Bretanha, França, Itália, Alemanha e países escandinavos, vigoram leis que, explicitamente ou na prática, permitem o aborto nos primeiros estágios da gravidez – durante os três primei-

45. Wills, *Under God*.

ros meses na maioria deles, mas na Grã-Bretanha, ao menos até 1991, somente na vigésima oitava semana, o que fica *além* do momento em que a decisão *Roe* permite que os estados norte-americanos proíbam essa prática. Glendon acredita que essas restrições não reduzem significativamente o número de abortos. A Holanda, que tem uma das leis mais liberais sobre o aborto, tem também uma das mais baixas taxas de aborto, inferior à de quase todos os países que adotam leis mais rigorosas[46]. Contudo, argumenta Glendon, ainda assim as leis européias contrastam com a decisão *Roe*, pois, qualquer que seja seu efeito prático sobre a incidência dos abortos, elas afirmam o valor comunitário central da vida humana e ensinam as pessoas a respeitar esse valor.

Glendon chama a atenção para a lei francesa, que só permite o aborto nas dez primeiras semanas se a gestante estiver estressada. A lei permite que a mulher decida por si própria se está ou não estressada, e não exige atestado médico nem a aprovação de uma outra pessoa; a única exigência que faz é que a mulher aceite um "aconselhamento". Além disso, o governo paga pelo menos 70% das despesas com o aborto – ou paga-o integralmente se o aborto for praticado por razões médicas. Portanto, o efeito prático da lei francesa pode ser quase o mesmo que se contemplasse, explicitamente, a liberdade de abortar na décima semana de gravidez. Qualquer condenação moral do aborto implícita na linguagem da lei parece neutralizada pela disposição do país em ajudar a pagar os custos. Glendon, porém, insiste em uma idéia diferente: ao exigir que as mulheres se declarem "estressadas", a linguagem da lei demonstra que o aborto por razões esdrúxulas ou por comodidade é moralmente condenável.

O professor Laurence Tribe, da Faculdade de Direito de Harvard, afirmou que a "solução francesa, dentro de um sistema jurídico anglo-americano [...], parece ensinar basicamente a hipocrisia"[47]. A lei francesa seria realmente ambígua se a le-

---

46. Ver Stanley K. Henshaw, "Induced Abortion, A World Review, 1990", *Family Planning Perspectives* 22, nº 2 (março/abril de 1990), 77-8.

47. Tribe, *Abortion*, 74.

gislatura francesa tivesse afirmado, para justificá-la, que o feto é uma pessoa com direito à vida. Seria hipócrita declarar que uma mulher é livre para pôr fim à vida de outra pessoa quando se considera "estressada", e, o que é ainda pior, sem demonstrar nenhum interesse coletivo pela boa fé ou plausibilidade de sua decisão. Mas a lei não é ambígua; na verdade, é a expressão de um pensamento sofisticado se o que tem em vista é um objetivo independente, não derivativo: o de que as pessoas reconheçam a gravidade moral de uma decisão sobre o aborto e assumam a responsabilidade pessoal e moral por sua decisão. A lei francesa estipula um critério oficial que a mulher deve interpretar e definir por si mesma como um exercício de responsabilidade pessoal, e estabelece uma instância de aconselhamento na qual a gravidade moral do ato possa ser explorada sem usurpar o direito e a obrigação da mulher de tomar a decisão moral por si própria.

Com razão, Glendon chama a atenção para uma importante sentença do Tribunal Constitucional da República Federal da Alemanha. Em 1974, o Parlamento da Alemanha Ocidental adotou uma lei liberal sobre o aborto, permitindo sua prática por qualquer razão até a décima segunda semana de gravidez, mas declarando-o ilegal depois desse período, a menos que realizado por razões de extrema seriedade: malformação do feto ou ameaça à saúde da mãe. Em 1975, em uma decisão complicada e muito polêmica, o Tribunal Constitucional declarou essa lei inconstitucional, argumentando que não valorizava suficientemente a vida humana.

O Tribunal se baseou, entre outras cláusulas, no Artigo 2(2) da Lei Básica da Alemanha Ocidental de 1949, que declara: "Todos têm direito à vida e à inviolabilidade de sua pessoa". Isso sugere que a sentença do Tribunal tem uma base derivativa; sugere que o Tribunal pode ter admitido que até mesmo um feto recém-formado tem um direito à vida tão poderoso quanto o de qualquer outra pessoa. Mas o argumento que o tribunal ofereceu e a decisão a que realmente chegou são incompatíveis com essa proposição. A decisão só pode ser entendida como se baseada em um fundamento diferente – o de que qualquer lei alemã sobre o aborto deve ser redigida de modo a reconhecer a importância intrínseca da vida humana[48]. Pois o tribunal não declarou que qualquer lei que permitisse o aborto, a não ser, talvez, para salvar a vida da mãe, seria inconstitucional, como deveria logicamente ter feito se, de fato, quisesse declarar que todo feto tem um direito assegurado à vida. Em vez disso, sustentou que a lei de 1974 não era válida porque, formalmente, não exigia razão alguma para a prática do aborto nas doze primeiras semanas, não evidenciando, assim, a gravidade moral da eliminação deliberada de uma vida humana. O tribunal sustentou que o total descaso da lei com o que, ao menos depois de catorze dias de gestação, era sem dúvida uma forma de vida humana, era incompatível com o significado da Lei Básica de 1949, que tem por base, como afirmou o tribunal, "uma afirmação do valor fundamental da vida humana", uma afirmação que pretendia repudiar totalmente o absoluto desprezo que os nazistas haviam demonstrado por esse valor.

O tribunal deixou claro que não estava proibindo o aborto, nem mesmo quando praticado por razões que qualquer conservador rejeitaria por considerá-las impróprias. Convidou o Parlamento a adotar uma nova lei que permitisse o aborto mas demonstrasse pelo valor intrínseco da vida um respeito maior do que o demonstrado pela lei de 1974. A título de ilustração, e para assegurar que o aborto pudesse ser praticado por uma boa causa no intervalo que antecedia a redação de uma nova lei, o tribunal redigiu e impôs seu próprio esquema "provisório" do aborto, que uma vez mais deixava claro que realmente não se estava afirmando o direito do feto à vida. As regras provisórias determinavam, por exemplo, que o aborto era permis-

48. De fato, o Artigo 2 (2) também estipula que o direito à vida pode ser limitado por lei e, desse modo, apenas constitui um argumento duvidoso de que a lei de 1974, apesar de limitar o direito à vida, era inconstitucional por essa razão. O tribunal também mencionou o artigo 1(1) da Constituição de 1949, que afirma: "A dignidade do homem é inviolável. Respeitá-la e protegê-la deve ser o dever do poder público". Isso pode ser entendido como uma aceitação do valor intrínseco da vida humana no sentido imparcial que venho descrevendo, e parece ter sido essa a interpretação do tribunal.

sível não somente em casos de estupro ou de malformação do feto, ou quando houvesse ameaça à saúde da mãe, mas também "a fim de evitar o perigo de uma grave emergência" de algum outro tipo que pudesse pôr em risco a vida da gestante.

Glendon sugere que as diferenças práticas entre essas regras provisórias que o próprio tribunal redigiu e a lei que havia declarado inconstitucional eram especulativas. A verdadeira diferença, diz ela, está no significado social da declaração do tribunal de que, em princípio, o aborto não é uma questão de capricho ou veleidade, mas sim uma questão de gravidade moral. Em 1976, o Parlamento da Alemanha Ocidental promulgou uma nova lei cuja diferença prática da lei revogada em 1974, em termos daquilo que cada lei proibia na prática, era ainda mais secundária. A lei de 1976 determinava que o aborto era permissível nas doze primeiras semanas se a continuidade da gravidez colocasse a mulher em uma situação muito difícil, e até a vigésima segunda semana se a malformação do feto tornasse absurda a exigência de que a mulher continuasse grávida. Também determinava, a exemplo da lei francesa, a obrigação do aconselhamento mesmo antes de um aborto no início da gestação, bem como um período de espera de três semanas entre o aconselhamento e o aborto. Como observei no capítulo 1, em 1992 o Parlamento alemão unificado adotou uma nova lei, ainda mais liberal, e no início de 1993 a expectativa era de que o Tribunal Constitucional decretasse a constitucionalidade dessa nova lei.

Em 1985, o Tribunal Constitucional espanhol, sem dúvida influenciado pela sentença alemã de 1975, examinou a constitucionalidade das novas leis espanholas que haviam revogado as restrições ao aborto, antigas e muito rigorosas, e introduziu novas regras que permitiam o aborto em casos de estupro, malformação do feto e ameaça à saúde física ou mental da mãe. O tribunal estabeleceu a distinção na qual venho insistindo, entre a afirmação derivativa de que um feto tem direitos enquanto "pessoa" e a idéia independente de que a vida humana tem um valor intrínseco que deve ser reconhecido e endossado coletivamente. Negava que o feto fosse uma pessoa para fins da Constituição espanhola, ou que tivesse os direitos de uma pessoa, mas afirmava que a Constituição espanhola realmente defendia a vida humana como um valor a ser respeitado pelas leis do país[49]. Por uma estreita margem de votos, o tribunal declarou a nova lei sobre o aborto inconstitucional, mas ainda assim estabeleceu diretrizes para reformulações da lei que, segundo afirmava, iriam torná-la constitucional: que um médico atestasse qualquer possível ameaça à saúde física e mental da mãe e que as instalações para a realização do aborto fossem devidamente autorizadas[50]. O Parlamento espanhol aceitou as diretrizes e reformulou a lei de modo a adequá-la a elas. Em termos práticos, as mudanças não reforçaram substancialmente as restrições ao aborto, mas sinalizaram a preocupação coletiva com a gravidade do aborto que a maioria do Tribunal Constitucional considerava fundamental.

Em 1992, o Tribunal Europeu de Direitos Humanos tomou uma importante decisão que também pressupunha que o feto não é uma pessoa com direitos ou interesses próprios, e que as leis que proíbem ou regulamentam o aborto só podem ser justificadas com base na premissa de que se considera que tal prática põe em risco o valor inerente da vida humana[51].

---

49. O Supremo Tribunal espanhol, que não tem poderes de Tribunal Constitucional, havia afirmado: "A vida humana em formação é um bem que merece proteção constitucional, é um bem jurídico constitucional da comunidade, e não um bem jurídico individual". Ver Richard Stith, "New Constitutional and Penal Theory in Spanish Abortion Law", em J. Douglas Butler e David F. Walbert, orgs., *Abortion, Medicine, and the Law*, 4ª ed. (Nova York: Facts on File, 1992), 368, 375. Mas a idéia de que a vida humana é intrinsecamente valiosa, sendo por esse motivo protegida pela Constituição espanhola, faz mais sentido, e confere mais sentido à sentença do Tribunal Constitucional do que a estranha idéia de que a vida é uma propriedade que pertence ao conjunto da comunidade, e não a algum indivíduo, inclusive ao próprio indivíduo; se a Constituição pretendia expressar essa estranha idéia, é difícil entender por que a comunidade não poderia, por meio de uma legislação liberal sobre o aborto, abrir mão de seus direitos a esse bem específico.

50. Um resumo da sentença pode ser encontrado em *Annual Review of Population Law* 12 (1988): 37. Uma tradução da lei de aborto espanhola, já reformada, pode ser encontrada na página 38.

51. *Case of Open Door and Dublin Well Woman versus Ireland, European Court of Human Rights* (29 de outubro de 1992): volume 246, série A, Publicações do Tribunal (Colônia: Carl Heymanns, Verlag K.G.).

Antes do plebiscito de 1992, o direito irlandês proibia que qualquer organização fornecesse a uma mulher grávida dentro da Irlanda o nome, endereço ou telefone de alguma clínica de aborto na Grã-Bretanha, e um tribunal irlandês havia emitido uma ordem formal de proibição permanente contra dois serviços de aconselhamento em questões de aborto que vinham fornecendo tal tipo de informação. O juiz havia apreciado o argumento de que uma ordem de proibição violaria o direito constitucional da gestante à informação, mas se declarara convencido de que "a Constituição não pode gerar nenhum direito de obter informações que tenham por objetivo invalidar o direito constitucional da criança não nascida". Os serviços de aconselhamento apelaram ao Tribunal Europeu, argumentando que a proibição violava a Convenção Européia de Direitos Humanos, da qual a Irlanda faz parte. Esse tribunal não decidiu se a Convenção garante o direito ao aborto, porque não precisava fazê-lo. Decidiu, porém, que a proibição formal de informar violava o Artigo 10 da Convenção, que protege a liberdade de expressão e informação. Entre outros argumentos, afirmou que, uma vez que na Irlanda a informação sobre clínicas de aborto pode ser obtida de outras fontes – por exemplo, nas listas telefônicas inglesas ali existentes –, a interdição das organizações que forneciam tal informação às gestantes que a solicitavam não impediria um número de abortos suficiente para justificar a proibição da livre informação. Em outras palavras, utilizou um teste de "proporcionalidade" entre a medida em que a proibição de informar ajudaria a política irlandesa de proteger a vida do feto e o grau em que comprometeria a liberdade de expressão; sustentou que a vantagem para essa política não era significativa o bastante para justificar seu ônus para a liberdade. Mas esse teste de proporcionalidade seria bizarro se, como argumentou o governo irlandês, o feto fosse uma pessoa com direito à vida: se fosse, um governo teria o direito de tentar impedir o assassinato até mesmo de um único feto, e uma proibição de informação direta sobre clínicas de aborto estrangeiras seria uma atitude apropriada mesmo que a maioria das mulheres grávidas dispusesse de outros meios para obter essa informação. A lei irlandesa já foi mudada, mas a decisão do Tribunal Europeu continua sendo importante, pois seu teste de proporcionalidade pressupõe que o aspecto fundamental das leis que proíbem o aborto não é impedir um assassinato, mas sim permitir que o público se aperceba do valor inerente da vida. É correto argumentar que ganhos menores (ou mesmo secundários) na conquista *desse* objetivo não justificariam restrições substanciais de outros direitos, inclusive dos que são protegidos pelo Artigo 10 da Convenção.

### *O passo seguinte*

Embora este capítulo tenha abordado vários aspectos de seu tema central, dedicou-se basicamente a fazer uma única afirmação: não podemos entender o argumento moral que hoje se alastra progressivamente pelo mundo – entre indivíduos, dentro de grupos religiosos e entre eles, entre as feministas ou na política de vários países – se o entendermos como um argumento centrado na questão de se o feto é ou não uma pessoa. Quase todos compartilham, explícita ou intuitivamente, a idéia de que a vida humana tem um valor objetivo e intrínseco que independe por completo de seu valor pessoal para qualquer pessoa, e a divergência quanto à correta interpretação dessa idéia comum é o ponto crucial do grande debate sobre o aborto. Por esse motivo, o debate é ainda mais importante para a maioria das pessoas do que a questão de se o feto é ou não uma pessoa, uma vez que seu alcance é bem maior – aprofunda a reflexão sobre as diferentes concepções não apenas do valor e da finalidade da vida humana como também do significado e da natureza da morte humana.

Tentei mostrar a inadequação da explicação convencional. Até o momento, porém, não creio ter afirmado o suficiente para tornar mais precisos os conceitos de valor intrínseco, santidade ou inviolabilidade, ou para responder à objeção de que essas idéias são demasiado misteriosas para explicar alguma coisa. Também não expliquei ainda, a não ser de maneira muito especulativa, como podemos dar sentido ao debate sobre o aborto à luz dessas idéias. Trata-se de desafios cruciais que devemos enfrentar de imediato.

# 3. *O que é sagrado?*

Os cientistas às vezes não conseguem explicar suas observações sobre o universo conhecido a menos que pressuponham a existência de alguma coisa ainda não descoberta – outro planeta, outra estrela ou força. Assim, imaginam que realmente exista algo mais e se lançam em sua busca. Os astrônomos, por exemplo, só descobriram o planeta Netuno depois de constatarem que os movimentos do planeta Urano só podiam ser explicados pela força gravitacional de outro corpo celeste, ainda desconhecido, que orbitasse o Sol a uma distância ainda maior.

Venho argumentando que quase todos nós – liberais ou conservadores – somos incapazes de explicar nossas convicções da maneira que muitos políticos, porta-vozes autodesignados, moralistas e filósofos nos consideram capazes de explicá-las. Dizem eles que as diferentes opiniões que temos sobre quando e por que o aborto é moralmente condenável, e sobre o modo como o direito deveria regulamentá-lo, decorrem todas de alguma convicção fundamental que remete à questão de se o feto é ou não uma pessoa com direitos e interesses próprios e, nesse caso, em que medida estes devem ter precedência sobre os direitos e interesses de uma mulher grávida. Porém, quando examinamos de perto os tipos de convicções que a maioria das pessoas tem, constatamos que não podemos explicá-las simplesmente tentando descobrir seus pontos de vista sobre o feto ser ou não uma pessoa. Nossas convicções refletem outra idéia que também defendemos, cuja força gravitacional explica melhor a forma de nossas crenças e divergências.

Já mostrei que outra idéia é essa. Acreditamos ser *intrinsecamente* lamentável que a vida humana, uma vez iniciada, tenha um fim prematuro. Em outras palavras, acreditamos que uma morte prematura é intrinsecamente má, mesmo quando não represente nada de mau para uma determinada pessoa. Muitos pensam desse modo sobre o suicídio e a eutanásia – que uma coisa terrível acontece quando uma pessoa tira a própria vida, ou quando pede a seu médico que a mate, ainda que a morte venha satisfazer um interesse fundamental da pessoa em questão. Pensamos o mesmo sobre o aborto: que às vezes é condenável não por violar os direitos de um feto ou prejudicar seus interesses, mas apesar de o feto não ter nenhum direito a ou interesse em serem violados. A grande maioria das pessoas que têm opiniões fortes sobre o aborto – tanto liberais quanto conservadoras – acredita, ao menos intuitivamente, que a vida de um organismo humano tem valor intrínseco seja qual for a forma que assuma, inclusive a forma totalmente incipiente de um embrião recém-implantado. Digo "ao menos intuitivamente" porque muitas pessoas não associam suas concepções sobre o aborto ou a eutanásia à idéia de que a vida humana tem valor intrínseco. Para elas, essa idéia é o planeta não descoberto que explica convicções que, de outro modo, seriam inexplicáveis.

A idéia do valor intrínseco da vida pode parecer misteriosa, e devo tentar fazer com que pareça menos. Terei de superar, primeiro, uma objeção colocada pelos filósofos, que nega a possibilidade mesma de que *qualquer coisa* tenha valor intrínseco. David Hume e muitos outros filósofos insistiram em que os objetos e os fatos só podem ter valor quando e porque servem aos interesses de alguém ou de alguma coisa. Desse ponto de vista, nenhuma coisa tem valor a menos que alguém a deseje, ou a menos que ajude alguém a conseguir o que quer. Como pode ser importante que uma vida tenha continuidade a menos que tenha importância para alguém? Como a continuidade de uma vida pode ser, como estou sugerindo, importante em si e por si mesma?

Essa objeção pode parecer poderosa. Contudo, grande parte de nossa vida tem por base a idéia de que os objetos ou os fatos podem ser valiosos em si mesmos. É verdade que, no viver cotidiano, as pessoas gastam a maior parte de seu tempo tentando conseguir ou fazer coisas que valorizam porque elas próprias, ou outra pessoa, delas necessitam ou desfrutam. É esta a razão pela qual tentam ganhar dinheiro e comprar roupas, comida ou remédios. Mas a idéia de que alguns fatos ou objetos são valiosos em si e por si próprios – que os reverenciamos não porque atendem aos nossos desejos ou interesses, mas pelo que são intrinsecamente – é também uma parte conhecida de nossa experiência. Muito do que pensamos sobre o conhecimento, a experiência, a arte e a natureza, por exemplo, pressupõe que, de diferentes maneiras, tais coisas sejam valiosas em si mesmas, e não apenas por sua utilidade ou pelo prazer ou satisfação que nos trazem. A idéia de valor intrínseco é um lugar-comum e ocupa posição central em nosso esquema comum de valores e opiniões.

Porém, não basta apenas dizer que a idéia de valor intrínseco nos é familiar. Afinal, o que nos interessa aqui é uma aplicação especial dessa idéia – a afirmação de que a vida humana, mesmo em sua forma mais incipiente, possui valor intrínseco –, e essa aplicação levanta problemas inusitados. Por que dessa idéia não se segue, por exemplo, que deveria haver tanta vida humana quanto possível? A maioria de nós certamente não acredita nisso. Ao contrário, seria melhor, ao menos em muitas partes do mundo, que houvesse menos vida humana, não mais. Então, como pode ser intrinsecamente importante que a vida humana, uma vez começada, continue a existir? São perguntas importantes, e ao respondê-las descobriremos uma distinção entre duas categorias de coisas intrinsecamente valiosas: as que são *incrementalmente* valiosas – quanto mais tivermos, melhor – e as que não são, mas que possuem valor em um sentido muito diverso. Chamarei estas últimas de valores *sagrados* ou *invioláveis*.

Há outro problema, totalmente independente. Afirmo não apenas que a maioria de nós acredita que a vida humana tem valor intrínseco, mas também que isso explica por que divergimos tão profundamente sobre o aborto. Como isso é possível? Como pode um pressuposto comum a todos explicar as terríveis divergências sobre o aborto, que nos separam tão violentamente? A resposta, acredito, é que interpretamos a idéia de que a vida humana é intrinsecamente valiosa de diferentes maneiras, e que os diferentes impulsos e convicções expressos nessas interpretações antagônicas são muito poderosos e veementes.

É óbvio que a idéia abstrata do valor intrínseco da vida está aberta a diferentes interpretações. Vamos supor que aceitamos essa idéia abstrata e também admitimos que, ao menos em algumas circunstâncias, um aborto intencional demonstraria um injusto desprezo pelo valor intrínseco da vida. Que circunstâncias são essas? A lista das perguntas que precisamos fazer para encontrar tal resposta é muito longa. Um aborto em um estágio avançado da gravidez será um insulto pior ao valor intrínseco da vida do que um aborto praticado em uma etapa inicial? Se assim for, por quê? Que critério de avaliação ou comparação usamos e deveríamos usar ao fazer esse tipo de julgamento?

O que mais, além do aborto, deixa de demonstrar o devido respeito pela vida humana? Um médico demonstra respeito pela vida quando permite que a mãe morra para salvar o feto? Que tipo de decisão tomada pelo médico nessas circunstâncias demonstraria mais respeito pelo valor intrínseco da vida humana, e que tipo demonstraria menos? Por quê? Suponhamos que uma gravidez seja resultado de um estupro: que decisão, nesse caso, demonstra mais respeito pelo valor intrínseco da vida humana – uma decisão favorável ou contrária ao aborto? Suponhamos que um feto tenha deformações horríveis: permitir seu nascimento demonstra respeito ou desprezo pela vida? Que critério para avaliar o respeito ou o desprezo pela vida humana deveríamos usar ao tomar decisões desse tipo?

Pessoas diferentes, com convicções profundamente diferentes sobre uma vasta gama de questões religiosas e filosóficas, dão respostas diferentes a essas perguntas, e essas respostas diferentes condizem com as principais divergências de opinião sobre o aborto. Se pudermos entender a controvérsia sobre o aborto como um debate ligado a outras diferenças de opinião religiosa e filosófica, entenderemos bem melhor em que e por que divergimos. Estaremos também em melhores condições de enfatizar os pontos em que concordamos e de perceber de que modo nossas divisões, por mais profundas e dolorosas que sejam, ainda assim estão arraigadas em uma unidade fundamental de convicção humanitária. O que compartilhamos é mais fundamental do que nossas divergências sobre sua melhor interpretação.

### *A idéia do sagrado*

O que significa dizer que a vida humana é intrinsecamente importante? Uma coisa é *instrumentalmente* importante se seu valor depender de sua utilidade, de sua capacidade de ajudar as pessoas a conseguir algo mais que desejam. Dinheiro e remédios, por exemplo, só são instrumentalmente valiosos: a ninguém ocorre que o dinheiro tenha algum valor além de seu poder de comprar coisas que as pessoas desejam ou das quais necessitam, ou que os remédios tenham algum valor além de sua capacidade de curar. Uma coisa é subjetivamente valiosa somente para as pessoas que a desejam. Tomar uísque escocês, assistir ao futebol ou deitar-se ao sol são coisas que só têm valor para as pessoas que, como eu, gostam disso. Não penso que os que as detestam estejam cometendo algum tipo de erro ou deixando de demonstrar o devido respeito por coisas verdadeiramente valiosas. Essas pessoas simplesmente não gostam do que gosto, nem querem fazer o que faço.

Uma coisa é intrinsecamente valiosa, ao contrário, se seu valor for *independente* daquilo que as pessoas apreciam, desejam ou necessitam, ou do que é bom para elas. A maioria de nós trata pelo menos alguns objetos ou acontecimentos como intrinsecamente valiosos nesse sentido: achamos que devemos admirá-los e protegê-los porque são importantes em si mesmos, e não se ou porque nós, ou outras pessoas, os desejamos ou apreciamos. Muitas pessoas acham que as grandes pinturas, por exemplo, são intrinsecamente valiosas. Elas são valiosas e devem ser respeitadas e protegidas por sua qualidade inerente de arte, e não porque as pessoas apreciem olhá-las ou encontrem alguma forma de instrução ou de experiência estética prazerosa em contemplá-las. Dizemos que queremos ver um autoretrato de Rembrandt porque é maravilhoso, e não que é maravilhoso porque queremos vê-lo. A idéia de que possa ser destruído nos horroriza como uma terrível profanação, mas não pensamos assim porque tal destruição nos privaria de experiências que desejamos ter. Ficamos horrorizados ainda que seja mínima a probabilidade de que algum dia cheguemos a ver o quadro – que talvez pertença a um acervo particular e nunca seja exposto ao público, ou fique em um museu muito distante – e ainda que existam inúmeras reproduções excelentes[1].

Tratamos dessa maneira não apenas certas pinturas ou outras obras de arte; em termos mais gerais, fazemos o mesmo com as culturas humanas. Achamos vergonhoso que alguma forma específica de cultura humana, sobretudo uma cultura complexa e interessante, morra ou esteja em vias de desaparecer. Uma vez mais, isso não pode ser totalmente explicado apenas em termos da contribuição que a diversidade cultural possa dar ao aspecto emocional de nossas vidas. Criamos museus para proteger e manter o interesse por alguma forma de arte primitiva, por exemplo, não por acreditarmos que seus objetos sejam belos ou esplêndidos, mas por considerarmos como uma perda terrível o fato de que qualquer forma de arte desenvolvida pelo homem desapareça como se nunca tivesse existido. Adotamos uma atitude semelhante com relação a aspectos da

1. Não pretendo posicionar-me a respeito de uma outra questão filosófica muito abstrata que não diz respeito a esta discussão: se as obras de grandes pintores continuariam a ser valiosas se a vida fosse destruída por completo e para sempre, de modo que ninguém mais pudesse ter a experiência de contemplá-las. Não há incoerência em negar que, nesse caso, essas obras teriam valor, pois o valor de uma pintura encontra-se no tipo de experiência que a torna disponível, e ainda assim insistir em que esse valor é intrínseco, pois independe do fato de que qualquer criatura queira realmente passar por tal experiência.

cultura popular ou industrial: por exemplo, o desaparecimento de objetos de artesanato tradicionais não nos preocupa porque acreditamos que um dia iremos precisar deles – o que talvez nunca aconteça –, mas porque nos parece uma grande perda que toda forma de criação artesanal venha a desaparecer.

Quanto à vida humana, será ela subjetiva, instrumental ou intrinsecamente valiosa? É valiosa nos três sentidos, acreditamos quase todos. Tratamos o valor da vida de uma pessoa como instrumental quando a avaliamos em termos do quanto o fato de ela estar viva serve aos interesses dos outros: do quanto aquilo que ela produz torna melhor a vida das outras pessoas, por exemplo. Quando dizemos que a vida de Mozart ou a de Pasteur foi de grande valor porque a música ou a medicina que eles criaram serviu aos interesses dos outros, estamos tratando suas vidas como instrumentalmente valiosas. Tratamos a vida de uma pessoa como subjetivamente valiosa quando avaliamos seu valor para ela própria, isto é, em termos de quanto *ela* quer estar viva, ou de quanto o fato de estar viva é bom para ela. Assim, quando dizemos que a vida perdeu o valor para alguém que sofre muito ou está na miséria, estamos atribuindo a essa vida um sentido subjetivo.

Chamemos de *pessoal* o valor subjetivo que uma vida tem para a pessoa de cuja vida se trata. É um valor pessoal o que temos em mente quando dizemos que, normalmente, a vida de uma pessoa é a coisa mais importante que ela tem. É valor pessoal aquilo que um governo tenta proteger, como fundamentalmente importante, quando reconhece e faz vigorar o direito das pessoas à vida. É compreensível, portanto, que o debate sobre o aborto deva incluir a questão de se o feto tem direitos e interesses próprios. Se os tiver, terá igualmente o interesse pessoal de continuar vivo, interesse que deve ser protegido mediante o reconhecimento e a imposição do direito à vida. Afirmei que, na fase inicial da concepção, um feto não tem interesses e direitos, e que quase ninguém acredita que os tenha; se o valor pessoal fosse o único tipo de valor pertinente em jogo na questão do aborto, este não seria moralmente problemático.

Se pensarmos, porém, que a vida de qualquer organismo humano, inclusive a do feto, tem valor intrínseco a despeito de também ter, ou não, valor instrumental ou pessoal – se tratarmos qualquer forma de vida humana como algo que devemos respeitar, reverenciar e proteger por ser maravilhosa em si mesma –, teremos então que o aborto é moralmente problemático. Se for uma terrível profanação destruir uma pintura, por exemplo, ainda que uma pintura não seja uma pessoa, por que não deveria ser uma profanação ainda maior destruir uma coisa cujo valor intrínseco pode ser tão imensamente maior?

Devemos chamar a atenção para uma nova e crucial distinção: aquela que se dá entre o que valorizamos incrementalmente – aquilo de que queremos mais, pouco importando o quanto já tenhamos – e aquilo que só valorizamos quando já existe. Algumas coisas são valiosas não apenas intrinsecamente, mas também incrementalmente. Tendemos a tratar desse modo o conhecimento, por exemplo. Nossa cultura quer saber sobre arqueologia, cosmologia e galáxias a muitos milhões de anos-luz de distância – ainda que seja mais provável que muito pouco desse conhecimento possa ter alguma utilidade prática –, e queremos saber o máximo possível sobre todas essas coisas[2]. Não é assim, porém, que valorizamos a vida humana, que tratamos como sagrada e inviolável. (Como disse no capítulo 1, utilizo esses termos alternadamente, assim como os termos "santidade" e "inviolabilidade".) O traço distintivo entre o sagrado e o incrementalmente valioso é o fato de o sagrado ser intrinsecamente valioso porque – e, portanto, apenas quando – existe. É inviolável pelo que representa ou incorpora. Não é importante que existam mais pessoas. Mas, uma vez que uma vida humana tenha começado, é muito importante que floresça e não se perca.

Será esta uma distinção estranha? Não: fazemos a mesma distinção a propósito de outros objetos ou acontecimentos que

---

2. Sem dúvida, podemos ter outras razões para querer que alguma coisa *não* seja conhecida: como fazer explodir o universo, por exemplo. Mesmo nesse tipo de caso, porém, acreditamos que evitar deliberadamente o conhecimento sacrifica alguma coisa de importância intrínseca.

consideramos intrinsecamente valiosos. Atribuímos a muitas das obras de arte que apreciamos um valor sagrado, e não incremental. Atribuímos grande valor às obras de arte quando elas existem, ainda que muito pouco nos interesse que outras mais sejam produzidas. Podemos certamente acreditar que a produção contínua da *grande* arte tem uma importância tremenda – que, quanto mais objetos verdadeiramente maravilhosos uma cultura produza, tanto melhor –, e pensamos o mesmo sobre as grandes vidas: mesmo os maiores defensores do controle do crescimento demográfico não desejariam menos figuras como Leonardo da Vinci ou Martin Luther King. Contudo, ainda que não lamentemos a existência de mais obras de um determinado pintor, ou de mais exemplos de um determinado gênero artístico, insistimos em respeitar os exemplos que temos. Eu mesmo não desejaria que houvesse mais telas de Tintoretto do que as que existem. Ainda assim, porém, ficaria horrorizado se alguma delas fosse deliberadamente destruída.

Uma coisa é sagrada ou inviolável quando sua destruição deliberada desonra o que deve ser honrado. O que torna uma coisa sagrada nesse sentido? Podemos distinguir dois processos através dos quais algo se torna sagrado para uma determinada cultura ou pessoa. O primeiro se dá por associação ou designação. No antigo Egito, por exemplo, certos animais eram considerados sagrados para certos deuses; como os gatos eram associados a uma certa deusa, e por nenhuma outra razão, era um sacrilégio feri-los. Em muitas culturas, as pessoas adotam a mesma atitude com relação aos símbolos nacionais, inclusive as bandeiras. Muitos norte-americanos consideram a bandeira sagrada por sua associação convencional com a vida da nação; o respeito que acreditam dever a seu país é transferido para a bandeira. Para eles, sem dúvida, o valor da bandeira não é subjetivo ou instrumental. O valor da bandeira também não é incremental; até mesmo o patriota com fixação cívica pela bandeira de seu país não acredita que devam existir tantas bandeiras quanto possível. Ele valoriza a bandeira por seu valor sagrado, e não incremental, e seu caráter sagrado é uma questão de associação.

O segundo processo mediante o qual uma coisa pode tornar-se sagrada é a sua história, o modo como veio a existir. No caso da arte, por exemplo, a inviolabilidade não se estabelece por associação, mas por sua gênese: o que confere valor a uma pintura não é o que ela simboliza nem aquilo a que está associada, mas o modo como veio a existir. Protegemos até mesmo uma tela que não apreciamos muito, assim como tentamos preservar culturas pelas quais não temos nenhuma admiração especial, pois elas corporificam processos de criação humana que consideramos importantes e admiráveis.

Cabe-nos agora observar que adotamos uma atitude análoga com relação a aspectos do mundo natural: em nossa cultura, tendemos a tratar espécies animais distintas (mas não os animais individualmente considerados) como sagradas. Achamos muito importante, e digno de um considerável dispêndio econômico, proteger as espécies ameaçadas de extinção pelo homem ou por empresas humanas – um mercado de presas de rinocerontes valorizadas por seu suposto poder afrodisíaco; represas que ameaçam o único hábitat de uma certa espécie de peixes; ou a extração de madeiras que fará desaparecer os últimos mochos-orelhudos norte-americanos. Ficamos contrariados – seria terrível que os rinocerontes deixassem de existir – e indignados: é certamente um erro permitir tal catástrofe só para que alguns seres humanos possam ganhar dinheiro ou tornar-se ainda mais poderosos.

Por que as espécies individuais são tão valiosas que seria terrível que um empreendimento útil destruísse uma ou algumas das milhares de espécies que existem no mundo? Alguém poderia dizer: protegemos as espécies ameaçadas de extinção porque queremos ter o prazer de continuar vendo animais de todas as espécies, ou porque queremos as informações úteis que podemos obter através de seu estudo, ou porque para nós é mais interessante que existam mais e não menos espécies. Nenhum desses argumentos, porém, parece ser muito verdadeiro. Muitas das pessoas – talvez a maioria – que consideram importantes as espécies ameaçadas talvez nunca cheguem a ver qualquer dos animais que querem proteger. Duvido que muitos dos que se empenham em proteger o mocho-orelhudo norte-americano tenham algum plano de visitar o hábitat desses pássaros ou de vê-los em zoológicos, assim como não acho que acreditem que a preservação dos mochos-orelhudos nos permitirá adquirir informações úteis suficientes para justificar os gastos envolvidos. Essas pessoas lutam para proteger as espécies simplesmente porque acham que seria uma vergonha que os atos e as decisões humanos provocassem seu desaparecimento.

Este é, portanto, outro exemplo importante de algo que muitos de nós consideramos possuir valor intrínseco, e não instrumental. É também um exemplo de valor sagrado, e não incremental: poucos acreditam que o mundo seria pior se sempre tivesse havido menos espécies de pássaros, e poucos considerariam importante que a engenharia genética criasse novas espécies se isso fosse possível. O que achamos importante não é que exista algum número particular de espécies, mas que uma espécie já existente não seja extinta por nós. Consideramos um tipo de vergonha cósmica o fato de uma espécie criada pela natureza deixar de existir por obra de ações humanas.

Coloco a questão nesses termos – dizendo que não se deve destruir o que a natureza criou – para enfatizar a semelhança que afirmo existir entre nossa reverência para com a arte e nossa preocupação com a sobrevivência das espécies. Tanto a arte quanto as espécies são exemplos de coisas invioláveis para nós não por associação, mas em virtude de sua história, do modo como vieram a existir. Vemos o processo evolutivo através do qual as espécies se desenvolveram como se contribuísse, de alguma maneira, para que nos envergonhássemos do que fazemos quando provocamos sua extinção. De fato, as pessoas que se preocupam em proteger as espécies ameaçadas freqüentemente enfatizam a relação entre arte e natureza ao descreverem a evolução das espécies como um processo de criação.

Para a maioria dos norte-americanos, e para muitas pessoas de outros países, o processo evolutivo é literalmente criativo, pois acreditam que Deus seja o autor da natureza. Com base nesse pressuposto, provocar a extinção total de uma espécie equivale a destruir o projeto de criação do mais grandioso de todos os artistas. Ainda assim, mesmo as pessoas que não partilham a mesma idéia, mas que aceitam a tese darwiniana de que a evolução das espécies é uma questão de mutação acidental, e não de projeto divino, usam freqüentemente metáforas de criação artística. Descrevem espécies animais específicas não como meros acidentes, mas como progressos de adaptação, como algo que não foi simplesmente produzido, mas trabalhado pela natureza. A literatura da conservação está repleta de tais personificações da natureza como artista criadora. Fazem parte do fecundo terreno de idéias e associações no qual a preocupação conservacionista lança suas raízes. De fato, as metáforas de criação artística e cultural passaram a dominar tão completamente os clamores de preservação das espécies que a analogia é hoje usada ao contrário. Há pouco tempo, um antropólogo afirmou que deveríamos tratar o possível desaparecimento de uma língua primitiva com a mesma preocupação e comiseração que demonstramos para com o *snail darter**, o mocho-orelhudo e outras espécies animais em vias de extinção[3].

Sem dúvida, nossa preocupação com a preservação das espécies animais atinge sua forma mais dramática e intensa no caso de uma espécie em particular: a nossa. O fato de que a espécie humana deve sobreviver e prosperar é uma premissa inarticulada, inquestionável e quase despercebida, mas ainda assim reina absoluta em nosso planejamento político e econômico. Esse pressuposto tácito une os dois exemplos diferentes de santidade que até aqui identificamos. Nossa preocupação especial com a arte e a cultura reflete o respeito em que temos a criação artística, e nossa preocupação especial com a sobrevivência das espécies animais reflete um respeito semelhante por aquilo que a natureza, entendida como instância divina ou secular, produziu. Essas bases idênticas do sagrado se unem no

* Nome de vários pequenos peixes norte-americanos da família das percas. (N. do T.)

3. Ver John N. Wilford, "In a Publishing Coup, Books in 'Unwritten' Languages", *The New York Times*, 31 de dezembro de 1991.

caso da sobrevivência de nossa própria espécie, pois para nós é de crucial importância que sobrevivamos não apenas biologicamente, mas culturalmente também, e que nossa espécie não apenas viva, mas prospere. Essa é a premissa que inspira boa parte de nossa preocupação com a conservação da natureza e com a sobrevivência e a saúde das tradições culturais e artísticas. Preocupamo-nos não somente conosco e com os demais seres viventes, mas também com as incontáveis gerações ainda por vir.

Sem dúvida, não podemos explicar nossa preocupação com o futuro da humanidade como uma preocupação com os direitos e interesses de determinadas pessoas. Suponhamos que, por uma grande estupidez, desencadeássemos uma onda de radioatividade que teria como conseqüência a extinção dos seres humanos antes do século XXII. É absurdo argumentar que teríamos então causado um prejuízo ou uma injustiça terrível a pessoas que, de outro modo, teriam continuado a viver, a menos que imaginemos que, em algum espaço místico, uma multidão de pessoas espera pelo momento de sua concepção e nascimento. Às vezes falamos assim, e podemos inclusive chegar a pensar de um jeito que só faria sentido se existissem esses mundos místicos de pessoas possíveis que aguardam seu nascimento. Na verdade, porém, nossa preocupação com a humanidade dos séculos vindouros só faz sentido se considerarmos intrinsecamente importante que a raça humana continue a existir ainda que isso não seja importante para os interesses de determinadas pessoas.

Também consideramos importante que as pessoas vivam bem, e em razão disso julgamos ter a responsabilidade não só de não eliminar a possibilidade da existência das gerações futuras, mas também de deixar-lhes um justo quinhão de recursos naturais e culturais. É aí que reside o pressuposto do que os filósofos chamam de problema da justiça entre as gerações: a idéia de que cada geração deve, por uma questão de justiça, deixar um mundo que possa ser habitável não apenas por seus filhos e netos, aos quais já conhecem e amam, mas também por gerações de descendentes cuja identidade não se encontra absolutamente estabelecida, ao menos de uma maneira que nos seja compreensível, mas que depende daquilo que devemos considerar como bilhões de acidentes independentes do cruzamento de linhagens genéticas. Os filósofos falam disso como uma questão de justiça, e o mesmo fazem os políticos e os jornalistas: argumentam, por exemplo, que a enorme dívida interna que o governo permitiu que os Estados Unidos contraíssem nas últimas décadas é injusta para com as gerações ainda por nascer. Mas esse modo de colocar as coisas é enganoso, pois nossa preocupação com o futuro não se traduz em preocupação com os direitos ou interesses de pessoas específicas. As decisões que agora tomarmos sobre a conservação e a economia irão determinar, de diferentes maneiras que não podemos entender, e menos ainda prever, não apenas quais recursos estarão disponíveis aos nossos descendentes, mas também que pessoas eles serão. Faz muito pouco sentido dizer que devemos a algum indivíduo em particular a obrigação de não dissiparmos de maneira egoísta os recursos da Terra, se esse indivíduo só virá a existir se realmente os dissiparmos. Ou, nesse caso, somente se não o fizermos. Nossa preocupação com as gerações futuras não é, em absoluto, uma questão de justiça, mas sim de nosso sentimento instintivo de que tanto o florescimento quanto a sobrevivência do ser humano têm uma importância sagrada.

Através dessa mescla de coisas, fatos e processos que muitas pessoas consideram invioláveis, tentei demonstrar como é realmente geral a idéia do sagrado e, desse modo, antecipar a objeção de que é estranho, quando não bizarro, o princípio que acredito encontrar-se na raiz das convicções da maioria das pessoas sobre o aborto – o princípio de que a vida humana, inclusive a vida de um embrião recém-formado, é inviolável. Mas os exemplos apresentados têm o valor adicional de sugerir que, ao menos em muitos dos casos mais conhecidos, a essência do sagrado encontra-se no valor que atribuímos a um processo, empreendimento ou projeto, e não a seus resultados considerados independentemente do modo como foram obtidos. Horrorizamo-nos com a idéia da destruição deliberada de uma obra de arte não apenas porque perdemos a arte, mas porque o fato de destruí-la parece aviltar um processo de criação que consideramos muito importante. Da mesma maneira, reverenciamos e protegemos as culturas, que também são, mais abstratamente, formas de arte, uma vez que são produtos coletivos dos tipos de empreendimentos que consideramos importantes. Portanto, nossas atitudes diante de obras de arte e de culturas específicas revelam um profundo respeito pelos empreendimentos que lhes dão origem; respeitamos esses empreendimentos independentemente de seus resultados particulares.

Nossa preocupação com a conservação das espécies animais também se baseia no respeito pelo modo como vieram a existir, e não pelos animais considerados independentemente dessa história. Em si mesmos, os processos naturais de evolução e desenvolvimento têm uma importância normativa para nós, e assim é não porque as espécies que geraram – o rinoceronte ou o mocho-orelhudo, por exemplo – sejam superiores, com base em algum critério independente de valor animal, a outras espécies que poderiam ter se desenvolvido em vez delas, mas porque consideramos um erro, uma profanação do inviolável, que uma espécie produzida pela evolução venha a desaparecer por nossos atos. Os geneticistas criaram plantas que consideramos instrumentalmente valiosas: produzem alimento e podem salvar vidas. Mas não achamos que essas espécies artificialmente produzidas sejam tão valiosas, intrinsecamente, quanto aquelas que foram produzidas por processos naturais.

Para muitas pessoas, como afirmei, o respeito que devemos à natureza é o respeito por Deus concebido como o divino criador. Desse ponto de vista, respeitamos todas as criaturas de Deus não individualmente consideradas – cada tordo, cavalo, mocho-orelhudo ou *snail darter* –, mas como projetos imaginativos produzidos pelo gênio inspirado de Deus, a serem reverenciados enquanto tais, assim como Deus ordenou a Noé que honrasse suas criaturas mantendo vivas, na arca, as espécies e não os animais individualmente considerados. Alguns conservacionistas que não se consideram religiosos podem, não obstante, defender a firme convicção intuitiva de que a natureza é viva *em si mesma*, uma força misteriosa e inexorável que unifica toda a vida na Vida mesma. Walt Whitman foi o poeta dessa concepção – em *Canto de mim mesmo* e *Folhas de relva*, celebrou o "impulso gerador do mundo"[4] –, e outro poeta, David Plante, fala de uma elementar "pulsação no barro" como a fonte misteriosa de toda a vida. As pessoas que defendem qualquer dessas concepções – a convencionalmente religiosa ou alguma versão da idéia de que a natureza é, em si mesma, dotada de um propósito – acreditam que a destruição de uma espécie é condenável porque desperdiça uma importante e criativa realização de Deus ou do mundo gerador. Querem dizer que devemos lamentar a perda de uma espécie da mesma forma que lamentaríamos – ainda que muito mais – a derrocada de algum projeto que durante muito tempo nós, ou outras pessoas, nos tivéssemos empenhado em concretizar. Lamentamos a perda de um investimento criativo não apenas pelo que perdemos, mas pelo revés de ver frustrado um grande esforço.

Contudo, muitas pessoas que desejam proteger as espécies animais em risco de extinção ou outros produtos naturais belos ou importantes não acreditam em um Deus criador ou em uma inteligência misteriosa que guia a natureza. Para elas, a analogia entre natureza e arte é apenas uma analogia: falam da natureza como força criadora apenas como uma metáfora para expressar sua convicção primitiva, porém firme, de que a natureza e a arte são processos cujos produtos são, em princípio, invioláveis. Acham vergonhoso que o ser humano destrua o que foi criado ao longo de uma eternidade de evolução seletiva natural, não porque algum artista divino ou cósmico o tenha criado, mas apenas porque, em algum sentido fundamental, essa destruição *é* algo vergonhoso e intrinsecamente mau. Quando afirmam que a extinção de uma espécie é um desperdício do investimento da natureza, não querem dizer que a natureza seja um investidor consciente, mas que mesmo os pro-

---

4. "Song of Myself", em Oscar Williams, org., *A Little Treasury of American Poetry* (Nova York: Scribners, 1948), 108.

cessos de criação naturais e inconscientes devem ser tratados como investimentos dignos de respeito[5]. Talvez as futuras gerações zombem dessa idéia por considerá-la ridiculamente sentimental. Não obstante, trata-se de uma das idéias mais difundidas atualmente e nada tem de irracional ou vergonhosa. Não é mais sentimental tratar o que a natureza criou como um investimento que não devemos pôr a perder do que adotar o mesmo ponto de vista diante de uma antiga obra de arte cujo autor desconhecido já morreu há séculos, ou de algum idioma ou peça artesanal criados por pessoas que nunca imaginaram estar investindo em coisa alguma.

Devo enfatizar, por último, duas outras características de nossas convicções sobre o sagrado e o inviolável. Em primeiro lugar, para a maioria de nós existem graus do sagrado assim como graus do maravilhoso. Seria sacrílego que alguém destruísse uma obra de um artista menor do Renascimento, mas não tanto quanto a destruição de um Bellini. Seria lamentável que uma espécie distinta e bela de ave exótica fosse destruída, mas seria ainda pior que acabássemos com o tigre siberiano. E, ainda que sem dúvida lamentássemos a extinção total das serpentes ou dos tubarões, nosso pesar talvez fosse ambíguo; poderíamos considerar não tão lamentável a destruição de uma espécie perigosa para nós. Em segundo lugar, nossas convicções sobre a inviolabilidade são seletivas. Não tratamos como sagrado tudo o que é produzido pelos seres humanos. Tratamos a arte como inviolável, mas não a riqueza, os carros ou a publicidade comercial, ainda que também sejam criações das pessoas. Também não tratamos como invioláveis todas as coisas que são produzidas por um longo processo natural – os depósi-

---

5. A idéia do respeito pelos processos naturais tem outras conseqüências dramáticas. Quando uma clínica de fertilidade londrina anunciou, em 1993, que permitiria que certos pais escolhessem o sexo de seus bebês de proveta, por exemplo, muitos políticos ingleses declararam imediatamente sua indignação: muitos deles disseram que sua objeção não se baseava em motivos "racionais", mas em uma aversão instintiva a interferir nos "mistérios da natureza". Mesmo que consideremos essa reação prematura, ou insuficientemente solidária com alguns pais, quase todos nós entendemos e compartilhamos o impulso que se encontra por trás dela.

tos de carvão ou de petróleo, por exemplo –, e muitos de nós não sentimos remorso algum em cortar árvores para abrir espaço para a construção de casas, ou em matar mamíferos complexos como as vacas para obter alimento. E só consideramos sagradas algumas espécies animais: poucos se importam com a extinção de uma espécie de inseto, mesmo quando benigna, e a erradicação do vírus da aids seria motivo de grande celebração e de nenhum remorso.

De diferentes maneiras, portanto, somos seletivos com relação a que produtos e que tipos de processos criadores ou naturais consideramos invioláveis. Como seria de esperar, nossas seleções são configuradas por nossas necessidades e as refletem, e, de maneira recíproca, configuram e são configuradas por outras opiniões que temos. Reverenciamos o esforço artístico humano, por exemplo, porque pode produzir coisas maravilhosas, como as pinturas de grande beleza, intuição e portento, e então, porque reverenciamos essa forma de criação humana, respeitamos tudo que ela produz, inclusive as pinturas que não consideramos maravilhosas. Reverenciamos a natureza porque produziu formações geológicas magníficas, plantas majestosas e criaturas vivas que consideramos extraordinárias, inclusive nós mesmos, e protegemos os exemplos dessa produção – montanhas, rios, florestas ou animais – de um modo especial e mais intenso porque são naturais. A reciprocidade entre nossa admiração pelos processos e nossa admiração pelo produto é complexa, e para a maioria das pessoas seu resultado não é um único princípio geral do qual fluem todas as suas convicções sobre o inviolável, mas uma complexa rede de sentimentos e intuições.

Não pretendo aqui recomendar ou defender nenhuma dessas convicções correntes sobre a arte e a natureza, seja em sua forma religiosa ou secular. Como insistem alguns céticos, talvez não passem de superstições sem consistência alguma. Quero apenas chamar a atenção para sua complexidade e sua estrutura característica, pois espero mostrar que é possível compreender as convicções da maioria das pessoas sobre o aborto e a eutanásia como se baseadas em crenças muito semelhantes, ainda que diferentes em alguns sentidos importantes, sobre como e por que qualquer forma de vida humana *individual* é também inviolável.

### *A santidade de cada vida humana*

Um obscuro filósofo austríaco do século XIX, Joseph Popper-Lynkeus, dizia que a morte de qualquer ser humano, a não ser de um assassino ou de um suicida, é "um acontecimento muito mais importante do que qualquer fato político, religioso ou nacional, ou que a soma total dos avanços científicos, artísticos e tecnológicos obtidos ao longo dos tempos por todos os povos do mundo"[6]. E recomendava, a quem pensasse em considerar sua extraordinária afirmação um exagero, que "imaginasse que o indivíduo em questão fosse ele mesmo ou seu ente mais querido". Sua recomendação confunde o valor intrínseco da vida humana com o que chamei de valor pessoal. Minha vida pode ser pessoalmente mais importante para mim do que qualquer outra coisa, mas daí não se segue que seja intrinsecamente mais importante, e, uma vez estabelecida tal distinção, é absurdo supor que mesmo uma morte trágica e prematura, para não dizer uma morte natural ao fim de uma longa vida, seja um fato intrinsecamente mais lamentável do que a destruição de toda a arte e todo o conhecimento humanos. Mas a afirmação de Popper-Lynkeus apreende, de maneira hiperbólica, uma convicção que deve agora ser nossa preocupação principal: a de que em algumas circunstâncias a eliminação deliberada de uma vida humana é intrinsecamente condenável – em termos objetivos, uma ignomínia –, da mesma maneira que o seria a destruição da grande arte ou a perda de conhecimentos importantes.

Estamos agora em melhores condições para examinar essa convicção. Afirmei que tratamos a preservação e a prosperidade

6. Ver Paul Edwards, org., *The Encyclopedia of Philosophy* 6 (Nova York: Macmillan, 1967; Nova York: The Free Press, 1972), 403.

de nossa própria espécie como algo de importância capital porque acreditamos que nossa espécie é o mais grandioso resultado da criação divina – se somos convencionalmente religiosos –, ou da evolução – se não somos religiosos –, e também porque sabemos que todo conhecimento, toda arte e cultura desapareceriam com o fim da humanidade. Essa combinação de natureza e arte – duas tradições do sagrado – corrobora a afirmação posterior, e mais dramática, de que cada vida humana individual é também inviolável em si mesma, pois cada vida individual, em si mesma, pode ser entendida como o produto de ambas as tradições criativas. A primeira dessas tradições – a idéia de que a natureza é criativa – tem desempenhado um papel importante como fundamento dessa afirmação. As tradições religiosas que predominam no Ocidente insistem em que Deus criou a humanidade "à Sua própria imagem", que cada ser humano individual é uma representação, e não apenas um produto, de um criador divino, e as pessoas que aceitam esse artigo de fé irão pensar, compreensivelmente, que cada ser humano – e não só a espécie como um todo – é uma obra-prima da criação. Uma forma secular da mesma idéia, que atribui a obra-prima à natureza e não a Deus, é também um dos pilares de nossa cultura – a imagem do ser humano como o mais grandioso produto da criação natural é uma das mais poderosas em Shakespeare, por exemplo. "Que obra é o homem!", diz Hamlet, e James Tyrrel, que planeja para Ricardo III o assassinato dos príncipes na Torre, diz que um dos assassinos se sentiu horrorizado ao perceber que havia "asfixiado a mais perfeita e doce obra que a Natureza já criou desde os primórdios da criação". É assim, e de outras maneiras, que a idéia de que os seres humanos são especiais entre as criações da natureza é apresentada para explicar por que é horrível que mesmo uma única vida humana seja eliminada.

O papel da outra tradição do sagrado na defesa da santidade da vida é menos evidente, mas igualmente crucial: cada ser humano desenvolvido é produto não só da criação natural, mas também do tipo de força humana criadora e deliberativa que reverenciamos ao reverenciar a arte. Uma mulher madura, por exemplo, por sua personalidade, formação e capacidade, assim como por seus interesses, suas ambições e emoções, é algo como uma obra de arte, pois em todos esses aspectos é um produto da inteligência criadora humana, em parte a de seus pais e de outras pessoas, em parte a de sua cultura. Mas é também, através das escolhas que fez, sua *própria* criação. Para expressar o conceito de vida, os gregos usavam duas palavras que estabelecem essa distinção: *zoe*, para significar vida física ou biológica, e *bios*, que para eles designava a vida como processo *vivido*, formado pela totalidade de ações, decisões, motivos e acontecimentos que compõem o que hoje chamamos de biografia[7].

Portanto, a exemplo de nossa preocupação com a sobrevivência de nossa espécie como um todo, a idéia de que cada vida humana individual é inviolável tem raízes em duas bases do sagrado que se combinam e confluem: a criação natural *e* a criação humana. Qualquer criatura humana, inclusive o embrião mais imaturo, é um triunfo da criação divina ou evolutiva que produz, como se fosse do nada, um ser complexo e racional, e igualmente um triunfo daquilo que comumente chamamos de "milagre" da reprodução humana, que faz com que cada novo ser humano seja, ao mesmo tempo, diferente dos seres humanos que o criaram e uma continuação deles. Levin – a autoprojeção ficcional de Tolstoi em *Anna Karenina* – é tomado por um sentimento de assombro diante do nascimento de seu filho:

> Enquanto isso, ao pé da cama, nas mãos habilidosas de Lizaveta Petrovna palpitava a vida de um ser humano, como a pequena e incerta chama de uma lamparina – um ser humano que não existia há um momento mas que, com os mesmos direitos e a mesma importância para si mesmo que o resto da humanidade, viveria e criaria outros seres à sua imagem. [...] De onde e por que

---

7. Essa distinção é enfatizada por James Rachels e William Ruddick em "Lives and Liberty", em *The Inner Citadel: Essays on Individual Autonomy*, org. John Christman (Nova York: The Oxford University Press, 1989), e explorada por James Rachels em *The End of Life* (Oxford: The Oxford University Press, 1986), 24-27.

razão havia vindo, e quem era? Não conseguia absolutamente entender, nem habituar-se à idéia. Parecia-lhe demais, uma superabundância que só lhe pareceu natural muito tempo depois[8].

O milagre natural que tanto comoveu Levin começa muito antes do nascimento: começa na identidade genética do embrião. A segunda forma de criação sagrada – o investimento humano, em oposição ao natural – é também imediata quando a gravidez é planejada, pois a decisão deliberada dos pais de gerar e trazer ao mundo um filho é, sem dúvida, uma decisão criadora. Qualquer criança que sobreviva é formada, em termos de caráter e capacidade, pelas decisões dos pais e pela história cultural da comunidade. Em todos os casos, com exceção dos patológicos, ao longo do desenvolvimento da criança são suas decisões criativas próprias que irão determinar, progressivamente, seus pensamentos, sua personalidade, suas ambições, emoções, relações e conquistas. Ela cria sua vida quase do mesmo modo que um artista cria uma pintura ou um poema. Não estou sugerindo, como fizeram alguns escritores românticos do século XIX, que uma vida humana seja, literalmente, uma obra de arte. Trata-se de uma idéia perigosa, pois sugere que devemos valorizar uma pessoa da mesma maneira que valorizamos uma pintura ou um poema: mais por sua beleza, estilo ou originalidade do que por suas qualidades pessoais, morais ou intelectuais. Mas podemos – e assim procedemos – tratar o modo de conduzir uma vida como uma espécie de atividade criadora que temos ao menos tantas razões para reverenciar quantas temos para reverenciar uma obra de arte.

Seja qual for sua forma ou configuração, a vida de um único organismo humano exige respeito e proteção devido ao complexo investimento criativo que representa e a nosso assombro diante dos processos divinos ou evolutivos que geram novas vidas a partir das que as antecederam, diante dos processos de

8. Ver Leon Tolstói, *Anna Karenina*, tradução inglesa de Rosemary Edmunds (Nova York: Penguin, 1978), 749. Tradução brasileira de Mirtes Ugeda (São Paulo: Círculo do Livro, 1995).

uma nação, comunidade ou língua através dos quais um ser humano irá absorver e dar continuidade a centenas de gerações de culturas e formas de vida e valor, e, por último, quando a vida mental iniciar-se e florescer, diante do processo interior de criação e discernimento por meio do qual uma pessoa irá fazer-se e refazer-se, um processo misterioso e inevitável do qual todos participamos e que é, portanto, a mais poderosa e inevitável fonte de empatia e comunhão que temos com cada uma das outras criaturas que se defrontam com o mesmo desafio assustador. O horror que sentimos diante da destruição intencional de uma vida humana reflete nosso sentimento comum e inarticulado da importância intrínseca de cada uma dessas dimensões do investimento feito.

### *A métrica do desrespeito*

Devo agora tentar mostrar como essa compreensão do caráter sagrado da vida humana nos permite explicar, melhor do que a interpretação tradicional, as duas atitudes opostas diante do aborto. A interpretação tradicional pressupõe que essas atitudes se baseiam em diferentes concepções que remetem à questão de se, e quando, o feto é uma pessoa com direito à vida. Vou pressupor aqui que tanto os conservadores quanto os liberais aceitam que, em princípio, a vida humana é inviolável no sentido por mim definido, de que qualquer aborto implica uma perda de vida humana e portanto é, em si mesmo, vergonhoso e condenável. Também tentarei demonstrar de que modo esse pressuposto explica por que as duas partes concordam e divergem entre si.

Começarei pelos aspectos consensuais. Como afirmei, conservadores e liberais pressupõem que, embora o aborto seja sempre moralmente problemático e quase sempre moralmente condenável, é pior em algumas ocasiões do que em outras. Em outras palavras, pressupõem que existem graus de iniqüidade na perda de uma vida humana. Que medida estão pressupondo ao emitir tais juízos de valor? Coloquemos a questão de uma forma mais geral. Todos admitimos que alguns casos de morte prematura são tragédias maiores que outras, não apenas quando o que está em pauta é a questão do aborto, mas também no contexto de muitos outros acontecimentos. Para quase todos nós, por exemplo, é pior que uma jovem, e não um velho, morra em um acidente aéreo, ou que morra um garoto em vez de um homem de meia-idade. Ao pensarmos assim, que critérios estamos utilizando para avaliar uma tragédia? Que critérios devemos adotar?

Não se trata aqui da questão moral sobre a qual costumam escrever os filósofos da moral ou os chamados deontólogos médicos – a questão de saber que *direitos* à vida têm diferentes tipos de pessoas, ou de quão relativa é a perversidade de negar-lhes os recursos que poderiam salvar suas vidas ou de matá-las. Podemos acreditar que é pior – que existe uma perda de vida maior – a morte de um jovem que a de um velho, ou a de uma pessoa emocionalmente saudável que a de um suicida, ou a de um homem com filhos pequenos que a de um homem solteiro, sem com isso sugerir que seria menos perverso matar um velho do que um jovem, uma pessoa deprimida do que uma pessoa feliz, um homem solteiro do que um pai de família. Isso tampouco sugere – ainda que se trate, obviamente, de um problema diferente e bem mais difícil – que seria mais justo negar a um velho recursos escassos que evitariam sua morte, como um aparelho de hemodiálise, ou negar esses recursos às pessoas deprimidas e solteiras para favorecer pais vigorosos de famílias numerosas.

Esses juízos sobre o assassinato e a eqüidade pertencem ao sistema de direitos e interesses, o sistema de idéias que, como afirmei, não podem explicar nossas convicções mais comuns sobre o aborto. A maioria das pessoas pensa (com o indiscutível apoio de nossas leis) que os indivíduos têm um igual direito à vida e que o assassinato de um misantropo octogenário, deprimido e fisicamente debilitado é tão execrável, e deve ser punido tão severamente, quanto o assassinato de qualquer pessoa mais jovem, saudável ou valiosa para os demais. Qualquer outra concepção nos pareceria monstruosa. Mais complicado é, como admiti há pouco, o modo como as diferenças entre as pessoas deveriam afetar a distribuição de recursos médicos escassos. Na maioria dos países, os médicos admitem que esses recursos devem priorizar os mais jovens aos mais velhos, e para muitos médicos a qualidade de vida e o valor para os outros também fazem parte da equação. Contudo, mesmo essas questões de eqüidade são diferentes da questão da bondade ou maldade intrínsecas dos fatos que estamos examinando. Poderíamos insistir, por exemplo, que, quando está em jogo a alocação de recursos médicos escassos, os interesses de uma pessoa seriamente deprimida e com graves deficiências físicas devem ser tão respeitados quanto os de uma pessoa emocionalmente saudável, e ainda assim acreditar (como algumas pessoas, talvez, mas não muitas) que será uma tragédia muito maior a morte de um jovem que a de um velho. As questões que agora coloco, portanto, não dizem respeito à justiça, aos direitos ou à eqüidade, mas sim à tragédia e ao desperdício de vida. Como deveríamos, em diferentes ocasiões, medir e comparar esse desperdício e, por conseguinte, o insulto à santidade da vida? Em primeiro lugar, temos de levar em conta uma resposta simples, e talvez natural, a essa pergunta. Nos termos de tal resposta, a vida é desperdiçada quando se perde, de modo que a questão do quanto foi desperdiçado por uma morte prematura é respondida mediante o cálculo de quanto tempo mais poderia ter durado essa vida se não tivesse sido interrompida. Essa resposta simples parece ajustar-se a muitas de nossas convicções intuitivas. Parece explicar, por exemplo, a opinião que há pouco mencionei: a de que a morte de uma jovem em um acidente aéreo é pior do que a de um homem mais velho. É mais provável que a jovem ainda continuasse a viver por muitos anos.

A resposta simples é incompleta, pois podemos medir a vida – e, portanto, a perda de vida – de maneiras diversas. Deveríamos considerar apenas a duração da vida que se perdeu, sem consideração alguma por sua qualidade? Ou deveríamos levar em conta também a qualidade? Deveríamos dizer que a perda da jovem que morreu no acidente seria maior se ela tivesse pela frente uma vida cheia de esperanças e prazeres do que se estivesse física ou psicologicamente incapacitada de algum modo grave e permanente? Deveríamos também levar em conta a perda que sua morte representaria para a vida de outras pessoas? Será que a morte de um pai de família, de um grande industrial que dá emprego a muita gente, ou de um gênio da música constitui um desperdício de vida maior do que a morte, na mesma idade, de alguém cuja vida tenha sido igualmente satisfatória para si próprio, mas menos valiosa para os demais?

Não devemos, porém, quebrar a cabeça diante dessas alternativas, pois essa resposta simples, que só mede a perda de vida em termos da vida que se perdeu, é inaceitável quer se avalie a perda somente como duração de vida, quer se inclua no cálculo a qualidade de vida ou o benefício a outras pessoas. E é inaceitável, em qualquer dessas formas, por duas razões inexoráveis.

Em primeiro lugar, ainda que a resposta simples pareça ajustar-se a algumas de nossas convicções, contradiz outras que são importantes e estão profundamente erradicadas no espírito humano. Se a perda de vida fosse medida apenas em termos cronológicos, por exemplo, um aborto na fase inicial da gestação seria um insulto ainda pior à santidade da vida, um exemplo ainda pior de desperdício de vida do que seria um aborto tardio. Mas a maioria das pessoas defende a tese contrária: a de que quanto mais tarde se fizer o aborto – quanto mais a forma do feto lembrar uma criança –, tanto mais condenável será sua prática. Adotamos um ponto de vista semelhante a respeito da morte de crianças de pouca idade. É terrível que morra um bebê, mas para a maioria das pessoas é pior quando morre uma criança de três anos, e pior ainda quando morre um adolescente. Quase ninguém acredita que a tragédia representada pela morte prematura diminua de modo linear à medida que a idade aumenta. O modo como a maioria sente essa tragédia, se fôssemos representá-lo como um gráfico associando o grau de intensidade trágica à idade em que ocorre a morte, subiria a partir do nascimento até algum ponto no final da infância ou no início da adolescência, depois seguiria por uma linha horizontal pelo menos até o começo da meia-idade, e finalmente voltaria a descer na direção da velhice avançada. Em termos de horror, a morte dos príncipes na Torre, em Ricardo III, não teria paralelo em nenhum ato de infanticídio.

A interpretação simples de como a morte constitui um desperdício de vida também não se ajusta melhor a nossos sentimentos no contexto das formas mais elaboradas que mencionei. Nosso ponto de vista corrente de que é pior perder ou abortar um feto em uma fase avançada da gravidez do que na fase inicial, e pior que morra uma criança de dez anos do que um bebê, não leva em consideração a qualidade das vidas que se perderam ou seu valor para os outros.

A concepção simples de desperdício de vida mostra-se insuficiente por uma segunda razão igualmente importante. Falha por completo ao explicar a importante verdade que por diversas vezes enfatizei: a de que, embora consideremos a vida humana sagrada, não a tratamos como se tivesse valor incremental; não acreditamos abstratamente que, quanto mais vidas humanas forem vividas, tanto melhor. A afirmação simples de que uma morte prematura só é trágica porque implica a perda de vida – só porque algum período de vida que poderia ter sido vivido por alguém não o será – não nos dá mais razão para lamentar um aborto ou uma morte prematura do que para lamentar a contracepção ou outra forma qualquer de controle de natalidade. Em ambos os casos, haverá menos vidas humanas vividas do que haveria se fossem outras as circunstâncias.

A concepção de perda simples que até aqui examinamos é inadequada porque se concentra apenas em possibilidades futuras, naquilo que poderá ou não acontecer no futuro. Ignora a verdade crucial de que a perda de vida é comumente maior e mais trágica devido ao que já aconteceu no passado. A morte de uma adolescente é pior do que a morte de um bebê, pois a morte daquela frustra os investimentos que ela e outros já tenham feito em sua vida – as ambições e expectativas que ela teve, seus planos e projetos, o amor, os interesses e o envolvimento emocional que criou para si e com os outros, e que estes criaram para ela e com ela.

Usarei o termo "frustração" (ainda que a palavra tenha outras associações) para descrever essa avaliação mais complexa de perda de vida porque não me ocorre nenhuma palavra melhor para sugerir a combinação de considerações passadas e futuras que figuram em nossa avaliação do que constitui uma morte trágica. A maioria de nós acredita em algo parecido com o conjunto de pressupostos instintivos sobre a morte e a tragédia que apresentarei a seguir. Como afirmei, acreditamos que uma vida humana bem-sucedida segue um certo curso natural. Começa com o simples desenvolvimento biológico – a concepção, o desenvolvimento do feto e a primeira infância – e depois prossegue pela segunda infância, adolescência e vida adulta, sendo determinada agora não apenas pela formação biológica, mas também pela educação e pelas escolhas sociais e individuais, e culminando na capacidade de estabelecer relações e alcançar os mais variados objetivos. Depois de um período de vida normal, termina com a morte natural. O desperdício dos investimentos criativos naturais e humanos que constituem a história de uma vida normal ocorre quando essa progressão normal se vê frustrada pela morte, prematura ou não. Quão lamentável isso é, porém – o tamanho da frustração –, depende da fase da vida em que ocorre, pois a frustração é maior se a morte ocorrer depois que a pessoa tiver feito um investimento pessoal significativo em sua própria vida, e menor se ocorrer depois que algum investimento tiver sido substancialmente concretizado, ou tão substancialmente concretizado quanto poderia ter sido.

Essa estrutura mais complexa ajusta-se melhor a nossas convicções sobre a tragédia do que a avaliação simples daquilo que constitui perda de vida. Explica por que a morte de um adolescente nos parece pior, na maioria das circunstâncias, do que a morte de um bebê. Também explica como podemos, de modo coerente, sustentar que às vezes é indesejável criar novas vidas humanas e ainda assim insistir em que é condenável que alguma vida humana, uma vez iniciada, termine prematuramente. Não ocorre frustração de vida quando nascem menos e não mais seres humanos, pois não há investimento criativo em vidas que nunca existiram. Contudo, uma vez iniciada uma vida humana, ter-se-á também deflagrado um processo, e interrompê-lo equivale a frustrar uma aventura que já se pôs em marcha.

Portanto, a idéia de que deploramos a frustração da vida, e não a sua mera ausência, parece ajustar-se bem a nossas convicções gerais sobre a vida, a morte e a tragédia. Também explica grande parte do que pensamos sobre a tragédia particular do aborto. Tanto os conservadores quanto os liberais admitem que, em algumas circunstâncias, o aborto é mais grave, e talvez mais injustificável, do que em outras. De modo evidente, há consenso entre as duas partes quanto ao fato de que o aborto numa fase avançada da gravidez é mais grave do que o aborto feito ainda no início desta. Não podemos explicar essa convicção comum simplesmente com base na argumentação de que os fetos se parecem mais com os bebês à medida que prossegue a gravidez. As pessoas acreditam que o aborto não é apenas emocionalmente mais difícil, mas moralmente mais condenável quanto mais tarde for praticado, e, por si só, a semelhança cada vez maior não tem importância moral. Também não podemos explicar a convicção comum mediante a constatação de que, em algum momento da gravidez, o feto adquire a capacidade de sentir. Para a maioria das pessoas, o aborto é moralmente mais condenável no início do quarto mês de gravidez – bem antes da capacidade de sentir ser possível – do que no início dos três primeiros meses (vários países europeus que permitem o aborto neste período, mas não naquele, introduziram essa distinção em seu direito penal). E, ainda que essa crença amplamente compartilhada não possa ser explicada pela teoria simples da perda de vida, a tese da frustração nos oferece uma justificação natural e eloqüente para ela. O desenvolvimento fetal é um processo de criação contínuo, um processo que mal começou no instante em que ocorre a concepção. De fato, uma vez que a individuação genética ainda não se consumou a essa altura, poderíamos dizer que o desenvolvimento de um ser humano com características únicas só vai iniciar-se cerca de catorze dias mais tarde, no momento da implantação. Depois desta, porém, à medida que prossegue o crescimento do feto, o investimento natural que o aborto poria a perder torna-se cada vez maior e mais significativo.

### *Humano e divino*

Assim, nosso sentimento de que a frustração, e não só a perda, compromete a inviolabilidade da vida humana, parece útil para explicar o que une a maioria das pessoas na questão do aborto. O mais difícil é saber se também ajuda a explicar o que as divide. Para dar início a nossa resposta, colocaremos outra pergunta. Descrevi há pouco o curso natural de uma vida humana – que começa com a concepção, caminha para o nascimento e a infância, culmina em uma maturidade ativa e bem-sucedida na qual se concretizam o investimento biológico natural e o investimento humano pessoal, terminando com a morte natural depois de um espaço de tempo normal. Assim compreendida, a vida pode ser frustrada de duas maneiras principais. Pode ser frustrada pela morte prematura, que deixa por realizar qualquer investimento natural e pessoal previamente feito. Ou pode ser frustrada por outras modalidades de fracasso: por deficiências físicas ou mentais, pela pobreza, por projetos malfeitos, por erros irrecuperáveis, por uma educação insuficiente, ou mesmo pela simples falta de sorte; qualquer um desses reveses pode, de diferentes maneiras, frustrar a oportunidade que uma pessoa tem de concretizar suas ambições ou de levar uma vida plena de realizações. A morte prematura será sempre, inevitavelmente, uma frustração da vida mais grave do que qualquer um desses outros tipos de malogro?

As decisões relativas ao aborto freqüentemente colocam essa questão. Suponhamos que os pais descubram, logo no início da gravidez, que o feto tem uma malformação genética tão grave que sua vida após o nascimento será inevitavelmente breve e terrivelmente limitada. Devem decidir se a frustração de vida será mais grave se o feto morrer agora – desperdiçando o milagre de sua criação e de seu desenvolvimento até este momento –, ou se continuar a crescer no útero para nascer e levar uma vida breve e sem qualidade alguma. Sabemos que as pessoas divergem sobre essa questão, e agora temos um modo de descrever essa divergência. Para algumas dessas pessoas, a morte imediata do feto, até mesmo em um caso como este, é uma frustração mais terrível do milagre da vida do que seria a vida breve e penosa de uma criança, uma vez que esta poderia ao menos concretizar uma pequena parte, ainda que insignificante, do investimento natural. Para outras pessoas, seria uma frustração de vida ainda pior permitir que essa vida fetal continuasse, uma vez que acrescentaria, à lamentável perda da criação biológica de um ser humano deformado, a terrível perda dos investimentos emocionais e pessoais que outros houvessem feito em tal vida, e principalmente a própria criança, antes de sua inevitável morte prematura.

Deveríamos, portanto, considerar a seguinte hipótese: embora quase todos aceitem o princípio abstrato de que é intrinsecamente mau que a vida humana, uma vez começada, venha a frustrar-se, as pessoas divergem quanto à melhor resposta à questão de se a morte prematura passível de ser evitada é sempre, ou invariavelmente, a mais grave frustração de vida possível. De acordo com essa hipótese, a opinião conservadora radical tem por base a convicção de que a morte imediata é inevitavelmente uma frustração mais grave do que qualquer opção que adie a morte, mesmo ao custo de uma maior frustração em outros aspectos. Segundo a mesma hipótese, o ponto de vista liberal tem por base a convicção oposta: a de que em alguns casos, ao menos, a opção pela morte prematura minimiza a frustração da vida, não sendo, portanto, uma atenuação do princípio de que a vida humana é sagrada, mas sim a opção que mais respeita esse princípio.

Que razões têm as pessoas para adotar uma dessas posições em detrimento da outra? Parece claro que, sejam quais forem essas razões, são profundas, consciente ou inconscientemente extraídas de uma vasta rede de outras convicções sobre o sentido da vida e o significado moral da morte. Se a hipótese que descrevi se sustenta – se os conservadores e os liberais não chegam a um consenso quanto à morte prematura ser sempre a pior frustração da vida –, então a divergência deve dar-se em virtude de um contraste mais geral entre diretrizes religiosas e filosóficas.

Ofereço, então, uma outra hipótese. Como sugeri, quase todos admitem que uma vida humana normal e bem-sucedida é o resultado de duas modalidades moralmente significativas de investimento criativo nessa vida, a natural e a humana. Mas as pessoas divergem quanto à importância relativa dessas modalidades, e não o fazem apenas quando o que está em debate é o aborto, mas também em muitas outras ocasiões nas quais a morte é o centro das discussões. Se alguém acredita que o investimento natural em uma vida humana é algo de importância transcendental, que em si mesmo o dom da vida é infinitamente mais significativo do que qualquer coisa que a pessoa de cuja vida se trata possa fazer por si mesma, por mais importante que tal coisa possa ser, acreditará também que uma morte deliberada e prematura é a maior frustração de vida possível, por mais limitada, medíocre ou malsucedida que viesse a ser a continuação de tal vida[9]. Por outro lado, se alguém atribui uma importância relativa muito maior à contribuição humana ao valor criativo da vida, irá considerar a frustração dessa contribuição como um mal muito maior, razão pela qual encontrará mais sentido na decisão de que a vida deve terminar antes que um novo e significativo investimento humano se veja condenado à frustração.

Em outras palavras, podemos entender melhor algumas de nossas divergências mais críticas sobre a questão do aborto se as considerarmos como reflexos de diferenças profundas quanto à importância moral relativa das contribuições natural e humana à inviolabilidade das vidas humanas individuais. Na verdade, podemos formular uma versão mais ousada dessa afirmação: podemos entender melhor toda a diversidade de opiniões sobre o aborto, das mais conservadoras às mais liberais, se colocarmos cada opinião sobre a gravidade relativa das duas

9. Muitas pessoas que defendem esse ponto de vista irão abrir exceções: no caso da pena de morte, por exemplo, e no da morte de inimigos em situação de guerra. Não posso examinar, neste livro, a importante e abrangente questão de saber até que ponto essas exceções contradizem o princípio. Mas as pessoas que acreditam que a contribuição natural à vida é fundamental por uma razão específica – a de que a vida foi criada por Deus – não irão, por certo, considerar tais exceções como contradições se também acreditarem que executar assassinos ou matar soldados inimigos em uma guerra justa é também a vontade de Deus.

formas de frustração em uma escala que vai de uma posição extrema à outra – desde tratar qualquer frustração do investimento biológico como algo pior que qualquer frustração possível do investimento humano até – passando por pontos de vista mais moderados e complexos – a opinião de que frustrar o mero investimento biológico na vida humana praticamente não tem importância alguma, e que frustar um investimento humano é sempre pior.

Se examinarmos a controvérsia a partir dessa perspectiva, pouco nos surpreenderá que muitos daqueles cujas convicções se situam no extremo natural ou biológico desse espectro sejam fundamentalistas, católicos ou adeptos fervorosos de alguma outra fé religiosa ortodoxa – pessoas para as quais Deus é o autor de tudo que existe de natural, e cada feto humano é um exemplo único de sua realização mais sublime. Nossa hipótese explica de que modo a religião ortodoxa pode desempenhar um papel crucial na formação das opiniões das pessoas sobre o aborto, mesmo quando não acreditam que o feto seja uma pessoa com direito à vida.

Trata-se de uma questão significativa. Quase todos acreditam que a oposição religiosa ao aborto tem por base a convicção de que todo feto humano é uma pessoa com direitos e interesses próprios. É importante, portanto, verificar que a oposição religiosa ao aborto não precisa ter por base esse pressuposto. Afirmei que muitas tradições religiosas, inclusive o catolicismo durante a maior parte de sua história, baseavam sua oposição ao aborto no diferente pressuposto de que a vida humana possui valor intrínseco. A presente hipótese mostra como esse pressuposto pode estar na base de uma oposição muito radical, inclusive absoluta, ao aborto. Uma pessoa extremamente ortodoxa ou fundamentalista pode insistir em que o aborto é sempre moralmente condenável porque a destruição deliberada de alguma coisa criada como sagrada por Deus não pode nunca ser reparada por nenhum benefício humano.

Tal afirmação não pretende sugerir, contudo, que apenas as pessoas convencionalmente religiosas que acreditam em um Deus criador sejam conservadoras quanto ao aborto. Muitas outras pessoas vêem a reprodução humana com temor reverencial, considerando-a um milagre natural. Algumas delas, como afirmei, adotam a idéia misteriosa, mas aparentemente poderosa, de que a ordem natural é dotada de um propósito consciente e exige respeito em nome de seu caráter sagrado. Alguns conservacionistas de renome, por exemplo, apesar de pouco religiosos no sentido convencional do termo, parecem ser profundamente religiosos nesse outro sentido, e podem aproximar-se consideravelmente da extremidade conservadora do espectro de opiniões por mim descrito. Também podem pensar que qualquer frustração do investimento natural na vida humana é uma questão tão grave que raramente pode ser justificada, se é que alguma vez chega a sê-lo – que a pulsação no barro é mais profunda do que qualquer outra fonte do valor da vida. Poderiam, portanto, opor-se ao aborto de um feto gravemente malformado com a mesma intensidade com que o faria, no contexto religioso, um conservador ortodoxo.

Por outro lado, daí não se segue que todas as pessoas religiosas em sentido ortodoxo, ou que veneram a natureza, sejam conseqüentemente conservadoras com relação ao aborto. Como vimos, muitas das pessoas para as quais a morte desnecessária é um grande mal, são também sensíveis à perversidade intrínseca da perda de investimento humano na vida. Acreditam que a frustração dessa contribuição – por exemplo, no nascimento de um feto gravemente deformado cujo investimento em sua própria vida está condenado ao fracasso – pode, em algumas circunstâncias, ser o menor de dois males, e também acreditam que suas crenças religiosas ou sua reverência para com a natureza não são apenas coerentes com essa postura, mas que na verdade a exigem. Algumas delas adotam o mesmo ponto de vista sobre aquilo que para muitos constitui um caso ainda mais problemático: dizem que suas convicções religiosas exigem que uma mulher opte pelo aborto, e não por dar à luz, sempre que o parto colocar em risco os investimentos que ela fez em sua *própria* vida.

Descrevi posições radicais nas duas extremidades do espectro: a de que só o investimento natural conta para se decidir se o aborto configura uma perda de vida humana, e a de que só o investimento humano conta. Na verdade, muito poucas pessoas adotam alguma dessas posições extremas. Para a maioria delas, o equilíbrio é mais complexo e envolve concessões mútuas e conciliações, em vez de dar prioridade absoluta à postura de evitar a frustração do investimento natural ou do investimento humano. As opiniões das pessoas tornam-se progressivamente menos conservadoras e mais liberais à medida que o equilíbrio a que chegam atribui mais peso à importância de não frustrar o investimento humano na vida; em diferentes graus, os pontos de vista mais liberais enfatizam que uma vida humana é criada não apenas por forças divinas ou naturais, mas também, de maneira diferente mas ainda assim central, por aspectos como escolha pessoal, formação, envolvimento e decisão. A mudança de ênfase leva os liberais a ver o investimento criativo crucial na vida, o investimento que, se possível, não deve de modo algum ser frustrado, como algo que vai muito além da concepção e do desenvolvimento biológico e que converge para a vida adulta de um ser humano. Como já sugeri, para essa opinião liberal o fato de as ambições, o talento, a formação e as expectativas de um adulto se perderem devido a uma gravidez imprevista e indesejada frustra o milagre da vida muito mais do que a morte de um feto antes que se tenha feito qualquer investimento significativo dessa natureza.

Esta é uma descrição extremamente abstrata do modo como interpreto a controvérsia entre a opinião conservadora e a opinião liberal. Irá tornar-se menos abstrata, porém, pois tentarei mostrar como as conhecidas diferenças entre as concepções conservadoras e liberais sobre o aborto podem ser explicadas pela hipótese de que os conservadores e os liberais vêem as duas formas de frustração de modo diferente. Não devemos, contudo, exagerar essa diferença que, apesar de importante, é mais de ênfase que de qualquer outra coisa. Em sua maioria, as pessoas que defendem o que chamo de ponto de vista liberal sobre o aborto não negam que a concepção de uma vida humana e a contínua aquisição, por parte do feto, de uma forma humana identificável sejam questões de grande importância moral que contam como investimentos criativos. É essa a razão pela qual concordam com os conservadores em que, à medida que prossegue esse investimento natural e o feto vai adquirindo a forma e a capacidade de um bebê, o aborto, que põe a perder esse investimento, torna-se progressivamente um fato a ser evitado ou lamentado. De sua parte, muitas pessoas que têm opiniões conservadoras sobre o aborto reconhecem a importância das contribuições criativas pessoais para uma vida humana; também reconhecem que uma morte prematura é pior quando ocorre não na primeira infância, mas depois de já terem sido feitos investimentos humanos no âmbito da ambição, da esperança e do amor. Os conservadores e os liberais divergem não porque um dos lados rejeite totalmente um valor que o outro considera fundamental, mas porque adotam posições distintas – quando não drasticamente distintas – quanto à importância relativa desses valores, que ambos admitem ser fundamentais e profundos.

### *Exceções conservadoras: a reconsideração do natural*

Defendo o ponto de vista de que o debate sobre o aborto deve ser entendido como um debate que, em sua essência, diz respeito à seguinte questão filosófica: a frustração de uma vida biológica, que desperdiça vida humana, será ainda assim justificada em alguns casos para que se evite frustrar uma contribuição humana a essa vida, ou às vidas de outras pessoas, o que seria um tipo diferente de desperdício? Se assim for, quando e por quê? Os muito conservadores quanto à questão do aborto dão uma resposta negativa à primeira dessas perguntas.

Há uma posição ainda mais extrema que sustenta que o aborto nunca se justifica, mesmo quando necessário para salvar a vida da mãe. Embora essa seja a posição oficial da Igreja Católica e de alguns outros grupos religiosos, só é aceita por uma pequena minoria, mesmo entre católicos fervorosos, e mesmo o juiz Rehnquist, que foi contrário à sentença *Roe contra*

*Wade*, afirmou ter poucas dúvidas de que seria inconstitucional que os estados proibissem o aborto quando estivesse em jogo a vida da mãe. Assim, defini a opinião "muito conservadora" como aquela que permite o aborto nessas circunstâncias. Como afirmei, essa exceção extremamente popular seria inaceitável a todos os conservadores se eles realmente achassem que o feto é uma pessoa com direitos e interesses protegidos. Em termos morais e jurídicos, é inadmissível que um terceiro, como um médico, mate uma pessoa inocente mesmo quando for para salvar a vida de outra. Mas a exceção é facilmente explicável se entendermos que a opinião conservadora tem por base uma concepção da santidade da vida que dá absoluta prioridade ao investimento divino ou natural na vida. Se a mãe ou o feto devem morrer, a tragédia da morte evitável e a perda do investimento da natureza na vida tornam-se inevitáveis. Para os muito conservadores, contudo, uma escolha em favor da mãe pode parecer justificável com base no fato de que uma escolha contra ela frustraria, além do mais, os investimentos pessoais e sociais em sua vida; mesmo essas pessoas desejam apenas minimizar a frustração total da vida humana, o que exige que se salve a vida da mãe nessa terrível situação.

A discussão importante, portanto, dá-se entre as pessoas que acreditam que o aborto *só* é permissível quando necessário para salvar a vida da mãe e aquelas que acreditam que o aborto pode ser moralmente permissível também em outras circunstâncias. Vou examinar as outras exceções que este segundo grupo de pessoas defende, começando pelas exceções aceitas inclusive pelas que se consideram moderadamente conservadoras diante da questão do aborto, e em seguida examinarei as exceções associadas a uma posição claramente liberal.

Os conservadores moderados acreditam que o aborto é moralmente permissível para pôr fim a uma gravidez decorrente de um estupro. O governador da Louisiana, Buddy Roemer, por exemplo, que se declarou favorável à proibição do aborto, ainda assim vetou uma lei antiaborto em 1991 porque sua exceção às vítimas de estupro, nas palavras do governador, "desonra as mulheres [...] e traumatiza indevidamente as vítimas de estupro"[10]. Do ponto de vista de que o feto é uma pessoa, uma exceção para o estupro é ainda mais difícil de justificar do que uma exceção para proteger a vida da mãe. Por que se deve privar um feto de seu direito a viver e obrigá-lo a pagar com a própria vida um erro cometido por outra pessoa? Uma vez mais, porém, a exceção é muito mais fácil de entender quando passamos da afirmação da personalidade do feto para a preocupação de proteger o investimento divino ou natural na vida humana. Os muito conservadores, que acreditam que a contribuição divina para uma vida humana é tudo, e que a seu lado a contribuição humana não é quase nada, acreditam que o aborto é automaticamente, e em todos os casos, a pior agressão possível à inviolabilidade da vida, e não admitem uma exceção para o estupro. Os moderadamente conservadores, porém, para os quais a contribuição natural é normalmente *mais importante* do que a contribuição humana, encontrarão no estupro duas características que argumentam em favor de uma exceção.

Em primeiro lugar, de acordo com toda religião importante, o estupro é em si mesmo uma violação brutal da lei e da vontade de Deus, e o aborto pode muito bem parecer menos insultante ao poder criador de Deus quando a vida que elimina teve início, ela própria, em semelhante insulto. Ainda que o estupro não pudesse justificar a violação dos direitos de uma pessoa inocente, poderia diminuir o horror que os conservadores sentem diante da deliberada frustração do investimento divino em uma vida, que é o que o aborto lhes parece ser. Em sua sentença no caso *McRae contra Califano*, o caso da emenda Hyde que descrevi no capítulo 2, o juiz John Dooling assim resumiu

10. Ver "Nation's Strictest Abortion Law Enacted in Louisiana Over Veto", *The New York Times*, 19 de junho de 1991. O legislativo da Louisiana ignorou o veto do governador Roemer, e a rigorosa lei antiaborto que promulgou foi considerada inconstitucional por dois tribunais federais. Ver "Court Backs Overturning of Strict Abortion Law", *The New York Times*, 23 de setembro de 1992. Em 1992, o Supremo Tribunal recusou-se a rever a decisão de um tribunal inferior que havia anulado uma lei semelhante da Ilha de Guam. Ver Linda Greenhouse, "Guam Abortion Law; High Court Reaffirms Right to Regulate, but Not to Ban", *The New York Times*, 6 de dezembro de 1992, D2.

o testemunho do rabino David Feldman: "Do ponto de vista rigorosamente judaico, o aborto é uma questão muito séria cuja realização só se permite quando existe ameaça à vida ou à sanidade, ou uma grave ameaça à saúde mental e ao bem-estar físico. O aborto para as vítimas de estupro seria permitido, para usarmos uma metáfora de campo e semente: a implantação involuntária da semente não impõe nenhum dever de nutrir a semente alheia"[11].

Em segundo lugar, o estupro é uma terrível profanação do investimento feito pela vítima em sua própria vida, e mesmo aqueles para os quais um investimento humano na vida é menos importante do que o investimento feito por Deus ou pela natureza podem, não obstante, abominar uma frustração tão violenta desse investimento humano. O estupro é uma afronta cabal e repugnante, pois reduz a mulher a um objeto, a uma criatura cuja importância se restringe a seu uso genital, a alguém cujo amor e sentido do eu – aspectos da personalidade particularmente importantes no sexo – não têm importância alguma a não ser como veículos de degradação sádica.

Exigir que uma mulher dê à luz uma criança concebida em um contexto de tamanha agressão é especialmente destrutivo para sua realização pessoal, uma vez que frustra sua escolha criativa não apenas no sexo, mas também na reprodução. No caso ideal, a reprodução é uma decisão conjunta que tem raízes no amor e no desejo de dar continuidade à própria vida em conjugação com a vida de outra pessoa. Na tradição católica, bem como na imaginação de muitas pessoas que não são católicas, fazer amor sem sentir esse desejo é um insulto à santidade da vida: é esse o fundamento da oposição moral de muitas pessoas à contracepção. Mas podemos questionar o pressuposto de que o sexo só tem valor quando tem em vista a reprodução, ou que só seja criativo nesse sentido – como tantos questionam – ao mesmo tempo que se acredita que o sexo alcança sua criatividade máxima quando o que se pretende e deseja é a reprodução, e que a reprodução frustra a capacidade de

11. 491 F. Supp. 630 (1980), 696.

criação quando não é nem pretendida nem desejada. Sem dúvida, os apaixonados muitas vezes concebem por acidente, e os que não se amam às vezes concebem deliberadamente, talvez por uma esperança vã de encontrar o amor através dos filhos. O estupro, porém, não é apenas a ausência de intenção e desejo. Para a vítima, o estupro é o extremo oposto desses sentimentos, e, se uma criança for concebida, não o será apenas sem o desejo de reprodução por parte da vítima – na verdade, irá dar-se em circunstâncias especialmente horríveis exatamente pela possibilidade de que uma criança venha a nascer.

Assim, os conservadores moderados acham difícil insistir em que não se permita o aborto nos casos de estupro. Às vezes se diz que os conservadores que permitem a exceção do estupro mas não admitem, por exemplo, uma exceção para adolescentes solteiras cujas vidas seriam arruinadas pelo nascimento de uma criança, devem estar motivados por um desejo de punir as solteiras que mantêm relações sexuais por vontade própria. Ainda que alguns conservadores possam realmente acreditar que a gravidez é um bom castigo para a imoralidade sexual, nossa hipótese mostra por que os conservadores que só admitem a exceção do estupro não defendem, necessariamente, esse inacreditável ponto de vista. As razões pelas quais, como afirmei, os conservadores podem abrir uma exceção para o estupro, não se aplicam tão categoricamente aos casos de gravidez que se seguem às relações sexuais voluntárias. Ainda que muitas pessoas religiosas acreditem que o sexo fora do casamento também viola a vontade de Deus, poucos o consideram tão grave quanto o estupro, e o argumento de que uma gravidez indesejada frustra grotescamente o papel criativo da mulher na condução de sua própria vida é mais frágil quando a gravidez decorre do sexo voluntário. Sem dúvida, a diferença não seria de modo algum pertinente, como afirmei, se o feto fosse uma pessoa com direitos e interesses próprios, pois tal pessoa seria completamente inocente a despeito de qual fosse a natureza ou a intensidade da culpa de sua mãe.

### *Exceções liberais: protegendo a vida a sério*

Outras exceções mais permissivas ao princípio de que o aborto é condenável são ligadas a uma atitude geralmente liberal diante do aborto, e portanto devemos esperar, com base na hipótese que estamos verificando, que reflitam um maior respeito pela contribuição humana à vida e, em decorrência disso, uma menor preocupação com a contribuição natural. Não devemos nos esquecer, porém, de que as atitudes das pessoas diante do aborto seguem uma trajetória que vai de um extremo a outro do espectro, e que qualquer distinção muito clara entre os campos conservador e liberal é apenas um recurso expositivo.

Os liberais acham que o aborto é permissível quando o nascimento de um feto resulta em um efeito deletério sobre a qualidade de vida. Nesse contexto, as exceções que admitem se dividem em dois grupos principais: as que procuram evitar a frustração da vida da criança e as que procuram impedir a frustração da vida da mãe e de outros membros da família.

Os liberais acreditam que o aborto se justifica quando parece inevitável que o feto, se vier a nascer, levará uma vida repleta de grandes frustrações. Esse tipo de justificativa é mais forte, segundo a maioria dos liberais, quando a causa da frustração é uma deformação física muito acentuada que tornaria qualquer vida muito difícil e dolorosa, frustrante tanto para a criança quanto para os pais – uma vida que seria, de qualquer modo, muito breve. Mas muitos liberais também acreditam que o aborto pode ser justificado quando as circunstâncias familiares forem economicamente tão difíceis ou, por qualquer outro motivo, tão pouco promissoras que venham a tolher seriamente o desenvolvimento de uma nova vida. É importante entender que essas exceções não se baseiam, como poderia parecer, na preocupação com os direitos ou interesses do feto. É um erro imaginar que um feto recém-formado tenha interesses próprios; em particular, não tem sentido algum afirmar que o feto possa ter interesse em ser abortado. Talvez este último argumento possa ser interpretado no sentido de que, se o feto realmente transformar-se em uma criança, para essa criança seria melhor estar morta do que viva. Muitos liberais, porém, consideram o aborto justificado mesmo quando as coisas não se passam assim. Não pretendo negar que às vezes as pessoas estariam melhor mortas – por exemplo, quando sofrem dores atrozes na fase terminal de uma doença, ou quando suas vidas foram frustradas por alguma outra razão. (Consideraremos os problemas representados por esses casos mais adiante neste livro.) Mas isso raramente é verdadeiro, inclusive nos casos de crianças que nascem em situação de grande pobreza. Também não é necessariamente verdadeiro mesmo quando uma criança nasce com deficiências terríveis e incapacitantes que a condenam a viver muito pouco; às vezes, essas crianças estabelecem relações e fazem conquistas que dão conteúdo e significado a suas vidas, e fica claro que é do interesse delas, assim como daqueles que as amam e delas cuidam, que continuem a viver pelo máximo de tempo possível. O ponto de vista liberal de que o aborto se justifica quando as perspectivas de vida são particularmente áridas se baseia em um juízo mais impessoal: o de que a existência da criança seria intrinsecamente ruim, e que é lamentável viver uma vida assim difícil e sofrida.

Às vezes, esse juízo liberal é erroneamente interpretado como implicando um desprezo pelas vidas de crianças ou adultos deficientes, ou mesmo como uma sugestão, associada à odiosa eugenia nazista, de que seria melhor para a sociedade se essas pessoas fossem eliminadas. Trata-se de um erro duplo. Em primeiro lugar, como insisti no início deste capítulo, a questão geral da relativa tragédia inerente a diferentes fatos é muito diferente de qualquer questão sobre os *direitos* das pessoas que estão vivas agora, ou sobre o modo como devem ser tratadas. A primeira é uma questão sobre a bondade ou a maldade intrínseca dos fatos, e a segunda remete aos direitos e à eqüidade. Em segundo lugar, a opinião liberal sobre o aborto de fetos deformados não implica, em absoluto, que seria melhor que até mesmo as pessoas seriamente incapacitadas morressem. Ao contrário, a própria preocupação implícita no juízo liberal – o respeito pela contribuição humana à vida, e a preocupação de que esta não venha a frustrar-se – em geral reforça exatamente a posição contrária. O investimento que uma pessoa gravemente incapacitada faz em sua própria vida, em sua luta por superar as próprias deficiências da melhor maneira possível, é muito grande, e o investimento que sua família e outras pessoas fazem tende a ser igualmente alto. A posição liberal insiste em que esses investimentos na vida sejam realizados da maneira mais completa possível, pelo máximo de tempo e com os melhores resultados que o próprio deficiente e a comunidade em que vive puderem alcançar; e os liberais tendem, ainda mais que os conservadores, a apoiar a legislação social que promove esse objetivo. Alguém poderia pensar que, no pior desses casos, teria sido melhor que a vida em questão não se tivesse nunca iniciado, e que o investimento que estamos tão ansiosos por ver compensado nunca tivesse sido necessário. Esse juízo, porém, não diminui a preocupação com os deficientes; ao contrário, tem raízes no mesmo respeito fundamental pelo investimento humano na vida, no mesmo horror diante da possibilidade de desperdício de tal investimento.

O segundo grupo de exceções nitidamente liberais, que levam em conta os efeitos da gravidez e do parto sobre a vida das mães e de outros membros da família, é ainda mais difícil de justificar a partir de qualquer pressuposto que inclua a idéia de que o feto é uma pessoa com direitos e interesses. Contudo, a popularidade dessas exceções torna-se imediatamente explicável uma vez que reconheçamos que se baseiam no respeito pelo valor intrínseco da vida humana. Os liberais têm uma preocupação especial com o desperdício da contribuição humana a esse valor, e acreditam que o desperdício de vida, avaliado em termos de frustração e não de simples perda, é muito maior quando a vida de uma mãe solteira adolescente é destruída do que quando morre um feto ainda recém-formado, em cuja vida o investimento humano tenha sido insignificante até então. Esse juízo não depende, por certo, de uma comparação entre a qualidade de vida da mãe, caso seu feto seja abortado, e a qualidade de vida da criança, caso lhe tivessem permitido viver. Reconhecer a santidade da vida não implica a tentativa de gerenciar o destino de modo que as melhores vidas sejam vividas em sua plenitude; significa, antes, não frustrar os investimentos já feitos na vida. Por essa razão, a opinião liberal preocupa-se mais com as vidas que as pessoas levam agora, vidas reais, do que com a possibilidade de outras vidas ainda por vir.

Em grande parte, sem dúvida, as perspectivas que uma criança e sua mãe têm de levar uma vida plena dependem das perspectivas de cada uma. Uma criança cujo nascimento frustre as possibilidades da mãe de realizar sua própria vida, ou que ponha em risco a capacidade da mãe de cuidar do resto de sua família, está sujeita, exatamente por esse motivo, a ter uma vida mais cheia de frustrações. E, ainda que muitas pessoas tenham se tornado pais exemplares de crianças deficientes ou inválidas, e alguns pais extraordinários tenham encontrado uma vocação especial nessa responsabilidade, às vezes será um golpe devastador para as perspectivas de alguns pais o fato de ter um filho deficiente em vez de um filho normal, ou uma criança cujo nascimento e cuidados venham a comprometer seriamente os recursos da família.

Este é apenas mais um exemplo da dificuldade com que deve deparar qualquer análise teórica de um complexo problema pessoal e social como o aborto. A análise só pode proceder por abstração, mas a abstração, que ignora a complexidade e as interdependências da vida real, obscurece grande parte do conteúdo a partir do qual cada decisão real e concreta é tomada. Não dispomos, portanto, de nenhuma fórmula para a tomada de decisões concretas, mas apenas, na melhor das hipóteses, de um esquema para entender os argumentos e as decisões que nós e outras pessoas tomamos na vida real. Argumentei que estaremos agindo mal se, ao entender e avaliar essas decisões e argumentações, tentarmos adequá-las a pressupostos procrustianos sobre a personalidade e os direitos do feto. Melhor será que os vejamos como reflexos de juízos mais matizados e individuais sobre como e por que a vida humana é sagrada, e sobre qual decisão de vida e de morte, em todas as circunstâncias concretas, mais respeita o que é realmente importante acerca da vida.

Haverá divergência nesses juízos, não apenas entre amplos segmentos de opinião, como aqueles que venho chamando de conservadores e liberais, mas também dentro desses segmentos. Muito poucas pessoas, de fato, inclusive as que compartilham a mesma religião e o mesmo meio social e intelectual, estarão de acordo em cada caso. Nem é possível que alguém elabore uma teoria geral do aborto, uma avaliação criteriosa de diferentes tipos ou modos de frustração da vida, a partir das quais possam tomar decisões específicas que se ajustem a cada caso concreto. Ao contrário, descobrimos o que pensamos sobre essas complexas questões não antes de ter de tomar decisões específicas, mas ao longo do processo de tomá-las.

Até onde chegamos? Iniciei este livro sugerindo que devemos redesenhar nossa explicação do grande debate sobre o aborto, nossa compreensão do que vem a ser a natureza mesma desse debate. Concluí minha proposta para esse redesenho. Afirmei que nossa nova explicação teria importantes implicações para a moral política e para o direito constitucional. Disse que ela nos permitiria ver sob uma nova luz a argumentação jurídica sobre o papel da Constituição dos Estados Unidos e, ainda que sem expectativas exageradas, aumentar nossas esperanças de que os norte-americanos e os povos de outros países nos quais se preza a liberdade cheguem a uma solução coletiva para a controvérsia política, e que tal solução possa ser aceita com dignidade por todas as diferentes facções. Tentarei cumprir essas grandes promessas nos próximos três capítulos, mas anteciparei minha mais importante conclusão. O fato de ver o debate sobre o aborto sob a nova luz que descrevi não nos levará, por certo, a pôr fim a nossas divergências sobre a moral do aborto, pois essas divergências são profundas e podem ser eternas. Contudo, se essa nova luz nos ajudar a perceber que, no fundo, essas divergências são de natureza *espiritual*, isso deveria contribuir para nossa união, pois, como afirmei, habituamo-nos à idéia de que a comunidade real é possível a despeito de tantas e tão profundas divisões religiosas. Poderíamos esperar ainda mais – não apenas por uma tolerância maior, mas por uma conscientização mais positiva e benéfica, ou seja, que aquilo que compartilhamos – nosso compromisso comum com a santidade da vida – é algo precioso em si mesmo, um ideal unificador que podemos resgatar das décadas nas quais imperou o ódio.

# 4. *O aborto no Supremo Tribunal: Primeira parte*

O caso *Roe contra Wade* é, sem dúvida, o mais famoso de todos os que já foram decididos pelo Supremo Tribunal dos Estados Unidos: é mais conhecido pelos norte-americanos – e, na verdade, no mundo inteiro – do que *Marbury contra Madison*, o caso de 1803 em que o tribunal decidiu, pela primeira vez, que tinha o poder de declarar as leis do Congresso inconstitucionais, ou do que *Dred Scott contra Sandford*, o caso de 1857 em que o tribunal ajudou a deflagrar a guerra civil ao decidir que os escravos eram apenas uma propriedade que deveria ser devolvida a seu "dono", ou mesmo do que *Brown contra Board of Education*, de 1954, em que o tribunal declarou a segregação racial nas escolas inconstitucional e ajudou a dar início ao movimento pelos direitos civis que transformou o país. A sentença *Roe contra Wade* é mais famosa do que qualquer uma dessas e tem sido ferozmente criticada há duas décadas.

Os críticos mais implacáveis da sentença *Roe* dizem que o tribunal autorizou o homicídio. Para eles, o feto é uma pessoa a partir do momento da concepção, e seu direito à vida é mais importante do que qualquer razão que uma mulher possa ter para matá-lo. Contudo, muitos dos críticos mais sofisticados adotam outro ponto de vista. Não argumentam que a opinião do tribunal sobre essas grandes questões filosóficas tenha sido um erro, mas que não lhe cabia, em absoluto, decidi-las em julgamento, pois a Constituição atribui às assembléias legislativas estaduais, democraticamente eleitas, e não aos juízes, que não são eleitos, o poder de decidir se e quando o aborto pode ser legítimo. Segundo esse ponto de vista, a decisão do tribunal no caso *Roe contra Wade* não foi justificada por nenhum argumento jurídico, mas foi, no sentido pejorativo do termo, uma decisão *política* que o tribunal não tinha o direito de tomar.

É essa a opinião de juristas situados bem mais à direita do espectro político-ideológico, como Robert Bork, que escreveu, em um livro sobre a rejeição do Senado a sua nomeação para o Supremo Tribunal: "Infelizmente, ao longo de toda a sentença não há uma única linha de explicação, uma única frase que se possa considerar como um argumento jurídico. Nos dezesseis anos que desde então se passaram, o tribunal tampouco ofereceu a explicação que já deixara de dar em 1973. É improvável que venha a fazê-lo algum dia, pois o direito de abortar, sejam quais forem as opiniões a respeito, não é contemplado pela Constituição"[1]. A opinião de Bork é também compartilhada por vários constitucionalistas de renome, inclusive por muitos que não são conhecidos como conservadores e por alguns que acreditam que as assembléias legislativas dos estados não deveriam criminalizar o aborto.

Ainda que a sentença *Roe contra Wade* seja famosa e ferozmente atacada e defendida, poucas pessoas entendem as questões constitucionais levantadas pelo caso. As pessoas sabem, sem dúvida, que a sentença *Roe* sustentou, em termos gerais, que os estados não podem de modo algum proibir o aborto antes do quarto mês de gravidez, e que também não pode proibi-lo antes do sétimo mês a não ser nos raros casos em que possa pôr em risco a saúde da *mãe*. Também sabem que, em decorrência da sentença, as leis antiaborto da maioria dos estados foram consideradas inconstitucionais e que o número de abortos foi muito maior do que teria sido caso a sentença tivesse sido outra. Contudo, a maioria dos críticos da decisão *Roe*, e até mesmo a maioria de seus defensores, não sabe quais fo-

---

1. Robert Bork, *The Tempting of America* (Nova York: The Free Press, 1990), 112.

ram os argumentos que, em 1973, convenceram a maioria dos juízes a decidir o caso do modo como o fizeram.

As leis que proíbem o aborto, ou que o tornam mais difícil e caro para as mulheres que desejam fazê-lo, privam as mulheres grávidas de uma liberdade ou oportunidade que é crucial para muitas delas. Uma mulher forçada a ter uma criança que não deseja porque não pode fazer um aborto seguro pouco depois de ter engravidado não é dona de seu próprio corpo, pois a lei lhe impõe uma espécie de escravidão. Além do mais, isso é só o começo. Para muitas mulheres, ter filhos indesejados significa a destruição de suas próprias vidas, porque elas próprias não deixaram ainda de ser crianças, porque não mais poderão trabalhar, estudar ou viver de acordo com o que consideram importante, ou porque não têm condições financeiras de manter os filhos. (Sem dúvida, esses diferentes tipos de prejuízo serão multiplicados e intensificados se na origem da gravidez estiver um incesto ou estupro, ou se a criança nascer com graves deficiências físicas ou mentais.) A adoção, mesmo quando possível, não põe fim a esses prejuízos, pois muitas mulheres passariam por um grande sofrimento emocional durante muitos anos se entregassem um filho para que outras pessoas o criassem e amassem. (Uma das mulheres entrevistadas por Carol Gilligan no estudo sobre o aborto que descrevi no capítulo 2 deste livro – uma enfermeira católica – já havia entregado um filho para adoção e não se sentia em condições de voltar a fazê-lo mesmo que a alternativa fosse o aborto. "Psicologicamente", disse ela, "eu não poderia suportar outra adoção. Precisei de quatro anos e meio para superar o trauma da primeira. Simplesmente me recusaria a passar por isso de novo".)

Para muitas mulheres, esses sofrimentos que decorrem da criminalização do aborto pela sociedade não são apenas indesejáveis, mas igualmente terríveis. Elas ficam tão traumatizadas que fariam praticamente qualquer coisa para evitá-los. Não devemos nos esquecer de que muitos abortos ilegais, e quase sempre perigosos, foram praticados antes da sentença *Roe contra Wade*. Se, em desespero para fazer um aborto, uma mulher desafiasse o direito penal, poderia arriscar a própria vida. Se se submetesse à lei, as conseqüências para ela seriam graves – não teria de arcar apenas com desvantagens econômicas, sociais ou profissionais, mas muitas vezes sofreria um dano irreparável a seu amor-próprio.

A Constituição dos Estados Unidos, do modo como tem sido historicamente interpretada pelo Supremo Tribunal, limita o poder de um estado de causar danos substanciais aos cidadãos, o que faz por meio de dois testes de constitucionalidade. O primeiro se aplica a todas as leis: a cláusula de "processo legal justo" da Décima Quarta Emenda exige que um estado aja *racionalmente* sempre que restringir a liberdade. Essa exigência confere aos cidadãos aquilo que o juiz Rehnquist, em seu voto dissidente no caso *Roe contra Wade*, chamou de "interesse de liberdade". Os estados não podem limitar a liberdade das pessoas arbitrariamente ou por capricho, mas apenas por alguma razão, apenas para promover algum objetivo ou política que os estados possam legitimamente perseguir. Trata-se, porém, de uma restrição muito frágil, e raras vezes se tem mostrado fatal para a legislação estadual, pois normalmente o estado pode encontrar algum objetivo legítimo que se considere dever da lei atender; em geral, pode alegar que uma determinada restrição irá promover a segurança, por exemplo, ou o interesse público, ou a saúde e economia da sociedade. O critério de racionalidade não permite que o Supremo Tribunal pergunte se seria necessário, ou mesmo sensato, que o estado limitasse a liberdade de seus cidadãos a fim de obter a alegada vantagem. Também não permite investigar se, como questão de história psicológica, a maioria dos legisladores tinha em mente o objetivo que o estado agora menciona. O teste teria um resultado positivo se os legisladores pudessem acreditar, racionalmente, que as leis que estão aprovando promovem um objetivo legítimo.

Se a Constituição protegesse a liberdade das pessoas de maneira assim tão frágil, dificilmente garantiria sua liberdade. Mas faz muito mais que isso. Escolhe certas liberdades e as transforma em *direitos* constitucionais específicos que o estado não pode restringir ou revogar, a menos que tenha uma razão muito forte para fazê-lo – o Supremo Tribunal às vezes a descreve como uma razão *inexorável*. Aquilo que se considera uma razão suficientemente forte ou inexorável depende do direito individual em questão. Um estado, por exemplo, precisaria de uma razão realmente muito poderosa para justificar qualquer restrição ao conteúdo político do que um indivíduo pode dizer ou escrever, uma vez que o direito à liberdade desse tipo de discurso é expressamente assegurada a todos os cidadãos pela Primeira Emenda à Constituição. Presumivelmente, o estado deveria demonstrar, no mínimo, que somente ao restringir esse tipo de liberdade impediria aquilo que Oliver Wendell Holmes chamou de "perigo concreto e atual". Na sentença *Brown contra Board of Education*, o tribunal sustentou que a cláusula de igual proteção da Décima Quarta Emenda cria um direito constitucional específico contra a discriminação racial, e entendeu que as diferentes alegações que alguns estados haviam feito (inclusive o argumento de que as raças podem ser educadas com mais eficiência quando são segregadas) não eram suficientemente convincentes ou importantes para permitir a violação desse direito.

A sentença do juiz Blackmun no caso *Roe contra Wade* declarou que uma mulher grávida tem um direito constitucional específico à privacidade em questões de procriação e que esse direito geral inclui o direito ao aborto, desde que ela e seu médico optem por fazê-lo. Blackmun acrescentou que as razões de um estado para anular esse direito, fazendo do aborto um crime, não eram inexoráveis até o sexto mês de gravidez, e concluiu que um estado não podia proibir o aborto durante esse período. Em seu voto dissidente, o juiz Rehnquist negou que as mulheres tivessem qualquer direito constitucional específico de controlar a própria reprodução; afirmou que elas têm apenas um interesse de liberdade – apenas um interesse protegido pelo muito mais frágil critério de racionalidade. Admitiu que mesmo esse interesse é forte o bastante para tornar inconstitucional qualquer lei que proíba o aborto quando necessário para salvar a vida da mãe, mas declarou que são legítimos os objetivos pelos quais um estado deve lutar ao proibir o aborto por outras razões, mesmo numa fase ainda muito inicial da gravidez, e que a decisão de um estado de promover esses objetivos ao proibir o aborto não seria, portanto, irracional.

Grande parte desse debate acadêmico sobre a sentença *Roe contra Wade* concentrou-se nessa questão específica. Os críticos que mencionei insistem em que Rehnquist está certo, que a Constituição, devidamente entendida, não contém nenhum direito constitucional à liberdade de escolha a propósito do aborto, e que Blackmun simplesmente inventou esse direito, afirmando tê-lo encontrado na Constituição. Não estou de acordo; nos dois próximos capítulos, argumentarei que a Constituição realmente protege o direito descrito por Blackmun, e posso apresentar aqui, ainda que *en passant*, uma forte razão *prima facie* para pensar que tal proteção existe.

O Supremo Tribunal é um tribunal de direito, sendo desse modo obrigado a proferir sentenças coerentes, na medida do possível, com as grandes tradições constitucionais estabelecidas e respeitadas em suas sentenças anteriores. Como o juiz Blackmun afirmou em seu parecer, várias sentenças anteriores do Supremo Tribunal haviam estabelecido que uma pessoa tem um direito constitucional específico de tomar decisões próprias em questões relativas à procriação. No importante caso *Griswold contra Connecticut*, de 1965, por exemplo, que já mencionei aqui, o tribunal decidiu que um estado não pode proibir a venda de anticoncepcionais a pessoas casadas, e em sentenças posteriores estendeu essa determinação aos solteiros. Em um desses últimos casos, o juiz Brennan, falando em nome do tribunal, colocou a questão central das sentenças anteriores nos seguintes termos: "Se o direito à privacidade significa alguma coisa, trata-se do direito do *indivíduo*, casado ou solteiro, a estar livre da intrusão governamental em questões que afetam tão profundamente uma pessoa, como é o caso da decisão de ter um filho e poder criá-lo"[2].

---

2. *Eisenstadt contra Baird*, 405 U.S. 438, 453 (1972) (em itálico no original).

Aparentemente, a sentença *Griswold* foi aceita pelo povo norte-americano. Influenciou fortemente a malograda nomeação do juiz Bork em 1987 o fato de ele ter escrito que a sentença *Griswold* havia sido um erro e devia ser revogada, ainda que ele tenha atenuado sua oposição durante as audiências de nomeação, sugerindo que um outro argumento, diferente daquele que o Supremo Tribunal havia apresentado em 1965, poderia ser encontrado para dar maior sustentação à decisão *Griswold*. Quando Charles Fried, procurador-geral do Estado no governo Reagan, argumentou em outro caso que a sentença *Roe contra Wade* devia ser revogada, disse especificamente que a sentença *Griswold* era juridicamente válida e devia ser mantida. Não se pode acusar o juiz Blackmun de ter errado ao tratar o caso *Griswold* como um precedente que era obrigado a respeitar. Contudo, uma vez que se considere essa sentença juridicamente válida, segue-se que as mulheres realmente têm um direito constitucional à privacidade que, em princípio, inclui a decisão não apenas de conceber ou não filhos como também a decisão de tê-los ou não. *Griswold* e as outras sentenças sobre a privacidade só podem ser justificadas a partir do pressuposto de que as decisões que afetam o casamento e o nascimento dos filhos são tão íntimas e pessoais que as pessoas devem, em princípio, ter a liberdade de tomar tais decisões por si próprias, consultando suas preferências e convicções, em vez de permitir que a sociedade lhes imponha uma decisão coletiva.

Nesse sentido, uma decisão sobre o aborto é pelo menos tão privada quanto qualquer outra decisão que o tribunal tenha protegido. Em certo sentido é ainda mais privada, pois implica o controle pela mulher não apenas de suas relações sexuais, como também das mudanças que se verificam em seu próprio corpo, e o Supremo Tribunal reconheceu, de diversas maneiras, a importância da integridade física. Não se pode distinguir o aborto da concepção mediante a suposição de que uma decisão sobre o primeiro é menos grave, quando na verdade é mais. De fato, pode ser impossível distinguir coerentemente, inclusive do ponto de vista médico, entre o aborto e algumas formas populares de contracepção, pois os contraceptivos mais seguros e populares atualmente em uso – os dispositivos intra-uterinos e as pílulas anticoncepcionais mais conhecidas – atuam como abortíferos; em outras palavras, destroem os óvulos fertilizados se não conseguirem impedir a fertilização. É evidente, portanto, que o tribunal não pode sustentar que o direito da mulher a controlar seu papel na procriação termina com a fertilização, se não permitir que os estados proíbam a venda desses contraceptivos.

O argumento jurídico do juiz Blackmun no caso *Roe contra Wade* era forte se admitirmos que a sentença *Griswold* foi correta. Se um estado deve apresentar uma razão inexorável para proibir a venda ou o uso de contraceptivos devido ao impacto de tal proibição sobre a privacidade das pessoas, deve então apresentar uma razão inexorável para proibir o aborto, uma vez que o impacto dessa proibição será, de qualquer modo, maior. Assim, vou aqui pressupor que a conclusão de Blackmun – de que as mulheres têm, em princípio, o direito constitucional específico de controlar seu próprio papel na procriação – era bem fundada. (Nos capítulos 5 e 6, ampliarei minha defesa dessa afirmação contra as opiniões de que a sentença *Griswold* também foi um erro.) Daí não se segue, porém, que o caso *Roe contra Wade* tenha sido corretamente decidido, pois é possível que os estados *realmente* tenham uma razão inexorável para restringir o direito constitucional da mulher à privacidade no caso do aborto. Há uma diferença óbvia e importante entre um aborto, que põe fim a uma vida individual, e as formas de contracepção que impedem que uma vida tenha início. Se essa diferença é juridicamente relevante, um estado poderia muito bem ter uma razão inexorável para proibir o aborto ainda que não a tenha para proibir pelo menos algumas formas de contracepção.

Muitas pessoas acreditam que existe uma razão inexorável para se proibir o aborto e não têm dificuldade alguma de enunciá-la. O estado deve criminalizar o aborto, afirmam, a fim de proteger a vida humana. É exatamente essa a razão que afirmavam ter os estados que proibiram o aborto – nos preâmbulos de suas leis regulamentares, em suas peças forenses e em sua retórica pública. Além do mais, foi isso o que afirmaram os juízes do Supremo Tribunal que não concordaram com a sentença *Roe contra Wade*, ou que mais tarde expressaram seu ponto de vista de que a sentença era um erro. E é também o que freqüentemente dizem os juízes e advogados que *apóiam* essa sentença. No parecer que proferiu em nome do Tribunal, o juiz Blackmun reconheceu que um estado tinha interesse em proteger o que chamava de "vida fetal" ao longo de toda a gravidez, ainda que tenha afirmado que esse interesse não dava ao estado uma razão inexorável para proibir o aborto até o nono mês.

Contudo, essa premissa que tantos tomam por base é perigosamente ambígua, uma vez que existem dois propósitos ou objetivos muito diferentes que um estado pode ter quando se trata de "proteger a vida humana". O governo pode reivindicar aquilo que chamei de interesse derivativo em proteger a vida humana – pode afirmar que um feto tem direitos e interesses a partir do momento da concepção, inclusive o direito à vida, e que o governo deve protegê-los tanto quanto protege os direitos e interesses de qualquer indivíduo que esteja sujeito a sua autoridade. Ou pode reivindicar um interesse independente em proteger a vida humana – uma responsabilidade não apenas de proteger os interesses e direitos de seus cidadãos, mas de proteger a vida humana como algo sagrado, cujo valor intrínseco independe de seu valor pessoal.

Se o governo tem uma responsabilidade tanto independente quanto derivativa de proteger a vida humana, então suas leis ordinárias contra o assassinato servem a ambas ao mesmo tempo – protegem os direitos e interesses de vítimas específicas e também reconhecem e respeitam o valor intrínseco da vida humana. Em alguns casos, porém, como afirmei, as duas supostas responsabilidades podem entrar em conflito. As pessoas às vezes querem matar-se porque sofrem dores atrozes que a medicina não é capaz de aliviar, e os parentes às vezes querem retirar os aparelhos que mantêm vivo um paciente em estado irreversível de inconsciência. Nesses casos, o suicídio ou a retirada dos aparelhos pode ser o que mais atende aos interesses da pessoa cuja vida está chegando ao fim, mas pode parecer terrível para os que acreditam que qualquer supressão voluntária da vida nada mais é que um insulto ao valor intrínseco da vida humana. Faz uma grande diferença, então, saber se o governo só tem razões derivativas para proteger a vida humana ou se pode, legitimamente, afirmar que também tem razões independentes. Se a segunda alternativa é a certa, então o governo pode ter o direito de impedir que as pessoas ponham fim a suas vidas mesmo quando elas têm motivos para achar que o melhor seria morrer.

Muitos juristas acreditam que, nos Estados Unidos, o grande debate constitucional sobre o aborto se dá, de maneira óbvia e cabal, sobre a preocupação derivativa de um estado em relação ao aborto. Para eles, a questão principal em *Roe contra Wade* diz respeito a se a Constituição norte-americana concede às legislaturas estaduais o poder de declarar que o feto é uma pessoa a partir de sua concepção e de proibir o aborto com base em tal poder. Não se estranha que assim seja, uma vez que é essa a questão que advogados e estudiosos do direito têm debatido durante a maior parte do tempo. Nos primeiros capítulos deste livro, porém, afirmei que a interpretação paralela do debate *moral* sobre o aborto – aquela que remete à questão de se o feto é ou não uma pessoa – constitui um grave equívoco. Quero agora sugerir que a concepção corrente do debate *constitucional* é equivocada no mesmo sentido. Se o debate remetesse apenas à questão de se os estados podem tratar o feto como uma pessoa, o problema seria de fácil solução, como veremos neste capítulo. Os estados não podem dar tal tratamento ao feto. A questão mais importante e difícil é aquela que diz respeito aos interesses independentes dos estados, e não a seus interesses derivativos. A questão crucial é se um estado pode impor a concepção majoritária do sagrado a todas as pessoas.

### *O feto é uma pessoa constitucional?*

Suponhamos que as mulheres grávidas tenham, ao menos em princípio, o direito constitucional específico de controlar o uso de seus próprios corpos para a reprodução. Um estado não pode violar esse direito, a menos que tenha uma razão inexorável para fazê-lo. De acordo com o ponto de vista corrente sobre a natureza do debate constitucional, os estados que desejam proibir o aborto a fim de "proteger a vida humana" estão alegando, como razão imperativa, que o feto é uma pessoa com direito à vida e que cabe ao estado proteger esse direito.

No início de sua argumentação na sentença *Roe contra Wade*, o juiz Blackmun identificou uma forma muito forte dessa alegação. A Décima Quarta Emenda à Constituição dos Estados Unidos determina que nenhum estado negará a nenhuma "pessoa" a igual proteção da lei. Desde o início, portanto, o Supremo Tribunal teve de decidir se, a partir do momento de sua concepção, o feto já é uma pessoa no sentido explicitado por essa cláusula. Se tivesse decidido que o feto é, como poderíamos dizer, uma pessoa "constitucional", tal decisão teria representado o fim do debate: a própria Constituição determina que os estados devem proteger por igual todas as pessoas constitucionais.

A questão preliminar que Blackmun teve de decidir é diferente da questão de se o feto tem direitos morais, ou se tem interesses que seria moralmente condenável violar ou ignorar. Algumas pessoas acreditam, por razões teológicas, que no momento da concepção Deus dota o feto de uma alma racional, e que uma alma racional tem direito moral à vida. Contudo, quase todos os que defendem esse ponto de vista teológico também admitem que ele não é relevante para a interpretação constitucional, que a Constituição insiste em uma firme separação entre Estado e Igreja, e que os argumentos doutrinários de natureza religiosa não têm validade jurídica. Poderiam portanto admitir, sem abandonar suas convicções espirituais, que os fetos não são pessoas constitucionais. Inversamente, a história jurídica, que tem uma influência tão forte sobre a interpretação constitucional, não é diretamente relevante para as questões morais. Em sua sentença no caso *Roe contra Wade*, por exemplo, o juiz Blackmun chamou a atenção para o fato de que o direito norte-americano, no passado, nunca considerara os fetos como pessoas constitucionais. Trata-se de um forte argumento contra a tendência atual de interpretar a Constituição de modo a incluí-los no rol das pessoas constitucionais, mas alguém que só se preocupasse com a questão moral teria o direito de ignorar essa história jurídica por acreditar que esta talvez contivesse um erro moral grave e persistente.

Blackmun decidiu que o feto não é uma pessoa constitucional. Quase todos os juristas responsáveis, inclusive os críticos políticos e acadêmicos da sentença *Roe contra Wade*, concordam que a decisão de Blackmun foi correta nesse particular. Os críticos responsáveis argumentam que a sentença foi errada porque o Tribunal deveria ter deixado os estados livres para decidir sobre o aborto como lhes parecesse melhor – o Texas livre para proibir o aborto na maioria das circunstâncias, e Nova York livre para permiti-lo em quase todos os casos, como havia feito no passado[3]. Mas essa posição é absurda, a menos que a consideremos a partir do pressuposto de que, constitucionalmente, o feto não tem direito a igual proteção. Se o feto é uma pessoa constitucional, então os estados não apenas *podem* proibir o aborto, mas *devem* proibi-lo em algumas circunstâncias. A Constituição insistiria em que os estados precisam de uma justificação inexorável para *não* proibir o aborto, e a lei de Nova York, que mesmo antes da decisão *Roe* permitia o aborto facultativo nos seis primeiros meses de gravidez, seria inconstitucional. Se uma mulher engravidasse depois de uma relação sexual voluntária, conhecendo os riscos de seu ato, o estado não teria nenhuma justificação inexo-

3. Em um caso posterior de aborto, por exemplo, o procurador-geral do Estado do presidente Reagan, Charles Fried, apesar de argumentar que a decisão *Roe* devia ser revogada, afirmou muito firmemente que o Tribunal estaria cometendo um grave erro se "constitucionalizasse" a questão "em qualquer ponto do espectro", ao exigir um escrutínio constitucional da legislação permissiva sobre o aborto. Argumento oral em *Webster contra Reproductive Health Services*, 492 U.S. 490 (1990).

rável para permitir que ela ou seu médico abortassem o feto: permitir que a mãe recuperasse a liberdade sobre seu corpo à custa da vida do feto não demonstraria uma igual preocupação com as duas pessoas constitucionais.

Como observaram alguns estudiosos do direito, em geral a lei não exige que as pessoas se sacrifiquem para salvar a vida de outrem. Normalmente, ninguém tem o dever jurídico de salvar um estranho que esteja se afogando, mesmo que ao fazê-lo não corra nenhum risco nem tenha de fazer grandes esforços[4]. Em geral, porém, o aborto implica a agressão física a um feto, e não apenas a recusa em ajudá-lo, e, de qualquer modo, os pais são sempre considerados uma exceção à doutrina geral, pois têm o dever jurídico de cuidar de seus filhos. Se o feto é uma pessoa a partir do momento de sua concepção, o estado não teria nenhuma justificação para permitir o aborto em termos gerais e proibir que, em circunstâncias fatais, os bebês fossem mortos ou abandonados[5]. Os ônus físicos, emocionais

---

4. Os eruditos argumentam que, por essa razão, as leis antiaborto são inconstitucionais ainda que se considere que o feto é uma pessoa, e poderiam rejeitar minha afirmação muito mais forte de que, no fato de se considerar que o feto é uma pessoa, muitas leis que permitem o aborto seriam inconstitucionais. Os argumentos jurídicos têm por base um famoso e influente artigo sobre a moral do aborto, de autoria da professora Judith Jarvis Thomson, do Massachusetts Institute of Technology, "A Defense of Abortion", *Philosophy and Public Affairs* 1, n.º 1 (outono de 1971), ao qual me reportei no capítulo 2. Os argumentos jurídicos que aplicam as idéias de Thomson ao direito constitucional têm sua melhor apresentação em um artigo sobre a moral do aborto, de autoria do professor Donald Regan, da Faculdade de Direito de Michigan: "Rewriting *Roe versus Wade*", 77 *Michigan Law Review* 1569 (1979). Thomson não afirma que toda mulher grávida tem direito ao aborto, ainda que o feto seja uma pessoa, mas apenas que algumas mulheres o têm, e reconhece que uma mulher que voluntariamente põe sua gravidez em risco pode não ter tal direito. De qualquer modo, como afirmei, seus argumentos pressupõem que uma mulher grávida não tem mais obrigação moral para com o feto que traz em seu ventre, ainda que esse feto seja uma pessoa com direitos e, portanto, seja seu filho ou sua filha, do que qualquer pessoa tem para com um estranho – por exemplo, com um violinista famoso ao qual uma mulher pode estar ligada durante nove meses porque, para poder viver, ele precisa utilizar os rins dela durante esse período de tempo.

5. Regan questiona a analogia entre aborto e infanticídio com base no fato de que os pais têm a opção de conseguir uma adoção para seu filho. Isso, porém, nem sempre é verdadeiro: em particular, os bebês de grupos minoritários podem

e econômicos da gravidez são imensos, mas o mesmo se pode dizer dos ônus paralelos da paternidade.

Portanto, todos aqueles que dizem que o Supremo Tribunal deveria deixar que os estados decidam a questão do aborto ao sabor de suas tendências políticas, estão na verdade admitindo que o feto não é uma pessoa constitucional. Os argumentos jurídicos que favorecem essa posição quase universalmente aceita são muito fortes. Qualquer interpretação da Constituição deve ser testada em duas dimensões amplas e correlacionadas[6]. A primeira delas é a adequação. Uma interpretação constitucional deve ser rejeitada se a prática jurídica real for totalmente incompatível com os princípios jurídicos que tal interpretação recomenda; em outras palavras, deve ter um considerável ponto de apoio ou fundamento na prática jurídica real. A segunda é a dimensão da justiça. Se duas concepções diferentes sobre a melhor interpretação de alguma disposição constitucional passarem no teste de adequação – se cada uma delas puder alegar uma fundamentação adequada na prática passada –, deveríamos dar preferência àquela cujos princípios nos parecem refletir melhor os direitos e deveres morais das pessoas, uma vez que a Constituição é uma afirmação de ideais morais abstratos que cada geração deve interpretar por si própria[7].

Em muitos casos constitucionais, é difícil decidir se alguma interpretação proposta se ajusta à prática e à história jurídicas suficientemente bem para ser "aprovada" no teste da primeira dimensão. No caso *Roe contra Wade*, porém, a decisão não é difícil. A alegação que o juiz Blackmun e todos os outros rejeitaram – a de que um feto, nos termos da melhor interpretação, é uma pessoa constitucional, é fácil de descartar, pois é

---

não encontrar quem os adote, e seus pais não podem matá-los ou abandoná-los em circunstâncias que levem à sua morte inevitável, sempre que não puderem, de fato, encontrar uma saída alternativa. Ver Regan, "Rewriting *Roe versus Wade*".

6. Discuto a interpretação jurídica e suas duas dimensões em meu livro *Law's Empire* (Cambridge, Mass.: Harvard University Press, 1986). [Trad.bras. *O império do direito,* São Paulo, Martins Fontes, 1999.]

7. No capítulo 6, amplio minha defesa dessa posição.

drasticamente contestada pela história e pela prática norte-americanas.

Quando a cláusula de igual proteção foi adotada, muitos estados tinham leis liberais sobre o aborto, e alguns promulgaram leis parecidas mais tarde, nos anos que antecederam a decisão *Roe*. Mas nenhum tribunal declarou que essas leis violavam a cláusula de igual proteção, nem mesmo que os juízes deveriam vê-las com desconfiança ou submetê-las a um minucioso escrutínio. Do mesmo modo, nenhum grupo considerável de políticos, mesmo entre os que se opunham mais ferozmente ao aborto, sugeriu que essas leis liberais eram inconstitucionais. É verdade que, durante o século XIX, as leis liberais foram substituídas por leis que proibiam ou regulavam rigorosamente o aborto. Contudo, as provas históricas mais dignas de crédito mostram que essas novas leis foram adotadas não devido a uma preocupação com os fetos, mas em grande parte para proteger a saúde da mãe e os privilégios da profissão médica[8]. A estrutura e os pormenores dessas leis mostram, além do mais, que inclusive os estados mais rigorosos rejeitaram a idéia de que o feto é uma pessoa constitucional. Até mesmo as leis mais intransigentes não puniam o aborto tão severamente quanto o homicídio. A diferença não era explicada como conseqüência da aplicação de algum princípio geral excusável ao aborto – não se afirmava, por exemplo, que a perversidade moral do aborto era atenuada pelo fato de este ser, em certo sentido, semelhante a uma estratégia de autodefesa. Ao contrário, admitia-se simplesmente que, inclusive em princípio, o aborto não era um problema tão grave quanto o homicídio. Os estados que proibiam o aborto tampouco procuravam evitar que uma mulher tentasse abortar em outro estado, quando isso fosse possível, ou mesmo no exterior.

---

8. Ver "Brief of 281 American Historians as Amici Curiae Supporting Appellees", em *Webster versus Reproductive Health Services*. Vale a pena observar que James Mohr, o historiador citado na súmula apresentada pelo governo em defesa da afirmação de que as leis antiaborto são tradicionais nos Estados Unidos, é um dos signatários da súmula dos historiadores.

Sem dúvida, o Supremo Tribunal às vezes desconcerta os critérios convencionais sobre o que a Constituição exige. Agiu assim no caso *Brown*, por exemplo, quando afirmou que o sistema educacional dos estados do Sul, há muito estabelecido, era inconstitucional por praticar a segregação racial entre os estudantes, e fez o mesmo no caso *Roe contra Wade*. Em cada um desses casos, porém, o Tribunal pôde apelar a princípios constitucionais mais gerais que, de modo plausível, condenavam as práticas que considerava inconstitucionais. Em outras palavras, o Tribunal pôde alegar que a história jurídica era incoerente. Além disso, em cada um desses casos um segmento considerável da opinião pública e do conjunto dos juristas já se havia convertido à nova opinião endossada pelo Tribunal. No caso *Roe*, porém, o Tribunal só poderia ter considerado o feto como uma pessoa constitucional se tivesse insistido em que o ponto de vista corrente, que negava esse *status* ao feto, era inaceitável por mais difundido que fosse, uma vez que qualquer feto é tão claramente uma pessoa no sentido moral – é tão claramente um ser humano com interesses próprios a ser protegidos por direitos – que não se deve permitir que a legislação de nenhum estado negue tal fato. Como vimos, porém, essa proposição é muito pouco inteligível, e são muito poucos os que a defendem. Como afirmei, muitos dos críticos da decisão *Roe* acusam o Tribunal de haver trocado a análise jurídica imparcial por convicções morais. Contudo, todo aquele que considerar errada a decisão preliminar de Blackmun estará se baseando não apenas em uma convicção moral, mas também em uma convicção moral particularmente estranha e impopular.

### *Os estados podem conceder ao feto o* **status** *de pessoa?*

Vemos, assim, que a Constituição dos Estados Unidos não declara que se deva considerar o feto como uma pessoa constitucional. Agora, devemos nos perguntar se a Constituição deixa cada estado livre para decidir, se assim o desejar, que dentro de seu território o feto tem o *status* jurídico de uma pessoa.

Uma vez mais, precisamos ter o cuidado de não nos deixar confundir pelas ambigüidades da palavra "pessoa". Não há dúvida de que os estados têm como proteger a vida do feto de diferentes maneiras, e ao fazê-lo podem muito bem declarar que o feto é uma pessoa. Um estado pode punir todo aquele que, deliberadamente ou não, ferir uma mulher grávida e punir com mais severidade ainda se o ferimento resultar em dano ao feto ou em aborto espontâneo, pois ninguém tem o direito constitucional de ferir impunemente qualquer criatura. Essas leis não precisam, por certo, declarar ou sugerir que o feto é uma pessoa; podem simplesmente afirmar, por exemplo, que é crime provocar aborto ao ferir uma mulher grávida. Os legisladores podem, contudo, considerar atraente utilizar uma linguagem que afirme o *status* de pessoa do feto. Uma lei de Illinois, por exemplo, começa por declarar que o feto deve ser considerado como uma pessoa dentro das fronteiras do estado[9]. Não pode haver objeção constitucional a uma lei dessas desde que nela se esclareça, como a lei de Illinois teve o cuidado de fazer, que não existe intenção alguma de restringir os direitos constitucionais de qualquer pessoa. Com tal ressalva, declarar que o feto é uma pessoa não acarreta mais dificuldades constitucionais do que declarar, como o fazem todos os estados, que as empresas são pessoas jurídicas que desfrutam de muitos dos direitos que as pessoas físicas possuem, inclusive o direito de propriedade e o de demandar judicialmente. A declaração de que as empresas são pessoas é uma espécie de código para descrever uma complexa rede de direitos e deveres, e, enquanto os estados não usarem esse código para diminuir ou deturpar os direitos constitucionais, não poderá haver nenhuma objeção constitucional.

Contudo, a sugestão de que a Constituição permite que os estados confiram ao feto o *status* de pessoa pressupõe algo

9. Às vezes, os juízes também consideram essa linguagem atraente. Em 1992, um juiz de tribunal superior escocês, lorde Morton de Shuna, afirmou que uma criança mortalmente ferida por negligência médica quando ainda no útero era uma "pessoa" para efeito de habilitar seus pais a mover uma ação judicial pela perda de seu convívio. Ver "Baby in Womb Is Person, Judge Says", *The Independent*, 29 de julho de 1992, 4.

além desse uso benigno da linguagem da personalidade. Pressupõe que um estado *pode* diminuir direitos constitucionais ao adicionar novas pessoas à população constitucional, à lista daqueles cujos direitos constitucionais são mutuamente antagônicos. Sem dúvida, os direitos constitucionais de qualquer pessoa são muito afetados por quem mais – ou pelo que mais – se considere ter os mesmos direitos, uma vez que estes concorrem ou conflitam com os direitos da pessoa em questão. Se um estado pudesse não apenas criar empresas como pessoas jurídicas, mas também conceder-lhes o direito ao voto, poderia prejudicar o direito constitucional ao voto das pessoas comuns, pois os votos das empresas diluiriam os votos dos indivíduos. Se um estado pudesse declarar que as árvores são pessoas com direito constitucional à vida, poderia proibir a publicação de jornais ou livros apesar da garantia de liberdade de expressão contemplada pela Primeira Emenda, que não é uma licença para matar. Se um estado pudesse declarar que os macacos superiores são pessoas cujos direitos concorrem com os direitos constitucionais das pessoas comuns, poderia proibir que os cidadãos tomassem medicamentos que, apesar de poderem salvar suas vidas, tivessem sido primeiramente testados nesses animais.

Uma vez compreendido que a sugestão que ora consideramos tem essas implicações, devemos rejeitá-la. Os estados não têm o poder de revogar a ordem constitucional *nacional* e, se no contexto de tal ordem um feto não for parte da população constitucional, não podem determinar que venha a sê-lo. A cláusula de supremacia da Constituição declara que a Constituição é a mais alta lei do país. Se isso significa alguma coisa, significa que os direitos que a Constituição nacional assegura aos cidadãos norte-americanos não podem ser anulados pelas legislaturas dos diferentes estados, quer diretamente, mediante a revogação pura e simples da legislação, quer indiretamente, aumentando a população constitucional[10].

10. Poder-se-ia objetar que os estados têm o poder de alterar os direitos constitucionais nacionais, pois alguns direitos constitucionais incorporam, por referência, elementos do direito estadual. A cláusula de processo legal justo da Décima Quarta Emenda protege a propriedade, por exemplo, e a cláusula que rege os con-

É justo dizer que poucos críticos, inclusive os principais opositores da decisão *Roe contra Wade*, realmente acreditam que os estados têm o poder de tornar o feto uma pessoa com direitos constitucionais rivais. Como afirmei anteriormente, até mesmo Rehnquist, que era então juiz suplente e foi voto dissidente no caso, afirmou ter "poucas dúvidas" de que um estado não podia, constitucionalmente, proibir um aborto que fosse necessário para salvar a vida de uma mulher grávida. Se um estado podia declarar que um feto é uma pessoa com direito à vida, então é evidente que também podia, do ponto de vista constitucional, proibir um aborto até mesmo nesse caso, assim como normalmente proíbe que se mate uma pessoa inocente para salvar a vida de outra.

O professor John Hart Ely, da Faculdade de Direito de Stanford, argumentou que a sentença *Roe contra Wade* constitui um erro ainda que o feto não seja uma pessoa constitucional, pois o governo tem o direito legítimo de proteger os inte-

---

tratos assegura a sua integridade. As regras jurídicas que definem como alguém adquire ou perde uma propriedade, ou quando um contrato é constituído e o que nele se estipula, são regras estaduais definidas por leis estaduais, e os estados, ao alterar essas regras, podem afetar os detalhes dos direitos constitucionais que seus residentes possuem. Nesses casos, porém, a própria Constituição, exatamente por incorporar por referência conceitos cujas dimensões são entendidas como uma questão de direito estadual, concede aos estados esse poder ilimitado. Declara, por exemplo, que sem um processo legal justo os estados não podem tirar aquilo que sua lei estabelece como propriedade. A sugestão que estou rejeitando aqui – a de que os estados podem afetar os direitos nacionais ao acrescentar novas criaturas à população constitucional – é muito diferente, pois os direitos que seriam afetados se a população fosse aumentada desse modo, inclusive o direito da mulher a controlar seu próprio corpo, não são direitos cujo conteúdo depende explicitamente de conceitos cujas dimensões só podem ser definidas pelos estados. Sem dúvida, os direitos constitucionais dos cidadãos também dependem, até certo ponto – como afirmo no texto –, de quantos outros indivíduos são ou chegam a ser cidadãos, e, como o Congresso federal tem o direito de estabelecer a política de imigração e naturalização em âmbito nacional, suas decisões afetam os direitos constitucionais das pessoas por essa razão. Mas esse poder que, uma vez mais, a Constituição estipula explicitamente para o Congresso, é exercido em escala nacional. A Constituição determina o caráter da população constitucional e permite que o Congresso, mas não os estados individualmente considerados, decida quem e quantos podem vir a fazer parte dela.

resses das criaturas que não são pessoas[11]. Tem o poder de proteger os interesses dos cães, por exemplo, ao proibir e punir a crueldade para com os animais. Porém, como replicou o professor Laurence Tribe, da Faculdade de Direito de Harvard, o governo não pode usar esse poder para tornar impossível o exercício de um direito constitucional fundamental[12]. Além do mais, existe uma razão ainda maior para invalidar o argumento de Ely contra a sentença *Roe contra Wade*. Os fetos não têm interesses aproximadamente até o momento da gravidez em que se tornam viáveis, e, de qualquer modo, a decisão *Roe contra Wade* permite que os estados proíbam o aborto depois de atingido esse momento[13].

Assim, um estado norte-americano não tem o poder constitucional de declarar que o feto é uma pessoa ou de proteger seus interesses à custa dos direitos constitucionais de seus cidadãos. Que outras responsabilidades derivativas um estado pode reivindicar? Poderá alegar, de maneira plausível, um interesse em aumentar o tamanho da população para o bem daqueles que já a constituem e pretender que as leis antiaborto sirvam a essa finalidade? Não, porque qualquer interesse que um estado pudesse ter em aumentar sua população lhe daria uma razão pelo menos tão forte para proibir os anticoncepcionais quanto para proibir o aborto, e, se o interesse de um estado em aumentar sua população não pode justificar a primeira proibição, como sustentou a sentença do Supremo Tribunal no caso *Griswold*, também não pode justificar a segunda. Seja como for, nenhum estado norte-americano poderia afirmar, de maneira plausível, um interesse em aumentar sua população: o pressuposto aceito no mundo inteiro é o de que a superpopulação é uma ameaça muito mais séria que a escassez populacional.

---

11. Ver John Hart Ely, "The Wages of Crying Wolf: A Comment on *Roe versus Wade*", 82 *Yale Law Journal* 920, 926 (1973).

12. Tribe, *Abortion*, 114.

13. Ver, no capítulo 1, a discussão do ponto de vista de que os fetos têm interesses.

Alguém poderia tentar elaborar um argumento melhor em favor da responsabilidade derivativa, insistindo em que uma sociedade que tolera o aborto não é uma sociedade que preza a vida humana, e que nesse tipo de sociedade as pessoas comuns correm um risco maior de agressão e morte. Sem dúvida, um dos objetivos legítimos da sociedade consiste em proteger seus membros de agressões homicidas. Mas esse argumento é insatisfatório, pois, como um estado precisa de uma razão *inexorável* para justificar a proibição do aborto, precisa também de provas bastante sólidas de que tal proibição se faz necessária. Não existem provas além da mera especulação de que o fato de permitir o aborto de fetos inviáveis produza uma cultura na qual as pessoas adotem uma atitude mais empedernida diante do assassinato de crianças ou adultos. Na verdade, o aborto nos três primeiros meses de gravidez é livremente permitido em muitos países europeus, e estes constituem sociedades muito menos violentas do que muitas das comunidades norte-americanas hoje em dia, ou do que quando o aborto ainda era quase totalmente proibido.

Seria ainda mais difícil mostrar que a perda de sensibilização que pode decorrer da liberação do aborto é maior do que o efeito gerado por outras características da sociedade norte-americana que nos insensibilizam diante do horror do assassinato, como a pena de morte, por exemplo, que muitos estados norte-americanos ainda praticam apesar de ter sido abolida por quase todas as outras democracias civilizadas, ou o vergonhosamente alto índice de mortalidade infantil, que muitos estados norte-americanos parecem aceitar por não estarem dispostos a gastar o suficiente em programas de bem-estar social capazes de reduzi-lo, ou, ainda, o caráter violento de tantos programas de televisão e filmes produzidos nos Estados Unidos. Muitos dos mais ferozes adversários do aborto aceitam, quando não apóiam entusiasticamente, esses aspectos muito mais ameaçadores da cultura popular[14].

---

14. Como afirmei no capítulo 2, alguns adversários do aborto, como Cardinal Bernardin, relacionam especificamente os argumentos antiaborto aos argumentos contrários à pena de morte, insistindo em que é incoerente apoiar uma dessas campanhas sem apoiar a outra também.

***Questões difíceis***

Temos examinado a estrutura lógica da decisão *Roe contra Wade*. Começamos por examinar o forte argumento do juiz Blackmun: uma vez que uma mulher grávida tem direito constitucional à privacidade, os estados não podem proibir o aborto a menos que tenham não uma simples razão, mas sim uma razão inexorável para fazê-lo. Em seguida, examinamos a questão de os estados terem ou não, de fato, uma razão inexorável para proibir o aborto. Mas restringi nossa discussão à questão de se os estados têm ou não uma razão inexorável em virtude de uma responsabilidade derivativa de proteger os direitos e interesses do feto. Se o feto fosse reconhecido pela Constituição como uma pessoa com direitos – uma pessoa no sentido em que o afirma a cláusula de igual proteção ao declarar que as "pessoas" devem ser tratadas como iguais –, então não haveria dúvida de que, em quase todas as circunstâncias, os estados realmente teriam uma razão inexorável para proibir o aborto – na verdade, ao menos em algumas circunstâncias *deveriam* proibi-lo.

O juiz Blackmun decidiu, contudo, que o feto não é uma pessoa no sentido contemplado pela Constituição nacional, com o que concordam todos os adversários responsáveis de sua sentença. Alguns juristas têm argumentado, porém, que na prática a Constituição nacional confere aos estados o poder de emendar a Constituição ao colocar o feto entre aqueles cujos direitos podem ser levados em consideração quando se trata de estabelecer os direitos constitucionais das outras pessoas, ainda que somente no âmbito das fronteiras do estado. Mas existem argumentos decisivos contra esse ponto de vista, e é provável que suas conseqüências fossem rejeitadas inclusive pelos juristas que argumentaram em seu favor.

Portanto, a sentença de Blackmun terá sido absolutamente correta se entendermos o debate constitucional da maneira habitual, como um debate que remete à questão de se o governo pode ou não tratar o feto como uma pessoa. Este é, porém, apenas o começo do verdadeiro debate constitucional. Duas grandes questões permanecem sem resposta. Em primeiro lugar, será realmente bem fundada minha tese de que as mulheres têm o direito constitucional de controlar seu próprio papel na procriação? Argumentei que sim, partindo do pressuposto de que a sentença *Griswold*, bem como outras sentenças do Supremo Tribunal que estabelecem o direito à privacidade, são bem fundadas. No entanto, alguns constitucionalistas conservadores contestam toda essa linha de decisões; dizem que o "direito à privacidade" é apenas uma invenção jurídica liberal e que os "pais" da Constituição não pretenderam criar tal direito. No próximo capítulo iremos examinar essa objeção mais geral.

Em segundo lugar, terão os estados norte-americanos, ainda assim, uma razão inexorável e *independente* para proibir o aborto? Podem proibir o aborto a fim de proteger a santidade ou a inviolabilidade da vida humana? Essa grande questão sobre o alcance da legitimidade do poder governamental se coloca, como questão de moral política, em toda parte – inclusive em países como a Grã-Bretanha, que não tem uma Constituição que restrinja, em última instância, o que o governo pode fazer. Um governo digno tenta ditar a seus cidadãos que valores intrínsecos eles devem reconhecer, por que e como devem fazê-lo? Nos Estados Unidos, esta é também uma questão jurídica: a mais importante e profunda dentre as questões constitucionais colocadas pelo debate sobre o aborto. (E, como veremos, é também a questão que se encontra no cerne da controvérsia nascente sobre a eutanásia e o direito à morte.)

Em sua complexidade, essas questões jurídicas nos remetem às grandes controvérsias doutrinárias que há muitas décadas vêm explodindo nas escolas de direito e nos tribunais norte-americanos: como se deve interpretar a Constituição, e até que ponto os juízes são, ou deveriam ser, influenciados por suas próprias convicções morais quando lhes cabe decidir sobre o significado da Constituição. Precisamos agora fazer uma escolha entre duas concepções muito diferentes sobre o tipo de Constituição que os Estados Unidos realmente têm.

# 5. *O drama constitucional*

Os juristas que acham que a sentença *Roe contra Wade* deveria ser revogada argumentam de duas maneiras distintas. Em primeiro lugar, argumentam que a Constituição não menciona o direito ao aborto e, em segundo, que nenhum dos políticos que a redigiram e promulgaram pretendia assegurar esse direito. Essas afirmações são verdadeiras? São relevantes?

A Constituição dos Estados Unidos menciona o direito ao aborto? Os homens que a redigiram pretendiam criar tal direito? Isso depende do que entendemos por "mencionar" e "pretender". Argumentarei que, no único sentido relevante dessas palavras, a resposta a ambas as perguntas é *sim*. Meu argumento, porém, depende não apenas de fatos lingüísticos ou históricos, mas de uma questão política de natureza muito mais geral. Que tipo de Constituição os Estados Unidos deveriam ter?

Os Estados Unidos têm a mais antiga e estável estrutura de governo do mundo. Sua Constituição insiste em uma forma republicana de governo – governo do povo, não de um monarca ou de uma oligarquia de nobres ou mandarins –, e disciplina esse governo republicano por meio de uma complexa estrutura de controle e ponderação, primeiro ao dividir os poderes do governo entre o governo nacional e os vários estados, e depois ao dividir os poderes do governo nacional entre o Congresso, a presidência e os tribunais.

Contudo, a característica mais original e surpreendente da Constituição norte-americana é o limite que coloca ao poder geral das instituições governamentais que cria: insiste em que as pessoas, como indivíduos, possuem certos direitos fundamentais descritos na Declaração de Direitos e Garantias da Constituição. (Refiro-me não apenas às dez primeiras emendas constitucionais, que foram adotadas pouco depois de fundada a nação, mas também às adotadas depois da guerra civil.) A Primeira Emenda, por exemplo, afirma que o governo não pode restringir a liberdade religiosa, de expressão ou de imprensa. A Quinta Emenda afirma que o governo nacional não pode privar nenhum indivíduo da vida, da liberdade ou da propriedade sem um processo legal justo. A Décima Quarta Emenda restringe os estados do mesmo modo e, em seguida, acrescenta que estes devem conceder a todas as pessoas a igual proteção da lei. Nem os estados, nem o Congresso nacional, nem o presidente, têm autoridade para tomar qualquer iniciativa que prejudique ou agrida um único indivíduo nos sentidos em que essas notáveis cláusulas o proíbem.

Contudo, podemos interpretar essas cláusulas da Declaração de Direitos e Garantias de duas maneiras diversas. Na verdade, podemos criar duas Constituições muito diferentes a partir delas. Primeiro, podemos interpretá-las como ordens abstratas que exigem que o governo norte-americano respeite os princípios mais fundamentais de liberdade e decência política e que trate todos os cidadãos com igual consideração e respeito. Em seguida, podemos criar uma Constituição de *princípios* que estipule critérios morais, de grande alcance geral, que o governo deve respeitar, mas que deixe a cargo dos estadistas e juízes decidir o que esses critérios significam em circunstâncias concretas. Segundo esse modo de ver a Constituição, o verdadeiro significado das cláusulas de processo legal justo e de igual proteção irá depender da melhor e mais exata compreensão da liberdade e da igualdade.

Ou podemos interpretar a Declaração de Direitos e Garantias de maneira muito diferente, como se apenas exprimisse as expectativas muito específicas e concretas dos estadistas particulares que as redigiram e votaram por elas. As cláusulas de processo legal justo e de igual proteção só teriam, então, a força que as pessoas que votaram por elas teriam esperado que tivessem. Se interpretarmos assim a Declaração, criaremos uma Constituição de *detalhes* – um conjunto de pontos de vista históricos independentes que provavelmente não terão grande unidade, ou mesmo total coerência.

A primeira dessas duas descrições da Constituição é estimulante, uma inspiradora visão da comunidade política. Existe, porém, uma dificuldade óbvia: aquilo que as sutis abstrações da Declaração de Direitos e Garantias realmente significam quando aplicadas aos duros embates políticos será inevitavelmente controverso. Será controverso, por exemplo, saber se a liberdade de expressão significa que as pessoas devem ser livres para publicar ou consumir pornografia. Ou se o direito a abortar é, de fato, uma liberdade básica, essencial para uma sociedade verdadeiramente livre. Ou se um governo municipal que reserva uma porcentagem dos contratos de construção para empresas de proprietários negros está tratando todos os seus moradores com igual consideração. Os cidadãos irão dividir-se: uma maioria, que deseja declarar a pornografia ilegal, proibir o aborto ou reservar contratos de construção para empresas de proprietários negros, irá negar que esteja violando a liberdade ou rejeitando a igual consideração, e uma minoria ressentida irá mostrar-se em desacordo. O Supremo Tribunal terá de decidir, o que significa que os juízes deverão responder a questões difíceis e profundas de moral política que os filósofos, estadistas e cidadãos já vêm debatendo há séculos, sem chegar a uma perspectiva de consenso. Isso significa que nos caberá apenas aceitar o veredicto de uma maioria de juízes cujo conhecimento dessas grandes questões não parece ser particularmente especial, a menos que sejamos suficientemente numerosos e estejamos dispostos a emendar a Constituição, ou, como é mais provável, até que a idade, a morte ou as mudanças produzam um Supremo Tribunal diferente, com diferentes convicções.

Essa forma de governo concede grande poder aos juízes. Para todos os efeitos práticos, os tribunais federais e, por fim, o Supremo Tribunal têm a última palavra sobre quais direitos a Constituição afirma e protege e, portanto, sobre o que os governos nacionais e estaduais não podem fazer. Desse modo, algumas das mais importantes decisões políticas que uma comunidade deve tomar – decisões que, na maioria das outras democracias, já foram ou seriam tema de grandes lutas políticas – foram decididas para os norte-americanos pelos juízes, não pelos representantes eleitos pelo povo.

Em 1954, por exemplo, no caso *Brown contra Board of Education*, o Supremo Tribunal determinou que a segregação racial nas escolas públicas era inconstitucional[1]. Ao fazê-lo, portanto, declarou ilegal um importante fundamento da estrutura social de um vasto segmento do país. Nas quatro décadas transcorridas desde esse famoso caso, o tribunal tomou um número enorme de outras decisões importantes e de conhecimento público. Desenvolveu um arsenal de armas jurídicas contra outras formas de preconceito e discriminação raciais. Declarou ilegais a prece e os serviços religiosos nas escolas públicas. Criou uma rede de proteção para os acusados e condenados por crimes. E, em 1973, decidiu o caso *Roe contra Wade*.

Em cada uma dessas importantes decisões, a maioria dos juízes presumiu estar fazendo cumprir uma Constituição de princípios, assumindo que lhes cabia decidir o que exigem os ideais abstratos de liberdade e igualdade de cidadania quando aplicados a problemas concretos a eles submetidos. A decisão do caso *Brown*, por exemplo, não teria sido tomada por um tribunal que pretendesse apenas retomar as expectativas bastante concretas dos políticos que redigiram a Décima Quarta Emenda, porque, assim que a promulgaram, esses políticos rapidamente segregaram as escolas públicas do distrito de Colúmbia.

As surpreendentes decisões tomadas pelo Supremo Tribunal nas últimas décadas impuseram aquilo que, em sua maior parte, se considera como posições liberais sobre maiorias menos liberais. Mas os juízes também podem impor convicções conservadoras a maiorias menos conservadoras, como fez o

1. Ver 347 U.S. 483 (1954).

tribunal na sentença *Lochner contra New York* em 1905, ao derrubar uma lei estadual que proibia que os padeiros trabalhassem mais de catorze horas por dia, com base na alegação de que isso infringia os direitos econômicos daqueles que queriam trabalhar mais horas[2]. A decisão *Lochner* foi revogada há muito tempo e hoje é citada pelos juristas apenas como um exemplo paradigmático da sandice do Supremo Tribunal. Nos últimos anos, porém, o tribunal voltou a impor pontos de vista considerados conservadores às maiorias locais: por exemplo, a polêmica decisão a que chegou em 1989, no caso *City of Richmond contra J. A. Croson Co.*, revogando o sistema de Richmond que reservava uma porcentagem dos contratos municipais a empresas cujos proprietários pertenciam a grupos minoritários[3].

Para muitos norte-americanos, parece errado e perigoso que os juízes tenham esse tipo de poder. Prefeririam o segundo modelo de Constituição que descrevi; prefeririam que os juízes tratassem a Declaração de Direitos e Garantias como um conjunto de regras extremamente detalhadas, cada uma das quais registrando os critérios específicos que foram dominantes em determinados momentos históricos no passado. Desse ponto de vista, a Primeira, a Quinta e a Décima Quarta Emendas só garantem aos cidadãos aquilo que, quando da redação e adoção dessas cláusulas, se imaginava estar incluído nas idéias de liberdade de expressão, de liberdade fundamental ou de igual consideração. Assim, o Supremo Tribunal não tem de decidir se a liberdade de expressão, na interpretação mais atraente desse valor político, protege a literatura sobre sexo explícito contra a censura, mas somente se teria sido esta a sua função nos Estados Unidos, em fins de século XVIII; também não lhe cabe decidir se o aborto é um direito fundamental para uma sociedade verdadeiramente livre, mas somente se os que redigiram e adotaram a Décima Quarta Emenda, depois da guerra civil, acreditavam que assim fosse; por último, não terá de de-

2. Ver 198 U.S. 45 (1905).
3. Ver 488 U.S. 469 (1989).

cidir se as políticas de construção civil ligadas ao conceito de ação afirmativa realmente tratam os cidadãos com igual consideração, mas se os autores da Décima Quarta Emenda acreditavam estar tornando essas políticas inconstitucionais.

Essa imagem da Declaração de Direitos e Garantias oferece uma visão bem menos nobre que a primeira que descrevi; transforma o documento em um mero aglomerado de regras minuciosas, separadas e independentes que, em seu conjunto, mais se assemelham a uma coleção de selos de diferentes momentos da história dos Estados Unidos. Na verdade, chega ao ponto de fazer com que uma Declaração de Direitos e Garantias, seja qual for o seu teor, pareça duvidosa: por que os norte-americanos deveriam, hoje, ver-se limitados naquilo que seu governo pode fazer por eles devido a idéias que pessoas muito diferentes tiveram um ou dois séculos atrás? Ainda assim, tal imagem poderia parecer mais segura, e também mais democrática, do que permitir que juízes não eleitos imponham às pessoas suas polêmicas convicções sobre filosofia política. Alguns poderiam dizer: a história nos deu uma Constituição que limita claramente o que a maioria pode fazer. Não podemos evitar isso, mas podemos desejar que suas restrições sejam tão leves e triviais quanto nos seja possível. Como nossos antepassados tinham, em termos gerais, uma concepção de liberdade e de igualdade bem mais restritiva do que a que muitos juristas e juízes hoje defendem, tratar a Constituição como um conjunto de regras extremamente detalhadas, modeladas segundo expectativas que predominaram no passado, talvez venha a mostrar-se bem menos restritivo do que tratá-la como um sistema de princípios morais abstratos que os juízes contemporâneos devem interpretar como lhes parecer melhor.

Qual dessas Constituições muito diferentes deveríamos desejar – a Constituição de princípios, mais grandiosa, mas talvez mais perigosa, ou a Constituição de detalhes, aparentemente mais segura, porém mais "mundana"? Poderia ter feito uma pergunta diferente, uma pergunta jurídica: Que tipo de Constituição *temos*? Afinal, a Constituição é parte do direito norte-americano. Vamos supor que apliquemos as técnicas comuns de interpretação jurídica às grandes cláusulas da Declaração de Direitos e Garantias: esse procedimento revelaria, como mais adequada, a concepção baseada em princípios ou a concepção detalhada? A resposta, como veremos, é relativamente simples: a interpretação jurídica comum corrobora mais o critério de princípios do que o de detalhes. Apóia a Constituição nobre, a Constituição que o Supremo Tribunal admitiu que temos ao tomar todas as decisões surpreendentes e importantes que descrevi.

Esta é uma afirmação muito importante. Nas últimas décadas, muitos juristas têm argumentado o contrário. Afirmam que, em suas decisões, o Supremo Tribunal interpretou mal a Constituição, que a Constituição na verdade é, enquanto objeto de uma análise estritamente jurídica, uma Constituição de detalhes que deixa as legislaturas dos estados livres para proibir o aborto, para autorizar as investigações criminais de acordo com suas próprias convicções daquilo que se entende como apropriado nos procedimentos policiais, para restringir as garantias processuais dos acusados de crimes, e para censurar as publicações que a maioria considera ofensivas – tudo isso porque os que redigiram a Declaração de Direitos e Garantias nunca pretenderam negar esses poderes ao governo. Acusam os partidários da concepção baseada em princípios – às vezes em termos agressivos – de ignorar os argumentos jurídicos e confiar apenas nos argumentos políticos. Dizem, por exemplo, que a decisão do juiz Blackmun no caso *Roe contra Wade* ignorou o rigor da argumentação jurídica em favor de convicções políticas pessoais.

Essa estratégia é um assombroso exemplo do recurso ao ataque como a melhor defesa, e tem sido extremamente bem-sucedida do ponto de vista político. Seu êxito, porém, não remonta aos argumentos jurídicos apresentados por seus proponentes – que são, como veremos, extremamente frágeis –, mas sim à insatisfação pública com muitas das decisões que o Supremo Tribunal tomou com base na concepção abstrata, de princípios, da Constituição, particularmente no caso *Roe contra Wade*, e também com outras decisões impopulares, como a proibição da prece nas escolas públicas; o êxito dessa estratégia também se deve à desconfiança pública diante do fato de os juízes terem o poder que a concepção baseada em princípios lhes atribui. Em outras palavras, o público se preocupa mais com a questão política do tipo de Constituição que deveríamos ter do que com os argumentos técnico-jurídicos sobre aquela que já temos.

Acredito que a desconfiança popular para com uma Constituição de princípios está mal colocada; a Constituição norte-americana, entendida como uma Constituição de princípios, provê uma forma de governo melhor do que qualquer outra em que as subdivisões governamentais do legislativo e do executivo sejam juridicamente livres para desconsiderar princípios fundamentais de justiça e decência. Uma Constituição de princípios, colocada em prática por juízes independentes, não é antidemocrática. Ao contrário, uma das *precondições* da democracia legítima encontra-se na exigência de que o governo trate todos os cidadãos como iguais e respeite suas liberdades fundamentais e sua dignidade. A menos que se satisfaçam essas condições, não pode haver nenhuma democracia verdadeira, pois em tais circunstâncias a maioria não terá o direito moral legítimo de governar.

Essa concepção da natureza da democracia sobreviveu ao jacobinismo, ao majoritarismo, ao fascismo e ao comunismo. O grande historiador francês François Furet afirmou que a revolução norte-americana foi muito mais importante do que as revoluções francesa ou russa, pois criou a forma de governo que grande parte das outras nações do mundo democrático, ainda que de modo intermitente, começa agora a copiar. Somos invejados por nossa inovação e cada vez mais imitados: em Paris, Bonn e Roma, em Nova Délhi, Estrasburgo e Ottawa, talvez até mesmo no palácio de Westminster e, quem sabe algum dia, em Moscou e Johannesburgo. Em todos esses lugares, as pessoas parecem dispostas a aceitar o risco e a eminente promessa de um governo conduzido não por homens e mulheres, ou mesmo pelo direito, mas um governo regido por princípios: a forma de governo que criamos.

Além do mais, a história e as tradições norte-americanas estão de tal modo interligadas a essa forma de governo que, mesmo que desejássemos, não conseguiríamos desenredá-lo sem que para isso tivéssemos de voltar ao século XVIII e começar tudo outra vez. A concepção estreita e detalhada de nossa Constituição não é nem mesmo uma concepção para os Estados Unidos de hoje, e pretender adotá-la não resultaria em um verdadeiro controle do poder dos juízes de impor suas convicções ao próprio direito, mas apenas em uma perigosa ilusão desse controle. Sem dúvida, é preciso haver limites ao poder de um juiz de interpretar a Constituição de acordo com suas próprias convicções políticas. Trata-se de uma posição consensual. Mas podemos assegurar restrições genuínas somente no âmbito da Constituição de princípios abstratos que temos, e não ao fingir que temos uma forma diferente de governo, e somente ao insistir em algo que a concepção baseada em princípios explicita, mas que a concepção detalhada torna obscuro: que os juízes devem justificar suas sentenças por meio de argumentos de princípio e de integridade que possam ser criticados pelo meio jurídico e avaliados pela opinião pública, cuja influência deveria ser sentida sempre que os presidentes nomeiam os juízes.

Como sugeri, muitos norte-americanos que desconfiam da Constituição baseada em princípios e afirmam apoiar a Constituição detalhada estão demonstrando sua insatisfação com a sentença do caso *Roe contra Wade*. Percebem corretamente que, se aceitarmos a concepção baseada em princípios, o argumento em favor do direito constitucional ao aborto parecerá muito mais forte. Muitos dos que defendem a sentença *Roe contra Wade* concordam com a concepção mais ampla de uma Constituição baseada em princípios, razão pela qual se sentem atraídos por tal concepção. Em outras palavras, muitos norte-americanos decidiram que tipo de Constituição desejam ter ao perguntar-se qual deles beneficiaria sua posição diante da questão do aborto; tratam essa questão como um teste decisivo de adequação de qualquer teoria constitucional.

Em 1987, o grande debate que se travou no Senado para confirmar ou não a nomeação de Robert Bork, indicado pelo presidente Reagan para o Supremo Tribunal, foi em grande parte uma tentativa de descobrir quais eram as idéias de Bork sobre o aborto. Também no Senado, os mais recentes debates sobre as qualificações intelectuais de David Souter e Clarence Thomas, indicados pelo presidente Bush, giraram basicamente em torno da mesma questão. As reuniões da Ordem dos Advogados dos Estados Unidos têm sido dominadas pela questão do aborto, e as únicas questões significativas nas plataformas dos partidos na campanha eleitoral de 1992 também versavam sobre o mesmo assunto. Corremos o risco de ver nossa teoria constitucional limitada a um único tema, o que é no mínimo tão lamentável quanto fazer o mesmo em relação à política. Pode ser compreensível que as pessoas abordem a filosofia constitucional desse modo, mas é igualmente lamentável. Na verdade, deveríamos usar um raciocínio inverso: decidir o que nossa Constituição diz sobre o aborto somente depois de termos decidido como a Constituição de uma sociedade justa protege a liberdade e a dignidade individuais.

### *Reescrever a Constituição*

Muitas das mais importantes decisões tomada pelo Supremo Tribunal nas décadas que se seguiram à Segunda Guerra Mundial satisfizeram os liberais e ofenderam os conservadores, e os presidentes republicanos prometeram nomear juízes que equilibrassem o poder do tribunal, substituindo nossa Constituição de princípios por uma Constituição de detalhes. Em termos gerais, foram surpreendentemente malsucedidos, uma vez que a Constituição baseada em princípios tem grande força intelectual e emocional; inclusive, muitos dos juízes considerados conservadores quando foram nomeados e começaram a atuar no tribunal, terminaram por aceitar essa concepção e as decisões dela decorrentes. O republicano Dwight Eisenhower escolheu dois juízes que se tornaram grandes defensores da concepção baseada em princípios: Earl Warren, como presidente do Supremo Tribunal, levou-o a tomar muitas de suas decisões mais liberais, e William Brennan, que permaneceu no tribunal por trinta e quatro anos, foi um dos mais influentes juízes liberais de sua história. (Não admira que Eisenhower tenha dito que havia cometido dois grandes erros durante seu mandato, ambos no Supremo Tribunal.)

Richard Nixon nomeou Harry Blackmun, que redigiu a opinião majoritária no caso *Roe contra Wade* e posteriormente manteve suas posições liberais, e Warren Burger, a escolha de Nixon para o cargo de presidente do tribunal quando Earl Warren se aposentou, tomou partido da decisão *Roe* e, apesar de mais conservador do que Warren, votou para proteger, e inclusive ampliar, muitas das sentenças do tribunal que não eram aceitas pelos conservadores. Gerald Ford, o vice-presidente republicano que assumiu a presidência quando Nixon renunciou, nomeou apenas um juiz: John Paul Stevens, que defende enfaticamente a decisão *Roe* e vem sendo há muitos anos um juiz articulado, imaginativo e liberal.

As administrações de Ronald Reagan e George Bush deram grande prioridade à nomeação de juízes conservadores para todos os níveis dos tribunais federais, e condicionaram as nomeações judiciais à "pureza" ideológica mais do que qualquer outra administração jamais o fizera antes. Tornaram os tribunais federais extremamente conservadores e, como trataram de nomear juízes jovens, as conseqüências de suas nomeações irão perdurar por muito tempo ainda. Antonin Scalia, um dos cinco nomeados por Reagan-Bush para o Supremo Tribunal, tornou-se na verdade um irredutível defensor da Constituição de detalhes, e outro, Clarence Thomas, tem votado com Scalia em quase todos os casos desde que foi nomeado em 1991.

Contudo, os outros três juízes nomeados por Reagan-Bush – Sandra Day O'Connor, Anthony Kennedy e David Souter – frustraram as expectativas conservadoras não apenas porque se uniram a Blackmun e Stevens para reafirmar *Roe contra Wade* na opinião conjunta que emitiram no caso *Planned Parenthood of Southeastern Pennsylvania contra Casey*, que mencionei no capítulo 1, mas também porque deixaram clara, nesse parecer e em outros casos, sua preferência por uma Constituição de princípios. Em um trecho crucial, rejeitaram o ponto de vista de Scalia de que a cláusula de processo legal justo não deveria ser usada para revogar leis que eram conhecidas e amplamente aprovadas quando a Décima Quarta Emenda foi promulgada. Afirmaram que "liberdade", no contexto do significado dessa cláusula, não remetia apenas ao que se imaginava ser a liberdade fundamental quando da promulgação da cláusula, mas ao que *é* realmente fundamental, e, embora tenham admitido que juristas criteriosos não chegam a um consenso sobre essa questão, insistiram em que os juízes do Supremo Tribunal não podem, legitimamente, fugir à responsabilidade de emitir, eles próprios, esse juízo controverso[4].

Ao comentar a sentença Casey, os meios de comunicação afirmaram que O'Connor, Kennedy e Souter representavam, no tribunal, uma posição moderada de centro. Essa sugestão pode bem ser um exagero; é provável que os três juízes voltem a divergir, como já o fizeram no passado, a respeito de problemas constitucionais específicos, e um ou outro irá tomar decisões, como também já o fizeram antes, que serão vistas pelos liberais não como simplesmente moderadas, mas sim muito conservadoras. A concepção abstrata da Constituição não é, porém, uma concepção nitidamente liberal ou moderada – trata-se, antes, de uma abordagem própria da teoria do direito, e o fato de esses três juízes a terem endossado, apesar de nomeados por políticos que a ela se opõem radicalmente, vem atestar sua grande força intelectual.

Não obstante, quatro juízes que estão hoje no Supremo Tribunal – o presidente Rehnquist, White, Scalia e Thomas – denunciam enfaticamente a Constituição de princípios como uma invenção perigosa[5]. Devemos considerar os argumentos com os quais defendem sua posição, e poderíamos começar por

4. Ver *Casey*, 2804-2806.

5. Convém notar que, dentre os quinze juízes do Supremo Tribunal que examinaram a questão desde 1973, estes são os únicos quatro a terem estabelecido que as mulheres não têm o direito ao aborto protegido pela Constituição. A opinião favorável e dissidente do juiz Stevens pode ser encontrada em *Casey*, 2838-2843.

um exame mais cuidadoso do texto da Declaração de Direitos e Garantias. Alguns dos direitos individuais por ela criados são bastante detalhados. A Terceira Emenda, por exemplo, determina que o Congresso não pode aquartelar soldados em residências particulares em tempos de paz. Mas os direitos que se mostraram mais importantes foram escritos em linguagem muito abstrata. A Primeira Emenda diz que o Congresso não restringirá a liberdade de expressão, não restringirá a liberdade religiosa e não instituirá nenhuma religião. Nada diz, porém, que possa ajudar os juízes a decidir se leis específicas contra a pornografia ou a queima da bandeira são um insulto à liberdade de expressão; se as leis que recrutam aqueles que, por questões de consciência, se recusam a prestar serviço militar, ou que proíbem os norte-americanos nativos de ingerir peiote em suas cerimônias religiosas, violam sua liberdade de expressão; se as leis que exigem que o pai-nosso seja rezado nas escolas públicas, ou que permitem que o governo subsidie as escolas paroquiais para que possam comprar livros de matemática, estão impondo uma religião ao fazê-lo.

As cláusulas mais importantes da Quinta, da Décima Quarta e de outras emendas são ainda mais abstratas. As duas acima citadas proíbem que o governo tire a vida, a liberdade ou a propriedade sem um "processo legal justo". O Supremo Tribunal decidiu que essa cláusula não deveria ser entendida simplesmente como uma cláusula de caráter processual, mas que impunha limites substantivos ao que o governo pode fazer, pouco importando quais procedimentos este irá seguir. As emendas, porém, nada dizem para ajudar os juízes a decidir se processo legal justo significa que as pessoas têm direito a um advogado antes que a polícia as interrogue, por exemplo, ou que os estados não podem criminalizar a contracepção ou o aborto. A Oitava Emenda proíbe a "punição cruel e incomum", mas não indica quais métodos de executar os criminosos – a forca ou a cadeira elétrica, por exemplo – são cruéis, ou mesmo se a pena de morte é uma crueldade em si mesma, seja qual for o método de execução utilizado. A Décima Quarta Emenda declara que os estados não podem negar a nenhuma pessoa a "igual proteção das leis", e o Supremo Tribunal tem sustentado que essa exigência é também substantiva, não meramente processual. Em si mesma, contudo, a exigência abstrata de igual proteção não esclarece se os estados podem segregar as escolas por raça ou, na esfera da educação pública, se devem gastar a mesma quantia por aluno nos diferentes distritos escolares de cada estado.

Cada uma dessas grandes cláusulas constitucionais é abstrata a seu modo; cada uma faz um uso crucial de conceitos que não pertencem à linguagem jurídica, nem são extraídos da economia ou de outro ramo das ciências sociais, mas sim do uso moral e político corrente: conceitos como "liberdade" e "autodeterminação", "cruel" e "igual". Lidas de modo natural, as palavras da Declaração de Direitos e Garantias parecem, de fato, criar uma Constituição de princípios extraordinariamente abstrata. Tomadas em sentido literal, estipulam nada menos que o governo trate todos os que se acham sob seu domínio com igual consideração e respeito, e que não infrinja suas liberdades mais básicas, aquelas liberdades essenciais, como afirmou um importante jurista, à idéia mesma de "liberdade com ordem"[6]. O sistema de princípios que essa surpreendente linguagem institui é abrangente, uma vez que impõe, ao mesmo tempo, igual consideração e liberdade básica, que em nossa cultura constituem as duas fontes principais de reivindicação dos direitos individuais. Tendo em vista que liberdade e igualdade se sobrepõem em grande parte, cada uma das duas cláusulas mais importantes da Declaração de Direitos e Garantias – a de processo legal justo e a de igual proteção – é, em si mesma, abrangente no mesmo sentido. Os direitos constitucionais específicos que decorrem da melhor interpretação da cláusula de igual proteção, por exemplo, irão muito provavelmente decorrer, também, da melhor interpretação que se dê à cláusula de processo legal justo. O Supremo Tribunal não teve dificuldade em decidir que, embora a cláusula de igual proteção não se aplique ao distrito de Colúmbia, a segregação racial nas escolas des-

6. Juiz Cardozo em *Palko contra Connecticut*, 302 U.S. 319, 325 (1937).

se distrito é, não obstante, inconstitucional nos termos da cláusula de processo legal justo, esta sim realmente aplicável. De fato, é muito provável que, mesmo que não existisse a Primeira Emenda, os tribunais norte-americanos já teriam há muito encontrado as liberdades de expressão, imprensa e religião nas garantias de liberdade básica estipuladas na Quinta e na Décima Quarta Emendas.

Muitos juristas conservadores, inclusive os quatro juízes do atual Supremo Tribunal que aqui citei, afirmam que a Declaração de Direitos e Garantias não diz o que parece dizer. Argumentam que as cláusulas aparentemente abstratas sobre liberdade de expressão, processo legal justo e liberdade e igualdade devem ser tratadas somente como mensagens codificadas, ou como afirmações cifradas de acordos históricos muito concretos e detalhados. Na opinião desses juristas conservadores, as exigências de liberdade de expressão e igualdade só protegem certas formas específicas de expressão, e só exigem a igualdade em certos aspectos ou dimensões muito específicos. Esses revisionistas esperam, assim, transformar a Declaração de Direitos e Garantias, abstrata e baseada em princípios, em um documento com o tom e a textura de uma apólice de seguros, ou de um arrendamento mercantil comum.

Em certo sentido, como afirmei, esse empenho revisionista coletivo tem sido extraordinariamente bem-sucedido. Alcançou o triunfo orwelliano, o sonho político desprezível de atribuir aos adversários os próprios vícios e defeitos. Convenceu muitas pessoas de que transformar a Constituição em uma lista obsoleta de acordos históricos muito limitados significa, realmente, *proteger* esse documento, e que os que teimam em interpretá-lo ao pé da letra são inventores e usurpadores. Mesmo os juízes que aceitam a grande responsabilidade que a linguagem da Constituição lhes impõe, adotam os nomes enganosos que seus adversários revisionistas lhes atribuem. Referem-se a si próprios como "ativistas", "não interpretacionistas", defensores dos "direitos não enumerados" que desejam "extrapolar os quatro limites" da Constituição para decidir os casos com base no que chamam de "direito natural".

Nesse importante sentido político, o empenho revisionista em estreitar a Declaração de Direitos e Garantias tem sido bem-sucedido. Mas agora devemos considerar se esse êxito chegou também à esfera jurídica, se produziu argumentos jurídicos plausíveis para se interpretarem as grandes cláusulas abstratas da Declaração de maneira limitada e detalhista. Sob esse aspecto, não pode nem mesmo começar a ser bem-sucedido, a menos que ofereça o que poderíamos chamar de livro de códigos – os revisionistas devem nos dizer como *de*codificar as frases constitucionais abstratas para que possamos decidir quais significados detalhados subjazem a sua linguagem grandiosa e abstrata. Os revisionistas dizem que, para decodificar o texto abstrato, devemos nos perguntar o que realmente pretendiam aqueles que o redigiram ou votaram a seu favor. Como veremos, essa sugestão responde a nossa pergunta muito menos do que poderia parecer; mal chega a ser o começo de uma resposta. Mas examinemos, primeiro, um tipo diferente de resposta que é dado por alguns revisionistas, pois será ainda mais fácil constatar que essa resposta é também insatisfatória.

*Direitos enumerados e não enumerados*. Os revisionistas insistem em uma distinção entre dois tipos de direitos que o Supremo Tribunal reconheceu e fez cumprir no passado. Alguns desses direitos, dizem eles, são de fato mencionados ou enumerados no texto, enquanto outros não. Argumentam que o direito à privacidade, que o Supremo Tribunal reconheceu em *Griswold* e em outros casos envolvendo a questão dos contraceptivos, e do qual derivou o direito ao aborto em *Roe contra Wade*, não é realmente mencionado no texto da Constituição, e que não se trata, portanto, de um direito constitucional genuíno. Se permitirmos que os juízes perambulem à vontade para além dos "quatro limites" da Constituição, acrescentam os revisionistas, estaremos abrindo mão de toda esperança de limitar o poder judicial. Este foi, por exemplo, o argumento usado pelo juiz White em seu voto majoritário no caso *Bowers contra Hardwick*, uma decisão do Supremo Tribunal que se recusou a reconhecer o direito constitucional dos homossexuais adultos à liberdade de manter relações homossexuais consensuais. White afirmou que, como esse direito não é realmente mencionado na Constituição, o tribunal o estaria inventando, e disse também que o direito constitucional criado pelos juízes era particularmente suspeito quando tinha "pouca ou nenhuma raiz identificável na linguagem ou no desenho da Constituição"[7]. White, lembro ao leitor, foi voto dissidente no caso *Roe*, o que leva a crer que seu comentário no caso *Bowers* pretendia desmerecer o direito putativo ao aborto tanto quanto o direito dos homossexuais acima referido.

De fato, a distinção entre direitos enumerados ou mencionados, por um lado, e direitos não enumerados ou não mencionados, por outro, não faz sentido quando aplicada às cláusulas de igual proteção e processo legal justo, bem como a outras cláusulas abstratas da Constituição. Sem dúvida, porém, essa distinção faz sentido em algumas circunstâncias. Suponhamos que uma lei proíba que se levem armas de fogo, facas ou explosivos em um avião e que os funcionários do aeroporto interpretem a lei como se também proibisse as bombas de gás lacrimogêneo, com base no pressuposto de que a intenção óbvia da lei seria a de proibir quaisquer armas que pudessem ser usadas em seqüestros ou outros atos terroristas. Teríamos razão para dizer que o gás não constava da relação de coisas proibidas, e para perguntar se os funcionários têm o direito de acrescentar a essa lista armas "não enumeradas". A distinção que fazemos – entre pistolas, navalhas e granadas de mão, por um lado, e gás lacrimogêneo, por outro – baseia-se em um fato lingüístico: nem a palavra "revólver", nem "faca", nem "explosivo" podem ser corretamente usadas para referir-se ao gás lacrimogêneo.

Nenhum fato comparável sobre o uso correto do idioma pode, porém, explicar a suposta distinção entre direitos constitucionais enumerados e não enumerados, pois a Declaração de Direitos e Garantias consiste em princípios amplos e abstratos de moral política, e a correta aplicação desses princípios depende de percepção moral, não de regras lingüísticas. A distinção

7. *Bowers contra Hardwick*, 478 U.S. 186, 194 (1986).

entre os direitos específicos que são enumerados e os que não são é, portanto, simplesmente irrelevante. Para saber o porquê, examinaremos um grupo de argumentos jurídicos, dois dos quais, na opinião dos revisionistas, defendem os direitos constitucionais "enumerados", e um terceiro que, para todos eles, na melhor das hipóteses, defende apenas um direito "não enumerado".

> 1. A cláusula de igual proteção da Décima Quarta Emenda cria um direito constitucional de igual consideração e respeito do qual decorre que as mulheres têm um direito que as protege contra certas discriminações baseadas em questões de gênero, a menos que tais discriminações sejam exigidas por importantes interesses de Estado[8].
>
> 2. A Primeira Emenda, que proíbe ao governo restringir a liberdade de expressão, assegura um direito de protesto simbólico do qual decorre que os indivíduos têm o direito de queimar a bandeira norte-americana[9].
>
> 3. A cláusula de processo legal justo da Décima Quarta Emenda protege as liberdades básicas centrais ao conceito mesmo de "liberdade com ordem", inclusive o direito à privacidade, do qual decorre que todas as mulheres têm direito constitucional ao aborto.

Nenhum desses três argumentos depende do significado das palavras do mesmo modo que delas depende a afirmação "As armas de fogo incluem as pistolas, mas não o gás lacrimogêneo". Ninguém acredita que, simplesmente a partir do significado das palavras "liberdade de expressão", se infira que os estados podem ou não proibir a queima de bandeiras. Ninguém acredita que, simplesmente a partir do significado das palavras "igual proteção", se infira que as leis que excluem as mulheres de certos cargos sejam ou não inconstitucionais. Se qualquer

---

8. Ver, por exemplo, *Stanton contra Stanton*, 421 U.S. 7 (1975), e *Frontiero contra Richardson*, 411 U.S. 677 (1973).

9. Ver *United States contra Eichman*, 496 U.S. 310 (1990), e *Texas contra Johnson*, 491 U.S. 397 (1989), nos quais o Supremo Tribunal defendeu o direito de queimar a bandeira norte-americana nos protestos políticos.

um desses três argumentos é persuasivo, assim o é porque a teoria moral substantiva que pressupõe é atraente. Se o segundo é um bom argumento, por exemplo, assim o é porque sua afirmação central – a de que o objetivo de proteger a liberdade de expressão se estende ao tipo de protesto que envolve a queima da bandeira – é bem fundado. Se o terceiro argumento é bem-sucedido, assim o é exatamente pelo mesmo tipo de razão: porque o direito à privacidade e o direito ao aborto são, de fato, condições essenciais de uma sociedade verdadeiramente livre. Em ambos os casos, o ponto crucial do argumento é uma afirmação moral; se essas afirmações morais são aceitas, o direito ao aborto não tem uma relação mais frágil ou distante com a linguagem da Constituição do que o direito a queimar a bandeira.

A metáfora do juiz White sobre os argumentos jurídicos terem "raízes" na linguagem é opaca e misteriosa; mais que dissipar a obscuridade, oculta-a. Mas é seguro dizer que nenhum dos três argumentos afirma a existência de "raízes" na linguagem de alguma maneira que os outros dois não o façam. Alguns juristas dizem que as conclusões do terceiro argumento sobre o aborto estão "mais além" do texto constitucional do que as afirmações de igual proteção e liberdade de expressão dos outros dois, mas essa metáfora da distância é igualmente opaca: não significa nem sugere nada. Uma vez que nem o direito de queimar a bandeira, nem o direito contra a discriminação por sexo, nem o direito ao aborto decorrem diretamente dos significados dos termos da Constituição encontrados nos dicionários, e tendo em vista que também não são excluídos por tais significados, nenhum desses direitos pode estar mais próximo ou mais distante do texto do que os outros[10].

10. Às vezes se diz que o direito ao aborto está mais além do texto da Constituição do que o direito a queimar a bandeira, pois este último decorre diretamente do direito à liberdade de expressão, que é especificamente mencionado no texto, mas que o primeiro decorre do direito intermediário à privacidade, que o texto não menciona. Essa afirmação confunde uma característica extremamente duvidosa da literatura jurídica acadêmica com uma importante distinção na teoria constitucional. Aos juízes e juristas pareceu conveniente atribuir um nome – "direito à

*A intenção original*. A distinção entre direitos enumerados e não enumerados, que tem sido enfatizada por muitos revisionistas, é portanto totalmente inútil para eles. Mas sua proposta mais importante, sobre como interpretar uma Constituição detalhada na linguagem abstrata do documento histórico, é diferente. Dizem que acreditam no "originalismo": que a Constituição significa apenas o que os políticos que originalmente a escreveram pretenderam que significasse. Os juízes que têm de decidir se a Primeira Emenda proíbe que os estados criminalizem a queima de bandeiras, ou se os proíbe de impor a prece nas escolas públicas, por exemplo, deveriam fazer somente a pergunta histórica: os autores setecentistas da Primeira Emenda pretendiam que ela tivesse essas conseqüências? (Os revisionistas freqüentemente usam a palavra "pais" para descrever os autores de uma provisão constitucional, mas tratarei de evitar seu uso.) Se a resposta for não (e os revisionistas acreditam na possibilidade de ser essa a resposta para a maioria dos problemas sérios que surgem no final do século XX), então a Constituição não tem essa força. O efeito do originalismo, sugerem seus defensores, consiste em reduzir expressivamente o alcance dos direitos constitucionais individuais protegidos pelas cláusulas abstratas e em substituir a concepção da Constituição baseada em princípios pela concepção detalhada.

Os juízes conservadores do Supremo Tribunal descobriram que o originalismo é particularmente útil como defesa de seus pontos de vista. Antonin Scalia, o conservador mais radical dentre os atuais membros do Tribunal, escreve freqüentemente como se as intenções dos patrocinadores históricos de

---

privacidade" – para descrever uma etapa argumentativa na derivação de direitos particulares específicos da cláusula de processo legal justo, que é muito abstrata. Isso, porém, não significa que exista um direito vinculatório especial que subsista como uma entidade platônica e ocupe o espaço entre a cláusula de processo legal justo e o direito a usar anticoncepcionais ou a abortar. Poderíamos adotar termos mediadores especiais para serem igualmente usados nos outros dois argumentos, como "direito a protesto simbólico" ou "direito contra a discriminação não racial". O fato de os juristas não o terem feito até hoje dificilmente pode ser visto como um fato profundo da estrutura constitucional.

alguma cláusula específica da Constituição fossem o único guia aceitável para seu significado. E o mais recente membro do tribunal, Clarence Thomas, toma por base a intenção original sempre que pode, ainda que ele próprio, antes de fazer parte do tribunal, tenha ridicularizado o critério de intenção original por considerá-lo espúrio e instado os conservadores a aceitar a Constituição de princípios como um fato inquestionável e a defender as teorias morais conservadoras como o melhor guia para sua correta aplicação[11].

A defesa mais elaborada do método da intenção original foi oferecida por Robert Bork. Reagan o nomeou para o tribunal como um dedicado e inabalável defensor do originalismo, e a nomeação de Bork agitou a opinião pública por esta mesma razão; em geral, porém, suas tentativas de explicá-la e defendê-la nas audiências para sua nomeação não foram consideradas convincentes[12]. No livro que escreveu depois do malogro de sua nomeação, Bork tentou ampliar e melhorar sua defesa. Descreveu o originalismo como algo tão fundamental e evidente por si mesmo que somente os impostores poderiam deixar de aceitá-lo e segui-lo. "Sem dúvida", afirmou, "o juiz é obrigado a aplicar o direito do modo como o quiseram aqueles que o criaram. Este é o ponto de vista corrente sobre a natureza do direito. Enfatizo esse aspecto apenas porque esse ponto de vista de senso comum é veemente, irrestrita e doutamente negado por sofisticados constitucionalistas, em particular por

---

11. Ver Dworkin, "Justice for Clarence Thomas", *The New York Review of Books*, 7 de novembro de 1991.

12. Em uma longa e memorável entrevista à televisão, por exemplo, o senador Arlen Specter, da Pensilvânia, deixou Bork várias vezes constrangido ao enfatizar suas incoerências na aplicação do originalismo a casos particulares, e ao sugerir que, nas mãos de Bork, esse método – que supostamente introduz uma separação entre as convicções pessoais de um juiz e seu raciocínio jurídico – geralmente serviu para recomendar decisões que se ajustavam perfeitamente às preferências políticas de Bork. Em seu livro *Order and Law: Arguing the Reagan Revolution – A Firsthand Account* (Nova York: Simon & Schuster, 1991), Charles Fried, último procurador-geral de Reagan, rejeitou o originalismo por considerá-lo obviamente confuso e inadequado.

aqueles que ensinam essa teoria nas escolas de direito"[13]. Mas, tendo começado de modo tão confiante, a discussão do originalismo de Bork estava tão cheia de ressalvas, exceções e obscuridades que tal teoria não demorou a mostrar-se muito pouco afinada com o senso comum ou evidente por si mesma.

A verdade é que existem grandes dificuldades intelectuais nessa concepção, algumas das quais muito discutidas na literatura jurídica, e devemos saber quais são para que possamos identificar os questionamentos com os quais a defesa de Bork se viu obrigada a defrontar-se. Há, primeiro, a dificuldade de decidir quem foram, de fato, os autores da Constituição. Várias das dez primeiras emendas foram amplamente discutidas e revisadas ao longo de sua redação e adoção no final do século XVIII. O mesmo ocorreu com as emendas adotadas em fins do século XIX. Que intenções devem consultar os juízes atuais – as intenções dos congressistas que debateram e recomendaram as emendas, dos legisladores do estado que as ratificaram, ou do público, a cujos desejos esses políticos estavam supostamente dando forma? O que dizer das centenas de milhares de legisladores nacionais e estaduais, e dos cidadãos comuns, que poderiam ter se envolvido em campanhas para emendar a Constituição, ao longo dos séculos, caso a tivessem entendido de modo diferente? Eles não contam, também? E o que dizer dos juízes do Supremo Tribunal e dos tribunais inferiores, que vêm interpretando a Constituição desde que foi promulgada até os dias de hoje? Uma vez que suas decisões são precedentes, eles também "criaram o direito". Por que as intenções deles não contam?

Suponhamos que, de algum modo, decidimos que essas intenções são válidas. Suponhamos que decidimos, por exemplo (ainda que seja difícil saber por qual motivo), que apenas os patrocinadores legislativos originais de uma cláusula ou emenda constitucional específica contam como seus autores, de modo que somente suas intenções são importantes para se determi-

---

13. Bork, *The Tempting of America*, 5.

nar o que a cláusula significa. O que queremos dizer por suas *intenções*? Para começar, devemos observar uma distinção óbvia que é inexplicavelmente ignorada em muitas discussões sobre o originalismo: a distinção entre o que as pessoas querem dizer e aquilo que pretendem – ou esperam, ou desejam, ou temem – que venha a ser o *resultado* do que disserem. O originalismo é às vezes explicado como a concepção de que a Constituição só diz o que seus autores quiseram dizer. Essa afirmação de senso comum é na verdade muito pouco verdadeira, quando não absolutamente falsa. Mas os originalistas afirmam algo muito diferente e mais controverso: que a Constituição deve ser entendida como significando apenas o que seus autores esperavam que fosse o resultado do fato de haverem escrito o que escreveram. Só essa afirmação poderia, possivelmente, transformar a Constituição, que deixaria de ser a afirmação abstrata de princípios que manifestamente é para se converter no documento concreto e detalhado que os revisionistas preferem.

Todos estão familiarizados com a distinção geral entre o que as pessoas querem dizer e aquilo que pretendem ou esperam que aconteça como resultado de o terem dito. É comum dizer-se "Não se aborreça" quando se prevê que a pessoa com a qual se fala irá ignorar o que foi dito e se aborrecer de fato. A distinção é especialmente importante quando as pessoas dão ordens ou fazem pedidos em uma linguagem que é normalmente entendida como abstrata ou que, de algum outro modo, exige a emissão de um juízo.

Suponhamos que você se ofereça para ir comprar sanduíches para o almoço e que eu lhe peça, na presença de minha esposa, que me compre alguma coisa "saudável". Eu poderia querer dizer aquilo que pareço ter afirmado: que quero um sanduíche que seja, de fato, saudável. Se você acreditar que isso é o que realmente quero dizer, terá que confiar em seu próprio juízo. Não me comprará um sanduíche de carne defumada picante por mais que saiba que adoro esse sanduíche e que, inexplicavelmente, o tenho em conta de um alimento saudável. E eu nem mesmo poderia acusá-lo de ter me entendido mal ou me desobedecido quando o visse chegar sem meu sanduíche preferido, por mais que eu esperasse pelo irrealizável: que você me trouxesse o sanduíche apimentado por considerá-lo saudável. Mas existem outras possibilidades. Suponhamos que, ao fazer meu pedido, dei-lhe uma piscadela, fiz algum gesto ou meneio sem que minha esposa o percebesse, ou sugeri de outra maneira qualquer que você deveria ignorar o sentido literal de minhas palavras. Na verdade, eu teria pretendido pedir-lhe um almoço *não* saudável, pensando sem dúvida na carne defumada com pimenta, e, se você me trouxesse uma fruta e um iogurte, eu poderia com razão acusá-lo de não ter feito o que pedi. Façamos, agora, uma suposição diferente: falo uma língua que parece, mas não é exatamente português, e nessa minha língua existe uma palavra que pronuncio como "saudável", mas que na verdade significa "muito condimentado, gorduroso e salgado". Nesse caso, se você me trouxesse iogurte e fruta, assim o faria por ter me interpretado mal, ainda que talvez inocentemente.

Consideremos, agora, uma última possibilidade. Suponhamos que falo português, que ao dizer "saudável" estou me referindo ao que você entende por esta palavra, que acredito que um sanduíche de carne defumada com pimenta seja, de fato, um alimento saudável e que, ao lhe pedir para me trazer alguma coisa saudável para comer, estava realmente me referindo ao sanduíche de carne defumada com pimenta – estava simplesmente falando em código, em uma linguagem cifrada. Tudo isso é possível, mas seria muito estranho, e é difícil imaginar que indícios você poderia ter tido para imaginar que assim fosse. Por que não pedi, simplesmente, um sanduíche de carne defumada com pimenta? Ou por que não pedi, explicitamente (caso não houvesse tal sanduíche), um outro que você sabia que considero saudável, concordasse ou não com meu conceito de alimento saudável? Se sou, de fato, um falante competente da língua portuguesa, por que a usei tão mal ao tentar dizer o que pretendia dizer?

No final do século XVIII, os autores da Oitava Emenda (do modo como os definimos) declararam que as "punições cruéis e incomuns" são inconstitucionais. O que eles pretendiam dizer? Podemos identificar as mesmas quatro possibilidades.

Primeiro, queriam dizer o que as palavras sugerem naturalmente: qualquer punição cruel e incomum é inconstitucional. Segundo, estavam na verdade fingindo: eram sádicos, e o que queriam mesmo era uma crueldade maior nas punições. Terceiro, apesar de muito semelhante ao inglês atual, a língua em que se expressavam era na verdade diferente, pois na época a palavra *cruel* (cruel) significava o que hoje é expresso por *costly* (caro); o que realmente queriam dizer era que as punições *caras* e incomuns eram inconstitucionais. Quarto, queriam dizer que as punições que eles (ou a maioria das pessoas) então consideravam cruéis e incomuns eram inconstitucionais.

Qual dessas possibilidades descreve corretamente o que aqueles políticos federais queriam dizer quando votaram favoravelmente à Oitava Emenda? Isso depende, sem dúvida, de fatos históricos, mas não cabe dúvida alguma a propósito de qual descrição é a mais exata, tanto no caso da Oitava Emenda quanto no de qualquer das outras emendas introduzidas na Declaração de Direitos e Garantias. Não existe nenhum indício de que os políticos que converteram essas emendas em lei fossem tão fraudulentos ou lingüisticamente incompetentes, ou falassem uma língua tão diferente do inglês contemporâneo, que qualquer das três últimas possibilidades possa ser plausível. Se tivessem querido sancionar suas próprias convicções sobre as punições cruéis e incomuns – ou sobre a liberdade de expressão ou o processo legal justo – poderiam encontrar, e teriam encontrado, uma linguagem adequada a essa finalidade.

Sem dúvida, muitos desses políticos do século XVIII divergem seriamente das idéias contemporâneas sobre quais punições são cruéis ou sobre a natureza do processo legal justo. Por exemplo, a maioria deles não achava que o açoite público fosse cruel; na época, esses espetáculos horríveis eram na verdade bastante comuns. Mas *isso* não é um indício de que tenham pretendido dizer que somente os castigos que eles consideravam cruéis e incomuns eram inconstitucionais, assim como eu acreditar que um sanduíche de carne defumada com pimenta é saudável não prova que eu quis pedir um sanduíche desse tipo ao dizer que queria um sanduíche saudável para o almoço.

Só podemos pressupor que os autores da Constituição queriam dizer o que realmente disseram.

Além do mais, dispomos de indícios muito fortes que comprovam esse pressuposto. O mais forte de todos é que os autores optaram por usar uma linguagem abstrata. Também deixaram claro, de várias outras maneiras, que queriam que os representantes públicos que viessem a interpretar a Constituição desconsiderassem suas próprias opiniões sobre os efeitos que ela teria em casos específicos; os que participaram da Convenção Constitucional de Filadélfia mandaram queimar todos os papéis que usaram durante os trabalhos, pois não queriam que os detalhes de suas opiniões fossem dados a conhecer.

Como afirmei, o originalismo não seria nem controverso nem importante se apenas levasse os juízes a interpretar a Constituição de acordo com o que seus autores queriam dizer. Os juízes ainda teriam de decidir o que os princípios abstratos que os autores queriam claramente estabelecer significavam nos casos controversos. O originalismo parece ser uma tese útil e importante porque diz aos juízes que fiquem atentos não ao que os autores da Constituição queriam *dizer*, mas aos objetivos que esses autores pretendiam *alcançar* ao dizer o que disseram. A um segundo exame, porém, isso é também totalmente inútil, pois admite como verdadeiro algo que precisaria ser provado: *quais*, dentre as intenções dos autores, os juízes deveriam considerar decisivas.

Suponhamos que minha mãe, falecida já há alguns anos, me tenha dito quando eu era jovem que nunca fosse desonesto em meus negócios, e que estou ansioso por seguir seus ensinamentos. Suponhamos que eu saiba que ela própria, ao fazer seus próprios negócios, tenha levado os pequenos concorrentes à falência ao reduzir deliberadamente seus preços e aumentálos assim que eles se viram arruinados, uma prática que, em sua época, era comum e tida como correta. Suponhamos que, como a maioria das pessoas de hoje, eu considere essa prática desonesta. Que farei? De que me serviria que alguém me dissesse para seguir à risca as intenções de minha mãe no que diz respeito ao que ela realmente me disse para fazer? Ela tinha pelo menos *duas* convicções importantes: a primeira era o desejo de que seu filho não fizesse nada realmente incorreto na condução de seus negócios; a segunda era sua crença em que arruinar os concorrentes ao reduzir temporariamente os preços abaixo do custo não configurava uma prática desonesta. Agora percebo que não posso, ao mesmo tempo, satisfazer o desejo e aceitar a crença, o que me impede de tomar uma decisão simplesmente resolvendo que vou seguir as convicções de minha mãe. Preciso decidir qual delas – a mais abstrata ou a mais detalhada – é a que devo seguir.

Não se trata, aqui, de descobrir quais eram suas "verdadeiras" intenções, uma vez que ambas são genuínas. Também não se trata de descobrir qual teria sido mais importante para ela – qual, como alguém poderia dizer, ela teria abandonado primeiro. Suas concepções morais não eram preferências distintas que pudessem entrar em conflito, como querer ao mesmo tempo um carro novo e férias de verão. Suas concepções morais eram interdependentes: ela não se oporia a que eu rebaixasse os preços em relação aos de meus concorrentes apenas por não considerar essa prática desonesta; se estivesse convencida de que assim o era – como poderia ter concluído se tivesse vivido tempo suficiente para deparar com um clima diferente no mundo dos negócios –, não mais desejaria ou esperaria que eu agisse desse modo. Portanto, devo escolher entre dois sentidos relativos a fazer o que ela queria que eu fizesse. Posso obedecer a seu desejo abstrato, o que necessariamente significa decidir por mim mesmo se reduzir os preços tendo em vista a ruína de meus concorrentes é desonesto, porque não existe nenhuma outra maneira em que eu *possa* obedecer a seu desejo abstrato. Ou posso acatar sua crença concreta e confiar em sua opinião obsoleta. Parece não haver dúvida sobre qual respeitaria mais sua autoridade e seus desejos: devo respeitar seu desejo geral de que eu não aja com desonestidade. Seria enganoso dizer que ela pretendia "delegar-me" a decisão sobre o que é desonesto. Isso confunde as coisas: sua intenção pode ser claramente descrita como a intenção de que eu faça o que é realmente certo, e não o que penso ser o certo, ainda que, sem dúvida, eu só possa concretizar sua intenção ao agir de acordo com minhas próprias convicções.

Da mesma maneira, devemos admitir que as intenções dos autores da Constituição eram honradas, e não cínicas. Eles pretendiam comprometer a nação com princípios abstratos de moral política sobre a liberdade de expressão, o processo legal justo, a punição apropriada e a igualdade. Eles próprios tinham diferentes opiniões concretas e detalhadas sobre a correta aplicação desses princípios abstratos a questões específicas. Os juízes atuais podem pensar que os autores da Constituição estavam equivocados em algumas dessas opiniões concretas e que não chegaram a conclusões corretas sobre o efeito de seus próprios princípios. Os juízes atuais podem acreditar, em outras palavras, que as convicções abstratas e concretas dos autores estavam em conflito; se assim for, devem decidir por si mesmos qual delas devem seguir. De maneira bem clara, o conselho do originalismo – siga as convicções dos "pais" da Constituição – em nada nos ajuda a tomar essa decisão[14].

---

14. Aproveito esta nota para fazer uma possível réplica. Vamos supor que estejamos convencidos de que, se os autores da Constituição tivessem alguma vez imaginado que outras pessoas algum dia poderiam pensar, por exemplo, que a pena de morte era inconstitucional, ou que a proibição do aborto era uma negação do processo legal justo, teriam se empenhado ao máximo em assegurar que essa opinião – profundamente errada em seu ponto de vista – não viesse nunca a lançar raízes, dizendo que, não obstante a linguagem geral, o governo tinha permissão de impor a pena de morte e proibir o aborto. Poderíamos dizer: os autores só não o estipularam expressamente nesses termos porque não podiam imaginar que alguém defendesse pontos de vista tão equivocados, e porque interpretar a Constituição como proibindo a pena de morte ou assegurando o direito ao aborto é praticamente o mesmo que tirar proveito de um acidente histórico. O argumento, porém, é fraco, em parte porque a hipótese contrafactual sobre o que os autores teriam pensado se lhes tivesse ocorrido a possibilidade de que a pena morte fosse declarada ilegal é incompleta. O que mais devemos imaginar sobre a conversação hipotética na qual se pressupõe que eles examinam uma possibilidade que na verdade nunca lhes ocorreu? Não deveríamos também imaginar que tiveram acesso a experiências e argumentos que hoje estão ao nosso alcance, mas aos quais eles não tiveram acesso? Afinal, a razão de tal possibilidade nunca lhes ter ocorrido reside exatamente no fato de eles não terem tido essas experiências, conhecido esses argumentos ou vivido em um universo cultural como o nosso. Contudo, se também devemos aventar essas hipóteses, para atribuir sentido e pertinência ao contrafactual, como podemos especular sobre o que eles teriam então decidido sem deixar claro, primeiramente, sobre o que teria sido correto tomar uma decisão? Esta sugestão, portanto, também se mostra inútil.

Em resumo, os que fizeram a Constituição tinham intenções abstratas e convicções mais detalhadas. Tentaram uma grande aventura constitucional: que os Estados Unidos fossem governados de acordo com o correto entendimento do que a verdadeira liberdade requer e do modo pelo qual o governo demonstra igual consideração por todos os seus cidadãos. Tinham seu próprio modo de entender as implicações concretas desses ideais abstratos. O originalismo argumenta que os juízes devem dedicar-se mais às convicções mais concretas dos autores do que a seus ideais mais abstratos. Não apresenta nenhum argumento de peso para tal escolha. Contudo, mesmo que a aceitemos, iremos deparar com outro problema fatal. Mesmo as convicções mais concretas podem ser afirmadas em diferentes níveis de abstração ou concretude, e o originalismo será inútil a menos que possa estipular que nível deve ser escolhido e mostrar por que sua estipulação não é arbitrária.

O problema persistente da injustiça racial oferece o melhor exemplo da enorme dificuldade com a qual os originalistas deparam ao responderem a esse desafio. Em 1954, quando da sentença *Brown*, o Supremo Tribunal sustentou que a cláusula de igual proteção da Décima Quarta Emenda proíbe que os estados pratiquem a segregação racial nas escolas públicas. Mais recentemente, o tribunal decidiu que a mesma cláusula proíbe certos tipos de programas de ação afirmativa: em 1989 sustentou, como vimos, que o fato de a cidade de Richmond ter reservado 30% dos contratos de construção do governo para firmas pertencentes a membros de grupos minoritários constituía uma violação da cláusula. Em outros casos, o tribunal decidiu que, em princípio, a cláusula também protege as mulheres contra a discriminação por sexo[15]. Recusou-se, porém, a estender a proteção da cláusula aos homossexuais; em 1986, no caso *Bowers* que mencionei, sustentou a constitucionalidade da lei anti-sodomia do estado da Geórgia, apesar do argumento dos grupos homossexuais de que a lei os discriminava com base em sua orientação sexual.

15. Ver nota 6.

Esses diferentes casos terão sido corretamente decididos? Tentaremos responder a essa pergunta do modo como o originalismo recomenda. Testamos as decisões em contraposição ao pressuposto de que os casos na esfera da cláusula de igual proteção devem ser decididos do modo como os congressistas que adotaram a Décima Quarta Emenda depois da guerra civil teriam esperado ou desejado. Para isso, consultamos os grandes historiadores da Reconstrução; lemos tudo que pudemos encontrar em forma de debates, registros escritos e relatórios do Congresso; vasculhamos os arquivos públicos, os diários privados e os cadernos de notas e chegamos à conclusão apresentada a seguir.

Os autores da cláusula de igual proteção acreditavam, como questão de princípio político abstrato, que as pessoas deveriam ser iguais aos olhos do direito e do Estado. Estavam convencidos de que certas formas específicas de discriminação oficial contra cidadãos negros recém-libertados eram moralmente condenáveis por essa razão, e adotaram a emenda basicamente para impedir que certos estados discriminassem os negros desse modo. Concordavam, por exemplo, que seria moralmente condenável que um estado criasse certos recursos jurídicos especiais para a infração contratual e colocasse esses recursos ao alcance dos demandantes brancos, mas não dos negros. Deram por assentado que a cláusula de igual proteção proibiria essa forma de discriminação.

Também compartilhavam certas opiniões sobre quais formas de discriminação oficial não eram condenáveis e não seriam proibidas pela cláusula. Compartilhavam, por exemplo, o ponto de vista de que a segregação racial nas escolas públicas não violava tal cláusula. (Na verdade, como afirmei, muitos deles votaram a favor da segregação nas escolas do distrito de Colúmbia.) Nenhum considerou nem mesmo a possibilidade de que as instituições estaduais viessem algum dia a adotar, dentro do programa de ação afirmativa, cotas raciais destinadas a reparar os danos da segregação passada. Portanto, nenhum deles tinha opinião alguma sobre a possibilidade de tais cotas violarem ou não a cláusula.

Alguns achavam que as mulheres eram tratadas de modo injusto pelas leis que as discriminavam em favor dos homens, mas a maioria não pensava assim e admitiu que as distinções baseadas no sexo, muito comuns na época, não eram anuladas pela cláusula. A maioria pensava que os atos homossexuais eram profundamente imorais, e teria se mostrado desconcertada diante de qualquer sugestão de que as proibições incidindo sobre tais atos constituíam uma forma injustificada de discriminação.

À luz dessas opiniões sustentadas pelos autores da cláusula de igual proteção, o que significa atualmente essa cláusula? Esta pergunta pode ser respondida de quatro modos diferentes.

1. A cláusula tem o efeito de condenar todos os casos de discriminação, e apenas estes, que os autores esperavam, coletivamente, que condenasse. Proíbe a discriminação contra os negros, que consiste em negar-lhes recursos judiciais comuns para infrações contratuais, mas não proíbe a segregação racial nas escolas, ou as cotas dos programas de ação afirmativa que colocam os brancos em desvantagem, nem a discriminação contra as mulheres ou os homossexuais.

2. A cláusula proíbe qualquer discriminação significativa contra os negros. Os juízes devem decidir por si próprios se a segregação nas escolas é uma forma significativa de discriminação. Contudo, uma vez que a cláusula estabelece apenas igualdade para os negros, os juízes não podem usá-la para anular as cotas estabelecidas pela ação afirmativa ou as leis que discriminam as mulheres e os homossexuais.

3. A cláusula proíbe qualquer discriminação racial significativa. Ainda que seus autores nunca tenham imaginado a possibilidade dos programas de ação afirmativa, a cláusula que redigiram pode proibi-los. Os juízes devem decidir por si próprios se ela assim o faz, e devem, portanto, decidir se tais programas representam graves violações da igualdade. Mas não podem ampliar o alcance da cláusula, levando-a a proteger as mulheres e os homossexuais, o que significaria estendê-la como abrangendo questões de gênero e de orientação sexual, e não apenas a igualdade racial.

4. A cláusula estabelece um princípio geral de igualdade que afirma a igualdade de todos os cidadãos norte-americanos

enquanto tais. Desse modo, se acreditarmos que a segregação escolar, os sistemas de cotas das ações afirmativas e as leis que colocam pessoas em situação desfavorável por razões de sexo ou de orientação sexual constituem violações da igualdade de cidadania, porque cada uma delas deixa de tratar alguns grupos de cidadãos com igual consideração, então a cláusula de igual proteção condena-as a todas, a despeito do que seus autores possam ter pensado ou tiverem aprovado.

Não podemos escolher entre essas quatro "leituras" da Décima Quarta Emenda simplesmente dizendo a nós mesmos que devemos ser fiéis às convicções ou crenças dos próprios autores. As quatro leituras não representam diferentes teorias sobre quais eram as concepções dos autores, mas sim diferentes maneiras de estruturar as mesmas concepções, com conseqüências muito diversas. Como escolher entre elas?

A primeira leitura é reducionista. Pressupõe que respeitamos a autoridade dos autores da Constituição quando decidimos as questões do modo como acreditamos que eles o fariam se, por algum milagre, tivessem vivido até os nossos dias e, mais que isso, não tivessem alterado nenhum de seus pontos de vista sobre política ou moral. Essa tese reducionista implica que a importante sentença do Supremo Tribunal no caso *Brown* foi um erro cabal, pois sabemos que os autores da cláusula de igual proteção não acreditavam que ela proscrevia a segregação racial explícita nas escolas públicas. A primeira leitura implicaria que estavam erradas as decisões sobre os programas de ação afirmativa e a discriminação por sexo por mim mencionadas, assim como muitas das outras famosas decisões do Supremo Tribunal. De fato, grande parte do que é simplesmente dado por certo no direito constitucional contemporâneo – por exemplo, que a Oitava Emenda proíbe o açoite público – seria um erro evidente.

O Supremo Tribunal nunca levou a sério a concepção reducionista. A Declaração de Direitos e Garantias não teria sobrevivido se o tivesse feito, a não ser como um antiquado exemplo de algo que merece ser lembrado mas não tem conseqüências práticas. Nenhum teórico constitucional sério – nem mesmo Bork e Scalia, que se dizem originalistas devotos – assume essa posição. (Scalia duvida que algum juiz aceitasse a constitucionalidade do açoite público, embora admita que tal prática seria exigida por um reducionismo estrito.)[16] Contudo, o argumento mais poderoso contra a leitura reducionista é a aceitação quase universal da sentença *Brown*, que proíbe a segregação racial nas escolas públicas. O próprio Bork reconhece que nenhum método constitucional seria aceitável se tornasse essa decisão impossível.

Portanto, deixemos de lado essa leitura reducionista tão pouco apreciada e defendida. Cada uma das três leituras restantes admite – na verdade, insiste – que os juízes devem praticar seu próprio juízo político sobre a igualdade. Dois juízes que admitam a mesma leitura podem, ainda assim, chegar a conclusões muito diferentes sobre o que a cláusula proíbe, se tiverem opiniões morais ou políticas diferentes sobre o que se deve considerar como discriminação significativa e injustificável. Mas as três interpretações são progressivamente mais abstratas e progressivamente atribuem aos juízes mais e mais responsabilidade pelos juízos que emitem. Se alguém aceita o originalismo, mas rejeita a primeira leitura – a versão reducionista – do que significa a cláusula de igual proteção, poderá não aceitar a quarta leitura, que é a mais abstrata?

Podemos agora voltar à tentativa de defesa que Bork faz do originalismo. Ele discute as decisões do Supremo Tribunal sobre problemas raciais e o significado da cláusula de igual proteção em vários momentos de seu livro, estabelecendo praticamente essas mesmas distinções entre os diferentes níveis de abstração nos quais se pode interpretar a cláusula. Mas vacila quando se trata de afirmar qual nível é recomendado pelo originalismo. Rejeita a primeira leitura reducionista. Em alguns momentos, parece aceitar a terceira leitura; em outros, a segunda. Nunca aceita a quarta, pois em seu ponto de vista a Constituição não concede proteção aos homossexuais. Mas sua ex-

---

16. Ver Antonin Scalia, "Originalism, the Lesser Evil", 57 *Cincinnati Law Review* 849, 861 (1989).

plicação do porquê de rejeitar a primeira leitura não oferece razão alguma para não aceitar a quarta; ao contrário, parece forçar sua aceitação.

Quando explica por que a sentença *Brown* era a correta, por exemplo, diz que as pessoas que chama de "ratificadores" da cláusula de igual proteção pretendiam estabelecer um princípio de igualdade e que estavam simplesmente erradas ao imaginar que a igualdade não condenaria a segregação racial. Desse modo, os ratificadores tinham pontos de vista incoerentes, e os juízes devem optar pelo mais abstrato destes – o *princípio* que promulgaram – e não pelas concepções específicas dos ratificadores em relação ao que era exigido por tal princípio. Não importa o que os ratificadores pensaram sobre a questão específica da segregação nas escolas, diz Bork, nem se divergiram ou não entre si, pois um juiz deve ocupar-se de um princípio, não de intenções específicas.

> Em resumo, tudo que um juiz comprometido com a interpretação original exige é que o texto, a estrutura e a história da Constituição lhe ofereçam não uma conclusão, mas uma premissa maior. Essa premissa é um princípio, ou um valor estabelecido que os ratificadores queriam proteger contra uma legislação hostil ou uma ação do executivo. O juiz deve então verificar se esse princípio ou valor está ameaçado pela lei ou ação contestada que tem à sua frente. A resposta a essa pergunta estabelece sua premissa menor, e desta se segue a conclusão. Não se segue sem dificuldade, e dois juízes igualmente dedicados ao propósito original podem divergir a propósito do alcance ou da aplicação do princípio em questão, chegando, assim, a resultados diferentes, mas isso de modo algum distingue essa tarefa das dificuldades que decorrem da aplicação de qualquer outro texto jurídico[17].

Esta surpreendente passagem poderia ter sido escrita por praticamente qualquer das pessoas que Bork considera como seus desafetos intelectuais, uma vez que sua análise nos permite concluir o seguinte: a Constituição promulga princípios abs-

17. Bork, *The Tempting of America*, 162-3.

tratos que os juízes devem interpretar da melhor maneira possível, de acordo com seu próprio saber. Bork afirma que o princípio que os juízes aplicam deve ser aquele que "os ratificadores queriam", mas, uma vez que abandone a interpretação reducionista daquilo que eles queriam, e uma vez que aceite que o princípio que eles queriam ver aplicado poderia ter condenado suas próprias concepções específicas (como no caso da segregação), não lhe restará nenhum ponto de apoio no qual possa firmar uma opinião sobre o que eles queriam, a não ser a linguagem extremamente abstrata que empregaram.

Se não importa que os autores da Décima Quarta Emenda e seu público vissem a segregação como uma prática constitucional, onde estaria, então, a importância de saber se consideravam constitucionais as cotas estabelecidas pelos programas de ação afirmativa? E, se sabemos que pretendiam promulgar um princípio geral de igualdade, por que deveria importar que ainda lhes faltasse sensibilidade ou experiência para perceber que as mulheres, assim como os negros, podiam ser vítimas de práticas discriminatórias e não igualitárias? Por que não deveríamos dizer que, assim como eles estavam errados ao pensar que a segregação escolar não era uma violação da igualdade racial, também erraram ao pensar (se é que o fizeram) que a questão racial era o único motivo de discriminação injusta na sociedade norte-americana? E, se dermos esse passo, como poderemos resistir à conclusão subseqüente de que a "premissa maior" de princípio por eles adotada – a de que os estados não devem ser culpados de preconceito ou discriminação – também se aplica ao preconceito contra os homossexuais, seja o que for que eles tenham pensado sobre essa questão?

Bork não acredita que a cláusula de igual proteção se aplique à discriminação por sexo ou à discriminação contra os homossexuais. Mas deve pensar assim porque, embora esteja pessoalmente convencido de que a segregação racial é um exemplo de discriminação injustificada, não acredita que as leis que discriminam as mulheres ou os homossexuais sejam tão gravemente injustas. Pois uma vez que abandone a estratégia reducionista que restringe a força da cláusula de igual proteção às convicções específicas de seu autor, não dispõe de nenhum outro meio para verificar a abstração da linguagem. Encontra-se numa espécie de queda livre na qual o originalismo pode significar qualquer coisa, e a única avaliação do juízo que emite é seu próprio instinto político.

Em que ponto nos encontramos agora? A interpretação mais natural da Declaração de Direitos e Garantias parece dar aos juízes um poder assustador, e é compreensível que os constitucionalistas, em especial aqueles contrariados pelas decisões passadas do Supremo Tribunal, tentem atenuar a Declaração, substituindo um sistema de princípios por aquilo que chamei de coleção de selos. Mas esses esforços fracassam, e estão condenados a fracassar, pois o texto e a história da Declaração não aceitarão essa mudança. Além do mais, os esforços revisionistas estão condenados ao fracasso de um modo paradoxal e desastroso. As idéias nas quais se baseiam – que há uma distinção entre direitos constitucionais "enumerados" e "não enumerados" e que as intenções de um grupo de autores originais podem definir uma interpretação constitucional concreta – são espúrias. Os juízes que parecem tomar por base essas idéias devem, na verdade, estar decidindo em bases muito diferentes e ocultas. O empenho em limitar o poder judicial termina por conceder aos juízes o poder não disciplinado da arbitrariedade. A idéia de que a Constituição não pode significar o que diz termina na indesejável conclusão de que não significa absolutamente nada.

A cáustica opinião individual de Scalia no caso *Casey*, denunciando a maioria por reafirmar a sentença *Roe contra Wade*, ilustra esse ponto. Ao explicar por que a Constituição não garante o direito ao aborto, ele apelou a ambos os artifícios revisionistas que até aqui examinamos. Esse direito não existe, afirmou Scalia, "em decorrência de dois fatos muito simples: (1) a Constituição não diz absolutamente nada sobre ele, e (2) as venerandas tradições da sociedade norte-americana permitiram que fosse legalmente proscrito"[18].

---

18. *Casey*, opinião coincidente e dissidente do juiz Scalia, 2874.

A afirmação taxativa de Scalia de que a Constituição nada diz sobre o aborto certamente incorre em petição de princípio. A Décima Quarta Emenda não proíbe explicitamente que os estados cerceiem a liberdade sem o processo legal justo, e a questão que se coloca é se as leis que proíbem o aborto fazem exatamente isso. Se o fazem, como alegou a maioria na decisão *Casey*, a Constituição realmente diz algo sobre o aborto: proíbe que os estados o proíbam. Toda a argumentação de Scalia depende, portanto, de sua afirmação de que, como a maioria dos estados proscreveu o aborto antes que a Décima Quarta Emenda fosse adotada, seria errado interpretar a cláusula de processo legal justamente como se esta lhes negasse o poder de fazê-lo agora. Mas Scalia, que aceita a sentença *Brown*, sabe que a educação segregada era muito difundida quando a Décima Quarta Emenda foi adotada e aparentemente aprovada pela maioria dos políticos que a adotaram. Como ele pode estabelecer uma distinção entre essas duas práticas históricas? Ele insiste em que as classificações raciais são diferentes das proibições do aborto porque as primeiras "são contestadas por um *texto*"– a cláusula de igual proteção. Contudo, o texto dessa cláusula não condena explicitamente as instalações públicas separadas para raças diferentes ou a segregação racial nas escolas, ambas as quais já existiam, em termos gerais, quando da adoção da cláusula. Nada, na opinião de Scalia, explica por que ele não trata as práticas racialmente discriminatórias que floresciam quando a Décima Quarta Emenda foi adotada como se determinassem o conteúdo dessa emenda, em vez de serem condenadas por este, ou porque ele assume um ponto de vista diferente em relação às práticas que tornaram o aborto ilegal.

### *Integridade constitucional*

O originalismo não pode nos salvar do poder judicial; ao contrário, suas distinções arbitrárias intensificam esse poder. Que fazer? Primeiro, o público pode e deve recusar-se a continuar aceitando argumentos espúrios sobre a intenção original e os direitos não enumerados. Podemos esperar pelo dia em que um juiz se sentiria tão constrangido em recorrer a esses conceitos quanto se sentiria um cientista que tivesse de apelar ao flogisto, aos humores corporais ou aos fantasmas. Mais importante ainda, podemos começar a levar nossa Constituição real a sério, como já o fizeram as muitas nações que atualmente desejam nos imitar. A Constituição insiste em que, coletivamente, nossos juízes dêem o melhor de si para elaborar, reinspecionar e revisar, ao longo das sucessivas gerações, a estrutura de liberdade e igual consideração que é exigida por suas grandes cláusulas em sua majestosa abstração. Devemos abandonar a busca inútil por restrições mecânicas ou semânticas e procurar restrições genuínas no único lugar onde podem ser encontradas: na boa argumentação.

Devemos aceitar que juristas honestos, juízes e estudiosos do direito irão divergir inevitavelmente, quando não profundamente, sobre aquilo que a igual consideração exige para todos os cidadãos, sobre quais direitos são fundamentais para a liberdade, e quais são apenas secundários, e sobre dezenas de outras questões morais de irredutível caráter constitucional. Devemos reconhecer, no processo político de nomear e confirmar os juízes federais, o que já é evidente para todos os que sabem ver: que os adjudicadores constitucionais não podem ser neutros em relação a essas grandes questões e que o Senado deve recusar-se a confirmar as nomeações daqueles cujas convicções se mostrem demasiado idiossincráticas, ou que se recusem a dar a conhecer, honestamente, quais são as suas convicções. Hoje, a maioria das pessoas concorda que a segunda fase das audiências de confirmação do juiz Thomas, em 1991, foi uma encenação de mau gosto; a primeira fase, porém, foi intelectualmente desastrosa, pois tanto o candidato quanto os senadores conspiraram para fingir que a filosofia não tinha nada a ver com o ato de julgar e que se deveria permitir que o nomeado se esquivasse às perguntas ao afirmar que, como juiz, abriria mão de suas convicções passadas do mesmo modo que um corredor muda de roupa[19].

O processo de nomeação e confirmação é uma parte importante do sistema de verificações por meio do qual a Consti-

19. Dworkin, "Justice for Clarence Thomas".

tuição disciplina o vasto poder que concede aos juízes. Teoricamente, ao menos, também o é o poder que o povo tem de emendar a Constituição quando acreditar que as decisões do tribunal são intoleráveis, ou de impedir determinados juízes. Mas essas medidas extremas são impraticáveis, e os mecanismos principais para disciplinar os juízes são mais intelectuais do que políticos ou jurídicos.

A comunidade norte-americana como um todo, e não apenas seus juristas e professores, deve insistir no alto nível intelectual de seus juízes. Devemos insistir em que apresentem os melhores argumentos possíveis e, em seguida, perguntar a nós mesmos se seus argumentos são suficientemente bons. Sem dúvida, não existe nenhuma fórmula capaz de assegurar que os juízes não se deixem influenciar por um mau argumento nos casos difíceis ou inusitados, nos casos constitucionais mais complexos, ou mesmo nos casos mais simples. Nenhuma fórmula poderá proteger-nos de decisões judiciais tão ruins como aquela a que se chegou no caso *Lochner contra Bowers*. O mau cheiro dessas decisões não decorre de nenhuma falha dos juízes em obedecer a alguma regra do ato de julgar, de nenhum vício mecânico. Depois de quase um século em que o caso *Lochner* tem sido visto como paradigma de uma decisão judicial inepta, ninguém chegou, de fato, a um modo mecânico e seguro de verificar que tenha falhado.

O vício das más decisões são as argumentações e as convicções equivocadas; tudo que podemos fazer a respeito dessas más decisões é mostrar como e onde os argumentos eram ruins ou as convicções inaceitáveis. Também devemos evitar a armadilha em que têm caído tantos professores de direito: a opinião falaciosa de que, como não existe nenhuma fórmula mecânica para distinguir as boas decisões das más, e como os juristas e juízes irão por certo divergir em um caso complexo ou difícil, nenhum argumento é melhor do que outro, e o raciocínio jurídico é uma perda de tempo[20]. Devemos insistir, em vez disso,

20. Dworkin, "Pragmatism, Right Answers, and True Banality", em *Pragmatism and Society*, orgs. Michael Brint e William Weaver (Boulder, Col.: Westview Press, 1991).

em um princípio geral de genuíno poder: a idéia, inerente ao conceito de direito em si, de que quaisquer que sejam seus pontos de vista sobre a justiça e a eqüidade, os juízes também devem aceitar uma restrição independente e superior, que decorre da *integridade*, nas decisões que tomam[21].

A integridade no direito tem várias dimensões. Em primeiro lugar, insiste em que a decisão judicial deve ser uma questão de princípio, não de conciliação, estratégia ou acordo político. Essa aparente banalidade é freqüentemente ignorada: a posição atual do Supremo Tribunal sobre a questão politicamente delicada da ação afirmativa, por exemplo, não pode ser justificada a partir de nenhum conjunto coerente de princípios, ainda que extremamente conservadores[22]. Em segundo lugar, como os juízes O'Connor, Kennedy e Souter enfatizaram em seu parecer sobre o caso *Casey*, a integridade se afirma verticalmente: ao afirmar que uma determinada liberdade é fundamental, o juiz deve mostrar que sua afirmação é compatível com princípios embutidos em precedentes do Supremo Tribunal e com as estruturas principais de nossa disposição constitucional. Em terceiro lugar, a integridade se afirma horizontalmente: um juiz que adota um princípio em um caso deve atribuir-lhe importância integral nos outros casos que decide ou endossa, mesmo em esferas do direito aparentemente não análogas.

Sem dúvida, nem mesmo a mais escrupulosa atenção à integridade, por parte de todos os juízes de todos os tribunais, irá produzir sentenças judiciais uniformes, assegurar decisões que você aprove ou protegê-lo daquelas que odeia. Nada poderá fazer tal coisa. O ponto central da integridade é o princípio,

---

21. Aprofundo consideravelmente a discussão da integridade em *Law's Empire*.

22. Explico o porquê em um artigo, "The Reagan Revolution and the Supreme Court", em *The New York Review of Books*, 18 de julho de 1991. Ver também minha troca de cartas com Charles Fried no mesmo periódico, 15 de agosto de 1991. Sem dúvida, daí não se segue que os programas de ação afirmativa vetados pelo Supremo Tribunal eram criteriosos ou que realmente teriam melhorado a situação das minorias na sociedade norte-americana. É uma questão diferente daquela que diz respeito a se eram constitucionais, ou se falta integridade às decisões do Tribunal nos casos de ação afirmativa.

não a uniformidade: somos governados não por uma lista *ad hoc* de regras detalhadas, mas sim por um ideal, razão pela qual a controvérsia se encontra no cerne de nossa história. Não obstante, a disciplina da integridade é formidável. No capítulo seguinte iremos testar sua força, pois nele retomaremos o problema constitucional mais polêmico de nossos dias.

# 6. *O aborto no Supremo Tribunal: Segunda parte*

No capítulo 4, afirmei que a questão constitucional difícil no caso *Roe contra Wade* não era se a Constituição permite que os estados tratem o feto como uma pessoa com direitos constitucionais. É evidente que tal permissão não lhes é concedida. Coloquei outras duas questões, estas bem mais difíceis, que nossa reformulação do argumento moral sobre o aborto nos ajuda a identificar como as questões centrais do debate constitucional. Em primeiro lugar, as mulheres têm um direito constitucional de autonomia procriadora – o direito de controlar seu próprio papel na procriação, a menos que os estados tenham uma razão inexorável para negar-lhes esse controle? Em segundo lugar, os estados têm essa razão inexorável não porque o feto seja uma pessoa, mas devido a uma responsabilidade independente de proteger a santidade da vida humana, considerada como um valor intrínseco?

Em sua maioria, os juristas que consideraram um erro a decisão *Roe contra Wade* dirigiram seus argumentos para a primeira dessas questões. Dizem eles que as mulheres não têm direito constitucionalmente protegido à autonomia procriadora porque o texto não menciona esse direito e porque nenhum dos "pais" da Constituição pretendeu que as mulheres o tivessem. Tentei demonstrar que essas objeções são mal colocadas, pois os dispositivos constitucionais que impõem a liberdade e a igualdade são abstratos. A questão jurídica principal consiste em saber se a melhor interpretação desses dispositivos abstratos, a respeito das exigências de integridade por mim descritas, sustenta esse direito de autonomia procriadora. Se assim for, então no sentido pertinente a Constituição *realmente* "menciona" tal direito, e os que a criaram *realmente* "pretenderam" incluí-lo no texto constitucional.

A segunda questão é também uma questão de interpretação. Nos termos da melhor interpretação dos dispositivos abstratos da Declaração de Direitos e Garantias, terá o governo o poder independente de proteger valores intrínsecos, assim como o poder derivativo de proteger determinadas pessoas? Alguns acreditam que o governo não deveria de modo algum ter esse direito independente, e que só pode agir legitimamente para proteger os direitos ou os interesses de pessoas ou criaturas específicas, e não valores intrínsecos, os quais deve deixar a cargo da consciência individual. (Ao que tudo indica, era essa a posição de John Stuart Mill.) Mas essa concepção limitada dos poderes que a Constituição dos Estados Unidos concede ao governo é excluída pelas limitações da integridade, uma vez que grande parte da prática política norte-americana pressupõe o contrário.

Nem as conquistas culturais, nem as espécies animais, nem os futuros seres humanos são criaturas dotadas de direitos e interesses. Mas ninguém duvida que o governo possa tratar a arte e a cultura como se tivessem valor intrínseco, ou que possa agir de modo a proteger o meio ambiente, as espécies ameaçadas de extinção e a qualidade de vida das futuras gerações. O governo pode, legitimamente, arrecadar impostos que serão usados na manutenção dos museus, por exemplo; pode proibir que as pessoas destruam seus próprios edifícios sempre que achar que estes têm valor arquitetônico histórico; pode proibir práticas industriais que ameacem espécies em risco de extinção ou prejudiquem as futuras gerações. Por que o governo não deveria ter o poder de impor uma convicção muito mais radical – a de que o aborto é uma profanação do valor inerente que se atribui a toda vida humana?

Não é verdade que a decisão individual de uma mulher de fazer um aborto só afete a ela mesma (ou só a ela mesma e ao pai do feto), pois é inevitável que as decisões individuais afetem valores coletivamente compartilhados. Parte do significado do sagrado é a noção do tabu, e certamente é mais difícil manter um tabu contra o aborto, e ensinar nossos filhos a respeitá-lo, em uma comunidade na qual os outros não apenas o rejeitam como também o violam abertamente, sobretudo quando podem contar com apoio oficial financeiro ou moral.

Assim, se nos termos da melhor compreensão dos dispositivos abstratos da Constituição os estados norte-americanos carecem do poder de proibir o aborto, isso provavelmente se deve a algo de específico sobre o aborto ou a reprodução e não ao fato de que os estados não possam legislar para proteger os valores intrínsecos. Especifiquei duas questões – se a mulher tem direito à autonomia procriadora e se os estados têm um interesse inexorável em proteger o valor intrínseco da vida humana. Nossa discussão as aglutinou como os dois lados de uma mesma questão. Existe algo especial em relação à procriação e ao aborto, de modo que, embora o governo possa regular o comportamento das pessoas de outras maneiras a fim de proteger os valores intrínsecos, as mulheres grávidas tenham o direito de que o governo não as proíba de interromper a gravidez?

Assim descrita, a questão fica na convergência de duas tradições às vezes antagônicas, ambas fazendo parte da herança política norte-americana. A primeira é a tradição da liberdade pessoal. A segunda atribui ao governo a responsabilidade de proteger o espaço moral público em que vivem todos os cidadãos. Boa parte do direito constitucional consiste em conciliar essas duas idéias. Qual é o equilíbrio apropriado no caso do aborto?

No caso *Roe contra Wade*, tanto as opiniões majoritárias quanto as dissidentes sustentavam que um estado tem interesse em "proteger a vida humana". Atribuímos, agora, um sentido particular a essa afirmação ambígua: significa que qualquer comunidade política tem a preocupação legítima de proteger a *santidade* ou a *inviolabilidade* da vida humana, exigindo que seus membros reconheçam o seu valor intrínseco ao tomarem suas decisões individuais. Mas isso continua sendo ambíguo: poderia descrever qualquer dos dois objetivos, e a distinção entre eles é extremamente importante.

Um deles é o objetivo da responsabilidade. Um estado pode pretender que seus cidadãos tratem as decisões relativas ao aborto como questões de importância moral; que reconheçam que os valores intrínsecos fundamentais estão em jogo nessas decisões e decidam reflexivamente – não por uma conveniência imediata, mas a partir de uma convicção ponderada e amadurecida. Um estado poderia pretender que seus cidadãos obedecessem a regras e práticas que, na opinião da maioria, melhor expressam e protegem a santidade da vida, e que as mulheres só abortassem – se é que viessem a fazê-lo alguma vez – em circunstâncias nas quais a maioria considerasse o aborto apropriado ou, ao menos, permissível.

Esses objetivos de responsabilidade e conformidade não são apenas diferentes, mas também antagônicos. Se pretendemos a responsabilidade, no final devemos deixar os cidadãos livres para decidir como lhes parecer melhor, pois é isso que implica a responsabilidade moral. Contudo, se nosso objetivo for a conformidade, exigiremos, ao contrário, que os cidadãos ajam de uma maneira que poderia ser contrária a suas próprias convicções morais; isso os desestimula, em vez de incentivá-los a desenvolver seu próprio senso de quando e por que a vida é sagrada.

O modo tradicional de entender a controvérsia sobre o aborto, que ora rejeitamos, obscurece a distinção entre esses dois objetivos. Se o feto é uma pessoa, então é evidente que o objetivo dominante do Estado deve ser o de protegê-lo, assim como protege todas as outras pessoas. Desse modo, o Estado deve subordinar qualquer interesse que porventura tenha de desenvolver o senso de responsabilidade moral de seus cidadãos a seu interesse de que estes ajam de acordo com uma conclusão moral específica: a de que matar pessoas é uma prática inadmissível.

Contudo, se passamos a considerar, como fizemos, que o interesse do Estado consiste na proteção de um dever intrínseco, a oposição entre os dois objetivos passa para o primeiro plano. A santidade da vida é um valor extremamente controverso e *contestável*. É controverso, por exemplo, se é o aborto ou o nascimento que atende melhor ao valor intrínseco da vida quando um feto é malformado, ou quando ter a criança signifique, para a mulher, comprometer seriamente suas chances de fazer algo valioso por sua própria vida. O Estado protege melhor um valor contestável ao incentivar as pessoas a aceitarem-no *como* contestável, compreendendo que são responsáveis por decidir por si próprias o que isso significa? Ou o Estado protege melhor um valor contestável ao decidir, através do processo político, qual interpretação é a certa e, em seguida, forçar todos a uma posição consensual? O objetivo da responsabilidade justifica a primeira escolha, e o objetivo da conformidade justifica a segunda. O Estado não pode desejar atender a ambos ao mesmo tempo.

### *Responsabilidade*

Não me ocorre razão alguma pela qual o governo não deva pretender que seus cidadãos tratem as decisões sobre a vida e a morte humanas como questões de grande importância moral. Em minha opinião, portanto, a Constituição dos Estados Unidos realmente permite que os governos dos estados persigam o objetivo da responsabilidade –, mas apenas em moldes que respeitem a diferença crucial entre promover esse objetivo e, inteira ou parcialmente, forçar uma decisão final. Um estado pode exigir que uma mulher que pensa em abortar tenha de esperar vinte e quatro horas para concretizar seu objetivo? Pode exigir que ela seja informada sobre a gravidade de sua decisão de abortar? Pode exigir que uma adolescente grávida consulte seus pais ou algum outro adulto? Ou que uma mulher casada informe seu marido sobre sua decisão, caso lhe seja possível fazê-lo? O governo deve ajudar as pessoas muito pobres a pagar pelos serviços de aborto, se ajuda a pagar pelo nascimento?

Como muitos constitucionalistas acham que a única questão no caso *Roe contra Wade* consistia em saber se os estados podiam tratar um feto como pessoa, não estabelecem distinção alguma entre os objetivos de coerção e responsabilidade; assumiram portanto que, se a sentença *Roe contra Wade* é correta, e se os estados não podem coagir as mulheres mediante a proibição total do aborto, daí se segue que devem incluir o aborto em seus programas de assistência médica e que não podem exigir que as mulheres retardem seus abortos, consultem outras pessoas ou que sejam orientadas sobre sua decisão. Isso explica por que muitos juristas acreditavam que as decisões do Supremo Tribunal nos anos que se seguiram às decisões do caso *Roe*, que realmente permitiram que os estados fossem discriminadores na questão da ajuda financeira e regulassem o aborto por meio desses diferentes procedimentos, equivaliam a uma revogação ou invalidação parcial da sentença *Roe*.

O tribunal foi coerente em sua defesa da discriminação financeira. Em 1977, no caso *Maher contra Roe*[1], determinou que um estado pode recusar-se a dar auxílio financeiro aos abortos não terapêuticos ainda que ajude a pagar pelo nascimento; e em 1980, no caso *Harris contra McRae*, como afirmei, o tribunal sustentou a constitucionalidade da emenda Hyde, que proíbe a utilização dos fundos federais de assistência médica até mesmo no caso dos abortos feitos por necessidade médica. Em certa medida, porém, o tribunal mudou seu ponto de vista sobre a regulamentação do aborto, e o fez de modo a quase proibir sua prática. Em 1986, por exemplo, no caso *Thornburgh contra American College of Obstetricians and Gynecologists*, o tribunal considerou inconstitucionais diversas leis estaduais que impunham períodos de espera fixos para as mulheres que desejavam abortar ou que exigiam que fossem orientadas por médicos e recebessem informações específicas, inclusive sobre o desenvolvimento do feto e as alternativas ao aborto[2]. Em 1989, porém, no caso *Webster contra Reproducti-*

1. Ver 432 U.S. 464 (1977).
2. Ver 476 U.S. 747 (1986).

*ve Health Services Incorporated of Missouri*, depois que o presidente Reagan substituíra três membros majoritários do caso *Roe* por outros de sua própria escolha, o tribunal manteve um grande número de restrições muito severas ao aborto[3]. Muitos juristas afirmaram que a sentença *Webster* foi uma revogação parcial da sentença *Roe*, e quando o Supremo Tribunal anunciou que em 1992 revisaria a decisão tomada por um tribunal inferior no caso *Planned Parenthood of Southeastern Pennsylvania contra Casey*, que havia mantido restrições do tipo das que haviam sido consideradas inconstitucionais no caso *Thornburgh*, a maioria dos analistas achou que a decisão do tribunal no caso *Casey* acabaria invalidando ainda mais a sentença *Roe*.

Contudo, quando entendemos esta última sentença do modo como sugeri – como se tratasse da questão do valor inerente, e não da personalidade –, vemos que a sentença *Casey* lidou, basicamente, com questões não resolvidas por *Roe*. É perfeitamente admissível insistir em que os estados não têm o poder de impor a seus cidadãos uma concepção específica de como e por que a vida é sagrada e ainda assim insistir em que os estados têm o poder de estimular seus cidadãos a tratar seriamente a questão do aborto. A opinião comum dos juízes O'Connor, Kennedy e Souter no caso *Casey* deixou clara esta distinção: os três ratificaram a regra estipulada em *Roe*, em cujos termos os estados não podem proibir o aborto, mas ainda assim confirmaram a legitimidade do interesse do estado em estimular a responsabilidade. "O que está em jogo é o direito da mulher a tomar a decisão definitiva, e não o direito de isolar-se de todos os demais ao fazê-lo"[4], disseram, e desse modo "os estados são livres para promulgar leis que estabeleçam uma estrutura razoável para que a mulher tome essa decisão de significado tão profundo e duradouro"[5]. Acrescentaram que um estado pode pensar, com razão, que uma mulher que pretende fazer um aborto deve, no mínimo, estar consciente dos argu-

3. Ver 109 S. Ct. 3040 (1989).
4. *Casey*, 2821.
5. *Ibid.*, 2818.

mentos contrários que outros membros da comunidade consideram importantes, de modo que "mesmo nos estágios iniciais da gravidez o estado pode promulgar leis e regulamentos destinados a encorajá-la a saber que existem argumentos filosóficos e sociais de grande peso que podem ser mobilizados em favor da continuação da gravidez" [6].

Os tribunais, porém, devem ter o cuidado de não permitir que um estado mascare uma regra que, na verdade, é coercitiva, como se ela apenas estimulasse a responsabilidade. A opinião conjunta adotou o seguinte critério: a regulamentação praticada pelo estado é inconstitucional, mesmo quando não pretende proibir o aborto, se seu objetivo ou efeito for criar um "ônus excessivo" para a mulher que optar pelo aborto, colocando "obstáculos substanciais" a tal opção[7]. A linha divisória entre uma regulamentação que impõe esse obstáculo e uma outra que só transforma o aborto em algo um tanto mais caro e inconveniente, o que a opinião conjunta declarou permissível, é claramente difícil de traçar em muitos casos. No caso *Casey*, um grupo majoritário do tribunal determinou que a exigência de que uma mulher casada notifique seu marido antes de abortar configura a imposição de um ônus excessivo a sua decisão, uma vez que muitas mulheres temem a intimidação física, psicológica e econômica[8]. Outra maioria argumentou, contudo, que não via como imposição de um ônus excessivo o regulamento da Pensilvânia, onde uma mulher deve observar um período de vinte e quatro horas entre o mo-

6. *Ibid.*, 2818.

7. *Ibid.*, 2820.

8. Os três juízes acrescentaram uma observação importante a seu argumento sobre essa questão. Disseram que os estados devem demonstrar mais preocupação com a situação de uma mulher grávida do que com a do pai potencial. "É um fato biológico inevitável", afirmaram, "que a regulamentação do estado com respeito à criança que a mulher traz em sua barriga terá um impacto muito maior sobre a liberdade da mãe do que sobre a do pai" (*Casey*, 2830), e advertiram que, embora um estado possa também reconhecer o interesse do pai pela gravidez, "não pode dar ao homem o tipo de domínio sobre sua esposa que os pais exercem sobre seus filhos" (*Ibid.*, 2831), e portanto não pode atribuir-lhe o papel que podem, legitimamente, atribuir aos pais das adolescentes.

mento em que o médico lhe fornece a informação prescrita e o momento do aborto[9].

O tribunal pode muito bem ter errado ao não declarar estas últimas restrições igualmente inconstitucionais, e mais adiante neste capítulo irei argumentar que de fato errou. Não obstante, constitui um grave erro afirmar, como alguns grupos "pró-escolha" fizeram imediatamente após a decisão *Casey*, que, como o tribunal sustentou quase todas as restrições da Pensilvânia, na verdade revogou a sentença *Roe contra Wade* e mandou as mulheres de volta aos tempos dos abortos ilegais praticados em espeluncas. Tanto política quanto intelectualmente, é crucial reconhecer a distinção entre as restrições ao aborto, inclusive as mais onerosas, que talvez possam ser consideradas como destinadas a atender ao objetivo da responsabilidade, e a expressa proibição, que só se poderia justificar mediante o apelo ao objetivo da coerção, ainda que a linha divisória entre as duas seja às vezes indistinta.

### *Coerção*

Por mais complexas que sejam as questões sobre a responsabilidade, o cerne do debate nacional continua sendo a questão da coerção. Os estados norte-americanos terão o poder de decidir por todos que o aborto insulta o valor intrínseco da vida humana e de proibi-lo por essa razão? No caso *Casey*, quatro juízes afirmaram que ainda pretendem reverter a sentença *Roe* e declarar que os estados têm, de fato, esse poder. Estarão certos no que diz respeito ao direito constitucional norte-americano? Por uma questão de justiça e de governo decente, qualquer estado ou nação deve ter esse poder?

Como afirmei, o governo às vezes age corretamente quando força as pessoas a proteger certos valores intrínsecos: quando recolhe impostos para financiar os museus nacionais, ou quando impõe medidas de conservação para proteger as espécies ameaçadas de extinção, por exemplo. Por que seria diferente

9. *Ibid.*, 2 825-6.

com o aborto? Por que um estado não pode proibir essa prática com base no mesmo pressuposto, ou seja, o de que a maioria de seus cidadãos acredita que o aborto de um feto – a não ser, talvez, quando a vida da própria mãe está em jogo – constitui um insulto intolerável ao valor inerente da vida humana? Há duas razões centrais e afins que explicam por que a proibição do aborto é um assunto bem diverso.

Em primeiro lugar, no caso do aborto o efeito da coerção a pessoas específicas – as mulheres grávidas – é muito maior. Criminalizar o aborto pode destruir a vida de uma mulher. Proteger a arte, os edifícios históricos, as espécies ameaçadas ou as gerações futuras raramente é tão prejudicial para pessoas específicas, e poderia ser inconstitucional se assim o fosse. Em segundo lugar, nossas convicções sobre como e por que a vida humana tem importância intrínseca, das quais extraímos nossas idéias sobre o aborto, são muito mais fundamentais para a totalidade de nossa personalidade moral do que nossas convicções sobre a cultura ou as espécies ameaçadas, ainda que estas também impliquem valores intrínsecos. Nossas crenças sobre a vida humana são decisivas para formar nossas opiniões sobre todas as questões que remetem à vida e à morte – o aborto, o suicídio, a eutanásia, a pena de morte e a objeção de consciência à guerra. Na verdade, seu poder é ainda maior, pois nossas opiniões sobre como e por que nossas próprias vidas têm valor intrínseco influenciam cada decisão crucial que tomamos sobre o modo como vivemos[10]. Existem muito poucas pessoas cujas opiniões sobre a preservação dos artefatos de uma cultura ou das espécies ameaçadas sejam tão inerentes à sua personalidade moral, tão interligadas às escolhas estruturais de suas vidas.

Essas interligações são mais evidentes nas vidas das pessoas cuja religiosidade mantém fortes vínculos com a tradição. A relação entre sua fé e suas opiniões sobre o aborto não é contingente, mas estrutural – estas últimas são sombras de crenças religiosas sobre o porquê de a vida humana ser importante em si mesma, e

10. Dworkin, "Foundations of Liberal Equality", em *The Tanner Lectures on Human Values*, XI (Salt Lake City: University of Utah Press, 1990).

essas crenças influenciam todos os aspectos de suas vidas. Em sua maioria, as pessoas que não são religiosas também têm convicções gerais e instintivas sobre se, por que e de que modo qualquer vida humana tem valor intrínseco. Do ponto de vista reflexivo, ninguém pode levar uma vida tão insignificante que nunca revele essas convicções, e elas afloram, para quase todos, nos mesmos momentos críticos da vida – por exemplo, nas opiniões e decisões sobre as crianças, a morte e a guerra. No que diz respeito à importância ou ao significado da vida humana, um ateu pode ter opiniões tão abrangentes e tão essenciais à sua personalidade moral quanto aquelas de um católico fervoroso, um judeu, um muçulmano, um hindu ou um budista. O sistema de crenças de um ateu, nas palavras de um famoso parecer do Supremo Tribunal, pode ocupar, na sua vida, "um lugar equivalente àquele ocupado pela crença ortodoxa em Deus"[11]. Podemos descrever as crenças da maioria das pessoas no valor inerente da vida humana – as crenças mobilizadas em suas opiniões sobre o aborto – como crenças essencialmente religiosas. (Mais adiante, defenderei essa descrição como um assunto de interpretação constitucional.)

É verdade que muitas pessoas acreditam que nenhuma crença é de natureza religiosa a menos que pressuponha a crença em uma divindade pessoal. Mas muitas religiões estabelecidas – algumas formas de budismo ou hinduísmo, por exemplo – não incluem nenhum compromisso com um ser supremo dessa natureza. Uma vez que descartemos a idéia de que toda crença religiosa pressupõe um deus, torna-se duvidoso que possamos descobrir alguma característica definidora presente em todas as crenças religiosas e somente nelas. De que modo, então, classificaremos uma crença como religiosa? De maneira menos rígida: perguntando se é suficientemente semelhante, em conteúdo, às crenças inequivocamente religiosas[12]. Com base

---

11. *United States contra Seeger*, 380 U.S. 163, 166 (1965).

12. Ver Kent Greenawalt, "Religion as a Concept in Constitutional Law" 72 *California Law Review* 753 (1984), e George Freeman III, "The Misguided Search for the Constitutional Definition of 'Religion'", 71 *Georgetown Law Journal* 1519 (1983).

nesse critério, a crença em que o valor da vida humana transcende seu valor para a criatura de cuja vida se trata – que a vida humana é impessoal e objetivamente valiosa – é uma crença religiosa mesmo quando defendida por pessoas que não acreditam em Deus. De fato, um dos objetivos mais fundamentais das religiões tradicionais consiste em fazer essa afirmação a seus fiéis e incorporá-la a alguma visão ou narrativa que faça a crença parecer inteligível e persuasiva. Nesse sentido, a religião responde à característica mais aterradora da vida humana: que temos de viver a vida e enfrentar a morte, sem qualquer razão aparente para acreditar que nossa vida, e menos ainda o modo como vivemos, faz alguma diferença.

A questão existencial – a vida humana tem alguma importância intrínseca ou objetiva? – já foi formulada de muitas maneiras. As pessoas se perguntam sobre o "significado" ou a "razão de ser" da vida, por exemplo. Seja qual for o modo de formulação, porém, essa questão crucial não pode ser respondida mostrando-se que o fato de viver de alguma maneira recomendada – observando um código moral específico, por exemplo, ou seguindo uma determinada teoria da justiça – tornará as pessoas mais seguras, mais livres, mais felizes ou mais prósperas, ou irá ajudá-las a cumprir ou realizar sua natureza humana. A questão existencial é mais profunda, pois pergunta o porquê da importância de todas essas indagações.

Desse modo, as crenças sobre a importância intrínseca da vida humana podem ser diferenciadas das convicções mais seculares sobre a moral, a eqüidade e a justiça. Estas últimas remetem à questão de como se deveria servir, conciliar ou resolver os interesses antagônicos das pessoas; raramente refletem uma concepção particular sobre o porquê de os interesses humanos terem uma importância intrínseca objetiva, ou mesmo se chegam a tê-la[13]. As pessoas com pontos de vista muito di-

13. John Rawls, por exemplo, faz uma distinção entre sua teoria e outras teorias da justiça e aquilo que chama de esquemas religiosos ou éticos abrangentes; as teorias políticas da justiça, diz ele, não pressupõem nenhuma opinião sobre se ou por que, ou de que maneira, é intrinsecamente importante que a vida huma-

ferentes sobre o significado último da vida podem mostrar-se de acordo a respeito da justiça, e as que têm pontos de vista muito semelhantes sobre a primeira questão podem divergir radicalmente sobre a segunda. Sem dúvida, muitos se preocupam com a eqüidade e a justiça por acreditarem que o modo de conduzir a vida humana é intrinsecamente importante[14]. Contudo, suas concepções sobre o que a justiça requer não são, por esse motivo, concepções sobre por que, ou em que sentido, isso é importante.

Para tentar responder à pergunta existencial mais profunda, as religiões associam vidas humanas individuais a algum valor impessoal. Declaram que todas as vidas humanas (ou, no caso de religiões mais paroquiais, as vidas dos crentes) têm importância intrínseca porque se beneficiam de alguma fonte de valor que extrapola a experiência humana subjetiva: o amor de um criador ou redentor, por exemplo, ou a natureza, que se acredita atribuir importância normativa a tudo que cria, ou a uma ordem natural compreendida em algum outro sentido igualmente transcendental. Alguns membros de cada um desses grupos religiosos acreditam que, como a vida humana tem importância intrínseca, o aborto é sempre, ou quase sempre, uma prática condenável. Outros chegam a uma conclusão contrária: que o aborto às vezes é necessário para que se respeite verdadeiramente o valor inerente da vida, que depende da importância intrínseca do investimento criativo humano, aí incluídos os atos e as decisões por meio dos quais as pessoas dão forma a suas vidas. Em ambos os casos, a crença afirma uma idéia essencialmente religiosa: que a importância da vida humana transcende a experiência subjetiva.

Os dois sentidos em que o aborto é especial, mesmo entre as questões que envolvem afirmações sobre valor intrínseco, sugerem uma formulação do direito abstrato à privacidade, no

---

na tenha continuidade e prospere, ainda que, sem dúvida, essas teorias sejam compatíveis com uma grande variedade de opiniões desse tipo. Ver, de sua autoria, "Justice as Fairness, Political not Metaphysical", 14 *Philosophy and Public Affairs* 223 (1985).

14. Dworkin, "Foundations of Liberal Equality".

qual se baseia a sentença *Roe*, que é um tanto diferente da formulação convencional. Os norte-americanos têm o direito constitucional de que o governo não infrinja certas liberdades pessoais quando atua de modo a garantir um valor intrínseco. Um estado não pode restringir a liberdade a fim de proteger tal valor quando o efeito sobre um grupo de cidadãos for especialmente grave, quando a comunidade estiver seriamente dividida a respeito do que o respeito por esse valor exige e quando as opiniões das pessoas sobre a natureza desse valor refletirem convicções essencialmente religiosas que são fundamentais para a personalidade moral[15]. Reitere-se que, se um feto fosse uma pessoa com direitos constitucionais a partir do momento da concepção, esse princípio não garantiria o direito ao aborto. O princípio se limita aos casos em que o estado afirma ter autoridade para proteger um valor inerente, e não os direitos e interesses de outra pessoa. Contudo, uma vez que aceitemos que o feto não é uma pessoa constitucional e levemos a indagação constitucional para o diferente contexto de tentar saber se um estado pode proibir o aborto com o objetivo de respeitar o valor intrínseco da vida humana, então o princípio de privacidade realmente se aplica, pois as decisões políticas sobre a procriação satisfazem os critérios que tal princípio estipula.

As decisões judiciais que aplicaram esse princípio geral de privacidade à reprodução, à contracepção e ao aborto foram agrupadas, por meio do método de decisão judicial do *common law*, em um princípio mais distante e concreto, que podemos chamar de princípio de autonomia procriadora. Esse princípio oferece a melhor justificação possível das decisões do Supremo Tribunal sobre a contracepção. Em um desses casos, em uma observação que já citei, o juiz Brennan, falando em nome

15. Não quero dizer que não se possa defender nenhum direito constitucional mais forte da autonomia pessoal nos termos da melhor interpretação da Constituição como um todo. Na verdade, creio ser possível defender um direito significativamente mais forte. Não defenderei, porém, nenhum princípio mais amplo do que o princípio limitado que descrevi, pois esse princípio é forte o bastante para fundamentar um direito à privacidade que inclua um direito à autonomia procriadora.

do tribunal, afirmou: "Se o direito à privacidade significa alguma coisa, trata-se do direito do indivíduo, casado ou solteiro, de estar livre da intrusão governamental em questões que afetam tão profundamente uma pessoa quanto a decisão de ter ou criar um filho".

O princípio de autonomia procriadora aprofunda a observação do juiz Brennan. Explica o sentido em que, como afirmei, as decisões procriadoras individuais são fundamentais. Muitas decisões políticas, inclusive as econômicas, exercem um impacto sério e especial sobre determinados indivíduos. As decisões procriadoras são fundamentais em outro sentido; as questões morais nas quais se articulam são religiosas no sentido amplo que defini, chegando à finalidade última e ao valor da vida humana em si. O poder do estado de proibir a contracepção só pode ser plausivelmente defendido a partir do pressuposto de que o governo tem o poder geral de ditar a todos os cidadãos aquilo que exige o respeito pelo valor inerente da vida humana: por exemplo, que as pessoas só mantenham relações sexuais com a intenção de procriar.

Ao negar aos estados o poder específico de criminalizar a contracepção, o Supremo Tribunal tinha em mente o princípio mais geral de autonomia procriadora que estou defendendo. Como afirmei, isso é importante porque quase ninguém acredita que as decisões do tribunal sobre a contracepção devam ser agora revogadas. A integridade do direito exige que os princípios necessários para sustentar um conjunto de decisões judiciais dotadas de autoridade sejam aceitos em outros contextos também. Poderia parecer uma atraente concessão política aplicar o princípio de autonomia procriadora à contracepção, que hoje quase ninguém mais pensa que os estados possam proibir, mas não ao aborto, ao qual poderosos distritos eleitorais se opõem violentamente. Mas o objetivo da integridade – o objetivo do direito em si – consiste exatamente em invalidar as concessões políticas desse tipo. Devemos ser uma nação de princípios: nossa Constituição deve representar convicções, e não as estratégias táticas de juízes ávidos por satisfazer o maior número possível de distritos eleitorais.

Sem dúvida, a integridade não exige que os juízes respeitem os princípios embutidos em decisões passadas que eles próprios e outros vêem como erros. A integridade permite que o Supremo Tribunal declare, como já fez diversas vezes no passado, que uma determinada decisão ou série de decisões foi um erro, pois os princípios que a ela subjazem são incompatíveis com princípios mais fundamentais embutidos na estrutura e na história da Constituição. O tribunal não pode declarar que tudo no passado foi um erro; isso destruiria a integridade sob o pretexto de servi-la. Deve exercer com modéstia seu poder de desconsiderar as decisões passadas, e exercê-lo de boa-fé. Não pode ignorar os princípios que subjazem às decisões passadas que pretende aprovar, decisões que ratificaria se lhe pedissem para fazê-lo, decisões que quase ninguém – nem mesmo entre os críticos mais rigorosos do desempenho passado do tribunal – atualmente desaprova ou considera equivocadas. Os casos de contracepção entram nessa categoria, e, em qualquer decisão que o tribunal tome sobre o aborto, seria perigoso e ofensivo que ele ignorasse cinicamente os princípios que esses casos pressupunham.

Assim, a integridade exige o reconhecimento geral do princípio de autonomia procriadora e, portanto, também do direito das mulheres a decidir por si mesmas não apenas se vão conceber uma criança, mas também tê-la. Se o leitor permanece em dúvida – se ainda não se convenceu de que a sentença *Roe* acertou nas questões mais fundamentais –, considere então a possibilidade de que em algum estado uma maioria de votantes comece a pensar que é um desrespeito à santidade da vida dar prosseguimento a uma gravidez em determinadas circunstâncias – nos casos de malformação fetal, por exemplo. Se a maioria tem o poder de impor seus pontos de vista sobre a santidade da vida a todos os demais, o estado poderia então *exigir* que uma mulher abortasse, mesmo contrariando suas convicções religiosas ou éticas, ao menos se o aborto tivesse se tornado fisicamente tão seguro quanto, por exemplo, as vacinações que atualmente, espera-se, devem ser uma exigência de todos os governos.

É evidente que, se centrarmos a controvérsia sobre o aborto na questão de o feto ser ou não uma pessoa com direito à vida, o fato de um estado ter o direito de proibir o aborto não significaria que outro estado tenha o direito de exigi-lo. Mas isso é o que se depreende quando reconhecemos que a questão constitucional em jogo consiste em saber se um estado pode impor a todos uma interpretação oficial do valor inerente da vida. Seria intolerável que um estado exigisse um aborto para impedir o nascimento de uma criança deformada. Nos Estados Unidos, ninguém duvida de que tal exigência seria inconstitucional. Contudo, a razão disso se aplica exatamente com a mesma força na direção contrária, pois nega a uma mulher grávida o direito de decidir por si mesma o que a santidade da vida exija que ela faça de sua própria gravidez. Um estado insulta com igual violência a dignidade de uma mulher grávida quando a força a fazer a escolha oposta. O fato de tal escolha ser aprovada por uma maioria não configura uma justificação melhor nem em um caso nem no outro.

### *Bases textuais*

Devido às características da estrutura geral da Declaração de Direitos e Garantias, é muito provável que qualquer direito moral tão básico quanto o direito à autonomia procriadora encontre abrigo seguro nesse texto. Na verdade, seria de esperar que um princípio assim tão básico estivesse protegido não apenas por um, mas por vários dispositivos constitucionais, uma vez que estes coincidem do modo como descrevi.

O direito de autonomia procriadora decorre de qualquer interpretação competente da cláusula de processo legal justo e das sentenças anteriores do tribunal que a tenham aplicado. Apresentei os argumentos muito poderosos que sustentam esse ponto de vista, mas acrescentarei agora uma diferente base textual para esse direito. A Primeira Emenda proíbe que o governo imponha qualquer religião e garante a todos os cidadãos o livre exercício de sua própria religião. A Décima Quarta Emenda, que incorpora a Primeira, impõe a mesma proibição e a mesma responsabilidade aos estados. Esses dispositivos também asseguram o direito à autonomia procriadora. (Um dos atuais juízes do Supremo Tribunal – o juiz Stevens – endossou reiteradamente essa defesa do direito, e grande parte da retórica da opinião conjunta de três juízes no caso *Casey*, como veremos, chega inclusive a sugeri-la.) A defesa do direito ao aborto que encontramos na Primeira Emenda é mais complexa do que a defesa do processo legal justo, e é mais difícil de demonstrar se recorrermos apenas aos precedentes do Supremo Tribunal. Mas é uma defesa natural e esclarece uma importante dimensão do debate nacional sobre o aborto. Também ilustra tanto o poder quanto a força coercitiva do ideal de integridade jurídica.

Situar a controvérsia sobre o aborto na Primeira Emenda parecerá natural às pessoas que percebem instintivamente que a controvérsia é, no fundo, de natureza religiosa. Contudo, alguns críticos poderiam recear que eu esteja tentando ressuscitar um velho argumento que hoje é rejeitado inclusive por alguns daqueles que no passado o apoiaram. Esse argumento sustenta que, por ser a moral do aborto uma questão polêmica entre os grupos religiosos – o aborto é visto como um pecado para algumas religiões ortodoxas, em especial pela Igreja Católica Romana, mas existem outras que permitem sua prática –, a separação entre Estado e Igreja significa que o governo não deve tratar dessa questão.

Este seria, de fato, um argumento muito ruim caso se permitisse que os estados tratassem o feto como uma pessoa com direitos e interesses que concorressem com os direitos de uma mulher grávida, pois a responsabilidade mais importante do governo consiste, como afirmei, em identificar os direitos e interesses das pessoas pelas quais é responsável – direitos e interesses que às vezes são antagônicos – e em decidir qual é a melhor maneira de conciliar esses direitos e servir a esses interesses. O governo não tem razão alguma para abrir mão dessa responsabilidade apenas porque, ou quando, uma religião organizada também se interessa por tais questões. As congregações ou os grupos religiosos estiveram entre os mais fortes defensores da abolição da escravatura e há séculos vêm lutando pela justiça social, pela erradicação do sofrimento e da doença e por vários outros objetivos humanitários. Se a distinção entre Igreja e Estado impedisse que o governo também abraçasse tais causas, essa doutrina poderia paralisá-lo por completo.

Contudo, a questão de saber se um feto é uma pessoa com direitos e interesses próprios já foi decidida nos Estados Unidos, pelo governo secular, da única maneira que se poderia decidi-la sob o sistema constitucional norte-americano. Estamos agora considerando uma questão constitucional diferente: saber se os estados podem, não obstante, proibir o aborto com o objetivo de endossar um ponto de vista controverso sobre o que é exigido pelo respeito ao valor intrínseco da vida humana. Não se trata de uma questão sobre quem tem direitos, ou de que modo os interesses concorrentes das pessoas podem ser conciliados e protegidos. Se os estados não podem proibir uma conduta apenas pelo fato de esta insultar o valor intrínseco da vida humana, nem por isso estão desautorizados a perseguir suas responsabilidades normais. Ao contrário, um dos deveres mais fundamentais do governo, reconhecido por todas as democracias ocidentais desde o século XVIII, consiste em assegurar que as pessoas tenham o direito de viver de acordo com suas próprias convicções religiosas. Portanto, as razões para rejeitar o mau argumento que descrevi não são argumentos contrários à minha sugestão de que a Primeira Emenda proíbe que os estados obriguem as pessoas a se conformar com um ponto de vista oficial sobre o que é exigido pela santidade da vida humana.

É polêmica a questão de como interpretar as cláusulas da Constituição que asseguram o "livre exercício" da religião e proíbem o "estabelecimento" de uma religião, e a esse respeito as decisões do Supremo Tribunal são reconhecidamente pouco claras[16]. Contudo, qualquer interpretação insatisfatória dessas

16. Greenawalt, "Religion as a Concept in Constitutional Law", e Freeman, "The Misguided Search for the Constitutional Definition of 'Religion'".

cláusulas deve abranger dois problemas. Primeiro, deve completar a expressão "livre exercício", explicando as características que fazem de uma convicção uma crença religiosa, e não um princípio moral não religioso ou uma preferência pessoal. Em seguida, deve interpretar o termo "estabelecimento", explicando a diferença entre os objetivos seculares e religiosos do governo. Os casos difíceis surgem quando o governo, com o objetivo secular de servir e proteger os interesses comuns de outras pessoas, restringe ou penaliza uma conduta que é exigida por convicções genuinamente religiosas[17]. Esses casos exigem que os tribunais decidam até que ponto o direito constitucional ao livre exercício impede que o governo adote políticas que considera capazes de aumentar o bem-estar secular geral da comunidade. O problema é bem outro, porém, quando o governo apóia um dos lados de um argumento sobre uma questão essencialmente religiosa. A esse respeito, a legislação que prejudicasse seriamente a liberdade religiosa de uma pessoa violaria de uma só vez as duas cláusulas da Primeira Emenda.

Sem dúvida, se um feto fosse uma pessoa constitucional, com interesses que o governo estivesse obrigado e autorizado a proteger, a legislação que proíbe o aborto entraria na primeira dessas categorias, ainda que as convicções de muitos adeptos ou adversários do aborto fossem genuinamente religiosas. As leis seriam inequivocamente constitucionais, pois o direito ao livre exercício da religião não inclui a permissão para matar uma pessoa; não se estende, por exemplo, ao sacrifício humano em rituais religiosos. O feto, porém, não é uma pessoa constitucional. Se as convicções das pessoas sobre o que o valor inerente da vida humana requer são convicções religiosas, a exigência de conformidade por parte de um governo estaria impondo uma religião coletiva, e o caso entraria na segunda categoria.

---

17. Podemos considerar a decisão do Supremo Tribunal no caso *Employment Division contra Smith*, 494 U.S. 872 (1990), na qual foi de opinião que as regulamentações que proíbem os norte-americanos nativos de usar o peiote nas cerimônias religiosas não violavam a Primeira Emenda, como um exemplo desse tipo de caso, concordemos ou não com a decisão.

O que torna uma crença religiosa para os fins da Primeira Emenda? Em sua maioria, os estadistas do século XVIII que redigiram e sancionaram a Primeira Emenda podem ter presumido que toda convicção religiosa pressupõe a crença em um deus pessoal. Aparentemente, porém, o Supremo Tribunal decidiu que essa restrição é inaceitável como parte de uma definição constitucional da religião; em 1965, no caso *United States contra Seeger*, sustentou que um homem que se opunha à guerra por princípios éticos gerais, mas não acreditava em Deus, tinha direito à isenção do serviço militar nos termos de uma lei que restringia à esfera religiosa as razões para se pedir isenção; entre outras razões, o tribunal citou o fato de que nem todas as principais religiões representadas nos Estados Unidos pressupunham a existência de tal ser[18]. Contudo, uma vez que a idéia de uma religião seja separada da idéia de um deus, os tribunais que aceitam as restrições impostas pela integridade deparam com uma grande dificuldade nos casos em que precisam estabelecer uma distinção entre convicções religiosas e de outra natureza. Existem duas possibilidades: uma convicção pode ser considerada religiosa por seu conteúdo – porque remete a preocupações que a comunidade identifica como claramente religiosas – ou por ter uma importância subjetiva muito grande para a pessoa que a tem, como ocorre com as convicções religiosas ortodoxas para os que nelas crêem com fervor.

No caso *Seeger*, o tribunal sugeriu que um escrúpulo é religioso quando ocupa "um lugar, na vida daquele que o defende, equivalente àquele ocupado pela crença ortodoxa em Deus de uma pessoa que tem um evidente direito à isenção". Considerada em si mesma, esta afirmação é ambígua. Poderia significar que uma convicção é religiosa se responde às mesmas questões que a religião ortodoxa responde para um crente, o

18. *Seeger*, 165-6. No caso *Seeger*, o tribunal interpretou uma lei, não a Constituição. Contudo, como sua decisão contradizia o objetivo evidente da lei, os comentaristas presumiram que o tribunal quis indicar que a lei só era constitucional se fosse assim interpretada.

que é um critério de conteúdo, ou que é religiosa se for acolhida tão fervorosamente quanto a religião ortodoxa é acolhida por um de seus devotos, o que é um critério de importância subjetiva. A opinião como um todo é inconclusiva sobre qual desses dois significados – ou que combinação deles – o tribunal tinha em mente, e sua ambigüidade prejudicou o desenvolvimento do direito constitucional nessa área. De qualquer modo, porém, um critério de importância subjetiva é claramente inadequado para distinguir uma convicção religiosa de outros tipos de convicção ou mesmo de fortes preferências. É comum que inclusive os devotos atribuam igual ou maior importância a seus vínculos nitidamente não religiosos, como o patriotismo. Pelo menos um critério de conteúdo se faz necessário, e acredito que seja suficiente.

Já argumentei aqui que uma crença na importância objetiva e intrínseca da vida humana tem um conteúdo claramente religioso. As convicções que endossam a importância objetiva da vida humana remetem às mesmas questões – ao lugar ocupado por uma vida humana individual em um universo impessoal e infinito – que ocorrem aos que defendem crenças religiosas ortodoxas. Vários dos teólogos citados pelo tribunal no caso *Seeger* defenderam esse ponto de vista. Por exemplo, o tribunal entendeu como "uma declaração extremamente significativa sobre a religião" a seguinte afirmação extraída de um recente concílio ecumênico: "Os homens esperam que suas diferentes religiões lhes tragam respostas para os enigmas da condição humana: O que é o homem? Qual é o significado e a finalidade de nossas vidas?"[19]

Não consigo pensar em nenhuma explicação plausível para o conteúdo que uma crença deve ter, para ser considerada religiosa, que exclua as convicções sobre por que e como a vida humana tem importância objetiva intrínseca, a não ser a idéia já abandonada de que a crença religiosa deve pressupor um deus. É essencial, sem dúvida, que qualquer teste de conteúdo reli-

19. "Draft Declaration on the Church's Relations with Non-Christians", em *Council Daybook* 282 (Vatican II, 3.ª sess., 1965), citado em *Seeger*, 181-2.

gioso faça uma distinção entre crenças religiosas, por um lado, e convicções não religiosas, políticas ou morais, por outro. Mas já vimos como a crença na importância objetiva intrínseca da vida (e outras crenças que interpretam essa crença e dela decorrem diretamente) difere das opiniões sobre a eqüidade política ou a justa distribuição de recursos econômicos e de outra natureza.

Podemos ver como funciona essa distinção nas determinações legais do Supremo Tribunal que dizem respeito aos casos de objeção decorrente de crenças religiosas. No caso *Seeger*, o tribunal presumiu que a Constituição não poderia permitir que o Congresso discriminasse as religiões não convencionais ao isentar do serviço militar os homens cuja oposição a qualquer guerra tivesse por base uma religião teísta, recusando-se porém a isentar aqueles cuja oposição a qualquer guerra tivesse por base uma crença não teísta. Por outro lado, no caso *Gillette contra United States*, de 1971, o tribunal sustentou a recusa do Congresso em conceder isenção aos homens que se opunham não a toda e qualquer guerra, mas apenas a algumas, inclusive àqueles cujas convicções que condenam uma guerra específica eram apoiadas por sua religião. Embora o tribunal tenha oferecido várias razões práticas para a distinção, nenhuma delas foi convincente; sua decisão só pode ser adequadamente justificada se argumentarmos que, embora uma oposição cabal a qualquer guerra tenha por base a convicção de que a vida humana como tal é sagrada, o que é uma convicção indiscutivelmente religiosa, a oposição seletiva se baseia, pelo menos normalmente, em considerações de justiça ou de política que permitem matar em alguns casos, mas não em outros, e que não são em si mesmas religiosas em conteúdo, mesmo quando endossadas por um grupo religioso. Como afirmou o tribunal,

> Uma variedade praticamente ilimitada de crenças pode ser agrupada sob a rubrica "objeção a uma guerra específica". Todos os fatores que poderiam entrar em divergência com uma política alheia às questões de consciência também poderiam mostrar-se como a base concreta de uma objeção que tem raízes

tanto na consciência quanto na religião. Na verdade, no campo das situações possíveis a oposição a uma guerra específica tem mais probabilidades de ser política e desvinculada da consciência do que outra coisa qualquer[20].

Portanto, a idéia corrente de que a questão do aborto é fundamentalmente religiosa e a opinião de muitos juristas de que essa questão extrapola os limites da ação do Estado, são em essência bem fundadas, ainda que por razões um tanto mais complexas do que freqüentemente se imagina. Têm por base uma compreensão natural – na verdade, irresistível – da Primeira Emenda: que a um estado não compete prescrever o que as pessoas deveriam pensar sobre o significado e o valor últimos da vida humana, sobre por que a vida tem importância intrínseca, e sobre como esse valor é respeitado ou desonrado em diferentes circunstâncias. Sem dúvida, nem toda mulher que decide fazer um aborto reflete, primeiro, sobre como e por que a vida humana é sagrada. Não obstante, muitas das que não o fazem agem a partir de convicções que, como sugeri no capítulo 3, pressupõem a existência de concepções sobre essa questão essencialmente religiosa, e um governo que criminaliza o aborto nega o livre exercício da religião tanto a essas mulheres quanto àquelas que, conscientemente, extraem seus pontos de vista sobre o aborto da fé religiosa. Algumas mulheres, é verdade, optam pelo aborto irrefletidamente, ou cedem ao medo ou às pressões dos outros, ou agem por alguma outra razão que não se pode associar nem mesmo às mais profundas concepções sobre a santidade da vida. A Primeira Emenda garante também seu direito a decidir, ainda que seja discutível que a coerção não violaria o livre exercício da religião em seu caso, pois qualquer governo que proíbe o aborto se compromete

---

20. *Gillette contra United States*, 401 U.S. 437, 455 (1971) (nota de rodapé omitida). O tribunal também endossou, como um criterioso ponto de vista em defesa da distinção entre oposição universal e seletiva, a afirmação do governo de que a oposição a uma guerra específica envolve, necessariamente, um juízo que é "político e particular" e "baseado nos mesmos fatores políticos, sociológicos e econômicos que o governo levou necessariamente em consideração" ao decidir fazer a guerra. *Ibid.*, 458.

com uma interpretação polêmica da santidade da vida e, por esse motivo, restringe a liberdade ao impor uma postura essencialmente religiosa em detrimento de outras, o que a Primeira Emenda proíbe. Sem dúvida, estas são também razões pelas quais a proibição do aborto ofende as cláusulas constitucionais de processo legal justo e igual proteção: seria estranho que a melhor interpretação da liberdade e da igualdade constitucionais não insistisse em que as pessoas têm o mesmo direito de seguir sua própria consciência nas questões profundamente espirituais.

Consideremos, agora, a seguinte objeção. Se minha opinião sobre o alcance da cláusula de livre exercício da religião estivesse correta, alguém poderia dizer que o governo não poderia proibir que um esteta alterasse o exterior de sua casa, uma importante referência arquitetônica, ou exigir que um libertário, que vê na liberdade econômica o mais importante dos direitos, pagasse impostos[21]. Esta objeção seria poderosa se meu argumento utilizasse um critério de importância objetiva para identificar as convicções religiosas, pois com base em tal critério seria perfeitamente possível considerar como religiosas as convicções do esteta ou do libertário. Meu argumento, porém, rejeitou esse critério: afirmei que as convicções sobre o valor intrínseco da vida humana são religiosas nos termos de um critério de conteúdo, e não de importância subjetiva. Uma lei que proíba as pessoas de derrubar construções muito importantes do ponto de vista arquitetônico não coloca questões essencialmente religiosas, por mais que alguns preferissem derrubar casas antigas para sobre elas edificar obras-primas modernas, uma vez que isso não pressupõe nenhuma concepção particular de por que e como a vida humana é sagrada, nem toma partido sobre qualquer outra questão historicamente religiosa[22].

---

21. Ver, do juiz Richard A. Posner, "Legal Reasoning From the Top Down and From the Bottom Up: The Question of Unenumerated Rights", 59 *University of Chicago Law Review* 433, 444.

22. Uma lei assim colocaria outras questões sobre o valor intrínseco e, em certas circunstâncias, poderia violar uma forma mais poderosa do princípio de privacidade do que a forma fraca que descrevi e defendi.

Para ser ainda mais claro, meu argumento não justifica que se isente Milton Friedman de pagar impostos devido à sua crença na liberdade de mercado; o governo recolhe impostos para atender aos diferentes interesses seculares dos cidadãos, e não para declarar ou apoiar uma concepção específica sobre alguma questão essencialmente religiosa. É verdade que algumas pessoas se recusam a pagar impostos por razões que trazem implícitas suas convicções sobre o valor intrínseco da vida humana – por recusarem-se a financiar as guerras, por exemplo. Nesses casos, a tributação compulsória irá provavelmente comprometer o livre exercício da religião. O problema, porém, entra na primeira das duas categorias que distingui, e o equilíbrio apropriado sanciona o imposto, dado que a violação da liberdade religiosa é limitada e a importância de uma tributação uniforme é grande.

Concluo que o direito à autonomia procriadora, do qual decorre o direito de optar pelo aborto, encontra-se bem fundamentado na Primeira Emenda. E seria assombroso que um direito tão básico também não figurasse na melhor interpretação da liberdade e da igualdade constitucionais. Em outras palavras, seria assombroso que os juristas que aceitaram o direito de autonomia procriadora também não tivessem pensado que esse direito é fundamental para o conceito de liberdade com ordem, estando, por esse motivo, protegido pela cláusula de processo legal justo, ou que faz parte daquilo que é exigido pela igual consideração do governo para com todos os cidadãos, estando por esse motivo protegido pela cláusula de igual proteção. Não devemos estranhar o fato de que os juristas que defendem o direito ao aborto tenham divergido a respeito de qual cláusula deveria ser enfatizada. Alguns constitucionalistas têm uma estranha preferência pela pureza: querem os direitos ordenados exclusivamente em cláusulas constitucionais que não se sobreponham, como se a redundância fosse um vício constitucional. Contudo, uma vez que entendamos que a Declaração de Direitos e Garantias não é uma lista de remédios jurídicos concretos e detalhados, da autoria de redatores parcimoniosos, mas sim um compromisso com um ideal abstrato do que constitui um governo justo, aquela preferência não tem sentido – tanto quanto não o teria a proposição de que a liberdade religiosa também não é liberdade, ou que proteger a liberdade para todos nada tem a ver com a igualdade.

O direito à autonomia procriadora tem um lugar importante não apenas na estrutura da Constituição norte-americana, mas também na cultura política ocidental em termos gerais. A característica mais importante dessa cultura é a crença na dignidade humana individual – a crença em que as pessoas têm o direito moral – bem como a responsabilidade moral – de defrontar-se com as questões mais fundamentais sobre o significado e o valor de suas próprias vidas, em busca de respostas para suas próprias consciências e convicções. Esse pressuposto foi o motor da emancipação e da igualdade racial, por exemplo. Os argumentos mais poderosos contra a escravatura antes da guerra civil, e em favor da igual proteção depois desta, foram moldados na linguagem da dignidade: para os abolicionistas, tanto religiosos quanto laicos, o aspecto mais cruel da escravatura estava na incapacidade de reconhecer o direito de um escravo a decidir por si próprio questões fundamentais de valor. De fato, a premissa mais básica da democracia ocidental – a de que o governo seja republicano, e não despótico – incorpora um compromisso com essa concepção de dignidade. Em sentido amplo, o princípio de autonomia procriadora encontra-se entranhado em qualquer cultura verdadeiramente democrática.

Quero precaver-me, porém, contra uma interpretação desse princípio que eu certamente repudiaria. Minha argumentação não pressupõe que as pessoas sejam ou devam ser indiferentes, como indivíduos ou membros de uma comunidade política, às decisões sobre o aborto que são tomadas por seus amigos, vizinhos, concidadãos ou outros seres humanos. Ao contrário, a argumentação enfatiza várias razões pelas quais as pessoas não devem ser indiferentes. Em conjunto, as decisões individuais criam um ambiente moral que inevitavelmente influencia o que os outros podem fazer. Desse modo, a preocupação de uma pessoa com sua própria vida, bem como com a vida de seus filhos e amigos, dá-lhe um motivo para se preocupar com o modo como os outros, inclusive os estranhos, tratam o valor inerente da vida humana. Além disso, nossa preocupação de que as pessoas vivam bem não se restringe, naturalmente, a nossa preocupação com nossa própria vida e com as vidas dos membros de nossa família, e nem deveria ser assim. Queremos que os outros, mesmo os estranhos, não levem vidas que vemos como frustradas, arruinadas por atos terríveis de profanação.

Ainda assim, a razão mais poderosa que nos leva a desejar que os outros respeitem o valor intrínseco da vida humana – do modo como pensamos que esse valor exige respeito – não é a preocupação com nossos interesses ou com os das outras pessoas, mas apenas a preocupação com o valor em si. Se as pessoas *não* considerassem de transcendental importância que vidas humanas não sejam desperdiçadas pelo aborto, não teriam o tipo de compromisso que minha argumentação pressupõe que elas realmente têm. Desse modo, por certo, as pessoas para as quais quase todos os abortos são imorais devem interessar-se intensamente pela questão; e os liberais que vêem essas pessoas como intrometidas e desequilibradas são insensíveis e equivocados.

Não obstante, devemos insistir na tolerância religiosa não apenas nesse campo, mas também em outros com os quais as pessoas uma vez já se preocuparam com igual intensidade, considerando-os suficientemente importantes não apenas para fazer protestos passivos, mas para declarar guerra. A tolerância é o preço que temos de pagar por nossa aventura de liberdade. Por nosso amor pela liberdade e pela dignidade, estamos comprometidos a viver em comunidades nas quais não se considera que nenhum grupo é inteligente, religioso ou numeroso o bastante para decidir questões essencialmente religiosas que dizem respeito a todos os demais. Se tivermos uma preocupação verdadeira com as vidas que os outros levam, admitiremos também que nenhuma vida é boa quando vivida contra as próprias convicções e que em nada estaremos ajudando a vida de outra pessoa, mas apenas estragando-a, se a forçarmos a aceitar valores que não pode aceitar, mas aos quais só se submete por medo ou por prudência.

## Roe contra Wade *revisitado*

Examinemos agora, com novos olhos, a grande e polêmica decisão do caso *Roe contra Wade*, que resultou em três aspectos fundamentais da questão. Primeiro, reafirmou o direito constitucional da mulher grávida à autonomia procriadora e declarou que os estados não têm o poder de simplesmente proibir o aborto em quaisquer termos em que desejem fazê-lo. Segundo, reconheceu que os estados têm, não obstante, um interesse legítimo em regulamentar o aborto. Terceiro, elaborou um regime detalhado para harmonizar esse direito e esse interesse: declarou, grosso modo, que os estados não podem proibir o aborto por nenhum motivo nos três primeiros meses de gravidez, que só podem regulamentar o aborto do quarto ao sexto mês quando a saúde da mãe estiver em risco e, por último, que podem proibir totalmente o aborto quando o feto já se tiver transformado em um ser viável, ou seja, nos últimos três meses de gravidez. Devemos analisar essas três decisões no contexto da argumentação que até aqui desenvolvemos.

Nosso argumento confirma a primeira decisão judicial do caso *Roe*. A questão crucial da controvérsia constitucional não consiste em saber se o feto é ou não uma pessoa de acordo com o significado da Constituição; consiste, na verdade, em saber se os estados têm um poder legítimo de ditar o modo como os cidadãos devem respeitar o valor inerente à vida. Tendo em vista que qualquer interpretação competente da Constituição deve reconhecer o princípio de autonomia procriadora, os estados não têm o poder de proibir totalmente o aborto.

A sentença *Roe* também estava certa no que diz respeito ao segundo aspecto. Os estados têm, de fato, um interesse legítimo de regulamentar as decisões tomadas por seus cidadãos a respeito do aborto. Foi um mistério determinar, tanto no caso

*Roe* quanto em outras decisões judiciais, qual era esse interesse, mas o identificamos como o interesse legítimo de manter um ambiente moral em que as decisões sobre a vida e a morte sejam levadas a sério e tratadas como questões cruciais do ponto de vista moral.

A sentença *Roe* estaria certa no terceiro aspecto? O esquema trimestral que dispunha permite que os estados favoreçam seus interesses legítimos ao mesmo tempo em que protegem devidamente o direito de uma mulher grávida à autonomia? Esse esquema tem sido criticado como arbitrário e excessivamente rígido, inclusive por juristas que concordam que a lei do Texas revogada pela sentença *Roe* – a lei que proibia os abortos a não ser para salvar a vida da mãe – era inconstitucional. Por que razão é crucial a questão da viabilidade do feto? Essa pergunta pode ser formulada de duas maneiras distintas. Em primeiro lugar, por que a viabilidade do feto deve assinalar o período mínimo de tempo em que o estado tem o direito de proibir o aborto? Se pode proibir o aborto nesse momento, por que não antes, como claramente o desejam tantos cidadãos? Em segundo lugar, por que a viabilidade do feto deve assinalar o fim do direito da mulher grávida à proteção? Se um estado não pode proibir o aborto antes desse momento, por que pode fazê-lo depois?

Começarei pela segunda formulação da pergunta. O que acontece, no momento em que se considera alcançada a viabilidade do feto, para tornar o direito à autonomia procriadora menos poderoso ou efetivo? Há duas respostas para essa pergunta. Primeiro, por volta do momento em que o feto se torna viável, mas não muito antes, o cérebro pode ter se desenvolvido suficientemente, tornando possível uma forma primitiva de sensibilidade fetal[23]. A essa altura de seu desenvolvimento, poder-se-ia dizer que o feto tem interesses próprios. Isso não significa, devo enfatizar, que um estado possa declarar que nessa fase o feto já se tornou uma pessoa. A questão de quem é uma pessoa constitucional deve ser decidida nacionalmente, como

23. Ver, no capítulo 1, a discussão sobre os interesses do feto.

afirmei. Não obstante, um estado pode agir de modo a proteger inclusive os interesses de criaturas – dos animais, por exemplo – que não são pessoas constitucionais, na medida em que respeite os direitos constitucionais das pessoas ao fazê-lo. Portanto, no momento em que já existir viabilidade fetal o estado pode alegar um interesse legítimo, que independe de seus interesses, de fazer cumprir sua concepção da santidade da vida.

Em segundo lugar, antes de instaurar-se a viabilidade fetal a mulher grávida geralmente tem uma ampla oportunidade de refletir sobre a questão e decidir se lhe parece ser melhor e mais correto dar continuidade à gravidez ou pôr-lhe um fim. São muito poucos os abortos realizados durante os três últimos meses – algo como 1%, e ainda menos se excluirmos os abortos de emergência que são feitos para salvar a vida da mãe. É verdade que algumas mulheres – em sua maioria muito jovens – só tomam conhecimento de sua gravidez quando esta já está quase chegando ao fim, mas é muito raro que isso aconteça. Em quase todos os casos, uma mulher sabe que está grávida quando ainda lhe resta tempo suficiente para tomar uma decisão ponderada antes de o feto tornar-se viável. Isso sugere que um estado não reprime excessivamente o direito que as mulheres têm de decidir, caso insista em que elas tomem sua decisão antes dessa fase da gravidez, e também sugere uma importante razão pela qual um estado poderia, legitimamente, demonstrar tal insistência.

É uma convicção quase universal que o aborto se torna claramente mais problemático do ponto de vista moral quando o feto já adquiriu as características de uma criança, quando a diferença entre gravidez e primeira infância se torna mais uma questão da localização do bebê do que de seu desenvolvimento. Essa convicção muito difundida parece estranha na medida em que acreditamos que a iniqüidade ou não do aborto depende apenas de saber se o feto é uma pessoa a partir do momento da concepção. Mas essa crença é imperiosa quando nos damos conta de que o aborto é imoral, quando o é, porque insulta a santidade da vida humana. O insulto a esse valor é maior quando a vida destruída já se encontra em uma fase mais avançada de seu desenvolvimento – quando for maior o investimento criativo natural e humano. As poucas mulheres que tiveram uma oportunidade verdadeira de abortar na fase inicial de gravidez – quando, na opinião da maioria, o insulto é muito menor – mas que só se decidiram pelo aborto em uma fase já avançada da gestação, podem muito bem ser indiferentes ao significado moral e social de seus atos. Se seus membros assim o decidirem, a sociedade tem o direito de proteger sua cultura desse tipo de indiferença, na medida em que os meios aos quais recorra não violem a liberdade de opção das mulheres grávidas. Para muitas pessoas, a sociedade tem não apenas o direito, mas uma importante responsabilidade de agir desse modo.

Consideradas em conjunto, acredito, essas duas respostas oferecem uma explicação convincente do motivo pelo qual o governo está habilitado a proibir o aborto, sujeito a certas exceções, depois do sexto mês de gravidez. Mas será que responderão à pergunta formulada a partir da outra perspectiva? Por que o governo não pode proibir que o aborto seja feito em uma fase anterior? O sistema nervoso central de um feto não está suficientemente desenvolvido antes desse momento para permitir qualquer forma de sensibilidade, mas esse aspecto da questão deve ser decisivo? As mulheres não teriam oportunidade suficiente de exercer seu direito à autonomia se lhes fosse proibido abortar depois de cinco meses? Ou de quatro, ou de três?

O juiz Blackmun escolheu um momento da gravidez que lhe pareceu tardio o bastante para dar à mulher uma possibilidade considerável de exercer seu direito em circunstâncias normais, o que também se evidenciava, como afirmei, por duas outras razões: a viabilidade parece, com base nos mais certeiros indícios de seu desenvolvimento, o momento mais precoce em que se pode pensar que o feto tem interesses próprios, e é também o momento em que seu desenvolvimento natural encontra-se tão adiantado que a espera deliberada até depois dessa fase parece indicar desprezo pelo valor inerente da vida humana. Juntos, esses três fatores indicaram que a viabilidade fetal é o momento mais apropriado para que um estado afirme, legitimamente, seus interesses derivativos em proteger os interesses do feto, bem como seu próprio interesse independente pela responsabilidade. É bem verdade que, tendo em vista esse propósito, Blackmun poderia ter optado por um momento um pouco anterior da gravidez. Ainda que um momento anterior não tivesse sido mais apropriado, poderia ter sido aceitável se fosse ainda posterior o bastante para dar às mulheres grávidas tempo suficiente para exercer seus direitos de interromper uma gravidez indesejada e se se permitissem exceções realistas para as mulheres que não soubessem que estavam grávidas. Contudo, ainda que se pudesse aceitar um esquema um tanto diferente daquele proposto por Blackmun, trata-se de um argumento frágil demais para invalidar seu esquema agora. Depois de mais de vinte anos, uma decisão de tamanha importância só deveria ser revogada se fosse claramente equivocada, e sua decisão não foi, por certo, claramente equivocada.

Esta foi uma das razões alegadas no parecer crucial dos três juízes que atuaram no caso *Casey*, em 1992, para reafirmar a sentença *Roe*: dizia o parecer que um número muito grande de pessoas passara a confiar nessa sentença para permitir que fosse revogada agora. Mas essa opinião conjunta continha também o argumento poderoso de que a "decisão central" do caso *Roe* era correta – na verdade, continha um argumento mais poderoso em favor do direito à autonomia procriadora do que aquele apresentado por Blackmun em 1973, e o argumento condizia, em muitos aspectos importantes, com o argumento que temos explorado neste livro[24]. Ainda que os três juízes não tenham mencionado a idéia do sagrado, boa parte do que disseram apelava a esse conceito: afirmavam, por exemplo, que as pessoas se opõem ao aborto por julgarem-no incompatível com a devida "reverência diante da maravilha da

24. Discuto mais detalhadamente os argumentos nos quais se fundamenta a decisão do caso *Casey* em meu artigo "The Center Holds!", *The New York Review of Books*, agosto de 1992. Discuti a possibilidade de o tribunal tomar por base esses argumentos em um artigo anterior, do qual foi extraída uma parte do material deste capítulo: "Unenumerated Rights: Whether and How *Roe Versus Wade* Should Be Overruled", 59 *Chicago Law Review* 381 (1992).

criação"[25]. Declararam que os estados não podem impor um ponto de vista oficial sobre o aborto porque "no coração da liberdade encontra-se o direito de definir o próprio conceito de existência, de significado, do universo e do mistério da vida humana". Qualquer sociedade comprometida com a liberdade, insistiam, deixará essas questões a cargo da consciência individual porque "as crenças relativas a essas questões não poderiam definir os atributos da personalidade se fossem formadas sob a compulsão do Estado". A opinião incorporava alusões religiosas, mencionando não apenas a reverência diante da criação e do mistério da vida, mas também os "imperativos espirituais" das mulheres. Temos aí mais uma prova da surpreendente justaposição entre a 1ª Emenda e a cláusula de processo legal justo nas quais a sentença se baseou explicitamente: os argumentos que apresentou em favor da alegação de processo legal justo teriam sustentado o argumento de liberdade religiosa que também descrevi.

A sentença *Casey* foi importante porque esclareceu, como nunca se fizera anteriormente, quão central a questão do aborto é para a idéia mesma de liberdade. É absolutamente crucial, não apenas para os Estados Unidos, mas para qualquer nação que preze a liberdade, a questão de saber em que medida um governo pode legitimamente impor a seus cidadãos juízos coletivos sobre questões espirituais. Pouco nos surpreende que, em comparação com o que ocorre em outros países, o direito norte-americano deixe as mulheres mais livres para seguir sua própria consciência, uma vez que a Declaração de Direitos e Garantias enfatiza a liberdade individual, sobretudo em questões que remetem à consciência e ao sagrado, mais do que qualquer outra Constituição. A sentença *Roe contra Wade* ainda não está totalmente a salvo: se for nomeado um novo juiz que acredite que ela deve ser revogada, certamente assim o será. Esse dia seria devastador para a história constitucional dos Estados Unidos, pois significaria que os cidadãos desse país não mais

25. As citações deste parágrafo são de *Casey*, 2807-8.

estariam seguros de sua liberdade de tomar decisões segundo suas próprias convicções – sejam elas pessoais, religiosas ou motivadas por questões de consciência.

### *Os argumentos de amanhã*

Contudo, a decisão do Supremo Tribunal no caso *Casey* tornou esse dia devastador bem menos provável em um futuro próximo: ainda que a sentença *Roe* dependa do voto de um único juiz do Supremo Tribunal, sua sobrevivência parece ser agora mais provável. O presidente Clinton afirmou que só nomeará juízes que apóiam essa decisão se houver alguma vaga durante sua administração, e, ao menos em retrospecto, a sentença *Casey* parece traçar a linha a partir da qual a maioria dos juristas admitiu que algum direito constitucional ao aborto continuaria a existir nos Estados Unidos. Nos próximos anos, os argumentos jurídicos mais sérios talvez sejam disputas sobre o fato de alguma regulamentação servir ao objetivo legítimo do Estado, que remete à responsabilidade, ou ao objetivo ilegítimo do recurso à coerção. Alguns desses argumentos seriam antecipados pela Lei de Liberdade de Escolha ora pendente no Congresso, criada para proteger o direito das mulheres ao aborto se a sentença *Roe* tivesse sido revogada, mas que de qualquer modo terá sua aprovação pressionada por seus patrocinadores, com o objetivo de impedir que os estados regulamentem o aborto de alguma das maneiras permitidas pela decisão *Casey*. Mesmo que essa lei seja aprovada, porém, alguns estados tentarão adotar regulamentos não previstos ou proibidos por ela, e o Supremo Tribunal terá de decidir se se trata de regulamentos legítimos, que fomentam a responsabilidade, ou de regulamentos ilegítimos, que se voltam para a coerção. Como afirmei, a opinião dos três juízes na decisão *Casey* propunha que o teste decisivo consistisse em verificar se o objetivo ou efeito do regulamento é o de criar um "ônus indevido" sobre a mulher que opte pelo aborto, colocando "obstáculos substanciais" a tal escolha.

É praticamente inevitável que o tribunal tenha de aperfeiçoar esse teste, pois os estados adotarão uma variedade de restrições muito próximas da expressa proibição do aborto, e o tribunal terá de decidir quais são e quais não são constitucionais. "Ônus indevido" é outra abstração, assim como "processo legal justo" e "igual proteção", e sua aplicação irá por certo exigir o recurso ao discernimento e ao senso moral. Uma vez que o direito da mulher à autonomia procriadora é fundamental, devemos considerar uma restrição indevida sempre que tornar o exercício desse direito praticamente impossível para algumas mulheres, como era o caso da opinião defendida na Pensilvânia pelos três juízes, que exigiam a notificação conjugal. Contudo, mesmo uma restrição que não torne o aborto praticamente impossível a ninguém, mas que o torne suficientemente caro ou difícil para impedir que uma mulher se decida a fazê-lo depois de refletir sobre o assunto, impõe um "ônus indevido" se, em termos gerais, der a impressão de ter sido *concebido* de modo que tenha essa conseqüência. Sem dúvida, faz pouco sentido aos juízes perguntar sobre os motivos que os diferentes legisladores de um determinado estado tinham em mente ao votarem favoravelmente uma lei como essa. A questão de saber se uma lei tem um determinado objetivo é uma questão de interpretação, não de psicologia empírica: é uma questão de julgar se, levando-se em conta o que a lei faz, e o que aqueles que a propuseram e defenderam afirmaram em seus pronunciamentos oficiais antes e durante a fase de aprovação, tem sentido interpretativo atribuir-lhe esse propósito[26].

Os juízes que decidem se alguma regulamentação do aborto tem um objetivo coercitivo devem levar três coisas em consideração: até que ponto se pode esperar, razoavelmente, que a restrição torne a deliberação de uma mulher sobre o aborto mais reflexiva e responsável; o risco de que venha impedir algumas mulheres de abortar quando já tiverem se decidido responsavelmente a fazê-lo, e a possibilidade de que a melhora esperada na responsabilidade das decisões sobre o aborto possa ser

---

26. Ver Dworkin, *O império do direito*, capítulo 9.

obtida de modo diferente e com menos conseqüências coercitivas. Dessa perspectiva, a sentença *Casey*, que apoiou a versão da Pensilvânia de um período obrigatório de espera, parece passível de questionamento. Talvez algumas mulheres daquele estado reflitam novamente sobre o aborto durante o período obrigatório de espera, mas parece duvidoso que muitas venham a fazê-lo. Os períodos de espera são claramente desejáveis antes de algumas decisões – comprar um revólver, por exemplo, ou optar pelo suicídio assistido por um médico nos lugares onde é permitido por lei. Mas a maioria das mulheres que procuram o aborto já terão refletido muito sobre o passo que estão dando – algumas terão tomado essa iniciativa a duras penas –, e é improvável que um período de espera de um único dia possa aprofundar significativamente sua reconsideração dessas questões. Sem dúvida, existem métodos muito melhores para incentivar as mulheres a refletir sobre o aborto e compreender sua gravidade moral – por exemplo, ajudar financeiramente as mães sem recursos, de modo que as grávidas possam optar entre o nascimento e o aborto por outros motivos além da carência financeira.

Por outro lado, os períodos obrigatórios de espera significam que muitas mulheres, em particular as mais pobres, que refletiram muito profundamente sobre o seu próprio entendimento do que o respeito pela santidade da vida humana exige e tomaram a decisão de abortar, serão dissuadidas de fazê-lo. Se as mulheres que vivem a uma distância considerável de uma clínica de aborto, como acontece em muitas áreas rurais, tiverem de esperar vinte e quatro horas depois de sua primeira visita à clínica, terão de fazer duas viagens possivelmente caras, em vez de uma única, explicar as duas viagens a pessoas às quais talvez não queiram dar a conhecer sua decisão de abortar e tolerar, por duas vezes, o radicalismo dos manifestantes "pró-vida" que encontrarão diante da clínica. Essa exigência poderia, de fato, induzir algumas mulheres já decididas a abortar a abrir mão de sua decisão. Além do mais, o estado da Pensilvânia poderia ter chegado ao mesmo resultado, de estimular as mulheres a refletir antes de fazer o aborto, de alguma maneira que não tivesse essa conseqüência: poderia, por exemplo, ter permitido que um dia antes da data marcada para o aborto os médicos lhes dessem, por telefone, todas as informações necessárias.

O que fica, portanto, é a impressão de que a regulamentação da Pensilvânia é "reprovada" no teste estabelecido por três dos juízes que a defenderam – O'Connor, Kennedy e Souter –, e é importante observar que os três admitiram essa possibilidade quando afirmaram considerar "problemático" o argumento de que a regulamentação poderia dissuadir muitas mulheres. Esses juízes enfatizaram que, na verdade, o tribunal federal de primeira instância não tinha decidido que o período obrigatório de espera impunha "obstáculos substanciais", e sugeriram que poderiam respeitar um veredicto assim em um caso posterior. (Em dezembro de 1992, contudo, o tribunal recusou-se a rever a decisão de um tribunal inferior que apoiava a exigência de um período de espera de vinte e quatro horas no estado do Mississippi.)[27]

As opiniões emitidas pelos juízes no caso *Casey* sugerem uma razão para se reexaminar a decisão do Supremo Tribunal, há muito existente, em cujos termos um governo que oferece cuidados clínicos e sanitários gerais aos pobres pode, não obstante, recusar-se a financiar os abortos, inclusive os terapêuticos? É verdade, como declarou o tribunal, que existe uma grande diferença entre proibir o aborto e recusar-se a financiá-lo. Ninguém tem o direito constitucional de que o governo contribua com os custos de qualquer procedimento médico específico – constitucionalmente, o governo pode decidir-se a ajudar a pagar os custos de uma diálise renal, mas não dos transplantes de coração, por exemplo, ou a excluir o tratamento psiquiátrico de um programa de assistência médica bastante abrangente em outros sentidos. Certas ou erradas, essas decisões são parte da responsabilidade do governo de alocar seus fundos de acordo com decisões políticas coletivamente prioritárias. Contudo, as regulamentações federais e estaduais que excluem o aborto dos

27. Ver Linda Greenhouse, "Justices Decline to Hear Mississippi Abortion Case", *The New York Times*, 8 de dezembro de 1992, A22.

programas de assistência médica geral são um outro assunto, uma vez que se destinam a afetar não apenas as escolhas que as pessoas fazem, mas também quem vai financiá-las. Como o Supremo Tribunal afirmou, na decisão em que considerou esse tipo de política constitucional: "A Emenda Hyde, assim como a regulamentação assistencial de Connecticut [...], através do subsídio desigual do aborto e de outros serviços médicos, estimula atividades alternativas que se considera ser de interesse público"[28].

O tribunal rejeitou o argumento de que essa tentativa oficial de induzir as pessoas a seguir pontos de vista socialmente aprovados sobre o aborto significa favorecer um conjunto de valores religiosos em detrimento de outros. Mas concebeu esse argumento na forma do argumento ruim que descrevi há pouco: afirmou que o governo não está desautorizado a punir o roubo apenas porque as religiões judaico-cristãs também o condenam. O tribunal não considerou o argumento muito diferente do que estou apresentando neste capítulo: que, como as opiniões sobre o aborto repousam sobre diferentes interpretações de uma crença comum na santidade da vida humana, elas próprias são crenças essencialmente religiosas. Se assim for, então a decisão governamental de recusar os fundos para os abortos necessários do ponto de vista médico com base no pressuposto de que esses abortos não são "de interesse público" equivale a estabelecer uma interpretação da santidade da vida como o credo oficial da comunidade, o que coloca, nos termos da Primeira Emenda, uma questão muito mais séria do que o tribunal reconheceu. Muito embora, como afirmei, a opinião conjunta no caso *Casey* não se referisse explicitamente à religião ou à Primeira Emenda, declarava que as concepções das pessoas sobre o aborto dependem de suas convicções sobre o "conceito de existência, de significado, do universo e do mistério da vida humana", e que "as crenças que remetem a essas questões não poderiam definir os atributos da personalidade se fossem formadas sob a coação do Estado".

---

28. *Harris contra McRae*, 315.

Particularmente em uma época em que o governo está necessariamente envolvido no financiamento da assistência médica e em que muitas mulheres para as quais o aborto é de crucial importância não poderão fazer um aborto seguro sem auxílio financeiro, negar essa ajuda com o objetivo de induzir as mulheres a "atividades alternativas" é algo que se assemelha muito à coerção ao sugerir que as decisões anteriores do Supremo Tribunal em defesa da emenda Hyde e de leis semelhantes promulgadas pelos estados deveriam ser agora reconsideradas. Poder-se-ia objetar que, se o governo apóia financeiramente o aborto, utiliza fundos recolhidos em forma de impostos daqueles que acreditam que o aborto insulta a santidade da vida e, desse modo, nega-lhes o livre exercício de *suas* crenças essencialmente religiosas. Ou que recusar-se a pagar por um aborto é a única maneira de o governo permanecer neutro nessa questão. Contudo, financiar o tratamento médico de pessoas cujas práticas religiosas alguns contribuintes consideram ofensivas não nega a estes mais liberdade religiosa do que o fato de usar viaturas de bombeiros pertencentes ao município para apagar o incêndio de uma igreja que eles também desaprovam, e seria absurdo interpretar que uma política de auxílio financeiro a todos os cuidados médicos durante a gravidez, o que inclui tanto o nascimento quanto o aborto, demonstrasse alguma preferência por este último. É verdade que a posição do tribunal sobre o financiamento dos abortos já vem de longa data e que tal fato argumenta em favor de não se perturbá-la agora. Mas a decisão *Casey* sinalizou não apenas uma nova aprovação da sentença *Roe contra Wade*, como também uma mudança no modo de o tribunal entender por que essa sentença estava certa, e a integridade constitucional pode agora exigir um novo modo de ver muitas das decisões que foram tomadas antes que se chegasse a esse novo entendimento.

Em seu segundo dia na presidência, o presidente Clinton, expressando sua determinação de que as decisões sobre assistência médica fossem desvinculadas do debate político sobre o aborto, revogou um grande número de políticas que haviam sido adotadas pelas administrações Reagan-Bush. Clinton revogou a *gag rule** que proibia que o corpo de funcionários de algumas clínicas mantidas pelo governo federal aconselhasse sobre a questão do aborto, ou mesmo que chegasse a mencioná-la; acabou com as restrições às pesquisas financiadas por recursos federais sobre o uso médico de tecido fetal; permitiu o aborto em hospitais militares situados no exterior e pôs fim às restrições ao uso de contribuições da ONU para o aconselhamento em casos de aborto[29]. Ainda assim, outras questões jurídicas continuarão sendo de grande importância prática para as mulheres que refletem sobre a possibilidade de abortar. Durante vários anos, os juízes federais têm assegurado mandados de segurança contra membros da "Operação Resgate" e de outros grupos antiaborto que recorrem à violência para intimidar as mulheres que entram nas clínicas de aborto. Esses juízes se basearam em uma lei federal de 1871, chamada lei da Ku Klux Klan, que proíbe as conspirações que têm por objetivo privar "qualquer pessoa ou classe de pessoas" da igual proteção das leis. Durante muitos anos, o Supremo Tribunal entendeu que essa linguagem proíbe as conspirações fomentadas por aquilo que chamou de "hostilidade insidiosamente discriminatória com base na classe a que se pertence", mas em janeiro de 1993, no caso *Bray contra Alexandria Women's Health Clinic*, decidiu por seis votos a três que a lei não se aplicava à violência organizada contra as clínicas de aborto porque, como afirmou o juiz Scalia, existem "razões comuns e aceitáveis" para opor-se ao aborto, mas estas não incluem nenhuma forma de ódio contra as mulheres enquanto membros de uma classe[30]. Isso é verdade, sem dúvida, mas também é verdade que os

* No contexto jurídico propriamente dito, *gag rule* é uma medida adotada pelo juiz com o objetivo de impor limites às informações que podem ser dadas sobre um processo. (N. do T.)

29. Ver Robin Toner, "Clinton Orders Reversal of Abortion Restrictions Left by Reagan and Bush", *The New York Times*, 23 de janeiro de 1993, A1.

30. Ver Linda Greenhouse, "Supreme Court Says Klan Law Can't Bar Abortion Blockades", *The New York Times*, 14 de janeiro de 1993, A1.

grupos antiaborto são movidos por uma "hostilidade insidiosamente discriminatória" para com um grupo específico de mulheres, não por sua raça ou sexo, mas por suas convicções essencialmente religiosas ou espirituais, e qualquer interpretação plausível dos princípios que justificam o lugar da lei Ku Klux Klan no federalismo contemporâneo sustentaria que esse tipo de discriminação está dentro do espírito da lei.

Alguns juízes preocuparam-se com a possibilidade de que a aplicação da lei a esse caso significaria que uma lei específica, proveniente da era da Reconstrução, estaria sendo usada para transferir à jurisdição do governo federal vastas áreas do direito criminal e civil tradicionalmente reservadas aos estados. Tal preocupação, porém, parece exageradamente tímida no que diz respeito à capacidade do Supremo Tribunal de traçar uma linha divisória entre uma campanha nacional de violência organizada, dirigida contra determinadas pessoas em razão de suas convicções constitucionalmente protegidas, o que deve ser uma questão de preocupação nacional sob qualquer concepção defensável do federalismo, e o restante do direito civil ou criminal dos estados. É difícil imaginar conspirações como a Operação Resgate sendo organizadas contra qualquer outra convicção controversa e essencialmente religiosa. Mas, se tal coisa existisse – por exemplo, se uma operação nacional semelhante recorresse à violência para tentar impedir que o suporte vital fosse retirado de pacientes irreversivelmente vegetativos –, então a lei Ku Klux Klan interpretada como sugeri iria aplicar-se adequadamente, de novo sem que isso implicasse que a lei federal estaria usurpando grandes espaços do direito tradicionalmente sob jurisdição dos estados. A administração Bush juntou-se à Operação Resgate ao pedir ao tribunal que tomasse a decisão que tomou. Contudo, o deputado Charles E. Schumer e o senador Edward Kennedy anunciaram que irão patrocinar uma nova legislação que dê aos funcionários federais o poder de reagir a tamanha violência[31].

31. Ver Tamar Lewin, "Abortion-Rights Groups See a Rise in Attacks on Clinics", *The New York Times*, 14 de janeiro de 1993, D25.

Devemos assinalar, por último, que uma das mais importantes decisões que irão afetar o aborto nos Estados Unidos nos próximos anos será uma decisão mais comercial que jurídica. Uma companhia francesa – a Roussel Uclaf – desenvolveu a RU-486, uma pílula que provoca o aborto e que, apesar de exigir procedimentos médicos em instalações adequadas em uma determinada etapa da gravidez, é menos cara e mais confidencial do que o aborto cirúrgico em um hospital ou clínica. A pílula vem sendo comercializada na França, na Grã-Bretanha e na Suécia, e já foi tomada por cerca de cem mil mulheres. A Roussel Uclaf, que pertence a uma empresa alemã, a Hoechst A.G., não tentou vender a pílula em outros países por medo de despertar a ira dos grupos antiaborto, e até o momento não solicitou à *Food and Drug Administration* permissão para comercializá-la nos Estados Unidos. (Ainda que em geral se permita que os norte-americanos importem pequenas quantidades de remédios estrangeiros, mesmo quando sua venda não esteja liberada no país, o Departamento de Justiça de Bush não permitiu que uma mulher importasse a RU-486 em 1992[32]. No segundo dia de seu mandato, Clinton também ordenou que essa decisão fosse revista.)[33] Clinton afirmou que convidaria a Roussel a pedir tal permissão, a qual seria rapidamente concedida, uma vez que a droga já foi amplamente testada na Europa e que o diretor da FDA, dr. David A. Kessler, já deu demonstrações de que a solicitação seria bem-vinda[34]. A empresa, contudo, ainda não decidiu se vai arriscar-se a enfrentar as manifestações e o boicote a seus outros produtos se começar a vender o medicamento nos Estados Unidos. Para as mulheres, a oportunidade de fazer um aborto seguro e barato não depende apenas do governo e do Supremo Tribunal.

---

32. Ver "Catch-22 for RU-486", *The New York Times*, 19 de julho de 1992, D16.

33. Ver Robin Toner, "Clinton Orders Reversal of Abortion Restrictions Left by Reagan and Bush", *The New York Times*, 23 de janeiro de 1993, A1.

34. Ver Philip J. Hilts, "Abortion Pill's Sale Unlikely Soon Despite Change of Administration", *The New York Times*, 15 de novembro de 1992, A38.

# 7. *Morrer e viver*

O aborto é a perda de uma vida humana que se inicia. A morte ocorre antes que a vida tenha de fato começado. Iremos agora examinar as decisões que as pessoas devem tomar sobre a morte no outro extremo da vida, depois que a vida efetivamente terminou. Veremos que as mesmas questões voltam a apresentar-se, e que as perguntas sobre a morte que nos fazemos a propósito dos dois extremos da vida têm muito em comum.

Todos os dias, no mundo todo, pessoas racionais pedem que lhes seja permitido morrer. Às vezes, pedem que outras as matem. Algumas delas já estão morrendo, muitas em meio a grandes sofrimentos, como Lillian Boyes, uma inglesa de setenta anos que agonizava devido a uma forma terrível de artrite reumatóide, com dores tão lancinantes que nem mesmo os analgésicos mais poderosos conseguiam mitigar. Lillian gritava de dor quando seu filho, delicadamente, lhe tocava as mãos com as pontas dos dedos. Algumas pessoas querem morrer porque não querem continuar vivas da única maneira que lhes resta, como Patricia Diane Trumbull, uma nova-iorquina de quarenta e cinco anos que estava com leucemia e recusou o tratamento quimioterápico e os transplantes de medula mesmo depois de informada de que o tratamento lhe ofereceria uma entre quatro possibilidades de sobreviver. Patricia assim decidiu porque conhecia a devastação resultante do tratamento e achava que a probabilidade de sobreviver não compensaria o sofrimento atroz que teria de suportar. Ou Janet Adkins, uma mulher do estado de Oregon que, aos cinqüenta e quatro anos de idade, sabia estar nos estágios iniciais do mal de Alzheimer e preferia morrer quando ainda em condições de tomar essa decisão por si própria. Às vezes, os parentes pedem permissão para pôr fim à vida de algum membro da família, pois o paciente em questão já se encontra em estado vegetativo irreversível . Foi o caso de Nancy Cruzan, cujo córtex cerebral fora destruído por falta de oxigênio depois de um acidente e cujo suporte vital foi finalmente retirado em 1990, depois de passar sete anos vivendo como um vegetal e de seus pais terem recorrido diversas vezes ao Supremo Tribunal.

Os médicos dispõem de um aparato tecnológico capaz de manter vivas – às vezes por semanas, em outros casos por anos – pessoas que já estão à beira da morte ou terrivelmente incapacitadas, entubadas, desfiguradas por operações experimentais, com dores ou no limiar da inconsciência de tão sedadas, ligadas a dúzias de aparelhos sem os quais perderiam a maior parte de suas funções vitais, exploradas por dezenas de médicos que não são capazes de reconhecer e para os quais já deixaram de ser pacientes para tornar-se verdadeiros campos de batalha. Situações desse tipo nos aterrorizam a todos. Também temos muito medo – alguns mais que outros – de viver como um vegetal inconsciente, mas escrupulosamente bem cuidado. Cada vez mais, nos damos conta da importância de tomar uma decisão com antecedência: queremos ou não ser tratados desse modo? Hoje, todos os estados norte-americanos reconhecem alguma forma de diretriz antecipada: ou os "testamentos de vida" (documentos nos quais se estipula que certos procedimentos médicos não devem ser utilizados para manter o signatário vivo em circunstâncias específicas), ou as "procurações para a tomada de decisões em questões médicas" (documentos que indicam uma outra pessoa para tomar decisões de vida e de morte em nome do signatário quando este já não tiver condições de tomá-las). E todos sabemos que talvez tenhamos de tomar tais decisões – na qualidade de parentes, amigos ou médicos – em lugar de outros que não assinaram os "testamentos de vida" ou as procurações acima referidas. (Apesar da publicidade recente, poucas pessoas assinaram testamentos de vida. Uma pesquisa realizada em 1991 informava que 87% dos entrevistados acreditavam que se deveria exigir ou permitir que os médicos retirem o suporte vital se o paciente tiver assinado um testamento de vida com essa determinação; outra pesquisa, porém, informava que somente 17% dos entrevistados haviam assinado esse tipo de testamento, pois muitos desconhecem a forma exata de redigi-lo ou são demasiado supersticiosos ou sensíveis para assinar um documento em que pedem para morrer)[1].

Trata-se de decisões individuais, mas os eleitores também têm de tomar decisões políticas. A comunidade deve decidir até que ponto vai permitir que seus membros optem pela morte. O projeto de lei que os californianos rejeitaram em 1992 declarava: "O direito de optar pela eliminação da dor e do sofrimento e de morrer com dignidade no tempo e no lugar de nossa própria escolha, quando nos tornarmos doentes terminais, é uma parte integral de nosso direito a controlar nosso próprio destino", e estabelecia uma "diretriz" que um doente terminal poderia assinar, pedindo ajuda para morrer no tempo e no lugar de sua livre escolha sempre que dois médicos testemunhassem que, de qualquer modo, a morte seria inevitável dentro de seis meses. O projeto de lei exigia que uma diretriz desse tipo tivesse duas pessoas por testemunha, que nenhuma delas tivesse qualquer relação de parentesco com o signatário, que não pudessem beneficiar-se de sua morte nem fossem seus médicos, e determinava que a diretriz poderia ser revogada a qualquer momento, tanto verbalmente quanto por escrito. Muito embora essa lei tenha sido rejeitada por plebiscito, assim como outra semelhante que o estado de Washington havia proposto em 1991, os grupos que defendem esse tipo de legislação, como a Hemlock Society*, acreditam ser inevitável que o

---

1. Ver a pesquisa de opinião pública KRC, divulgada em outubro de 1991, e a pesquisa ABC News/*Washington Post*, divulgada em janeiro de 1992. Ambas podem ser encontradas em Public Opinion Online, disponível em Westlaw, Dialog Library, arquivo de pesquisas.

* "Sociedade Cicuta", em clara alusão ao suicídio de Sócrates. (N. do T.)

direito acabe por seguir essa direção. Uma recente pesquisa de opinião pública de âmbito nacional realizada pelo *Globe* de Boston e pela Faculdade de Saúde Pública de Harvard revelou que 64% dos entrevistados eram favoráveis a alguma forma de legalização da eutanásia[2].

Na maioria dos países europeus, o direito atual não contempla disposições legislativas que viabilizem legalmente os testamentos de vida ou as procurações para a tomada de decisões em questões médicas, ainda que em 1992 o Parlamento inglês tenha apresentado um projeto que permitia que as pessoas rejeitassem, com antecedência, certas modalidades drásticas de tratamento médico. Formalmente, nenhum país ocidental permite que um médico (ou qualquer outra pessoa) mate os pacientes, nem mesmo quando por solicitação destes[3]. Na Holanda, contudo, já há vários anos um consenso informal que inclui promotores públicos e membros do poder judiciário per-

---

2. Ver Peter Steinfels, "Beliefs", *The New York Times*, 9 de novembro de 1991, A11.

3. Na Grã-Bretanha, o suicídio e a tentativa de suicídio eram crimes até 1961. Nesse ano, a lei sobre suicídio descriminalizou-os, mas o suicídio assistido e a eutanásia continuam sendo crimes segundo o Parágrafo 2(1) dessa lei. A lei não se aplica à Escócia, mas, segundo um autor, os que praticam a eutanásia nesse país "podem, em alguns casos, correr um maior risco de ver-se acusados de assassinato em circunstâncias nas quais a lei de 1961 poderia ter sido usada na Inglaterra". Mary Rose Barrington, "Euthanasia: An English Perspective", em Arthur Berger e Joyce Berger, orgs., *To Die or Not to Die: Cross-Disciplinary, Cultural and Legal Perspectives on the Right to Choose Death* (Nova York: Praeger, 1990), 85, 86. Quanto à situação em outros países, ver David W. Myers, *The Human Body and the Law* (Palo Alto, Calif.: Stanford University Press, 1990). A eutanásia é tratada como "homicídio voluntário" na França; ver Annie Kouchner, "Mort Douce aux Pays-Bas", *L'Express* (1º de maio de 1992), 37. Em 24 de junho de 1991, o Comitê Nacional Francês de Ética Médica condenou expressamente qualquer reforma que permitisse aos médicos praticar a eutanásia por solicitação do paciente. Na Alemanha, Itália, Suíça, Dinamarca, Noruega e Polônia, a eutanásia é classificada não como assassinato intencional, mas como "homicídio a pedido", e resulta em uma pena mais branda: na Alemanha, por exemplo, aplica-se uma pena de seis meses a cinco anos de prisão, e a motivação é um fator atenuante. Na Dinamarca, ao contrário, a pena é a detenção simples de sessenta dias a três anos. Ver Lynn Tracy Nerland, "A Cry for Help: A Comparison of Voluntary, Active Euthanasia Law", 13 *Hastings International and Comparative Law Review* 115 (1989).

mite que os médicos matem esse tipo de paciente contanto que observem as diretrizes sancionadas pela prática judicial. Em 1993, o Parlamento holandês sancionou essa prática através de uma lei que esteve perto de legalizar a eutanásia, mas que declarava que os médicos não seriam processados se seguissem os procedimentos e as restrições estabelecidos por essa mesma lei. Muito embora 80% dos holandeses defendam o direito à morte, e a prática que se observa na Holanda seja aprovada e fortemente defendida por muitos médicos e analistas, tanto holandeses quanto de outros países, ela tem sido duramente criticada por alguns setores da sociedade[4].

Os juristas e juízes também têm decisões a tomar. Os norte-americanos têm o direito *constitucional* de morrer? No caso de Nancy Cruzan, o Supremo Tribunal dos Estados Unidos pareceu reconhecer, ao menos em princípio, que os estados devem honrar os testamentos de vida. Que dizer, porém, de um paciente que ainda não fez tal testamento e cujos parentes ou médicos agora pensam que a morte está entre seus interesses fundamentais? Que poderes tem um estado que se defronta com uma decisão dessas? E qual é o limite entre o que uma pessoa pode solicitar, para si mesma e para outros, e aquilo que o estado pode recusar? As pessoas podem exigir, mediante o disposto em seus testamentos de vida, que não querem ser mantidas vivas artificialmente. Mas não podem exigir, como o determina o direito atual, que alguém as mate. Onde se vai traçar a linha divisória entre não ser mantido vivo e ser morto? Um estado pode proibir que os médicos dêem a seus pacientes doses de morfina que talvez os matem, mas que aliviem suas dores?

Cada uma dessas decisões pessoais, políticas e jurídicas tem centenas de facetas, algumas médicas, outras sociológicas. Suponhamos que uma lei como a do projeto da Califórnia que há pouco descrevi seja aprovada em um estado norte-america-

---

4. Quanto ao índice de aprovação, ver Andrew Kelly, "Dutch Plan to Allow Euthanasia Under Strict Conditions", Reuters, 8 de novembro de 1991. Uma avaliação crítica pode ser encontrada, por exemplo, em Carlos F. Gomez, *Regulating Death* (Nova York: The Free Press, 1991).

no. Quais são os riscos de que pessoas venham a pedir para morrer depois de receberem um diagnóstico errado, ou que morram antes que se descubram ou desenvolvam novos tratamentos que podiam salvar suas vidas se tivessem esperado? (O projeto de lei californiano sobre as diretrizes de vida declarava que o paciente que o assinava tinha conhecimento dessa possibilidade teórica, mas ainda assim queria morrer.) Até que ponto esses riscos podem ser diminuídos pelas juntas de revisão médica, pelos períodos de espera e por outros procedimentos do gênero? Quais seriam as conseqüências sociais de uma lei dessas? Qual seria o efeito sobre a consideração que as pessoas têm pelos médicos, ou sobre o sentido que os médicos atribuem à sua vocação? Uma profissão que ajuda as pessoas a morrer, ainda que levada pelos melhores motivos, iria tornar-se mais negligente ou menos cuidadosa quando diante da possibilidade de salvar vidas? O assassinato legalmente sancionado tornaria o conjunto da comunidade mais insensível perante a morte? Poderia ter, nesse sentido, um efeito tão grande, ou ainda maior, do que o que resulta da pena de morte?

Estas e outras perguntas semelhantes são hoje muito discutidas nos jornais, nas revistas médicas e nos simpósios daqueles que são chamados de deontólogos médicos. Mas também existem questões filosóficas e morais a se considerar, e estas são ainda mais importantes e difíceis. É sem dúvida importante refletir sobre quem deveria tomar as decisões de vida e morte, com que garantias e requisitos formais o faria, e se e como as decisões, uma vez tomadas, poderiam ser revertidas por outras pessoas. Mas é igualmente importante pensar em uma questão ainda mais fundamental: qual é a decisão *certa* a se tomar, seja quem for que venha a tomá-la?

Às vezes se pensa que essa questão crucial pertence à esfera exclusiva da religião. Mas a pergunta também deve ser feita por pessoas que não são religiosas, ou por aquelas cuja religião não dá nenhuma resposta que consideram apropriada ao mundo contemporâneo. Além do mais, é também uma pergunta política. Não podemos refletir inteligentemente sobre as questões jurídicas e políticas – sobre quem deve fazer quais escolhas, o que as Constituições devem permitir e o que as nações e os estados devem fazer –, a menos que tenhamos uma compreensão mais compartilhada, não necessariamente sobre o significado da morte, mas pelo menos sobre o tipo de pergunta que estamos fazendo. Como deveríamos pensar a respeito de quando e como morrer?

Em janeiro de 1993, o *American Journal of Public Health* publicou um importante relato que indicava quão profundamente dividida se encontra nossa cultura sobre essas questões, e como nossas instituições médicas se mostram recalcitrantes às mudanças, mesmo quando diante de convicções que vêm passando por modificações[5]. Mil e quatrocentos médicos e enfermeiras de cinco grandes hospitais responderam a uma pesquisa sobre seu modo de tratar os pacientes terminais: 70% dos médicos residentes disseram que os tratavam de modo *excessivo*, contrariando sua própria consciência e o que sabiam ser os interesses e desejos de tais pacientes. Para cada quatro entrevistados em cuja opinião os médicos tratavam exageradamente os pacientes terminais, apenas um afirmava que esses tratamentos eram insuficientes, e 81% concordavam em que "a forma mais comum de abuso de narcóticos na assistência médica aos pacientes moribundos é tratamento insuficiente para a dor". Essas respostas surpreendentes podem simplesmente mostrar uma espantosa inércia institucional, mas também podem revelar até que ponto os médicos temem a responsabilidade legal, a desaprovação da comunidade ou de seus pares. No que diz respeito à morte, porém, enfatizam a urgência com que precisamos de uma discussão pública mais sincera.

As pessoas devem decidir sobre sua própria morte, ou sobre a morte dos outros, em três tipos principais de situação.

*Consciente e competente.* O suicídio deixou de ser crime nos Estados Unidos, na Grã-Bretanha e na maioria dos países ocidentais, e o poder cada vez maior das novas tecnologias mé-

---

5. Ver Jane E. Brody, "Doctors Admit Ignoring Patients' Wishes", *The New York Times*, 14 de janeiro de 1993, A18.

dicas aumentou visivelmente o interesse das pessoas em controlar o momento e a maneira da própria morte. Em 1991, o livro *Final Exit*, um detalhado manual sobre o suicídio de autoria do presidente da Hemlock Society, no qual o autor descreve os diferentes meios aos quais uma pessoa – inclusive um paciente gravemente enfermo – pode recorrer para matar-se, chegou em uma semana ao primeiro lugar da lista dos livros de auto-ajuda mais vendidos publicada pelo *New York Times*, superando os manuais sobre sexo e as obras que ensinam a ganhar dinheiro rapidamente. A aids contribuiu para aumentar o interesse público pelo suicídio, do mesmo modo como foi responsável por tantas outras mudanças nas atitudes dos norte-americanos para com a doença e a morte. Brian Smith, que coordena um programa de aconselhamento sobre a aids em San Francisco, diz que a maioria dos aidéticos menciona a possibilidade de tirar a própria vida. Muitos deles começam a guardar medicamentos potencialmente letais assim que sua doença é diagnosticada. Smith diz que esses pacientes raciocinam da seguinte maneira: "Não vou viver os próximos cinqüenta anos do modo como planejei vivê-los, mas pelo menos poderei controlar minha morte"[6].

Contudo, muitas pessoas gravemente doentes ou incapacitadas, apesar de plenamente conscientes, são incapazes de suicidar-se sem ajuda. De acordo com o direito norte-americano, a não ser em situações excepcionais, as pessoas em pleno controle de suas faculdades mentais podem recusar um tratamento médico mesmo que tal recusa implique a sua morte. Daí não se segue, porém, que, uma vez ligadas a aparelhos que ajudam a mantê-las vivas, tais pessoas tenham o direito legal de pedir que esses aparelhos sejam desligados, pois tal procedimento implica a assistência de outras pessoas à sua morte, e o direito da maioria dos estados e dos países ocidentais proíbe o suicídio assistido. Não obstante, muitos médicos têm se mostrado dispostos a desligar os aparelhos que mantêm vivos

---

6. Ver Lisa Belkin, "Doctors Debate Helping the Terminally Ill to Die", *The New York Times*, 24 de maio de 1989, A1.

os pacientes terminais sempre que estes lhes imploram para fazê-lo.

Em uma importante decisão tomada pelo Canadá em 1992, o juiz Dufour, de Quebec, determinou que as pessoas têm o direito de exigir a retirada do suporte vital mesmo quando não estão morrendo, mas acham que suas vidas serão intoleráveis do modo como terão de vivê-las. Nancy B., de vinte e cinco anos, sofria de uma rara doença neurológica chamada síndrome de Guillain-Barre que a deixara paralisada do pescoço para baixo, e pediu ao juiz que autorizasse o médico a desligar o aparelho de respiração artificial que a mantinha viva. O médico lhe disse que, ligada a esse aparelho, poderia continuar viva por muitos anos ainda, mas ela preferia morrer. "As únicas coisas que restam na vida são assistir à televisão e ficar olhando para as paredes. Para mim, chega. Já estou ligada ao respirador há dois anos e meio, e acho que já fiz minha parte"[7]. O juiz disse que ficaria muito feliz se Nancy mudasse de opinião, mas que a compreendia e concordaria com seu pedido. O respirador foi desligado, e Nancy B. morreu em fevereiro de 1992.

Contudo, as leis de todos os países ocidentais (com exceção, na prática, da Holanda) ainda proíbem que médicos, ou outros, matem diretamente pessoas que lhes peçam para fazê-lo, injetando-lhes um veneno letal, por exemplo. Assim, o direito produz o resultado aparentemente irracional: por um lado, as pessoas podem optar por morrer lentamente, recusando-se a comer, recusando-se a receber um tratamento capaz de mantê-las vivas ou pedindo para ser desligadas de aparelhos de respiração artificial; por outro, não podem optar pela morte rápida e indolor que seus médicos poderiam facilmente conseguir-lhes[8]. Muitas pessoas – médicos, inclusive – acham que

---

7. Ver William Claiborne, "Paralyzed Canadian Woman Wins Court Ruling on Right to Die", *Washington Post*, 7 de janeiro de 1992, A9.

8. As decisões médicas sobre o período imediatamente posterior ao nascimento fornecem um exemplo particularmente horrível dessa aparente irracionalidade. Alguns bebês com síndrome de Down nascem com uma obstrução intestinal que pode ser facilmente corrigida por cirurgia, mas o bebê morrerá de inanição se tal cirurgia não for feita. Por instruções dos pais, é comum que os médicos não

essa distinção não é irracional mas, ao contrário, essencial; acreditam que os médicos não devem, sejam quais forem as circunstâncias, transformar-se em assassinos. Para muitas outras pessoas, porém, esse princípio parece cruelmente abstrato.

Nigel Cox havia sido médico de Lillian Boyes por treze anos, período durante o qual mantiveram uma sólida relação pessoal; ele lhe prometera que não a deixaria sofrer, mas os analgésicos que usou não surtiram o efeito desejado, e ela então lhe implorou que a matasse. O dr. Cox injetou-lhe uma dose letal de cloreto de potássio e ela morreu em poucos minutos. Escrupulosamente, o médico registrou a aplicação da injeção em seus registros médicos, e uma enfermeira católica que descobriu o prontuário médico da paciente levou o caso ao conhecimento das autoridades do hospital. Ele foi julgado por tentativa de assassinato porque, como o corpo havia sido cremado, não havia como provar que a injeção fora a causa da morte de Lillian. Embora seu advogado tenha argumentado que ele só aplicara a injeção de cloreto de potássio para aliviar o sofrimento de sua paciente, o júri não aceitou tal argumentação – a droga não tem efeito analgésico – e, por um voto a onze, considerou-o culpado. O juiz Ognall condenou o dr. Cox a um ano de prisão, mas suspendeu a sentença. Afirmou que o médico não cumprira com seu dever profissional por compaixão para com uma paciente terminal que se havia tornado uma amiga muito admirada e querida. "O ato que o senhor praticou", disse-lhe o juiz, "não foi apenas um crime, mas também uma traição absoluta a seu dever inequívoco como médico". Quase todos esperavam que, devido a essa condenação, o dr. Cox não mais seria autorizado a exercer a medicina. Porém, apesar de o Conselho de Medicina tê-lo repreendido, afirmando que sua iniciativa era condenável e que o direito não deveria ser alterado de modo a

---

operem, condenando os bebês a uma morte lenta e dolorosa, pois estariam cometendo um crime se os matassem rapidamente. Um médico holandês que assim procedeu é criticado em Gomez, *Regulating Death*, p. 135, sob a alegação de que o bebê "não queria morrer" e "foi vítima de um ato homicida disfarçado de intervenção médica".

permiti-la, o conselho de diretores não o impediu de continuar exercendo a medicina. Seu empregador, a Wessex Regional Health Authority, permitiu que ele retomasse suas funções no Royal Hampshire County Hospital de Winchester, mas o fez sob a condição de que ele aceitasse que seu trabalho fosse supervisionado por um médico mais experiente. Algumas organizações britânicas expressaram sua consternação diante do que consideravam um excesso de tolerância por parte desses órgãos oficiais. Jack Scarisbrook, líder do grupo de pressão Vida, afirmou: "É contrário aos mais irretocáveis princípios éticos da profissão médica, e muito perigoso tendo em vista a confiança que todos devemos poder depositar em nossos médicos". Outros grupos, porém, consideraram absurdo que o dr. Cox tivesse sido condenado por um crime, e lançaram uma campanha para legalizar a eutanásia em casos semelhantes[9].

Em 1991, nos Estados Unidos, um caso parecido foi tratado de modo bem diferente pelo público e pela profissão médica. O médico de Patricia Trumbull, Timothy Quill, de Rochester, Nova York, declarou ao *New England Journal of Medicine* que, por solicitação de Trumbull, receitara-lhe uma quantidade de barbitúricos suficiente para matá-la e lhe dissera quantos devia tomar para consumar seu objetivo. Quando se sentiu preparada, ela tomou os comprimidos e morreu em seu sofá. Um promotor público do estado de Nova York solicitou a formação de um grande júri para decidir se o dr. Quill devia ou não ser processado por suicídio assistido, um crime que naquele estado resulta em pena de cinco a quinze anos de prisão. O grande júri decidiu que a acusação não procedia[10]. O Departamento de Saúde do estado de Nova York então pediu que seu Conselho de Conduta Médica Profissional decidisse se a licença do dr. Quill deveria ser cassada, ou se bastaria votar uma

---

9. Ver, por exemplo, Kathy Marks, "Consultant Convicted of Attempted Murder", *The Independent*, 20 de setembro de 1992, 1.

10. Ver Lawrence Altman, "Jury Declines to Indict Doctor Who Said He Aided in a Suicide", *The New York Times*, 27 de julho de 1991.

moção de censura contra ele. O conselho decidiu, por unanimidade, que "Nada justificava a acusação de má conduta"[11].

O conselho preocupou-se, em particular, em estabelecer uma diferença entre o que o dr. Quill havia feito e os atos muito conhecidos de Jack Kevorkian, um médico de Detroit que a imprensa apelidou de "Dr. Morte". Esse médico construiu várias máquinas para o suicídio medicamente assistido, sobre as quais escreve e cujo funcionamento descreve na televisão, e pelo menos nove pessoas já usaram essas máquinas para suicidar-se. O dr. Kevorkian instalou uma delas na parte de trás de sua perua Volkswagen, e para usá-la os pacientes que desejam morrer têm de apertar um botão que injeta veneno através de uma agulha que o médico introduz na veia. (O estado de Michigan, um dos poucos estados norte-americanos que não dispunha de legislação proibindo o suicídio assistido, promulgou uma lei nesse sentido em 1992, por um período limitado, com a esperança de impedir que o dr. Kevorkian voltasse a utilizar suas máquinas no estado. A lei entrou em vigor em março de 1993, e pelo menos uma pessoa, um paciente de cinqüenta e três anos que sofria de câncer ósseo, usou a máquina de Kevorkian para matar-se depois da aprovação da lei, mas antes do limite de prazo.) Segundo o Conselho, o dr. Quill agia de modo diferente, pois não sabia se sua paciente tomaria ou não a dose letal. Essa distinção, porém, é muito pouco enfática, uma vez que o dr. Quill tinha conhecimento de que sua paciente pretendia matar-se. A distinção importante entre os dois médicos, como assinalaram tanto o médico quanto o Conselho, está no fato de que o dr. Kevorkian conhecia superficialmente seus pacientes, enquanto a estreita e duradoura relação entre o dr. Quill e Patricia Trumbull (a exemplo da relação entre o dr. Cox e Lillian Boyles) permitira-lhe conhecer com muito mais profundidade sua situação e suas necessidades.

*Inconsciente.* Os médicos são freqüentemente forçados a decidir se vão ou não prosseguir com o suporte vital para al-

---

11. Ver Lisa Foderaro, "New York Will Not Discipline Doctor for His Role in Suicide", *The New York Times*, 17 de agosto de 1991, A25.

guém que está inconsciente e moribundo – alguém com grave insuficiência cardíaca, por exemplo. Quase todos os hospitais desenvolveram uma política – às vezes formal, outras informal – sobre quando ressuscitar alguém cuja probabilidade de sobreviver mais que alguns dias é muito pequena e que, na melhor das hipóteses, irá passar esses dias ou horas em estado de semiconsciência. Alguns pacientes pedem – quer assinando testamentos de vida, quer por uma simples solicitação aos médicos e à equipe hospitalar – para não ser ressuscitados se entrarem nesse estado. Outros, ao contrário, insistem em que esses profissionais se empenhem ao máximo em mantê-los vivos pelo máximo de tempo possível, e os parentes em geral adotam o mesmo ponto de vista. Uma viúva de setenta e seis anos, por exemplo, que nunca mais saiu da unidade de terapia intensiva depois de fazer uma cirurgia cardíaca, suportou uma crise após a outra e recusou-se terminantemente a admitir que não a ressuscitassem em seguida a uma dessas crises. Por fim, teve uma parada cardíaca quando usava um aparelho de respiração artificial. Mesmo então, sua filha recusou-se a permitir que o processo de ressuscitação fosse interrompido; segundo disse, sua família tinha a tradição de "lutar até o fim", como havia ocorrido no caso de uma tia e do marido da paciente. Para ilustrar esse exemplo de tenacidade familiar, afirmou: "Até nosso gato recebeu transfusões de sangue quando estava agonizante"[12].

Contudo, muitos pacientes em estado de inconsciência não estão necessariamente à beira da morte. Alguns acidentes e doenças deixam suas vítimas em coma ou no estado que os médicos chamam de "vegetativo persistente"[13]. Em qualquer dos casos, estão inconscientes – ainda que muitos pacientes em estado vegetativo persistente consigam abrir e movimentar os olhos –, e os centros superiores de seus cérebros foram permanentemente danificados, tornando-se impossível qualquer retorno à

12. O caso é descrito em David C. Thomasma e Glenn C. Graber, *Euthanasia* (Nova York: Continuum, 1990), 222.

13. Ver Ronald E. Cranford, "The Persistent Vegetative State: The Medical Reality (Getting the Facts Straight)", *Hastings Center Report*, vol. 18, nº 1 (fevereiro/março de 1988), 27-8.

consciência. São incapazes de qualquer sensação ou pensamento[14]. Devem ser cuidados e virados na cama, o que é difícil uma vez que têm espasmos freqüentes. Contudo, se forem alimentados e receberem água por meio de sondas, podem continuar vivos por muitos anos. Um especialista acredita que atualmente existem, nos Estados Unidos, algo entre cinco e dez mil pessoas nessas condições. O custo de sua manutenção varia de estado para estado e de instituição para instituição: acredita-se que vá de dois mil a dez mil dólares por mês.

Em geral, os parentes de um paciente em estado vegetativo tratam-no como se ainda estivesse vivo: visitam-no, quase sempre diariamente, e às vezes falam com ele, que na verdade nada ouve do que dizem. Às vezes, porém, quando estão convencidos de que a recuperação é impossível, pedem que as sondas que o alimentam e hidratam sejam retiradas, bem como outras formas de suporte vital, mesmo que o paciente não tenha assinado um testamento de vida. Os pais de Nancy Cruzan disseram a um juiz do Missouri que várias vezes, ao longo dos anos, ela havia manifestado o desejo de não ser mantida viva em tais circunstâncias. O juiz concordou e autorizou o desligamento das sondas. Mas o advogado que o tribunal designara para representar Nancy Cruzan achou que era de sua responsabilidade recorrer da decisão, e o Supremo Tribunal do Missouri sustentou que o direito desse estado não permitia o desligamento dos aparelhos de suporte vital enquanto não houvesse uma prova "clara e consistente" de que a paciente havia, de fato, manifestado tal desejo. O tribunal afirmou que, se Nancy Cruzan tivesse assinado um testamento de vida formal, aí estaria a prova necessária, mas que as afirmações informais e aleatórias das quais sua família e seus amigos diziam lembrar-se não valiam como comprovação.

Os pais de Nancy Cruzan apelaram ao Supremo Tribunal dos Estados Unidos, que por sua vez sustentou a decisão do tri-

---

14. Raymond D. Adams e Maurice Victor, *Principles of Neurology*, 4ª ed. (Nova York: McGraw-Hill Information Services Company, Medical Services Division, 1989), 275-6.

bunal do Missouri: afirmou que esse estado tinha o direito de insistir na obtenção de provas claras e convincentes – um testamento de vida ou algum outro documento formal – antes de permitir que os hospitais retirassem o suporte vital. Como afirmei, porém, pela primeira vez a maioria dos juízes reconheceu que as pessoas competentes têm, de fato, o direito constitucional de exigir que o suporte vital seja desligado se entrarem em estado vegetativo permanente. Segundo o tribunal, os estados podem impor exigências muito complexas quanto à forma que uma diretriz antecipada deve assumir. Vários estados reformularam suas leis depois da sentença Cruzan, e atualmente todos contam com dispositivos legais que permitem honrar os testamentos de vida ou as procurações para a tomada de decisões em questões médicas, ou, na maioria dos estados, ambos. Em 1990, o Congresso adotou uma lei que exigia que todos os hospitais mantidos por fundos federais informassem qualquer paciente que neles desse entrada – ainda que para fazer uma remoção de joanetes – sobre as leis estaduais a respeito das diretrizes antecipadas e sobre as formalidades a serem observadas pelo paciente caso este desejasse certificar-se de que não seria mantido vivo se entrasse em estado vegetativo durante sua permanência no hospital.

Recentemente, o direito inglês sobre os direitos dos pacientes inconscientes foi mais claramente explicitado. Em abril de 1989, Anthony Bland foi atropelado por uma multidão em fuga no estádio de futebol Hillsborough, na Inglaterra. Teve os pulmões comprimidos e seu cérebro foi privado de oxigênio por tanto tempo que Bland entrou em estado vegetativo permanente, do qual nunca viria a recuperar-se. Em 1992, seus pais pediram aos tribunais que declarassem que os médicos poderiam, legitimamente, retirar o suporte vital e deixá-lo morrer. O juiz disse que acataria o pedido, uma vez que atendia aos interesses do paciente. O Tribunal de Apelação confirmou a decisão; em um parecer surpreendentemente filosófico com o qual os outros juízes concordaram, o presidente do tribunal, juiz Hoffmann, afirmou: "Pelo que os mais próximos de Anthony Bland nos deram a conhecer sobre ele, e forçados como estamos a fazer uma escolha, parece-nos mais provável que, em seu estado atual, ele preferiria morrer a continuar vivo", e que, muito embora o respeito pela santidade da vida pudesse ser usado como argumento em favor de mantê-lo vivo, o respeito por outro princípio, o da autodeterminação, justificava que o direito lhe permitisse optar pela morte. A Câmara Alta do Parlamento inglês confirmou a decisão do Tribunal de Apelação, mas a maioria dos pareceres que sustentavam essa sentença enfatizava não a autodeterminação do paciente, mas o fato de a continuidade do tratamento não estar entre seus interesses fundamentais[15]. (Mais adiante, discutirei a importância de se estabelecer uma distinção entre essas duas questões – a autonomia do paciente e seus interesses fundamentais.)

Nem todos, porém, adotam o ponto de vista dos pais de Nancy Cruzan e de Anthony Bland quanto a permitir a morte de parentes que se encontram em estado vegetativo persistente. Em 1989, Helga Wanglie, uma ativa mulher de oitenta e cinco anos, quebrou o quadril e sofreu várias paradas cardiopulmonares ao longo do tratamento a que foi submetida; acometida por uma grave anoxia em 1990, caiu em estado vegetativo persistente. Em 1991, o Hennepin County Medical Center, em Minnesota, onde a sra. Wanglie estava sendo tratada, sugeriu que o aparelho de respiração artificial fosse desligado para deixá-la morrer, alegando que dar continuidade ao tratamento seria inútil e inadequado. (O hospital não tinha nenhum interesse financeiro direto de interromper o tratamento; o enorme custo – cerca de quinhentos mil dólares – era bancado por um plano de saúde que deixou claro que tal custo não deveria ser levado em conta na tomada de decisão.) O sr. Wanglie, porém, recusou-se a dar seu consentimento; disse que, em sua opinião, a vida deveria ser mantida tanto quanto possível, não importa em que condições, e, embora tivesse anteriormente afirmado que nunca discutira o assunto com a esposa, acabou por lembrar-se que o havia feito em alguma ocasião e que ela compar-

15. *Airedale NHS Trust (Respondents) contra Bland*, Câmara Alta do Parlamento inglês, sentença de 4 de fevereiro de 1993.

tilhava seus pontos de vista. Em 1º de julho de 1991, a juíza Patricia Belois rejeitou o pedido do hospital, afirmando que este não oferecera razão alguma para se duvidar de que o sr. Wanglie era um competente guardião dos interesses de sua esposa. Ela morreu quatro dias depois, ainda ligada ao respirador[16].

*Consciente mas incompetente.* Estudos recentes sugerem que cerca de um quarto à metade das pessoas acima de oitenta e cinco anos – um segmento cada vez maior da população total – encontra-se seriamente afetada pela demência, e que a causa principal do problema é o mal de Alzheimer[17]. Nos estágios avançados dessa doença progressiva, as vítimas já perderam toda memória e todo sentido de continuidade do eu e são incapazes de atender a suas próprias necessidades ou funções. Janet Adkins estava nos estágios iniciais da doença – ainda ganhava do filho de trinta anos nas partidas de tênis, mas não conseguia marcar a contagem dos pontos – e sabia o que iria lhe acontecer dali por diante. Tinha lido alguma coisa sobre a máquina de injetar veneno do dr. Kevorkian e telefonou a ele. Combinaram um encontro no Michigan, onde Kevorkian jantou com ela e o marido e gravou em vídeo uma entrevista com a sra. Adkins, que o convenceu de que ainda se encontrava em pleno uso de suas faculdades mentais, que havia refletido sobre o assunto e desejava morrer. Dois dias depois, os dois entraram na parte de trás da perua do dr. Kevorkian; ele introduziu a agulha e explicou o que ela deveria fazer. Janet Adkins apertou o botão e morreu.

A sra. Adkins era competente quando tomou a decisão de morrer. Nos últimos estágios do mal de Alzheimer, é impossível tomar uma decisão semelhante. A essa altura, as vítimas freqüentemente se comportam de uma forma que sugere um medo paranóico de que lhes façam algum mal. Se podemos

---

16. Para discussões do caso *Wanglie*, ver Alexander Capron, "In Re Helga Wanglie", *Hastings Center Report*, vol. 21, nº 5 (setembro/outubro de 1991), 26; Marcia Angell, "Informed Demand for Non-Beneficial Medical Treatment", ambos em *The New England Journal of Medicine*, vol. 325, nº 7 (15 de agosto de 1991), 511, 512.

17. A predominância do mal de Alzheimer é discutida no capítulo 8.

atribuir-lhes algum desejo relevante, seria o desejo de viver, não de morrer. Tendo em vista que fatalmente entrarão em um estado de total incompetência, as pessoas competentes deveriam ter o poder de especificar o tipo de tratamento que desejam receber? Deveriam ter o poder de decidir que não querem ser mantidas vivas por meio dos tratamentos rotineiros – cirurgia quando têm câncer, antibióticos quando pegam uma pneumonia? Deveriam ter o poder de determinar que desejam, de fato, ser mortas? Esta última sugestão poderia parecer absurda: como permitir que uma pessoa tome providências antecipadas para ser morta daqui a alguns anos, quando é possível que, chegado o momento, ela dê sinais eloqüentes de que deseja continuar viva? Mas merece reflexão a idéia de que, se a sra. Adkins tivesse tido esse poder, poderia ter desfrutado de muitos outros anos ainda de vida útil, confiante em que não lhe permitiriam chegar à condição que tanto temia.

## *Três questões sobre a morte*

Nas circunstâncias em que temos desenvolvido nossa argumentação, essas decisões sobre a morte têm implicações para três questões morais e políticas específicas que, como veremos, são muitas vezes confundidas.

*Autonomia*. As pessoas que acreditam que se deveria permitir que os pacientes competentes planejassem sua própria morte, com a assistência de médicos dispostos a ajudá-los se assim o desejarem, invocam freqüentemente o princípio de autonomia. Dizem que é crucial, para o direito das pessoas, que elas possam tomar, por si próprias, decisões fundamentais que lhes permitam pôr fim a suas vidas quando quiserem fazê-lo, ao menos nos casos em que sua decisão não for claramente irracional. Contudo, alguns adversários da eutanásia também invocam a autonomia: preocupam-se com a possibilidade de que, se a eutanásia for legalizada, pessoas que na verdade preferem continuar vivas poderiam ser mortas. Sem dúvida, qualquer lei remotamente aceitável que permita a eutanásia para pessoas competentes insistiria em que elas só poderiam ser mortas se houvessem pedido, de maneira inequívoca, que lhes pusessem fim à vida. Mas alguém que sofra de uma doença terminal, e cujos cuidados sejam caros ou penosos, ou cuja situação seja consternadora para parentes e amigos, pode sentir-se culpado pelo dinheiro gasto e pela atenção que involuntariamente exige. Tal pessoa torna-se especialmente vulnerável às pressões: pode preferir que um médico nem mesmo a coloque diante do impasse de optar ou não pelo suicídio medicamente assistido; pode preferir que a questão nunca seja colocada, ou decidir que nem mesmo tem o direito de pedir que lhe tirem a vida[18]. Muitas das pessoas que votaram contra nos plebiscitos de Washington e da Califórnia preocupavam-se com a possibilidade de colocar pessoas doentes em tal situação, e alguns críticos do sistema holandês afirmam que nesse país os idosos estão começando a ver os médicos como seus inimigos em potencial.

As pessoas também se preocupam com a proteção à autonomia, ainda que de modo diferente e por diferentes razões, quando o paciente está inconsciente, como foi o caso de Nancy Cruzan. Podemos respeitar a autonomia de alguém que se tornou inconsciente apenas se nos perguntarmos qual teria sido a decisão de tal pessoa em condições apropriadas, antes de tornar-se incompetente. Isso pode parecer fácil quando o paciente assinou um testamento de vida determinando o que deve ser feito em tais circunstâncias, ou quando expressou seus desejos de modo menos formal, mas ainda assim eloqüente – por exemplo, repetindo-os muitas vezes a seus parentes. Mesmo em tais casos, porém, não há garantia de que não viria a mudar de idéia em algum momento posterior à última declaração formal ou informal, ou que não mudaria de idéia se tivesse voltado a refletir sobre a questão.

---

18. Para uma interessante discussão dessa possibilidade e de seu possível impacto sobre a conveniência de uma legislação que permita a eutanásia, ver J. David Velleman, "Against the Right to Die", *The Journal of Medicine and Philosophy*, vol. 17, nº 6 (1992), 665-81.

Se uma pessoa não explicitou seus desejos, formal ou informalmente, então é certamente possível que nunca tenha pensado no assunto, nem que tenha qualquer opinião sobre ele. Nesse caso, os parentes poderiam perguntar-se se tal pessoa teria desejado que lhe permitissem morrer, ou que a matassem, se *tivesse* pensado no assunto. Este é um juízo muito ardiloso, uma vez que tudo depende do contexto em que se imagine estar. Nossa pergunta remete ao que a pessoa em questão teria pensado depois de ler um determinado romance, ou de ouvir um argumento específico? Ou em ausência de qualquer discussão ou argumento? Estaria de bom humor ou deprimida? Mesmo assim, muita gente realmente acredita que pode, acertadamente, imaginar o que algum parente ou amigo teria desejado fazer. Em geral, a opinião dessas pessoas se baseia em sua percepção do que seria mais coerente com a personalidade do doente. A filha da viúva sob cuidados intensivos que mencionei afirmou, com grande segurança, que sua mãe agonizante desejaria que não se poupassem esforços para mantê-la viva pelo maior tempo possível. O motivo apresentado pela filha não era uma conversa da qual se recordava, ou mesmo uma conversa imaginária, mas uma tradição familiar que, ela insistia, era compartilhada por sua mãe: uma tradição de lutar até o fim, fosse qual fosse a batalha a enfrentar. Mesmo quando o sr. Wanglie disse que não tinha conversado com a esposa sobre o assunto, estava convencido de que ela desejaria continuar viva; ele também confiava em seu conhecimento da personalidade e dos valores da esposa. Os pais e amigos de Nancy Cruzan podem ter confiado mais em um conhecimento semelhante, para chegar à opinião de que ela não desejaria que a mantivessem viva, do que nas conversas sobre as quais testemunharam em juízo. Falaram sobre sua vivacidade e sobre a importância que atribuía ao espírito de iniciativa e de luta; achavam que uma pessoa desse tipo consideraria particularmente desprezível viver como um vegetal que precisasse de cuidados infindáveis.

Esses apelos da família à personalidade do paciente, oferecidos para mostrar que o suporte vital deveria ou não ser interrompido, costumam ser apresentados como um sinal eloqüente do que o paciente teria decidido por si próprio. Assim entendidos, têm por objetivo proteger a autonomia do paciente. É preciso lembrar, contudo, que também podem ser entendidos de maneira diferente: como argumentos sobre o que atenderia aos interesses fundamentais do paciente. Nesse caso, apelam à idéia de que para uma pessoa é melhor viver uma vida estruturada por um tema e, inclusive, levá-la às últimas conseqüências. Esses apelos, por exemplo, contêm o argumento de que, tendo em vista que o paciente passou toda a sua vida lutando, inclusive nas situações que pareciam irremediáveis, é melhor que enfrente a morte até o derradeiro instante, mesmo que esteja inconsciente. Ou que, como Nancy Cruzan orgulhava-se de sua auto-suficiência, o melhor é que sua vida termine quando não mais houver qualquer possibilidade de seguir em frente.

Quando entendermos o apelo à personalidade desse modo, não nos incomodaremos com a dificuldade que mencionei: que nossa opinião depende do contexto em que imaginamos que uma pessoa estaria às voltas com a decisão de viver ou morrer. Podemos avaliar qual decisão seria coerente com sua personalidade sem imaginá-la refletindo sobre essa questão. Mas a idéia subjacente – a de que aquilo que acontece a um indivíduo depois de entrar em um estado de inconsciência irreversível pode ser bom ou mau para *ele* – talvez pareça misteriosa. Voltaremos dentro em breve a essa questão.

No terceiro tipo de caso que distingui – o de um paciente consciente, mas com um quadro de demência grave, ou mentalmente incompetente – colocam-se questões muito mais complexas a propósito da autonomia. Em tais casos, estão em jogo duas autonomias: a autonomia do paciente demente e a autonomia da pessoa que se tornou demente. Essas duas autonomias podem entrar em conflito, e os problemas que daí decorrem são difíceis e complexos.

*Interesses fundamentais*. Muitos se opõem à eutanásia por razões paternalistas. Em sua opinião, mesmo quando as pessoas decidiram, deliberada e conscientemente, que preferem morrer – quando sabemos ser esse o seu verdadeiro desejo –, ainda assim constitui um *mal* o fato de terem feito tal opção. Quase todos nós adotamos esse ponto de vista, ao menos em alguns casos. Quase todos acharíamos terrível, por exemplo, que um homem jovem e saudável em tudo o mais se suicidasse durante uma crise de depressão que poderia ser passageira ou responder bem ao tratamento médico ou a outras formas de tratamento. Mesmo que ele tenha refletido sobre o assunto e ainda assim queira morrer, acreditamos que comete um erro e que a morte vai contra seus interesses. Poderíamos achar certo tentar impedir seu suicídio mesmo que isso significasse interná-lo em uma instituição ou violar sua autonomia de outras maneiras. Nossas razões são paternalistas: acreditamos que ele desconhece seus próprios interesses e que sabemos melhor o que é bom para ele.

Poderia parecer ridículo defender o mesmo ponto de vista sobre alguém que esteja nos últimos estágios de uma dolorosa doença terminal. Como Lillian Boyes – a paciente com artrite reumatóide que morria aos poucos, em meio a sofrimentos atrozes – poderia estar equivocada quanto a seus próprios interesses quando decidiu morrer sem mais demora? Para muitas pessoas, porém, morrer seria contrário a seus interesses mesmo quando sua situação fosse tão terrível que se tornasse insolúvel; por maior que fosse seu sofrimento, desejariam continuar vivas enquanto conseguissem pensar ou compreender. Algumas pessoas querem continuar vivas pelo maior tempo possível, pouco importando em *que* condições se dê tal continuidade. Aferram-se desesperadamente a qualquer tipo de vida, como fez a viúva que estava sob cuidados intensivos enquanto ainda apresentava momentos de lucidez, e como fez sua filha, ao decidir pela mãe quando a consciência desta já se perdera para sempre. Quando um tribunal inferior do Missouri finalmente decidiu que os pais de Nancy haviam apresentado fortes indícios de que ela realmente desejava morrer, e quando as autoridades públicas daquele estado, talvez por razões políticas, resolveram não apelar a um tribunal superior, os tubos que a mantinham viva foram desligados. Muitas enfermeiras que haviam cuidado de Nancy protestaram e choraram de compaixão por ela, segundo afirmaram. Não podemos compreender o debate público sobre a eutanásia enquanto não entendermos tais atitudes.

Também é preciso entender a atitude oposta: aquela de que seria melhor deixar morrer as pessoas em estado de inconsciência permanente. Como a morte poderia ser melhor para alguém que não tem a menor consciência do estado em que se encontra? Por que, em tais circunstâncias, dar-se ao trabalho de assinar um testamento de vida? Por que, por exemplo, Nancy Cruzan não poderia ter considerado *indiferente* continuar ou não a viver em estado vegetativo, o que para *ela* não faria a menor diferença? Por que seus pais deveriam enfrentar tantos problemas adicionais – processos e apelações intermináveis – para mudar o estado da filha, passando-a do *status* de praticamente morta para o de tecnicamente morta?

Muitas pessoas que assinam testamentos de vida dizem estar agindo em benefício de outros: querem poupar seus parentes dos gastos necessários para mantê-las inutilmente vivas, ou preferem que o dinheiro que a comunidade gastaria com seus cuidados seja usado em benefício de outros que têm uma vida plena pela frente. Os pais de Nancy Cruzan, porém, não tiveram de arcar com nenhum gasto para mantê-la viva. O estado do Missouri pagou todo o tratamento; seus eleitores haviam decidido que valia a pena fazer tal investimento, pois a política de manter as pessoas vivas até onde possível servia a algo que viam como um importante valor. (Teremos alguma razão para pensar que os eleitores desse mesmo estado aumentariam os fundos públicos para a assistência à criança, por exemplo, se um maior número de seus residentes assinasse testamentos de vida?) Os pais de Cruzan, é verdade, queriam que ela fosse autorizada a morrer; queriam-no, contudo, em consideração a *ela*, não a eles próprios. Não abriram um oneroso processo em nome de seus próprios interesses. Achavam que para ela seria melhor morrer e, a um segundo exame da questão, é isso que parece tão misterioso. Em um caso posterior, também no estado do Missouri, um juiz tomou a mesma decisão em relação a outra jovem que se encontrava em estado vegetativo: afirmou que o que se exigia dele era que tomasse uma decisão favorável aos interesses fundamentais *dela*, e que só lhe restava, portanto, deixá-la morrer imediatamente. Ainda que os advogados tenham debatido os prós e os contras da questão, e muito embora o caso tenha se arrastado por muito tempo, uma vez que envolvia decisões judiciais em vários níveis, ninguém contestou o ponto de vista de que a questão central consistia em saber se era possível, responsavelmente, considerar que a morte atendia aos interesses fundamentais de um paciente em estado vegetativo irreversível[19]. (Em janeiro de 1993, o novo procurador-geral do estado do Missouri pediu aos tribunais para encerrar o caso, permitindo que a família da paciente decidisse se ela continuaria ou não ligada ao suporte vital. A decisão do procurador mudou a política oficial do Missouri.)

Os mistérios, portanto, existem de ambos os lados. Por que nos preocupamos tanto, de um modo ou de outro, com a morte quando não existe mais nada a ser vivido, tampouco dor ou sofrimento aos quais a morte possa pôr um fim? Por que não nos mostramos simplesmente indiferentes quanto ao que possa acontecer a nós, ou às pessoas que amamos, em tal circunstância?

*Santidade*. À parte os problemas relativos à autonomia e aos interesses fundamentais, devemos distinguir uma terceira questão. A eutanásia é condenável – mesmo quando o paciente deseja a morte, e mesmo quando esta se acha entre os seus interesses fundamentais – porque invariavelmente viola o valor intrínseco e a santidade da vida humana? Alguns dos grupos políticos que se opuseram às iniciativas sobre a eutanásia em Washington e na Califórnia perceberam uma ligação entre a postura permissiva diante da eutanásia e a atitude liberal diante do aborto, e citaram-na como um dos componentes de sua

---

19. Ver *In re Busalacchi*, n.º 93799 (St. Louis Count Civ. Ct., 4 de fevereiro de 1991) (decisão não publicada que foi objeto de reportagem em *The New York Times* de 1.º de dezembro de 1991), e Tamar Lewin, "Man Is Allowed to Let Daughter Die", *The New York Times*, 27 de janeiro de 1993, A12. Ver também Brian McCormick, "Case Looks at Parental Rights in Medical Decisions", *American Medical News*, 21 de outubro de 1991, 1.

oposição às iniciativas. Mencionei essa ligação quando discuti a distinção entre duas razões diferentes para a oposição ao aborto – que este vai contra os interesses do feto e que viola o valor intrínseco da vida humana. Como mostrei, no caso Cruzan os juízes Rehnquist e Scalia adotaram uma distinção paralela sobre a eutanásia: disseram que o Missouri tinha o direito de adotar regras estritas sobre essa questão, mesmo que essas regras contrariassem a autonomia e os interesses fundamentais dos pacientes, com o objetivo de proteger a vida humana em si.

Essa distinção – entre o valor intrínseco da vida e seu valor pessoal para o paciente – explica por que tantas pessoas acham que a eutanásia é condenável em *todas* as circunstâncias. Elas pensam que uma pessoa deve tolerar o sofrimento, ou receber a assistência devida caso se torne inconsciente, até que a vida chegue a seu fim natural – com o que se pretende dizer que tudo, menos uma decisão humana, pode ser o agente de tal fim – porque acreditam que o fato de eliminar deliberadamente uma vida humana nega seu valor cósmico inerente. Os que dizem que a eutanásia e o aborto contrariam a vontade de Deus adotam esse ponto de vista. John Locke, filósofo inglês do século XVII que exerceu grande influência sobre os redatores da Constituição dos Estados Unidos, opunha-se ao suicídio por uma razão semelhante: dizia que a vida humana é propriedade não da pessoa que a vive, que é apenas um "locatário", mas de Deus, o que torna o suicídio uma espécie de roubo ou peculato. Essa afirmação pode ser destacada das imagens de propriedade em que Locke a expressou: a eutanásia e o aborto podem ser vistos como um insulto ao dom da vida que nos foi conferido por Deus.

A convicção de que a vida humana é sagrada talvez ofereça a mais poderosa base emocional para a oposição à eutanásia nas formas e nos contextos distintos que até aqui distinguimos. A Igreja Católica Romana é o adversário mais inflexível, mais vigilante e, sem dúvida, mais eficiente, tanto da eutanásia quanto do aborto. (Na verdade, como afirmei, a ênfase que alguns católicos importantes põem na coerência das concepções da Igreja sobre essas questões constitui, em si mesma, um argumento de que sua oposição ao aborto não depende do pressuposto segundo o qual o feto é uma pessoa com direitos e interesses.) Muitos outros grupos religiosos também se mantêm firmes em sua campanha contra a legalização da eutanásia, ainda que, no verão de 1991, uma seita importante, a Assembléia Geral da Igreja de Cristo, tenha aceitado formalmente a legitimidade do suicídio para os doentes terminais[20].

Ao longo deste livro, uma de minhas principais afirmações tem sido a de que existe tanto uma interpretação secular quanto uma interpretação religiosa da idéia de que a vida humana é sagrada. Os ateus também podem sentir, instintivamente, que o suicídio e a eutanásia são problemáticos porque a vida humana tem valor intrínseco. Esses dois fatos – que os grupos religiosos se dividem quanto à eutanásia e que a santidade tem uma dimensão secular – sugerem que a convicção de que a vida humana é sagrada pode acabar fornecendo um argumento crucial *em favor* da eutanásia, e não contra ela.

### *O caso Cruzan*

Distinguimos, agora, três questões morais diferentes que remetem às perguntas sobre o suicídio e a eutanásia: ao responder a essas perguntas, deveríamos nos preocupar com a autonomia dos pacientes, com seus interesses fundamentais e com o valor intrínseco de suas vidas. A interação entre as três bem como os riscos de confundi-las são muito bem ilustrados pelo voto majoritário do presidente do Supremo Tribunal, o juiz Rehnquist, na decisão tomada por este tribunal no caso de Nancy Cruzan. Todos os três objetivos figuram em sua sentença, mas não foram cuidadosamente distinguidos, e a fragilidade de sua argumentação teria sido mais evidente se tal distinção tivesse sido feita.

O estado do Missouri, como afirmei, proibia que os médicos desligassem o suporte vital a menos que houvesse uma pro-

---

20. Ver Elisabeth Rosenthal, "In Matters of Life and Death, the Dying Take Control", *The New York Times*, 18 de agosto de 1991, D1.

va "clara e convincente" – um documento formal – daquilo que o paciente decidira anteriormente. Em sua opinião dissidente, o juiz Brennan afirmou que essa regra do Missouri não respeitava a autonomia das pessoas porque impunha uma vida vegetativa a pessoas que desejavam evitar exatamente essa situação e que haviam manifestado esse ponto de vista apesar de não terem assinado um testamento de vida, algo que muito pouca gente faz. Para Brennan, a única maneira de proteger adequadamente a autonomia estava na criação de uma regra imparcial – uma regra que determine que as autoridades competentes decidam, depois de um cuidadoso exame de todos os fatos envolvidos, se existe uma maior probabilidade de que o paciente tivesse, de fato, preferido morrer.

O juiz Rehnquist não tinha a mesma opinião. Afirmou que a regra do Missouri havia sido formulada de modo a proteger a autonomia das pessoas. Na verdade, porém, seu argumento revelava, e tinha por base, um importante pressuposto não sobre a autonomia, mas sobre os interesses fundamentais das pessoas que entraram em estado vegetativo permanente. Rehnquist admitiu que a regra do Missouri poderia levar, com freqüência, ao resultado "equivocado" de se manter vivo um paciente que decidira ser preferível morrer a ficar em estado de inconsciência permanente. Contudo, disse o juiz, a regra também impede os erros na direção oposta: assegura que as pessoas que não optaram pela morte possam continuar vivas, ainda que eventualmente tenham feito afirmações em contrário. O segundo tipo de erro é muito mais sério do que o primeiro, pensava o juiz, uma vez que a morte é irreversível. Em suas palavras, se uma pessoa continua a viver, mesmo que em estado vegetativo, e mais tarde descobrem-se provas mais conclusivas de que teria preferido morrer, é ainda possível que o faça sem que isso implique uma grande perda. Contudo, se permitimos que uma pessoa morra imediatamente e mais tarde descobrimos que ela teria, de fato, preferido continuar viva, estaremos diante de uma verdadeira tragédia, posto que será impossível corrigir o erro.

Esse curioso argumento depende, sem dúvida, de um pressuposto oculto sobre quais são, de fato, os interesses fundamentais do paciente. Rehnquist admite que não há nenhum dano grave em se manter viva uma pessoa que teria preferido morrer; sem esse pressuposto, sua premissa – a de que a precaução aconselha a não se desligar o suporte vital – é claramente inválida. Se admitirmos (como o fazem muitos) que não é justo permitir que alguém viva muitos anos em estado vegetativo, o argumento de Rehnquist não se sustenta. (A possibilidade de que provas conclusivas do desejo de morrer venham a ser posteriormente encontradas – que pais e amigos tenham desconsiderado algo tão convincente quanto um testamento de vida, por exemplo – é remota. Ainda que, por um grande acaso, esse tipo de prova fosse encontrado, o paciente ainda teria sofrido o dano significativo de viver anos em um estado que desejava desesperadamente evitar.)

Algo semelhante ao pressuposto de Rehnquist é compartilhado por pessoas que argumentam que nunca se deve permitir que os médicos desliguem os sistemas de suporte vital porque existe sempre *alguma* probabilidade, ainda que remota, de uma recuperação milagrosa. Obviamente, os procedimentos médicos devem ser concebidos de modo a reduzir ao máximo a probabilidade de se permitir que um paciente morra quando existem fundamentos médicos reais que apontam para a possibilidade de que tal paciente venha a recuperar a consciência e a competência. Mas o ponto de vista comum de que mesmo a mais frágil probabilidade teórica de recuperação justifica que pessoas em estado vegetativo sejam mantidas vivas por tempo indeterminado pressupõe, como faz o argumento de Rehnquist, que o fato de permanecer indefinidamente vivo não pode, em si mesmo, contrariar os interesses do paciente. Se aceitarmos a probabilidade de que possa, sim, contrariá-los, não poderemos mais confiar na possibilidade matemática pura e simples de recuperação como desculpa para não fazer o que o próprio paciente provavelmente queria que se fizesse. Outro conhecido argumento contra a legalização da eutanásia para as pessoas conscientes – o de que os idosos são vulneráveis e podem às vezes ser pressionados a optar pela morte – incorre no mesmo erro: não reconhece que forçar as pessoas que realmente querem morrer a permanecer vivas é um procedimento danoso para elas. O mesmo se pode dizer do conhecido argumento da "encosta escorregadia", segundo o qual a legalização da eutanásia, mesmo que em casos cuidadosamente limitados, aumenta a probabilidade de que venha a ser legalizada mais tarde em casos mais duvidosos, e que o processo possa terminar na eugenia nazista. Esse argumento também perde sua força assim que compreendemos que a *não*-legalização da eutanásia é, em si, danosa a muitas pessoas; então nos damos conta de que fazer o melhor possível para traçar e manter uma linha defensiva, reconhecendo o risco de que outros tracem uma linha diferente no futuro, e tentando nos proteger de tal risco, é melhor que abandonar totalmente essas pessoas. Existem riscos tanto na legalização quanto na recusa a legalizar; é preciso atentar para o equilíbrio desses riscos concorrentes, e nenhum deles deve ser ignorado.

Rehnquist tinha mais um argumento para justificar o rigoroso ônus da prova imposto pelo estado do Missouri, um argumento que não depende de nenhum pressuposto oculto sobre quais são os interesses fundamentais de um paciente. Afirmou que a regra do Missouri se justificava ainda que se opusesse aos interesses de Nancy Cruzan, pois esse estado tem o direito de preservar a vida humana. Tal argumento pressupõe que um estado tem um interesse independente em preservar a vida humana a despeito de quais sejam os interesses do paciente; reconhece que um estado pode exigir que as pessoas sejam mantidas vivas por respeito ao valor intrínseco ou à santidade da vida.

Se bem fundado, o argumento justificaria a recusa do Missouri em aceitar qualquer prova de que o paciente tenha expresso, no passado, o desejo de não continuar vivo, mesmo que tal prova fosse um irrepreensível testamento de vida. Em seu voto prevalecente, o juiz Scalia afirmou, mais dramaticamente ainda, que um estado tem o poder constitucional de proibir o suicídio em quaisquer circunstâncias – mesmo no caso de uma pessoa que, por estar agonizando em meio a sofrimentos atrozes, prefira claramente morrer – porque tem o poder de proteger a vida humana em si. Um estado não precisa honrar um testamento de vida quando tiver decidido que permitir que as pessoas morram constitui um insulto à santidade da vida.

Aparentemente, o juiz Scalia estava enganado em seu juízo sobre o efeito da decisão do tribunal no caso *Cruzan*. A maioria dos comentaristas conclui, depois de estudar todas as opiniões redigidas pelos diferentes juízes que atuaram no caso, que seu efeito foi afirmar algum direito constitucional a morrer, ainda que a regra vigente sustentasse o poder de um estado de impor severas restrições ao modo como esse direito deve ser exercido. Ainda assim, o pressuposto de Rehnquist – o de que um estado pode agir legitimamente de modo a proteger a vida humana em si – era uma parte importante de sua opinião, à qual dois outros juízes vieram juntar-se. Desse modo, as três questões distintas que perpassam a controvérsia sobre a eutanásia – a autonomia do paciente, os interesses fundamentais do paciente e o valor inerente, independente e talvez antagônico, da vida humana em si – desempenharam um papel importante, ainda que um tanto confuso, na decisão tomada pelo Supremo Tribunal nesse caso histórico.

## *Morte e vida*

É uma obviedade afirmar que vivemos toda nossa vida à sombra da morte; também é verdade que morremos à sombra de toda nossa vida. O horror central da morte é o esquecimento – o absoluto e terrível colapso da luz. O esquecimento, porém, não é tudo; se assim fosse, as pessoas não se preocupariam tanto com a questão de suas vidas técnicas e biológicas terem ou não continuidade depois que se tornaram inconscientes e caíram no vazio, depois que a luz já morreu para sempre. A morte domina porque não é apenas o começo do nada, mas o fim de tudo, e o modo como pensamos e falamos sobre a morte – a ênfase que colocamos no "morrer com dignidade" – mostra como é importante que a vida termine *apropriadamente*, que a morte seja um reflexo do modo como desejamos ter vivido.

Não podemos compreender o que a morte significa para as pessoas – por que alguns preferem morrer a continuar existindo, permanentemente sedados ou incompetentes; por que outros preferem "lutar até o fim", mesmo quando em meio a sofrimentos terríveis ou quando já perderam a consciência e não têm como saborear a luta; por que tão poucas pessoas acham que, uma vez inconscientes para sempre, morrer ou viver não faz absolutamente qualquer diferença – não conseguiremos compreender nada disso, ou muitas outras coisas que as pessoas pensam sobre a morte, enquanto não a pusermos de lado por um momento e nos voltarmos para a vida.

Em quase todos os casos, uma pessoa que se encontra em estado de inconsciência ou de incompetência permanente não nasceu assim: a tragédia está no fim de uma vida pela qual alguém passou com determinação e energia. Quando perguntamos o que seria melhor para tal pessoa, não estamos julgando apenas seu futuro e ignorando seu passado. Preocupamo-nos com o efeito da última etapa de sua vida sobre o caráter de tal vida como um todo, do mesmo modo como poderíamos nos preocupar com o efeito da última cena de uma peça teatral, ou com a última estrofe de um poema, sobre a totalidade do trabalho criativo. É esta a preocupação conhecida, porém misteriosa, que devemos agora tentar analisar.

Até onde sabemos, Sócrates foi o primeiro filósofo a atribuir importância à questão de como viver bem. Mas tanto antes quanto depois dele, filósofos, moralistas, padres, profetas, romancistas, psiquiatras, poetas e intrometidos também especularam sobre as circunstâncias e os signos de uma vida boa, sobre o que torna uma vida bem-sucedida, significativa ou invejável, e outra pobre, árida ou sem sentido. Cada um desses sábios ou tolos encontrou respostas muito diferentes. Sócrates afirmou que uma vida boa consiste no conhecimento de si mesmo; Aristóteles, que consiste na perfeição dos talentos e aptidões; para os filósofos católicos, consiste na devoção e no amor a Deus; para Hume, está na satisfação daquilo que verdadeira e naturalmente se deseja; e Bentham a encontra na obtenção do máximo prazer possível. Outros adotaram uma concepção mais negativa da idéia de uma vida boa. Os céticos dizem que a própria idéia de que uma vida possa ser realmente melhor do que outra é um absurdo típico de beatos e carolas.

Poucos somos céticos a tal ponto, mas na maior parte dos casos temos apenas idéias confusas, e não teorias filosóficas, sobre o que significa, de fato, uma vida boa. Para quase todos nós, o conforto material é uma das coisas que podem enriquecer uma vida. A despeito das idéias defendidas pelos ascetas consumados, consideramos que uma vida de sofrimentos ou pobreza é muito pior do que uma vida confortável, e a imagem que muitos fazem de uma vida extremamente satisfatória inclui muito dinheiro. Contudo, mesmo para essas pessoas o conforto material é apenas uma parte da história. Para muitos, por exemplo, as realizações também desempenham um papel muito importante. Queremos (como as pessoas freqüentemente dizem) *fazer* alguma coisa de nossas vidas, assegurar-nos de que nossa presença no mundo tenha contribuído para torná-lo melhor. Essa ambição às vezes assume formas grandiosas: as pessoas querem inventar ou descobrir algo maravilhoso, escrever música, poesia ou filosofia do mais alto nível, libertar uma nação ou torná-la mais justa. E existem formas menos grandiosas: muitos querem apenas desempenhar bem seu papel em um empreendimento cooperativo, como uma família, uma fazenda ou uma equipe esportiva; em outras palavras, mais que fazer alguma coisa importante, desejam apenas ter contribuído para sua realização. Para outros, a "experiência" é um componente importante de uma vida boa: desejam ter viajado, talvez para lugares exóticos, ter levado diferentes estilos de vida, ter passado por todas as experiências possíveis. Outros se orgulham de coisas que são quase o extremo oposto: de ter criado raízes, de pertencer a um lugar, às tradições nacionais, étnicas ou religiosas dentro das quais acreditam ter nascido, tradições de fé, temperamento, alimentação ou cultura. Para quase todos, a família e os amigos são uma parte importante de uma vida boa, pois faltaria algo crucial a uma vida que não tivesse um interesse especial e intenso por determinadas pessoas.

Em sua maioria, essas idéias diferentes sobre uma vida boa são intuitivas e latentes; só as reexaminamos nos momentos de crises especiais ou em situações dramáticas. Ainda assim, essas idéias latentes estão sempre ali, guiando decisões e escolhas que podem nos parecer automáticas, e explicando, ao menos em parte, a alegria, o tédio, a pena ou a tristeza que nos acometem nas ocasiões em que questionamos os rumos que nossas vidas estão tomando. É absolutamente crucial, porém, observar que essas diferentes opiniões e convicções, por mais inarticuladas ou latentes que possam ser, são *críticas* no sentido de que dizem respeito ao que torna uma vida bem-sucedida, e não fracassada; em outras palavras, remetem àquelas circunstâncias em que alguém conferiu sentido à sua vida, em vez de simplesmente pô-la a perder. Não se trata, portanto, apenas de opiniões a respeito de como tornar a vida prazerosa ou agradável minuto após minuto, dia após dia.

Quero apreender essa diferença por meio de uma distinção que estabelecerei entre dois tipos de razões que as pessoas têm para desejar que sua vida tenha uma determinada direção em vez de outra. Em primeiro lugar, todos têm o que chamarei de interesses *experienciais*. Todos fazemos coisas porque gostamos da experiência de fazê-las: jogar ou assistir ao futebol, talvez, cozinhar ou comer bem, ver *Casablanca* pela décima segunda vez, caminhar pelos bosques na primavera, ouvir as *Bodas de Fígaro*, velejar ou simplesmente empenhar-se na realização de algum trabalho. Os prazeres desse tipo são fundamentais para uma vida boa – uma vida sem nada de maravilhoso não seria pura, mas tão-somente absurda. Mas o valor dessas experiências, avaliadas uma por uma, depende exatamente do fato de as considerarmos prazerosas ou estimulantes *como experiências*. As pessoas que não apreciam as atividades que me dão prazer – que se aborrecem com meu entusiasmo pelos jogos de futebol na televisão, por exemplo – não estão cometendo um *erro*; suas vidas não são piores por não compartilharem meus gostos. Minha própria vida não seria pior, ou incompleta de alguma maneira, se o futebol na televisão me parecesse tão desagradável quanto parece à minha esposa. Assistir ao futebol, tanto quanto trabalhar duro ou comer bem são coisas que me parecem boas e acrescentam algo à minha vida porque e quando consigo percebê-las como experiências agradáveis.

Sem dúvida, também existem muitas coisas que são ruins como experiências: a dor, a náusea, os discursos da maioria dos políticos. Fazemos o possível para evitar essas experiências e às vezes temos muito medo delas. Mas não desaprovamos as pessoas, se é que existem, que não se incomodam com a dor de dente ou com os discursos dos políticos. Tampouco se trata de tipos de experiências, ao menos dentro de certos limites, que podem tornar uma vida pior em termos gerais. Minha vida não terá sido pior – não tenho nada de que me arrependa, muito menos de que me envergonhe – pelo fato de eu ter padecido nas mãos de um dentista. Isso é mostrado, entre outras coisas, pelo fato de nossa atitude diante dessas formas de sofrimento ser dramaticamente sensível ao tempo: tornamo-nos indiferentes à dor que sofremos no consultório do dentista assim que a dor vai embora.

Contudo, a maioria das pessoas pensa que também têm aquilo que chamo de interesses *críticos*: interesses cuja satisfação torna suas vidas genuinamente melhores, interesses que, se ignorados, constituiriam erros passíveis de piorar essas vidas. As convicções sobre o que ajuda a tornar uma vida boa em termos gerais são aquelas que remetem a esses interesses mais importantes. Representam juízos críticos, não apenas preferências relativas a experiências. A maioria das pessoas gosta de ter amigos íntimos, pois acredita que essas relações de amizade são boas e que as pessoas *deveriam* desejar tê-las. Tenho muitas opiniões sobre o que é bom para mim nesse sentido crítico. Sinto que é importante, por exemplo, que eu tenha um relacionamento profundo com meus filhos, que obtenha algum sucesso em meu trabalho e – o que anseio por conseguir – que possa manter-me informado, ainda que minimamente, dos avanços científicos de minha época. Tenho certeza de que minha vida teria sido pior se eu nunca tivesse compreendido a importância de manter uma estreita relação com meus filhos – por exemplo, se eu nunca tivesse sofrido nos momentos em que tivemos problemas de relacionamento. Estar sempre estreitamente ligado a eles não é importante apenas porque desejo viver essa experiência; ao contrário, acredito que uma vida que prescindisse de tal experiência seria muito pior[21].

Não quero dizer que os interesses experienciais sejam necessariamente frívolos, ou que os interesses críticos sejam inevitavelmente profundos. Não há nada de frívolo em Mozart, nem de particularmente profundo em minhas risíveis tentativas de compreender a cosmologia. Tampouco estou tentando comparar vidas supostamente de elite, reflexivas e filosóficas com vidas mais comuns ou mundanas. O que pretendo é identificar o que significa "de elite", no sentido de aspiração, na esfera da maioria das vidas. Também não estou afirmando que as pessoas que não refletem conscientemente sobre o andamento geral de suas vidas, que simplesmente seguem vivendo e aceitando as coisas do modo como estas lhes chegam, estejam erradas ou não vivam bem. Esse tipo de vida pode ser muito atraente, para não dizer invejável, e é claramente preferível a uma vida arruinada por um planejamento minucioso e um contínuo recomeçar, que se segue a cada avaliação dos avanços obtidos. Acredito, contudo, que mesmo as pessoas cujas vidas parecem correr ao sabor do acaso se deixam freqüentemente guiar por uma intuição do estilo geral de vida que consideram apropriado, das opções que fazem não apenas por lhes parecerem boas no

21. A distinção entre interesses críticos e interesses experienciais coloca algumas questões filosóficas interessantes, e ainda que não precisemos considerá-las nesta discussão, mencionarei duas delas. Em primeiro lugar, as pessoas de bom senso têm sempre uma razão, crítica ou experiencial, para desejar algo para si próprias? É sensato que alguém queira fazer alguma coisa – colecionar selos, ser bem-sucedido nos negócios ou viajar, por exemplo –, ainda que não espere desfrutar a experiência de fazê-la, nem ache que sua vida será melhor por tê-la feito, mas que apenas a faça por tratar-se de um objetivo que se propôs a alcançar, por exemplo, ou por absolutamente razão nenhuma? Em segundo lugar, se os interesses experienciais de uma pessoa – aquilo que ela gosta de fazer – entram em conflito com o que ela julga ser seus interesses críticos, faz sentido que ela pergunte o que deveria fazer, *considerando todos os fatos*, o que conviria a seus melhores interesses *em termos gerais*? Discuti essas e outras questões parecidas em "Foundations of Liberal Equality".

momento, mas por julgarem-nas inerentes a seu modo de encarar a vida.

Precisamos da distinção entre interesses experienciais e interesses críticos para entender muitas de nossas convicções sobre o modo como as pessoas devem ser tratadas. Precisamos dela, por exemplo, para explicar por que razão as drogas que afetam o modo de perceber o mundo, ou outras formas de lavagem cerebral que produzem alegria e prazer duradouros, não atendem aos interesses de suas vítimas: queremos dizer que elas não atendem a seus interesses *críticos*. Entender a diferença entre interesses críticos e experienciais também é fundamental para entender um certo tipo de tragédia, tanto na vida quanto na ficção. É trágico que alguém já próximo do fim passe sua vida em revista e a considere inútil, vazia de qualquer significado real e de qualquer realização da qual possa orgulhar-se. Na literatura, a exposição clássica desse sentimento de perda é o relato de Tolstói da morte de Ivan Ilyich.

> Piores que os sofrimentos físicos eram os sofrimentos mentais, que o atingiam como a pior das torturas. [...] "E se, na verdade, toda a minha vida não passou de um erro?" Ocorreu-lhe que o que lhe parecera totalmente impossível na noite anterior – que não tinha vivido sua vida como deveria tê-la vivido – poderia, afinal, ser verdade. Tremeu ao pensar que aquelas vagas inclinações de lutar contra o que as pessoas mais bem situadas consideravam bom, aqueles impulsos mal percebidos, que ele imediatamente suprimira, poderiam ter sido o essencial, e falso todo o resto. E seus deveres profissionais, a ordenação de sua vida, sua família, e todos os seus interesses sociais e oficiais poderiam ter sido falsos. Tentou defender tudo isso, e subitamente deu-se conta da fragilidade do que estava defendendo. Não havia nada a defender. "Mas se é assim", disse para si mesmo, "e se estou deixando esta vida com a consciência de que perdi tudo que me foi dado, e que todo esse erro é irreparável, qual terá sido minha razão de viver?"[22]

---

22. Leon Tolstói, *The Death of Ivan Ilyich and Other Stories*, tradução inglesa de Rosemary Edmonds (Nova York, Penguin, 1960), 157.

Não podemos explicar esse terrível tipo de arrependimento se pensarmos, como fizeram alguns filósofos, que os únicos interesses que as pessoas têm são os experienciais. O hedonista convertido, ou o homem cheio de propriedades e poder que viveu plenamente sua vida, dia após dia, pode agora também lamentar todo esse prazer. Pode dizer que tal prazer foi superficial, insignificante ou incompleto. Este é, porém, um juízo crítico feito agora, em retrospecto, a partir da perspectiva de suas novas convicções, e não uma nova descoberta sobre a qualidade real, só agora percebida, das experiências pelas quais passou.

Não há nada de intrigante no porquê de nos preocuparmos com nossos interesses experienciais. Nada é mais natural do que o desejo de qualquer animal de optar pelo caminho do prazer e fugir dos sofrimentos. Se ficar ao sol e ouvir música são coisas que nos dão um grande prazer, e se a broca do dentista, os choques elétricos e a náusea são muito desagradáveis, não há surpresa alguma no fato de procurarmos os primeiros e tentarmos, a todo custo, evitar os últimos. Mas poderia parecer estranho o fato de as pessoas também se preocuparem com seus interesses críticos, ou mesmo de terem o conceito de tais interesses. Por que Ivan Ilyich, que no passado desfrutou exatamente daquilo que lhe dava prazer, deve desesperar-se, no fim da vida, por achar que cometeu um erro e que deveria ter optado por um tipo de vida totalmente diverso? Por que algumas pessoas – os santos e alguns artistas – optam deliberadamente por viver em desconforto, quando não em pobreza, a fim de realizar algo que lhes parece mais valioso do que o mero desfrute? Por que as pessoas devem preocupar-se em não "desperdiçar" suas vidas? Por que deveriam preocupar-se com tudo, a não ser tirar da vida o máximo prazer possível?

Jeremy Bentham e outros filósofos utilitaristas negaram que as pessoas tenham qualquer outro tipo de preocupação. Bentham poderia ter dito que Ivan Ilyich estava realmente preocupado com o fato de que poderia ter tido ainda mais prazeres do que teve se tivesse se dedicado menos ao lucro e à posição social. Esta é, porém, uma explicação muito pobre do arrependimento que as pessoas sentem quando acreditam ter levado o tipo errado de vida. O que sentem não é que poderiam ter vivido mais prazerosamente se tivessem levado uma vida diferente, mas que viver mergulhado em prazeres não é, afinal, tão importante como lhes parecia ser. De repente, queriam ter realizado alguma coisa, contribuído para a realização de alguma coisa, ajudado alguém ou ter mantido relações mais estreitas com as pessoas, não exatamente por terem sido oportunidades perdidas de mais prazeres ainda, mas porque são importantes em si mesmas. E mesmo as pessoas que lamentam as oportunidades de prazer que deixaram passar fazem-no como hedonistas *críticos*: acreditam que a experiência do prazer é uma espécie de realização.

Poderemos explicar os interesses críticos? Não me refiro a uma teoria darwiniana que explique – se é que alguma teoria evolucionista pode explicar – por que a espécie desenvolveu as crenças de que algumas vidas são mais valiosas do que outras, e que uma vida mal vivida será sempre lamentável, por mais prazerosa que possa ter sido. Também não pretendo oferecer uma explicação biológica de como as pessoas têm uma predisposição genética a adotar essas idéias, ou uma teoria sociocientífica que mostre como essas idéias são estimuladas ou cerceadas pela cultura. Precisamos de uma explicação *intelectual* dos interesses críticos para que possamos entender melhor essas idéias a partir de seu interior – entender, introspectivamente, de que modo elas se ligam a outras crenças importantes que temos sobre a vida e a morte e por que a vida humana tem valor intrínseco.

Será natural o fato de que alguns de nós queiramos ter amizades ou chegar a alguma forma de realização apenas em nome do que essas coisas representam por si mesmas, e não apenas por tratar-se de experiências prazerosas? Ou que às vezes mudemos de idéia a respeito das coisas que desejamos apenas por seu valor intrínseco e passemos a lamentar nossas escolhas anteriores? Essa descrição prosaica não dá conta da complexidade psicológica da questão considerada a partir do interior, porque deixa envolto em mistério o porquê de nos sentirmos *confusos* quanto ao tipo de vida que é melhor para nós. E ninguém pode negar que tal confusão existe e é freqüente.

Imaginemos alguém – você mesmo, se preferir – que se encontra diante de uma decisão crucial para sua própria vida. Se você é uma mulher e se vê diante da possibilidade de iniciar uma carreira fascinante com a qual sempre sonhou, mas só poderá exercê-la ao preço de sacrificar todo o tempo que de outro modo passaria com seus filhos, qual seria sua escolha? Ou, se você acabou de formar-se em direito e recebe uma proposta de trabalho de uma empresa de renome, irá recusá-la por uma oferta menos desafiadora, mas que provavelmente – o que não implica certeza alguma – irá levá-lo a seguir uma carreira política mais tarde? Ou, se você é judeu, deveria abandonar sua vida confortável em Los Angeles e emigrar para Israel, para identificar-se plenamente com o destino dessa nação?

As pessoas não tomam decisões tão importantes assim simplesmente tentando predizer a quantidade de prazer que cada escolha teria a lhes oferecer. Às vezes dizemos que descobrimos nossas próprias identidades por meio de decisões desse tipo, mas não queremos dizer que descobrimos como já fomos programados, do mesmo modo que, digamos, um computador "descobre" sua própria programação. Podemos revirar nosso passado atrás de indícios sobre o que nos satisfaz ou nos torna infelizes, mas as decisões cruciais para nossas vidas são também ocasiões para a fantasia criativa e, acima de tudo, para o compromisso. Em geral, as pessoas ficam extremamente inseguras quanto à decisão certa a tomar: mudamos muitas vezes antes de optarmos – se é que chegamos a fazê-lo – pelo conforto de uma decisão que nos parece ser a melhor. Alguns acreditam que a natureza de cada pessoa é determinada pela biologia ou pela sociedade e que quaisquer ambições que tenhamos foram criadas em nós pela genética ou pela cultura. Mesmo assim, contudo, essas ambições que nos são incorporadas são mais complexas e abstratas do que o mero fato de levar uma forma de vida ou outra. Temos a ambição abstrata de levar uma vida *boa* e nos preocupamos, alguns de nós ao longo de toda a vida, com o que vem a ser tal tipo de vida.

As pessoas consideram importante não apenas que sua vida contenha uma variedade de experiências certas, conquistas e relações, mas que tenha uma estrutura que expresse uma escolha coerente entre essas experiências – para algumas, que demonstre um compromisso inequívoco e autodefinidor com uma concepção de caráter ou de realização que a vida como um todo, vista como uma narrativa integral e criativa, ilustre e expresse. Sem dúvida, esse ideal de integridade não define, por si só, uma forma de vida: pressupõe convicções substantivas. Ninguém que pense que sua vida esteve baseada no erro irá conformar-se com a constatação de que esteve baseada em um único erro. Mas a integridade, não obstante, tem uma grande importância independente na vida, assim como na arte e na ciência. Admiramos a pessoa que faz as coisas a seu modo, ainda que tracemos nosso próprio caminho de maneira totalmente diversa. Além do mais, a integridade liga-se estreitamente à dignidade: em nossa opinião, os que agem em desacordo com sua própria índole, tendo em vista o lucro ou as facilidades, não têm respeito suficiente por si mesmos[23].

Reconhecer a importância independente da integridade ajuda-nos a entender grande parte do que, em outras circunstâncias, nos pareceria confuso na idéia de interesses críticos. Quando refletimos sobre o que torna boa a vida de uma pessoa, vemo-nos divididos entre crenças que parecem antagônicas. Por um lado, os interesses críticos de uma pessoa parecem depender muito de sua personalidade. O compromisso que alguém assume com determinada concepção de virtude ou de realização – com suas raízes judias, por exemplo – é parte do que torna uma vida organizada em torno desse compromisso correta para a pessoa em questão. Mas é difícil conciliar essa idéia atraente com uma convicção ainda mais fundamental que temos – a de que o fato de uma pessoa pensar que determinada escolha é correta para ela não a torna correta, e que o processo

23. Ver Bernard Williams, "A Critique of Utilitarianism", em J. J. C. Smart e Bernard Williams, *Utilitarianism, For and Against* (Cambridge, U. K.: Cambridge University Press, 1973).

de decisão, por vezes tão angustiante, é um processo de julgamento e não apenas de escolha; que tal decisão pode não estar certa, e que as pessoas podem estar *enganadas* quanto ao que é realmente importante na vida. Essa crença é indispensável para a distinção básica entre interesses críticos e interesses experienciais, bem como para o desafio e a tragédia que a maioria das pessoas sente. Na verdade, constitui o fundamento mesmo de nossas vidas morais.

A primeira dessas duas idéias – a de que nossos interesses críticos são pessoais – parece levar-nos à idéia demolidora de que os interesses críticos são apenas subjetivos, algo que só tem a ver com nosso modo de sentir. A segunda parece levar-nos à idéia igualmente inaceitável de que os interesses críticos de todos são os mesmos ao longo de toda a história, que para todos só existe uma maneira certa de viver. O remédio está em não adotar nenhuma dessas posições extremas, mas sim em lembrar a nós mesmos de que modo se dá a crença de que um determinado tipo de vida é o correto. Essa percepção nos chega não como a descoberta de uma fórmula atemporal, boa para todos os tempos e lugares, mas como uma resposta direta a nossas circunstâncias específicas de lugar, cultura e capacidade. A resposta, porém, inclui a convicção: é importante que consideremos uma vida *boa* e que a *consideremos* boa. A integridade desempenha dois papéis nessa história: é a marca da convicção e do compromisso e não apenas de uma escolha passada; também reflete investimento, a idéia de que o valor de uma vida se encontra, em parte, *em* sua integridade, de modo que o fato de já se ter estabelecido como um tipo de vida constitui um argumento – ainda que de modo algum concludente – de que deve continuar sendo esse tipo de vida.

Como afirmei, alguns filósofos são profundamente céticos quanto à idéia geral de que as pessoas têm interesses críticos; de que, entre uma vida "boa" ou uma vida "má", existe alguma diferença inerente que vai além do modo como ela pode mostrar-se prazerosa e agradável. Dizem esses filósofos que não existe nada com que as pessoas devam angustiar-se, que Ivan Ilyich era um tolo ou demente, que a ilusão dos interesses críticos é apenas aquilo que o biólogo Richard Dawkins, de Oxford, chamou de religião – um vírus de computador passado de um cérebro a outro ao longo de muitos séculos[24] –, e que, do ponto de vista do universo, o modo como as pessoas vivem não faz a menor diferença. Meu objetivo, aqui e no restante do livro, não consiste em defender as diferentes convicções éticas ou religiosas que venho descrevendo dos ataques desse tipo, mas sim em observar como são difundidas e poderosas essas convicções e como sua influência é onipresente em nossas diversas crenças morais e políticas, inclusive naquelas que dizem respeito ao aborto e à eutanásia.

Talvez fosse útil, contudo, estabelecer uma diferença entre duas formas que o ataque dos céticos assume, tendo em vista que a diferença é importante. Podemos chamar a primeira de "forma externa" de ceticismo. Seu objetivo consiste em criticar o modo como as pessoas refletem sobre suas vidas com base em alguma posição filosófica geral sobre a metafísica ou a natureza última da realidade. O filósofo britânico John Mackie, por exemplo, afirmou que não poderia haver valores objetivos no universo, pois seriam tipos de entidades "bizarras"[25]. Essa forma de ceticismo é desvinculada do empreendimento humano que critica: baseia sua crítica em um pressuposto apriorístico, e totalmente geral, sobre os tipos de entidades, de verdade ou conhecimento que são metafisicamente possíveis. Pretende mudar não o modo como levamos nossas vidas, mas as afirmações filosóficas que fazemos. Em minha opinião, o ceticismo externo sempre fracassa porque não consegue caracterizar as afirmações externas que critica, a não ser em forma de metáforas infelizes sobre entidades "bizarras" e coisas do gênero[26]. De qualquer modo, porém, o ceticismo externo não constitui uma ameaça, pois podemos adotá-lo, se quisermos, e continuar a viver e a sentir como fazíamos antes.

---

24. *The Independent*, 16 de abril de 1992.

25. J. L. Mackie, *Ethics: Inventing Right and Wrong* (Nova York: Penguin, 1977).

26. Ver Dworkin, "Pragmatism, Right Answers, and True Banality".

O segundo tipo de ceticismo – o ceticismo interno – é muito diferente. Trata-se do ceticismo substantivo das pessoas que se vêem subitamente às voltas, como lhes parece, com a descoberta de que Deus não existe; ou de alguém como o sombrio personagem Oblomov, de Goncharov*, que de repente não encontra mais sentido em nada e decide que não há razão alguma para sair da cama; ou da maioria de nós, como às vezes acontece nas horas difíceis, quando a idéia de que o modo como vivemos é importante – sabendo que, de qualquer maneira, logo estaremos todos mortos – nos parece irrecuperavelmente absurda. Esse ceticismo é perigoso exatamente porque desempenha, para as pessoas mencionadas no início deste parágrafo, o mesmo papel estruturador – a não ser pelo que nele existe de negativo e demolidor – que as convicções positivas desempenham para os que as adotam.

A postura filosófica do ceticismo interno não é diferente daquela das convicções positivas que contesta; também reivindica autoridade apenas com base naquilo em que não podemos deixar de pensar quando fazemos as perguntas às quais tal ceticismo responde. Se é verdadeiro, assim o é exatamente da mesma maneira, e sem mais raízes em um mundo objetivo do que as opiniões positivas das quais escarnece. É por isso que é tão perigoso. Uma vez que tenha assumido o controle, não há resposta para o ceticismo interno, a não ser testá-lo novamente para avaliar a convicção à qual finalmente conduz. É então que a maioria das pessoas se dá conta de que o ceticismo perdeu parte de sua força[27].

---

* A citação remete ao romance satírico *Oblomov* (1859), do escritor russo Ivan Goncharov. Por passar todo seu tempo na cama, ou vestido com roupas de dormir, o personagem-título é freqüentemente associado à preguiça irresponsável e patológica. (N. do T.)

27. Não quero dizer que, embora o ceticismo interno seja verdadeiro, devamos nos livrar dele e viver em ilusão. Não temos mais razões para pensar que não importa como vivemos, se sentimos que, de fato, importa, do que para pensar o contrário. Se acreditamos que realmente importa o modo como vivemos, então é isso o que acreditamos ser verdadeiro, ainda que outros discordem, e seria tolo e contraditório dizer que não é realmente verdadeiro, ou que estamos apenas fingindo que o seja.

### *O significado da morte*

Exploramos a complexa idéia dos interesses críticos porque não podemos pensar na morte como algo de interesse fundamental para alguém a menos que compreendamos essa dimensão dos interesses que as pessoas têm. Seria fácil decidir se viver ou morrer estava entre os interesses fundamentais de Lillian Boyles, Nancy Cruzan ou Janet Adkins se só tivéssemos em mente seus interesses experienciais. Lillian Boyles só tinha à sua frente a perspectiva do sofrimento e nenhuma experiência prazerosa que talvez pudesse compensar o horror de suas experiências; tendo em vista essa situação, portanto, é evidente que para ela a morte era um interesse fundamental. Nancy Cruzan jamais voltaria a ter qualquer experiência, boa ou má, razão pela qual seus interesses experienciais não se veriam afetados por nenhuma das duas decisões. Janet Adkins talvez tivesse mais a ganhar, em termos de experiências prazerosas, se vivesse até que sobreviesse a morte natural – teria permanecido capaz de fruir prazeres simples por mais alguns anos, e muitos dementes não sofrem absolutamente nada –, o que significa que foi um erro suicidar-se, quando o fez, se as experiências de vida eram tudo que lhe importava.

Várias opiniões na decisão tomada pela Câmara Alta do Parlamento inglês no caso Bland, que já mencionei, admitiam simplesmente que só os interesses experienciais são importantes, juridicamente ao menos, razão pela qual não lhe foi difícil decidir se o desligamento do suporte vital seria favorável ou contrário aos interesses fundamentais de Anthony Bland. Lorde Mustill, por exemplo, examinou e rejeitou o argumento de que o fato de seu corpo estar cheio de tubos contrariava os interesses de Bland e também considerou irrelevante o fato de que as recordações felizes que sua família tinha dele estavam sendo substituídas por recordações horríveis, ou mesmo que a situação do doente estava causando um enorme sofrimento à sua família; isso não pode ser verdade, disse Mustill, porque "ele desconhece o que está acontecendo com seu corpo e não pode, portanto, sentir-se afrontado; desconhece, também, o sofrimento cada vez maior de sua família. [...] A terrível verdade que não se deve ignorar é que [o desligamento do suporte vital] não atende aos interesses fundamentais de Anthony Bland, pois ele deixou de ter interesses de qualquer tipo"[28].

Se aceitarmos esse ponto de vista segundo o qual só devem contar os interesses experienciais, não teremos como dar sentido à idéia muito difundida, quase universal, que já descrevi: a de que as decisões como as que até aqui examinamos são, quase sempre, pessoalmente problemáticas e angustiantes. Ficamos agoniados quando temos de tomá-las, seja para nós mesmos, quando examinamos a hipótese de assinar um testamento de vida, seja para parentes e amigos, apenas – ou principalmente – porque levamos em consideração os nossos interesses críticos e os deles. Devemos, portanto, começar pela seguinte pergunta: De que maneira interessa, ao êxito crítico de toda a nossa vida, o modo como morremos? Devemos fazer uma distinção entre dois modos diferentes nos quais poderia importar: porque a morte é o limite extremo de nossa vida, e toda parte de nossa vida, inclusive a derradeira, é importante; e porque a morte é especial, um evento particularmente significativo na narrativa de nossas vidas, como a última cena de uma peça teatral, quando tudo se intensifica sob a luz de refletores especiais. No primeiro sentido, a hora da nossa morte é importante devido ao que nos acontecerá se morrermos mais tarde; no segundo, o modo como morremos importa porque se trata do modo como *morremos*.

Comecemos pela primeira dessas idéias, a menos teatral. Às vezes, as pessoas querem continuar vivendo, ainda que em meio a sofrimentos ou terrivelmente incapacitadas, a fim de fazerem algo que consideram importante ter feito. Querem concluir um trabalho, por exemplo, ou aprender alguma coisa que sempre desejaram aprender. Gareth Evans, um filósofo brilhante que morreu de câncer aos trinta e quatro anos, lutou para trabalhar em seu manuscrito inacabado enquanto a medicina con-

28. *Airedale Trust (Respondents) contra Bland*, 45-6.

seguiu mantê-lo em condições que lhe permitissem continuar trabalhando[29]. Muitas pessoas desejam continuar vivendo tanto quanto lhes for possível por uma razão mais geral: acreditam que, enquanto lhes restar alguma consciência, ainda que muito pouca, o fato de continuarem vivas constitui, em si mesmo, uma espécie de *conquista*. Embora Philip Roth tenha convencido seu pai de oitenta e seis anos a assinar um testamento de vida, hesitou quando o encontrou agonizante e os médicos lhe perguntaram se queria colocá-lo em um respirador. Roth pensou: "Como posso tomar a mim a decisão de que meu pai ponha fim à sua vida, uma vida que só conhecemos uma vez?"[30]

Por outro lado, as pessoas freqüentemente pensam que têm razões igualmente fortes para *não* permanecerem vivas. Uma delas é a crueldade das experiências que vêm pela frente: dores atrozes ou náuseas constantes, o horror da entubação ou as confusões da sedação. Depois de refletir sobre todo o sofrimento ainda por vir, Roth sussurrou: "Papai, vou deixá-lo partir". Mas as razões pelas quais as pessoas desejam morrer também incluem razões políticas; muitos, como afirmei, consideram indigno, ou cruel de alguma outra forma, viver sob determinadas condições, seja qual for o grau de sensibilidade que conservam, se é que algum. Muitas pessoas não querem ser lembradas nessas circunstâncias; outras consideram degradante ficar totalmente dependentes ou tornar-se objeto de uma interminável angústia. Esses sentimentos são freqüentemente expressos como aversão a causar problemas, sofrimentos ou gastos a outros, mas a aversão não é plenamente apreendida nessa preferência pela preocupação com o círculo de familiares e amigos. Pode ser igualmente forte quando a carga de cuidados físicos é imposta a profissionais cujo trabalho consiste exatamente em dar esse tipo de assistência e quando o ônus financeiro incide sobre um público que não se recusa a arcar com

---

29. O livro *The Varieties of Reference* (Oxford: Oxford University Press, 1982) foi concluído e revisado por seu colega John McDowell, atualmente professor de filosofia da Universidade de Pittsburgh, e tornou-se um clássico da filosofia da linguagem.

30. Philip Roth, *Patrimony* (Nova York: Simon & Schuster, 1991), 232-3.

ele. Ao menos uma parte daquilo que as pessoas temem no que diz respeito à independência é seu impacto não sobre os que são responsáveis por seus cuidados, mas sobre sua própria dignidade.

Devo enfatizar que *não* estou defendendo a crença em que todo tipo de vida dependente, em condições de extrema dificuldade, não seja digna de ser vivida. Essa crença é invalidada não apenas por exemplos dramáticos, como a extraordinária vida de Stephen Hawking, o cosmólogo quase totalmente paralisado, mas pelos milhões de pessoas comuns que, em todas as partes do mundo, levam vidas atuantes e valiosas a despeito de terríveis deformações e dependências. Ainda assim é plausível – e para muitos imperiosa – a idéia de que a dependência total é em si mesma uma coisa funesta, mesmo quando totalmente desvinculada da dor ou do desconforto que com freqüência, mas não invariavelmente, traz consigo. A dependência total, ou quase total, sem nada de positivo que a compense, pode dar a impressão não apenas de que nada acrescenta à qualidade total de uma vida, mas que dela tira algo muito importante. Isso parece especialmente verdadeiro quando não existe a possibilidade nem mesmo de compreender que se está sendo objeto de cuidados, ou de ser grato por estes. Sunny von Bulow ainda se encontra totalmente inconsciente em um quarto de hospital de Manhattan; dia após dia, pessoas solícitas e pagas para fazer esse trabalho mudam-na de posição em sua cama e cuidam de seu asseio pessoal. Ela jamais dará qualquer tipo de resposta a esses cuidados. Não seria estranho que tivesse pensado, antes de entrar em coma, que esse tipo de solicitude inútil era um insulto, uma afronta à sua dignidade.

Quando os pacientes permanecem conscientes, seu senso de integridade e da coerência de suas vidas afeta crucialmente o que pensam sobre a questão de estar ou não entre seus interesses fundamentais o fato de continuarem vivos. Os atletas, e outras pessoas cuja atividade física era o centro da consciência que tinham de si próprias, tendem mais a considerar intolerável a vida de paraplégicos. Quando Nancy B., a canadense que conquistou o direito a ter seu respirador desligado, disse que tudo que lhe restava na vida era um aparelho de televisão, estava dizendo não que ver televisão era uma experiência ruim, mas que levar uma vida totalmente passiva, que passara a ser simbolizada por esse aparelho, era pior do que pedir para morrer. Para tais pessoas, uma vida privada da capacidade de locomoção é inaceitável, não por razões explicáveis em termos experienciais, mas por ser terrivelmente inadequada à concepção do eu em torno da qual moldaram suas vidas. Para elas, o acréscimo de décadas de imobilidade a uma vida que antes girava em torno da ação irá deixar um lapso na narrativa, sem qualquer sentido ou estrutura: uma vida pior do que a que termina quando sua atividade cessa.

Outros terão concepções radicalmente diferentes do eu, daquilo que foi criticamente importante para suas vidas. Muitas pessoas, por exemplo, gostariam de continuar vivas mesmo em circunstâncias horríveis, desde que conseguissem ler, ou entender, se alguém lesse para elas, o jornal do dia. Gostariam de ouvir o maior número possível de capítulos dos milhares de textos sobre ciência, cultura, política e sociedade que passaram a vida toda lendo. As pessoas que adotam esse critério do jornal admitiram, e não podem facilmente negar, que parte do sentido de estar vivo consiste em saber o que se passa no mundo e preocupar-se com seu desenvolvimento.

Assim, as concepções das pessoas a respeito de como viver dão cor a suas convicções sobre quando morrer, e o impacto se torna mais forte quando está em jogo o segundo sentido no qual se pensa que a morte é importante. Não há dúvida de que a maioria das pessoas atribui ao modo de morrer uma importância especial e simbólica: na medida do possível, querem que sua morte expresse e, ao fazê-lo, confirme vigorosamente os valores que acreditam ser os mais importantes para suas vidas. Essa antiga esperança é um tema recorrente do teatro shakespeariano. (Siward, por exemplo, ao saber que Macbeth matara o jovem Siward em Dunsinane, na primeira batalha da qual o jovem participou, diz: "Tivesse eu tantos filhos quantos fios de cabelo, não lhes desejaria mais bela morte".)

Quando Peter Jenkins, o grande colunista político inglês, deu-se conta em seu leito de morte de que qualquer conversa poderia ser a última, insistiu em falar, apesar das advertências em contrário de suas enfermeiras, sobre filosofia política e as últimas ameaças à liberdade de expressão.

O modo como se morre – no campo de batalha ou na cama – não esgota a idéia de uma morte boa (ou menos má), mas também inclui a escolha de um momento "ideal". Isso explica o porquê de as pessoas desejarem viver até poderem "ver" algum acontecimento específico, após o qual a idéia de sua própria morte lhes parece menos trágica. Uma paciente terminal de câncer cuja vida possa ser prolongada, ainda que ao preço de um enorme sofrimento, pode achar que vale a pena viver até o nascimento de um neto muito esperado, de uma graduação com a qual sempre sonhou, ou de algum outro acontecimento marcante em sua família. O objetivo de viver não apenas até que um acontecimento ocorra, mas para poder desfrutá-lo, tem um enorme poder expressivo. Confirma, de um modo muito explorado por romancistas e dramaturgos, a importância crítica dos valores que identifica com o sentido de identidade do próprio paciente, com a natureza especial de sua vida. Se esta girou em torno de sua família, se para ele os grandes momentos da vida foram as férias, as reuniões sociais e as comemorações em família, o fato de aumentá-la de modo a incluir mais alguns acontecimentos desse tipo não representará um mero acréscimo a uma longa lista de outros semelhantes. Tratar o próximo acontecimento como algo de relevância em relação à morte só vem confirmar sua importância geral.

Muitas pessoas têm uma razão paralela para preferir a morte se tudo que lhes restar for uma vida inconsciente e vegetativa. Para algumas, trata-se de uma preocupação compreensível sobre o modo como serão lembradas. Para a maioria, porém, o que está em jogo é uma preocupação mais abstrata e autodirigida com o fato de que sua morte, para além do que possa parecer, expresse sua convicção de que a vida foi valiosa devido ao que permitiu que eles fizessem e sentissem. Horroriza-os a perspectiva de que sua morte possa expressar, em vez disso, a idéia oposta, que odeiam como a uma perversão: a de que a vida puramente biológica – algo como o mero "sobreviver" – tenha um valor independente. Nietzsche afirmou que "é uma indecência continuar vivendo em certas condições. Continuar vegetando em uma covarde dependência de médicos e aparelhos, depois que o significado da vida e o direito à vida já se perderam, é uma atitude que deve inspirar o mais profundo desprezo à sociedade". Disse também que queria "morrer com orgulho quando não mais for possível viver com orgulho"[31]. Essa preocupação poderia não ter sentido para pacientes inconscientes em um mundo no qual todos tratassem o início da inconsciência permanente como a morte em si, a última cortina depois da qual nada mais faz parte da história. De qualquer modo, porém, em um mundo assim ninguém seria mantido com vida em um estado de inconsciência irreversível. Nenhuma pessoa precisaria preocupar-se, como muitos o fazem em nosso mundo, com o fato de que outros a alimentassem ou cuidassem de seu corpo vegetativo de um modo que lhe parece configurar o pior dos insultos: com a convicção de que fazem isso para *ela*.

Os parentes que mencionei, que visitam regularmente os pacientes em estado de inconsciência irreversível e se sentem angustiados ou ansiosos quando não podem fazê-lo, não compartilham necessariamente essa mesma convicção. Eles vêm porque não podem suportar não ver e não tocar alguém que amam, na medida em que isso seja possível e não prejudique o paciente, e porque acreditam que fechar a última porta antes da morte biológica, do sepultamento ou da cremação – antes que possam *chorá-lo* – seria uma traição terrível, uma declaração de indiferença, e não da intensa preocupação que ainda sentem. Não existe contradição, mas sim grande força e sentido, no ponto de vista dos pais que lutam nos tribunais, se necessário, para a retirada do suporte vital, mas que não se afastam

31. Friedrich Nietzsche, "The Twilight of the Idols", em 16 *The Complete Works of Friedrich Nietzsche* 1, 88, Oscar Levy, org., e Anthony M. Ludovici, tradutor (Russell & Russell, 1909-11, reimpresso em 1964).

dos filhos enquanto isso não acontece. Contudo, algumas pessoas realmente acreditam – como o sr. Wanglie acreditava, no caso de sua esposa – que ser mantido vivo tanto quanto possível *está* entre os interesses fundamentais de um paciente, mesmo quando isso implica uma sobrevida em estado de inconsciência. Para essas pessoas, que se imaginam na mesma situação, a integridade passa uma ordem muito diferente. A luta para permanecer vivo, pouco importando quão frágil ou irremediável seja a vida em questão, exprime uma virtude central a *suas* vidas, a virtude do desafio diante da morte inevitável. Não está em jogo nenhuma questão de gosto do tipo que divide as pessoas com relação ao tênis ou ao futebol. Nenhum de nós quer terminar sua vida em desacordo com os parâmetros que sempre a nortearam.

Agora podemos dar uma resposta melhor à pergunta que pretende saber por que as pessoas pensam o que pensam sobre a morte e por que diferem tão radicalmente. O fato de estar ou não entre os interesses fundamentais de uma pessoa ter um final de vida de um jeito ou de outro depende de tantas outras coisas que lhe são essenciais – a forma e o caráter de sua vida, seu senso de integridade e seus interesses críticos – que não se pode esperar que uma decisão coletiva uniforme sirva a todos da mesma maneira. É assim que alegamos razões de beneficência e de autonomia em nome das quais o Estado não deve impor uma concepção geral e única à guisa de lei soberana, mas deve, antes, estimular as pessoas a tomar as melhores providências possíveis tendo em vista o seu futuro. E, nos casos em que tais providências não foram tomadas, o governo deve permitir, na medida do possível, que as decisões fiquem a cargo de parentes ou outras pessoas mais próximas, pessoas cuja percepção dos interesses fundamentais dos doentes – formadas ao longo de um estreito conhecimento de tudo que constitui esses interesses – possa ser mais apurada que qualquer outro juízo universal, teórico e abstrato, nascido nos escalões do governo em que predominam os grupos de interesses e suas manobras políticas.

### *Santidade e interesse pessoal*

Retomemos, agora, aquilo que afirmei ser uma questão à parte: até que ponto a eutanásia, em suas diversas modalidades – suicídio, suicídio assistido, suspensão do tratamento médico ou do suporte vital –, pode ser condenável ainda que *esteja* entre os interesses fundamentais do paciente. Defendi um modo específico de entender a santidade da vida ao discutir o aborto: afirmei que, uma vez iniciada a vida humana, é um desperdício – algo intrinsecamente mau – que se desperdice o investimento feito em tal vida. Estabeleci uma distinção entre duas dimensões distintas do investimento em uma vida humana que se poderia considerar desperdiçada no caso da opção pela morte – o que chamei de dimensão natural e humana –, e usei essa distinção para criar uma concepção claramente conservadora a respeito do aborto: que o investimento natural em uma vida humana é fundamentalmente mais importante do que o investimento humano, e que, portanto, a opção pela morte prematura é o maior dos insultos possíveis ao valor sagrado da vida. Podemos usar a mesma distinção para elaborar uma concepção claramente conservadora sobre a eutanásia. Se adotarmos o ponto de vista compatível com muitas tradições religiosas, aquele segundo o qual o investimento feito pela natureza em uma vida humana terá sido frustrado sempre que morrer alguém que, tecnicamente, pudesse ser mantido vivo por mais tempo, então toda intervenção humana – injetar uma droga letal em uma pessoa que agoniza devido a um câncer doloroso, ou retirar o suporte vital de alguém que se encontra em estado vegetativo permanente – equivale a uma fraude contra a natureza. Por outro lado, se o investimento natural assim compreendido dominar a santidade da vida, então a eutanásia será sempre um insulto a esse valor. No mundo inteiro, acredito, esse argumento constitui a base mais poderosa da forte oposição conservadora a todas as formas de eutanásia. Não se trata, por certo, do único argumento: as pessoas se preocupam com as questões práticas e administrativas e ficam aterrorizadas com a idéia de autorizar a morte de alguém que pudesse recuperar-se e continuar vivendo normalmente. Contudo, a intuição de que a morte deliberada é um insulto selvagem ao valor intrínseco da vida, mesmo quando o paciente explicite sua vontade de morrer, constitui a parte mais profunda e importante da repulsa conservadora diante da eutanásia. Os juízes Rehnquist e Scalia, como vimos, basearam-se nessa intuição ao tomar suas decisões no caso *Cruzan*.

A intuição é central a muitas tradições religiosas. Em sua formulação mais simples, como vimos, o apelo à santidade da vida recorre à imagem da propriedade: a vida de uma pessoa não pertence a ela, mas a Deus. Contudo, alguns estudiosos e líderes religiosos colocaram a questão de modo mais formal: a exemplo do que fiz, estabeleceram uma distinção entre a pergunta sobre quando a decisão de manter uma pessoa viva é boa para ela e quando é boa porque respeita um valor que ela incorpora. Richard Neuhaus, por exemplo, em influente artigo publicado no periódico *Commentary*, tomou o partido dos críticos da "avaliação racional da qualidade de vida", para os quais "a questão de se a vida é boa para a pessoa constitui um retrocesso". "O argumento dos críticos", diz ele, "é o de que a vida é um bem *da* pessoa"[32]. Em um artigo que aborda a concepção dos judeus sobre a eutanásia, afirma-se: "De acordo com a lei judaica, a vida deve ser preservada mesmo que a um alto custo. Cada momento da vida humana é considerado intrinsecamente sagrado. Preservar a vida é algo que vai muito além de levar uma 'vida boa'."[33]

Sabemos, contudo, que a idéia do caráter sagrado ou inviolável da vida humana é, ao mesmo tempo, mais complexa e mais aberta a interpretações diferentes e antagônicas do que sua utilização religiosa às vezes admite, e podemos elaborar outras interpretações dessa idéia que defendam atitudes mais liberais diante da eutanásia. Mesmo as pessoas que aceitam a pri-

---

32. Richard John Neuhaus, "The Return of Eugenics", *Commentary* (abril de 1988), 22.

33. Byron L. Sherwin, "Jewish Views of Euthanasia", em M. Kohl, org., *Beneficent Euthanasia* (Buffalo: Prometheus Books, 1975), 1, 7.

mazia do investimento natural na vida (e que, por esse motivo, defendem idéias muito conservadoras sobre o aborto) podem, não obstante, não concordar com o pressuposto de que a eutanásia frustre inevitavelmente a natureza. Podem, plausivelmente, acreditar que prolongar a vida de uma pessoa muito doente, ou que já perdeu a consciência, em nada contribui para concretizar a maravilha natural da vida humana e que os objetivos da natureza não são atendidos quando os artefatos de plástico, a sucção inspiratória e a química mantêm o coração batendo em um corpo inerte e sem mente, um coração que a própria natureza já teria feito calar-se.

Esta é uma concepção menos conservadora, pois nega que a morte biológica sempre frustra a natureza. Suponhamos, porém, que também neguemos que a contribuição natural com a vida seja dominante e que acreditemos que a contribuição humana tem a mesma importância, não devendo, por isso, ser frustrada ou desperdiçada. Nesse caso, teremos uma razão muito mais forte para negar que a eutanásia sempre insulta a santidade da vida: insistiremos, então, em que a eutanásia às vezes *sustenta* esse valor. Para entender as coisas desse modo, devemos agora elaborar – e graduar – uma distinção que venho enfatizando ao longo deste livro: a distinção entre a pergunta de quais atos ou eventos se encontram entre os interesses de alguma criatura e a pergunta de quais atos ou eventos respeitam a santidade da vida de tal criatura. A idéia que introduzi neste capítulo – a de que as pessoas têm interesses tanto críticos quanto experienciais – torna essa distinção mais complexa.

Quem quer que acredite na santidade da vida humana, acreditará também que, uma vez iniciada, é intrinsecamente importante que tal vida se desenvolva bem, que o investimento por ela representado venha a concretizar-se e não se frustrar. As convicções de uma pessoa sobre seus próprios interesses críticos são opiniões sobre o que significa o bom desenvolvimento de sua *própria* vida humana, e essas convicções podem, portanto, ser mais bem compreendidas como uma aplicação especial de seu compromisso geral com a santidade da vida. A pessoa em questão está ansiosa por fazer algo de sua própria vida, em vez de simplesmente desfrutá-la; trata-a como algo sagrado pelo qual *ela* é responsável, algo que *ela* não pode pôr a perder; acredita ser intrinsecamente importante viver bem e fazer isso com integridade. Essa importância intrínseca e objetiva é exatamente o que a forma interna de ceticismo ameaça; é por isso que, às vezes, parece tão irresistível.

Alguém que pense que sua própria vida seria pior se retardasse a morte iminente por mais algumas semanas graças a uma dúzia de aparelhos, ou se permanecesse biologicamente vivo durante anos, em estado vegetativo, acredita estar demonstrando mais respeito pela contribuição humana à santidade de sua vida se tomar providências antecipadas que lhe permitam evitar esse estado de coisas. Não podemos, sensatamente, argumentar que tal pessoa deve sacrificar seus próprios interesses em respeito à inviolabilidade da vida humana. Essa postura implica uma petição de princípio, uma vez que a pessoa acha que morrer é a melhor maneira de respeitar esse valor. Portanto, o apelo à santidade da vida coloca, aqui, a mesma questão crucial, de natureza político-constitucional, que coloca no caso do aborto. Uma vez mais, a questão crítica consiste em saber se uma sociedade decente irá optar pela coerção ou pela responsabilidade, se tentará impor a todos os seus membros um juízo coletivo sobre assuntos do mais profundo caráter espiritual, ou se irá permitir e pedir a seus cidadãos que formulem, por si mesmos, os juízos mais crucialmente definidores de sua personalidade naquilo que diz respeito a suas próprias vidas.

Não defendi nenhum esquema jurídico detalhado para decidir quando os médicos podem apressar a morte de pacientes que, de maneira compreensível, desejam morrer, ou de pacientes inconscientes que não podem fazer essa escolha. Minha preocupação principal consistiu em compreender por que as pessoas sustentam opiniões aparentemente tão misteriosas sobre sua própria morte e em mostrar o que está realmente em jogo no acalorado debate público sobre a eutanásia. Como enfatizei, parte desse debate concentra-se em questões administrativas, complexas e importantes, que não foram por mim consideradas. Grande parte do debate, porém, diz respeito a questões éticas e morais, e essa parte do debate tem sido seriamente comprometida por dois equívocos que assinalamos, mas que conviria mencionar de novo, em forma de síntese.

O primeiro deles é a confusão quanto à natureza dos interesses que as pessoas têm a propósito de quando e como morrer. Muitos argumentos contra a eutanásia pressupõem que os pacientes que não sofrem uma grande dor, inclusive os que se encontram em estado de inconsciência permanente, não podem ser significativamente prejudicados pelo fato de serem mantidos vivos. Como vimos, esse pressuposto encontra-se na base da afirmação procedimental de que os parentes que insistem em afirmar que um paciente inconsciente teria optado pela morte devem apresentar provas muito convincentes do que dizem; está igualmente na base do argumento da "encosta escorregadia", em cujos termos o direito não deve autorizar a eutanásia porque pode terminar por exceder-se em suas autorizações; e também constitui a base da alegação de que os médicos vão deixar-se corromper, perdendo a sensibilidade diante do sofrimento humano, se lhes for pedido que matem e estiverem autorizados a fazê-lo. Quando compreendemos quando e por que as pessoas se preocupam com sua própria morte, vemos que o pressuposto no qual cada um desses argumentos se apóia é falacioso e perigoso.

O segundo equívoco decorre do entendimento incorreto de uma idéia que temos examinado ao longo deste livro e que voltaremos agora a examinar: a santidade da vida. É quase consensual a idéia de que a eutanásia ativa – quando o médico mata um paciente que pede para morrer – constitui sempre uma agressão a esse valor e que deve ser proibida por esse motivo. Contudo, a questão colocada pela eutanásia não é saber se a santidade da vida deve ceder espaço a algum outro valor, como a humanidade ou a compaixão, mas de que modo a santidade da vida deve ser entendida e respeitada. As grandes questões morais do aborto e da eutanásia, que dizem respeito à vida em seu início e seu fim, têm uma estrutura semelhante. Cada uma envolve decisões não apenas sobre os direitos e interesses de pessoas em particular, mas sobre a importância intrínseca e cósmica da vida humana em si. Em cada caso, as opiniões se dividem não porque alguns desprezem valores que para outros são fundamentais, mas, ao contrário, porque os valores em questão encontram-se no centro da vida de todos os seres humanos e porque nenhuma pessoa pode tratá-los como triviais a ponto de aceitar que outros lhe imponham seus pontos de vista sobre o significado desses valores. Levar alguém a morrer de uma maneira que outros aprovam, mas que para ele representa uma terrível contradição de sua própria vida, é uma devastadora e odiosa forma de tirania.

# 8. *A vida para além da razão*

Chegamos, finalmente, ao que talvez seja a pior das tragédias que até aqui examinamos. Devemos considerar a autonomia e os interesses fundamentais das pessoas que sofrem de demência grave e permanente e também aquilo que exige o devido respeito para com o valor intrínseco de *suas* vidas. A causa mais importante da demência é o mal de Alzheimer, uma doença progressiva do cérebro que deve seu nome a um psiquiatra e neuropatologista alemão, Alois Alzheimer, que pela primeira vez a identificou e descreveu em 1906. Nos últimos estágios dessa doença, os pacientes perdem praticamente toda a memória de sua vida anterior e não conseguem, a não ser periodicamente e de modo fragmentário, reconhecer ou responder a outras pessoas, inclusive àquelas que até então lhes foram mais próximas. Podem tornar-se incapazes de dizer mais de uma ou duas palavras. Em quase todos os casos, tornam-se incontinentes, caem freqüentemente ou não conseguem mais andar. São incapazes de concretizar planos, projetos ou desejos, inclusive os de estrutura mais simples. Expressam desejos e aspirações, mas estes mudam rapidamente, e quase sempre demonstram muito pouca continuidade em suas ações, mesmo em períodos de dias ou horas.

O mal de Alzheimer é uma degeneração fisiológica na qual as terminações nervosas do cérebro degeneram em uma placa entretecida de material fibroso. Embora os pesquisadores acreditem que se possa desenvolver um tratamento capaz de retardar essa degeneração[1], tal esperança ainda não se concretizou e aparentemente são poucas as perspectivas de uma dramática reversão da degeneração cerebral muito avançada. Um especialista mostra que a degeneração ocorre "gradual e inexoravelmente, e em geral leva à morte, em um estado de grave debilitação e imobilidade, entre quatro e doze anos depois dos sintomas iniciais"[2]. Contudo, segundo o Departamento de Avaliação Tecnológica dos Estados Unidos, alguns doentes podem demorar até vinte e cinco anos para morrer[3].

Nossa discussão irá concentrar-se apenas nos últimos estágios da doença. Não vou examinar, a não ser *en passant*, a estrutura atual dos direitos e de outros dispositivos legais voltados para os que sofrem de demência ou estão mentalmente incapacitados, nem as práticas atuais dos médicos e outros assistentes ou funcionários que deles cuidam. Não vou tratar, também, das últimas pesquisas sobre as características genéticas e de outros tipos de tais doenças, nem de seu diagnóstico, prognóstico ou tratamento. São questões sobre as quais existe uma vasta literatura[4]. Pretendo concentrar-me na questão dos direi-

---

1. Os médicos estão atualmente investigando tratamentos que incluem a redução, no cérebro, da presença de substâncias tóxicas que podem desempenhar um papel na degeneração neurológica, aumentando o suprimento de fatores tróficos (que facilitam a regeneração e o desenvolvimento neuronial) e de neurotransmissores que estão ausentes ou são deficientes nos pacientes de Alzheimer, e controlando fatores relativos à dieta alimentar como os níveis de glicose no sangue, que parecem afetar as funções mentais dos idosos. Ver Dennis J. Selkoe, "Aging Brain, Aging Mind", *Scientific American* 135 (setembro de 1992); Robert J. Joynt, "Neurology", 268 *Journal of the American Medical Association* 380, e Andrew A. Skolnick, "Brain Researchers Bullish on Prospects for Preserving Mental Functioning in the Elderly", 267 *Journal of the American Medical Association* 2154 (1992).

2. Selkoe, "Amyloid Protein and Alzheimer's Disease", *Scientific American* (novembro de 1991), 68.

3. Documento do OTA, "Losing a Million Minds", OTA-BA-323 (1987), 14.

4. As disposições legais e as práticas assistenciais são discutidas em muitos dos textos contidos no documento do OTA intitulado "Losing a Million Minds". Uma discussão sobre o diagnóstico clínico e a histopatologia pode ser encontrada, por exemplo, em Guy McKhann e outros, "Clinical Diagnosis of Alzheimer's Disease: Report of the NINCDS-ADRDA Work Group Under the Auspices of Department of Health and Human Services Task Force on Alzheimer's Disease", 34

tos morais que as pessoas nos estágios terminais da demência têm, ou mantêm, e na discussão do que é melhor para elas. Para ter algum direito, é fundamental que alguém tenha um nível mínimo de competência mental? Os mentalmente incapacitados têm os mesmos direitos das pessoas normalmente competentes, ou seus direitos são alterados, reduzidos ou ampliados de alguma forma, em virtude de sua doença? Por exemplo, terão tais pessoas os mesmos direitos à autonomia, à assistência, à dignidade e a um nível mínimo de recursos – direitos dos quais desfrutam os doentes cuja competência mental não foi afetada?

São perguntas de grande e crescente importância. Em 1990, a Associação Alzheimer estimou que quatro milhões de norte-americanos tinham a doença, e, como se trata de uma doença que atinge os mais velhos, espera-se que esse número cresça na mesma proporção em que o número de idosos aumenta. Em 1989, um estudo da Faculdade de Medicina de Harvard estimou que 11,3% da população norte-americana com sessenta e cinco anos ou mais sofriam do mal de Alzheimer. A estimativa aumentava muito com a idade: 16,4% das pessoas entre setenta e cinco e oitenta e quatro anos eram vítimas potenciais da doença, assim como uma preocupante porcentagem de 47,55% das que tinham mais de oitenta e cinco anos[5]. (Outros estudos que utilizam uma definição mais restrita da doença sugerem uma incidência menor, mas ainda assim alarmante[6].) A incidên-

*Neurology* 939 (1984); Christine M. Hulette e outros, "Evaluation of Cerebral Biopsies for the Diagnosis of Dementia", 49 *Archives of Neurology* 28 (1992); Selkoe, "Amyloid Protein and Alzheimer's Disease"; e M. Farlow e outros, "Low Cerebrospinal-fluid Concentrations of Soluble Amyloid B-protein Precursor in Hereditary Alzheimer's Disease", 340 *The Lancet* 453 (1992).

5. Evans e outros, "Estimated Prevalence of Alzheimer's Disease in the United States", 68, *Milbank Quarterly* 267 (1990).

6. Em 1992, a continuação do Estudo Framingham calculou que o predomínio da demência em seu estudo de grupos era de 23,8% nas pessoas com idades entre oitenta e cinco e noventa e três anos. Ver Bachman e outros, "Prevalence of dementia and probable senile dementia of the Alzheimer type in the Framingham Study", 42, *Neurology* 115 (janeiro de 1992). Uma discussão das diferenças entre os estudos citados nesta nota e na anterior pode ser encontrada em Selkoe, "Aging Brain, Aging Mind".

cia do mal de Alzheimer é comparável à de outros países. De acordo com a Sociedade do Mal de Alzheimer da Grã-Bretanha, por exemplo, 20% dos que passaram dos oitenta anos já se acham afetados, mais de quinhentas mil pessoas têm a doença, e esse número chegará a setecentos e cinqüenta mil em trinta anos[7]. O custo do Alzheimer é assombroso, tanto para a comunidade quanto para os indivíduos. Dennis Selkoe, um especialista nessa doença, afirmou em 1991: "Para a sociedade norte-americana, o custo de diagnosticar e tratar o mal de Alzheimer, basicamente no que diz respeito à assistência aos doentes, é atualmente estimado em mais de oitenta bilhões anuais"[8]. Em 1992, nos Estados Unidos, o custo anual para se manter um paciente com Alzheimer sob os cuidados de uma enfermeira particular oscilava entre 35 mil e 52 mil dólares[9].

Cada um dos milhões de casos de Alzheimer é horrível, tanto para as vítimas quanto para os que as amam e delas cuidam. Um livro recente, dedicado "a todos os que passam 'trinta e seis horas por dia' a cuidar de uma pessoa com deterioração orgânica do cérebro", descreve com detalhes deprimentes as vidas de alguns desses pacientes, não apenas nos estágios finais, mas ao longo de todo o processo degenerativo.

> Mary estava freqüentemente com medo, um medo sem nome e sem forma. [...] As pessoas vinham, as lembranças vinham, e logo em seguida se evaporavam. Ela já não sabia mais dizer o que era realidade e o que eram lembranças de coisas passadas. [...] A banheira era um mistério. Dia após dia, ela não conseguia lembrar-se do que era preciso fazer para lidar com a água: às vezes, se escoava por completo, outras vezes subia e subia, sem que ela conseguisse fazê-la parar. [...] Mary se alegrava quando sua família vinha visitá-la. Às vezes lembrava-se

7. Ver "UK: Dementia Condition Alzheimer's Disease Will Hit 750,000 in 30 Years", *The Guardian*, 6 de julho de 1992.

8. Selkoe, "Amyloid Protein and Alzheimer's Disease", 68.

9. Ver Sumário, 267, *Journal of the American Medical Association* 2809, 27 de maio de 1992 (sumário de Welch e outros, "The Cost of Institutional Care in Alzheimer's Disease", 40 *Journal of the American Geriatric Society* 221 [1992]).

> de seus nomes, mas quase sempre não lhe vinham à lembrança. [...] O melhor momento dessas visitas era quando a abraçavam e demonstravam seu amor por ela.
>
> Apesar de a sra. Ramirez ter dito várias vezes à irmã que hoje era dia de ir ao médico, ela só entrou no carro, gritando, quando foi arrastada por dois vizinhos. Durante todo o trajeto até o consultório, foi pedindo socorro aos berros e, assim que chegaram, tentou fugir.
>
> De repente, o sr. Lewis começou a chorar enquanto tentava amarrar os cordões de seus sapatos. Jogou-os na lata de lixo e, soluçando, trancou-se no banheiro.[10]

Quando Andrew Firlik era estudante de medicina, conheceu uma mulher de cinqüenta e quatro anos que sofria de Alzheimer, a quem ele chamava Margo. Começou a visitá-la diariamente em seu apartamento, onde ela estava sob os cuidados de um acompanhante. O apartamento tinha muitas fechaduras para impedir que Margo fugisse à noite, de camisola, e ficasse andando pelo parque, o que já havia feito antes. Margo dizia saber quem era Firlik toda vez que ele chegava, mas, como nunca o chamava pelo nome, ele desconfiava tratar-se de um mero gesto de cortesia. A paciente dizia estar lendo romances de mistério, mas Firlik "percebeu que o ponto em que ela havia interrompido a leitura variava ao sabor do acaso e que marcava dúzias de páginas com dobras. [...] Talvez ela se sinta bem só de ficar ali sentada, murmurando para si mesma, balançando o corpo para frente e para trás, cabeceando de sono e, às vezes, virando mais uma página". Margo participava de um curso de arte para doentes de Alzheimer no qual todos, inclusive ela, pintavam quase sempre o mesmo quadro, um padrão que só se modificou já bem perto do fim, quando as imagens se tor-

---

10. Nancy L. Mace e Peter V. Rabins, *The 36-Hour Day: A Family Guide to Caring for Persons with Alzheimer's Disease, Related Dementing Illnesses, and Memory Loss in Later Life* (Baltimore: The Johns Hopkins University Press, 1981, 1991).

naram bem mais primitivas. Firlik estava confuso, segundo afirma, pelo fato de que, "apesar de sua doença ou talvez, de certo modo, por causa dela, Margo é sem dúvida uma das pessoas mais felizes que já conheci". Ele relata, em especial, o prazer que ela sentia em comer sanduíches de manteiga de amendoim com geléia, mas pergunta: "O que resta de uma pessoa que já não consegue acumular novas lembranças, enquanto as antigas vão se apagando rapidamente? Quem é Margo?"[11]

Devo agora repetir uma observação que já fiz: estamos considerando os direitos e interesses não de alguém que sempre sofreu de demência, mas de alguém que foi competente no passado. Portanto, ao examinar os direitos e interesses de tal pessoa, podemos pensar nela de duas maneiras distintas: como uma pessoa *demenciada*, enfatizando seu estado e suas capacidades atuais, ou como uma pessoa que se *tornou* demenciada, levando em consideração toda a sua trajetória de vida. O direito à autonomia de uma pessoa competente inclui, por exemplo, o poder de determinar que mais tarde lhe seja negado um tratamento capaz de prolongar sua vida, ou que não se gaste dinheiro para mantê-la em uma situação de conforto mesmo que ela, quando já em estado de demência, tenha necessidade de tais cuidados? O que então for feito por ela deve atender a seus interesses atuais, de modo a tornar o que lhe resta de vida o mais agradável e confortável possível, ou deve atender aos interesses da pessoa que ela um dia foi? Suponhamos que um paciente com demência insista em permanecer em casa, em vez de ir viver em uma instituição, ainda que isso represente um grande transtorno para sua família, e que todos concordemos que as pessoas levam uma vida melhor quando não constituem um transtorno para os demais. Permitir que esse paciente se torne um transtorno desse tipo estará, de fato, entre os seus interesses fundamentais?

Em geral, a dignidade de uma pessoa está ligada à sua capacidade de amor-próprio. Deveremos nos preocupar com a

11. Ver Andrew D. Firlik, "Margo's Logo", 265 *Journal of the American Medical Association* (1991), 201.

dignidade de um paciente com demência se ele próprio já não se dá conta de tal dignidade? Isso parece depender do fato de sua dignidade passada, como indivíduo competente, estar ainda implícita de alguma maneira. Se é assim, então podemos considerar que sua capacidade anterior de amor-próprio exige que ele agora seja tratado com dignidade; podemos dizer que, agora, essa dignidade é necessária para que se demonstre respeito por sua vida como um todo. Muitas questões importantes sobre os direitos do demenciado vão depender, portanto, de como seus interesses atuais se relacionam com aqueles que tinha no passado, quando ainda era uma pessoa competente[12].

### *Autonomia*

Há um consenso geral de que os cidadãos adultos dotados de competência normal têm direito à autonomia, isto é, direito a tomar, por si próprios, decisões importantes para a definição de suas vidas. Os adultos competentes são livres para fazer maus investimentos, desde que os outros não os enganem nem lhes soneguem informações, e os fumantes podem fumar em recin-

---

12. Devo mencionar outro grande problema prático sobre a relação entre uma pessoa que sofre de demência e a pessoa competente que ela um dia foi. Os recursos ao alcance de um paciente com demência devem depender daquilo que ele poupou quando estava bem de saúde, como uma forma de seguro, tendo em vista seus próprios cuidados na eventualidade de tornar-se demenciado? Os planos de seguros, tanto privados quanto públicos, desempenham um papel importante no modo como provemos recursos para diferentes tipos de catástrofes. Mas será o seguro o modelo ideal a ser utilizado tendo em vista as providências para o atendimento aos demenciados? Isso irá depender de acreditarmos ou não que uma pessoa competente possa ter a atitude preventiva de assegurar o necessário para a pessoa incompetente que pode vir a tornar-se? Isso, por sua vez, irá depender de complexos problemas filosóficos sobre o conceito de identidade pessoal. Neste livro, não posso discutir esse problema filosófico nem qualquer dos outros problemas sérios que remetem à justiça que possa existir no financiamento dos cuidados extremamente caros para com os que sofrem de demência. Contudo, discuti essas duas questões com alguma profundidade no artigo "Philosophical Problems of Senile Dementia", escrito para o United States Congress Office of Technology Assessment, de Washington, D.C., e disponível nesse órgão do governo.

tos privados, ainda que a propaganda de cigarros deva adverti-los sobre os riscos de seu hábito. Nos contextos médicos, essa autonomia está freqüentemente em jogo[13]. Por exemplo, uma testemunha de Jeová pode recusar-se a receber uma transfusão de sangue necessária para salvar-lhe a vida, pois as transfusões ofendem suas convicções religiosas. Um paciente cuja vida só pode ser salva se suas pernas forem amputadas, mas que prefere morrer logo a viver sem as pernas, pode recusar-se a fazer a operação. Em geral, o direito norte-americano reconhece o direito de um paciente à autonomia em circunstâncias desse tipo[14]. Quando, porém, se perde esse direito? Até que ponto, por exemplo, os deficientes mentais têm o direito de tomar, por si próprios, decisões que a outros não pareçam estar entre seus interesses fundamentais?[15] Dever-se-ia permitir que Mary, a mulher que não reconhecia os parentes nem sabia lidar com a banheira, gastasse seu dinheiro como melhor lhe parecesse, escolhesse seus próprios médicos, recusasse os tratamentos médicos que lhe fossem prescritos, ou decidisse qual de seus parentes ficaria encarregado de cuidar dela? Dever-se-ia permitir que Mary insistisse em ser tratada em casa, apesar de sua família achar que ela seria mais bem cuidada em uma instituição?

Pode haver, por certo, alguma outra razão, para além da autonomia, para que se permita que Mary e outros demenciados façam o que lhes parece melhor. Por exemplo, é possível

---

13. Ver uma discussão em Allen E. Buchanan e outros, "Surrogate Decision-Making for Elderly Individuals Who Are Incompetent or of Questionable Competence", novembro de 1985, texto preparado para o Office of Technology Assessment.

14. Ver George J. Annas e Leonard H. Glantz, "Withholding and Withdrawing of Life-Sustaining Treatment for Elderly Incompetent Patients: A Review of Appellate Court Decisions", 16 de setembro de 1985, texto preparado para o Office of Technology Assessment.

15. Nesta discussão, parto do pressuposto de que, ao menos em certas ocasiões, pode ser extremamente favorável aos interesses de uma pessoa obrigá-la a agir de modo diferente do que quer – que seus interesses podem ser favorecidos, por exemplo, por meio da proibição de fumar, ainda que reconheçamos que sua autonomia seja até certo ponto comprometida, considerada em si mesma, com algo que vai contra seus interesses.

que, se forem impedidos de fazer o que desejam, se tornem tão agitados que estaremos lhes fazendo mais mal do que bem ao nos opormos a seus desejos, ainda que estes não estejam de acordo com seus interesses. Contudo, teremos razões para respeitar sua decisão mesmo que as coisas não se passem desse modo, mesmo que acreditemos que, após um exame criterioso dos fatos, esteja entre seus interesses fundamentais os impedirmos de tomar uma determinada decisão?

Não podemos responder a esta pergunta sem antes refletir sobre o objetivo da autonomia, isto é, sobre a questão de por que deveríamos respeitar as decisões que as pessoas tomam quando não nos parecem atender a seus interesses fundamentais. Poderíamos atribuir a designação de critério *comprobatório* a uma resposta popular segundo a qual devemos respeitar as decisões que as pessoas tomam por si próprias, mesmo quando as considerarmos imprudentes, pois em geral cada pessoa sabe, melhor que ninguém, o que faz parte de seus interesses fundamentais[16]. Apesar de acreditarmos freqüentemente que alguém cometeu um erro ao avaliar quais são seus interesses, a experiência nos ensina que, na maioria dos casos, nós é que erramos ao pensar assim. A longo prazo, portanto, é melhor reconhecer o direito geral à autonomia e respeitá-lo sempre, em vez de nos reservarmos o direito de interferir na vida de outras pessoas sempre que acreditarmos que tenham cometido um erro.

Se aceitássemos esse critério comprobatório de autonomia, não estenderíamos o direito à autonomia às decisões tomadas pelos que sofrem de demência grave, os quais, tendo perdido completamente a capacidade de avaliar e raciocinar, talvez não conheçam seus interesses fundamentais tão bem quanto o conheceriam os médicos. Em alguns casos, presumir que os dementados conhecem melhor seus interesses seria uma incoerência: por exemplo, como freqüentemente acontece, quando seus desejos e decisões mudam radicalmente à medida que se alternam os momentos de lucidez e inconsciência.

---

16. Buchanan e outros, "Surrogate Decision-Making".

Na verdade, porém, a concepção comprobatória da autonomia está muito longe de ser infalível. A autonomia exige que permitamos que uma pessoa detenha o controle de sua própria vida, mesmo quando comportar-se de um modo que, para ela própria, não estaria de modo algum de acordo com seus interesses[17]. Trata-se, às vezes, de uma circunstância que os filósofos chamam de "fraqueza de vontade". Muitos fumantes sabem que, considerando-se todos os fatos, fumar não está entre seus interesses fundamentais, mas apesar disso continuam fumando. Se acreditarmos, como é o caso, que respeitar sua autonomia significa permitir que ajam desse modo, não poderemos aceitar que o objetivo da autonomia consista em proteger o bem-estar de uma pessoa. Além disso, existem razões mais nobres para se atuar contra aquilo que alguém acredita estar entre seus interesses fundamentais. Há quem recuse um tratamento médico necessário por acreditar que, caso se submeta a ele, estará tomando o lugar de uma outra pessoa para a qual o tratamento pode ser crucial. Alguns agem por convicções que admiramos, ainda que tenhamos outro modo de agir, e a autonomia exige que respeitemos suas decisões. Uma vez mais, a suposta explicação do direito à autonomia – isto é, que promove o bem-estar de pessoas que aparentemente estão tomando decisões erradas – é incapaz de dar conta de nossas convicções sobre as circunstâncias em que as pessoas têm esse direito. Tudo isso sugere que o objetivo da autonomia deve ser, pelo menos até certo ponto, independente da alegação de que uma pessoa geralmente sabe, melhor que qualquer outra, quais são seus interesses fundamentais. E daí não se seguiria, então, apenas pelo fato de um paciente com demência poder equivocar-se quanto a seus interesses fundamentais, que outros tivessem o direito de decidir por ele. Talvez seja possível, afinal, que os demenciados tenham direito à autonomia.

---

17. Há um importante debate na literatura econômica sobre a questão de saber se pode ser racional agir contra os melhores interesses próprios. O ponto de vista ideal é o que responde afirmativamente. Ver, por exemplo, Amartya Sen, "Rational Fools: A Critique of the Behavioral Foundations of Economic Theory", *Philosophy and Public Affairs* 6, nº 4 (verão de 1977).

Ainda assim, devemos tentar encontrar uma explicação mais plausível do objetivo da autonomia e nos perguntar se os pacientes demenciados teriam direito à autonomia de acordo com tal explicação. A alternativa mais plausível enfatiza a integridade, não o bem-estar do agente capaz de fazer uma escolha; nos termos dessa concepção, o valor da autonomia deriva da capacidade que protege: a capacidade de alguém expressar seu caráter – valores, compromissos, convicções e interesses críticos e experienciais – na vida que leva. O reconhecimento de um direito individual de autonomia torna possível a autocriação. Permite que cada um de nós seja responsável pela configuração de nossas vidas de acordo com nossa própria personalidade – coerente ou não, mas de qualquer modo distintiva. Permite que cada um conduza a própria vida, em vez de se deixar conduzir ao longo desta, de modo que cada qual possa ser, na medida em que um esquema de direitos possa tornar isso possível, aquilo que fez de si próprio. Permitimos que um indivíduo prefira a morte a uma amputação radical ou a uma transfusão de sangue, desde que tenha havido uma informação prévia de tal desejo, porque reconhecemos o direito que ele tem de estruturar sua vida de conformidade com seus próprios valores.

A concepção de autonomia centrada na integridade não pressupõe que as pessoas competentes tenham valores coerentes, ou que sempre façam as melhores escolhas, ou que sempre levem vidas estruturadas e reflexivas. Reconhece que as pessoas freqüentemente fazem escolhas que refletem fraqueza, indecisão, capricho ou simples irracionalidade – por exemplo, que algumas delas, em outros aspectos obcecadas por sua saúde, continuem a fumar. Qualquer teoria plausível da autonomia centrada na integridade deve fazer uma distinção entre o objetivo geral ou o valor da autonomia, por um lado, e suas conseqüências para uma determinada pessoa em uma situação específica, por outro. A autonomia estimula e protege a capacidade geral das pessoas de conduzir suas vidas de acordo com uma percepção individual de seu próprio caráter, uma percepção do que é importante para elas. Talvez o principal valor dessa capacidade só se concretize quando uma vida realmente manifestar uma integridade e uma autenticidade absolutas. Mas o direito à autonomia protege e estimula essa capacidade em qualquer circunstância, permitindo que as pessoas que a têm decidam em que medida, e de que maneira, procurarão concretizar esse objetivo.

Se aceitarmos essa concepção da importância da autonomia centrada na integridade, nossas opiniões sobre a questão de os pacientes incapacitados terem ou não direito a tal autonomia irão depender do grau de sua capacidade geral de conduzir sua vida dessa maneira. Quando as escolhas de um paciente com demência moderada forem razoavelmente estáveis e coerentes com o caráter geral de sua vida anterior e, grosso modo, incoerentes e autodestrutivas somente na mesma medida em que também são as escolhas das pessoas plenamente competentes, pode-se considerar que ela ainda detém o controle de sua vida e que, por esse motivo, tem direito à autonomia. Contudo, se suas escolhas e exigências, a despeito da firmeza com que sejam expressas, se contradizem entre si de modo sistemático ou aleatório, evidenciando uma percepção de si mesmo que não tem coerência alguma, bem como uma falta de objetivos discerníveis, mesmo que a curto prazo, poderemos então presumir que tal paciente já perdeu a capacidade que a autonomia tem a finalidade de proteger. Não tem mais o direito de ver respeitadas suas escolhas relativas a um acompanhante (ou ao uso de seus bens, ao tratamento médico ou à permanência em sua casa). Tem ainda o direito à beneficência – o direito a que as decisões sobre tais assuntos sejam tomadas tendo em vista seus interesses fundamentais –, e suas preferências podem, por diferentes razões, ser importantes para se decidirem quais são seus interesses fundamentais. Mas, ao contrário do que acontece com as pessoas competentes, perdeu o direito de tomar decisões que contrariem esses interesses.

Às vezes, a palavra "competência" é usada em um sentido que remete especificamente ao cumprimento de tarefas, significando a capacidade de assimilar e manipular informações relativas a um determinado problema. Nesse sentido, a competência é variável (às vezes muito), mesmo entre pessoas normais, não afetadas por processos demenciais; posso ser mais competente do que você ao tomar algumas decisões e menos competente ao tomar outras. A literatura médica sobre a tomada de decisões em nome de pacientes demenciados assinala, corretamente, que a competência nesse sentido de cumprimento de tarefas é relativa à natureza e à complexidade da decisão em questão[18]. Um paciente sem competência para administrar suas complexas transações comerciais pode, não obstante, ser capaz de assimilar e apreciar informações relativas à sua permanência em casa ou em uma instituição.

Contudo, a competência no sentido em que a pressupõe o direito à autonomia é coisa bem diferente. Diz respeito à capacidade mais geral e difusa que descrevi: a capacidade de agir com base em preferências genuínas, na percepção da natureza das coisas, nas convicções pessoais ou no sentido da própria identidade. Haverá, sem dúvida, os casos difíceis nos quais não poderemos saber, com certeza, se um paciente demenciado é competente nesse sentido. Mas devemos fazer esse juízo geral, e não uma combinação de juízos sobre a capacidade específica de cumprir tarefas, para podermos decidir se um paciente mentalmente incapacitado tem direito à autonomia[19]. Os pacientes como Mary não têm nenhum direito a que *qualquer* decisão

18. Ver Buchanan e outros, "Surrogate Decision-Making". As perguntas sobre a competência para a realização de tarefas são nitidamente relevantes para as questões examinadas no relato de Buchanan. Porém, quando o argumento contrário à decisão tomada por outros tem por base a autonomia da pessoa que sofre de demência e irá ver-se afetada por essas decisões, o senso de competência geral, desvinculada da realização de tarefas, é também relevante.

19. Os problemas relativos a essa avaliação da capacidade de integridade geral surgem quando um paciente só parece periodicamente capaz de organizar sua vida em torno de um sistema de desejos e aspirações. Parece capaz de assumir o controle de sua vida em algumas ocasiões, mas em seguida entra em um estado mais grave de demência e só volta a recuperar a lucidez depois de um substancial período intermediário no qual os desejos e interesses que expressa são muito diferentes ou mesmo contraditórios. Seria um erro afirmar que tal paciente tem capacidade de exercer uma autonomia "periódica". A capacidade que a autonomia pressupõe é necessariamente uma capacidade contínua no plano temporal: é a capacidade de ter uma personalidade e agir de acordo com ela.

seja respeitada apenas em decorrência de uma preocupação com sua autonomia. Isso pode parecer duro, mas não constitui delicadeza alguma permitir que uma pessoa tome decisões contra seus próprios interesses a fim de proteger uma capacidade que ela não tem e não pode vir a ter.

Portanto, nem a concepção comprobatória de autonomia, nem a concepção mais plausível, que tem por base a integridade, recomendam qualquer direito à autonomia para pacientes gravemente demenciados. Que dizer, porém, da autonomia *anterior* de um paciente? Suponhamos que um paciente seja incompetente em sentido geral e total mas que, anos atrás, quando sua competência estava intacta, assinou um testamento de vida no qual especificava tudo aquilo que, claramente, não quer que lhe aconteça agora. Suponhamos, por exemplo, que anos atrás, quando ainda plenamente competente, Margo tivesse assinado um documento formal determinando que, se viesse a ter o mal de Alzheimer, todas as suas propriedades deveriam ser doadas a uma determinada instituição de caridade, de modo que não restasse dinheiro algum para ser gasto com seus próprios cuidados. Ou que, nas mesmas circunstâncias, ela não recebesse tratamento algum para qualquer outra doença grave ou fatal que viesse a contrair. Ou que, inclusive nesse mesmo contexto de ser acometida por uma doença grave, deveria ser morta da maneira mais rápida e indolor possível. Se Margo tivesse expressado qualquer desses desejos quando ainda era competente, a autonomia exigiria então que estes fossem agora respeitados pelos responsáveis por seus cuidados, ainda que ela pareça perfeitamente feliz com seus velhos romances policiais, a única tela que pinta e repinta, e seus sanduíches de manteiga de amendoim e geléia?

Se aceitássemos a concepção comprobatória de autonomia, concluiríamos pela fragilidade da argumentação favorável ao respeito pelas determinações anteriores de Margo. As pessoas não são os melhores juízes daquilo que seus melhores interesses poderiam ser em circunstâncias com as quais nunca depararam e nas quais suas preferências e seus desejos podem ter passado por uma drástica transformação. Contudo, se aceitarmos a concepção centrada na integridade, seremos levados a crer que os desejos passados de Margo devem ser respeitados. Uma pessoa competente, que assina um testamento estipulando o tratamento que pretende receber em caso de demência, está emitindo exatamente o tipo de juízo que, do ponto de vista da integridade, a autonomia mais respeita: um juízo sobre a forma geral do tipo de vida que pretende ter levado.

Esta conclusão é problemática, para não dizer chocante, e alguém poderia opor-se a ela ao insistir em que o direito à autonomia é *necessariamente* contemporâneo: que o direito de uma pessoa à autonomia é apenas o direito a que suas decisões atuais sejam respeitadas, e não as decisões anteriores que desde então ela desautorizou. Esta é, sem dúvida, a força normal do reconhecimento da autonomia. Suponhamos que uma testemunha de Jeová assinou um documento formal estipulando que não quer receber transfusões de sangue ainda que, por fraqueza de vontade, peça para recebê-las quando forem imprescindíveis para que não morra. Como Ulisses, tal pessoa quer ser amarrada ao mastro de sua fé. Contudo, quando chega o momento e ela precisa de uma transfusão, implora por ela. Por respeito à sua autonomia, não nos sentiríamos obrigados a desconsiderar seu pedido atual.

Ainda assim, podemos interpretar esse exemplo de diferentes maneiras, e a diferença é crucial para o problema que nos ocupa no momento. Em primeiro lugar, poderíamos dizer que o pedido posterior da testemunha de Jeová revoga sua decisão original, uma vez que expressa um desejo atual. Isso pressupõe que só é correto remeter a decisões passadas quando tivermos razões para crer que o agente ainda deseja o que queria anteriormente. Desse ponto de vista, a autonomia precedente é uma ilusão: tratamos a decisão anterior de uma pessoa como importante somente porque, em geral, nela se evidenciam os seus desejos atuais, e a desconsideramos por completo quando sabemos que não é isso que acontece. Por outro lado, poderíamos dizer que o pedido posterior da testemunha de Jeová revogou sua decisão original porque foi um novo exercício de sua autonomia e que desconsiderar seu pedido equivaleria a tratá-la como se sua vida já não estivesse mais sob seu controle. A diferença entre essas duas concepções sobre a força da autonomia precedente é crucial quando alguém muda de idéia *depois* de tornar-se incompetente – isto é, quando não mais vigoram as condições da autonomia. Suponhamos que o mesmo acidente que tornou a transfusão de sangue medicamente necessária à testemunha de Jeová também a tenha deixado com a mente perturbada e que ela exija a transfusão quando ainda dá demonstrações inequívocas de tal perturbação. Com base na primeira concepção, não violaríamos sua autonomia ao permitir que ela a recebesse, mas a autorizaríamos com base na segunda.

Qual das duas concepções sobre a força das decisões passadas é mais convincente? Suponhamos que estivéssemos convencidos de que, ao receber a transfusão e continuar viva, a testemunha de Jeová mentalmente perturbada recuperasse a competência e ficasse horrorizada por ter se submetido a um tratamento que, para ela, é pior do que a morte. Em tais circunstâncias, acredito, estaríamos violando sua autonomia ao permitir que a transfusão fosse feita. Isso constitui um argumento favorável à segunda concepção sobre a força das decisões passadas, aquela que endossa a autonomia precedente por considerá-la genuína. Recusamo-nos a permitir que a testemunha de Jeová receba uma transfusão de sangue não por acreditarmos que ela realmente continua querendo o que queria antes – este não é um caso em que alguém que recusa um determinado tratamento está inconsciente quando dele necessita –, mas porque lhe falta a capacidade necessária para um novo exercício de autonomia. Sua decisão anterior continua em vigor, uma vez que não se revogou nenhuma nova decisão tomada por uma pessoa capaz de exercer sua autonomia.

Alguém poderia dizer que a única coisa que nos justifica ao negarmos a transfusão é o fato de sabermos que a testemunha de Jeová lamentaria tê-la feito se viesse a recuperar-se. Esse prognóstico, porém, não faria diferença se a pessoa em questão estivesse no pleno domínio de sua competência ao pedir a transfusão e desesperada por viver naquele momento, ainda que fosse grande a probabilidade de que mudasse de idéia e, no dia seguinte, se mostrasse horrorizada com o que tivesse feito. Sem dúvida, deveríamos concordar com seu pedido naquelas circunstâncias. O que faz a diferença, quando estamos tomando a decisão de respeitar o pedido de uma pessoa, ainda que este contrarie suas profundas convicções anteriores, é se ela agora tem competência para tomar uma decisão dessa natureza e não se mais tarde poderá vir a lamentar o fato de tê-la tomado.

Portanto, nosso argumento em favor da concepção centrada na integridade tem por base uma verdadeira doutrina da autonomia precedente. O direito de uma pessoa competente à autonomia exige que suas decisões passadas sobre como devem tratá-la em caso de demência sejam respeitadas mesmo quando contrariem os desejos que venha a manifestar em uma fase posterior de sua vida. Se nos recusarmos a respeitar a autonomia precedente de Margo – se nos recusarmos a respeitar suas decisões passadas porque, apesar de tomadas quando ela ainda era competente, não são compatíveis com a incompetência revelada por seus desejos atuais –, estaremos violando sua autonomia nos termos da concepção centrada na integridade. Esta conclusão tem grande importância prática. As pessoas competentes que se preocupam com o fim de suas vidas das diferentes maneiras que assinalamos no capítulo 7, irão naturalmente preocupar-se com o modo como poderiam ser tratadas se se tornassem demenciadas. Alguém que esteja ansioso por assegurar que sua vida não seja então prolongada por um tratamento médico, preocupa-se exatamente por pensar que o caráter de toda a sua vida estaria comprometido caso a prolongassem. Está na mesma posição das pessoas que assinam testamentos de vida pedindo para serem mortas quando a possibilidade de recuperação for nula, ou quando ficarem em estado vegetativo permanente. Se respeitarmos *seus* pedidos anteriores, como o Supremo Tribunal decidiu que os estados norte-americanos devem fazer, teremos as mesmas razões para respeitar os desejos de não se manter com vida alguém como a sra. Adkins, que não temia a inconsciência, mas a demência.

O argumento tem, contudo, conseqüências muito problemáticas. O estudante de medicina que esteve ao lado de Margo disse que sua vida era a mais feliz que já havia conhecido. Deveríamos, de fato, negar a uma pessoa como ela os cuidados médicos de rotina, necessários para mantê-la viva? Seria concebível que a *matássemos*? Poderíamos considerar moralmente imperdoável não tentar salvar a vida de alguém que claramente aprecia sua vida, por mais avançado que seja seu estado de demência, e poderia parecer-nos que a questão de pôr fim à sua vida está além da imaginação. Poderíamos odiar viver em uma comunidade cujas autoridades pudessem tomar ou autorizar decisões desse tipo. Poderíamos ter outros bons motivos para tratar Margo como ela agora deseja ser tratada, e não como, em meu caso imaginário, ela alguma vez tenha pedido. Ainda assim, porém, isso viola sua autonomia em vez de respeitá-la.

### *Beneficência*

Quando se confia uma pessoa aos cuidados ou à tutela de outra, a primeira tem o que chamarei de direito à beneficência – um direito a que a segunda tome decisões que favoreçam seus interesses fundamentais. Esse direito fiduciário é uma idéia conhecida tanto no direito quanto na moral: um fideicomissário deve agir de modo a atender aos interesses dos beneficiários do fideicomisso; os diretores de uma empresa devem agir em nome dos interesses de seus acionistas; os médicos e outros profissionais devem ter em vista os interesses de seus pacientes ou clientes. Nesses casos, o direito à beneficência não é um direito a que uma determinada pessoa assuma esse dever fiduciário de prestar assistência; esse direito só vigora quando alguém assume tal responsabilidade. Tampouco é um direito a que se coloquem recursos particulares à disposição do fiduciário; esse direito só rege a utilização de quaisquer recursos que de fato estejam disponíveis para a assistência ao beneficiário.

Como o beneficiário e o fiduciário podem ter uma concepção diferente sobre os interesses fundamentais do primeiro, o direito à beneficência difere do direito à autonomia que até aqui discutimos e, em algumas circunstâncias, pode entrar em conflito com ele. Já chamamos a atenção para um conflito potencial: aquele que se dá entre os interesses de um paciente demenciado e a autonomia que tinha quando ainda era competente. Será este um conflito genuíno? Se a resposta for afirmativa, então o direito atual de Margo à beneficência – agora, quando ela sofre de demência – seria uma razão para ignorar sua autonomia anterior e torná-la mais feliz neste momento, a despeito de qualquer diretriz que ela tenha estipulado antes. Não há razão para duvidar de que uma pessoa demenciada tem um direito à beneficência, mas deparamos com um problema óbvio ao considerar as conseqüências desse direito. Quais *são* os interesses fundamentais de uma pessoa cuja demência é grave e irreversível? No capítulo anterior, enfatizei a distinção entre o que chamei de interesses experienciais e interesses críticos, e essa distinção é agora indispensável[20].

20. Nesta nota, gostaria de explorar alguns aspectos da distinção entre interesses críticos e interesses experienciais que não discuto no texto, mas que são especialmente relevantes para os problemas dos demenciados. Como vimos, o tempo desempenha papéis diferentes nos dois tipos de interesse. Os interesses experienciais voltam-se para o futuro, o que os torna radicalmente sensíveis ao tempo. Posso preocupar-me com a dor que já sofri, mas não o farei com a mesma intensidade, nem da mesma maneira, no que diz respeito à dor que ainda poderá sobrevir. Não quero morrer logo porque a morte irá privar-me de experiências ainda por vir, mas também não quero já ter vivido mais do que deveria, isto é, ter nascido antes da data em que nasci. Os interesses críticos, por outro lado, não se prendem à questão temporal. Se quero que minha vida inclua certos tipos de realizações apenas porque tornariam minha vida melhor, será indiferente que tais realizações se dêem no passado ou no futuro. (Como mostrou Bernard Williams, existem eventos ou realizações que só podem ocorrer em certos momentos da vida de uma pessoa – seu nascimento e sua morte, por exemplo. Poderíamos dizer que essas características sensíveis ao tempo são elementos constitutivos dos eventos. Estou discutindo atitudes para com os eventos que não são constitutivamente sensíveis ao tempo nesse sentido.) Se desejo ter uma vida mais longa porque acredito que viver mais constitui, em si, uma realização, como pensam muitas pessoas, ser-me-á igualmente agradável descobrir que nasci antes de quando pensava ter nascido, ou que morrerei mais tarde do que temia morrer. Mais importante ainda, o modo como os juízos experienciais de alguém podem entrar em conflito com o passar do tempo difere do modo como podem conflitar seus juízos críticos. As opiniões das pessoas sobre os dois tipos de interesses mudam freqüentemente. Poderia planejar uma determinada experiência para mim mesmo – planejar cuidadosamente uma viagem e o orçamento para poder fazê-la – da qual não venha a desfru-

Mesmo uma pessoa gravemente demenciada (ao contrário de alguém que se encontra em um estado vegetativo permanente) tem interesses experienciais. A maioria das vítimas nos últimos estágios do mal de Alzheimer ainda consegue desfru-

---

tar, ou que desfrute tanto quanto imaginei que o faria. Ou poderia tomar uma importante decisão – formar-me em direito e exercer a profissão por gostar do modo como vive um advogado – e em seguida, tarde demais, chegar à triste conclusão de ter levado uma vida inútil. Em qualquer dos casos, minha última identidade diverge do juízo emitido por minha identidade anterior, mas a natureza da divergência é muito diversa.

Quando minhas duas identidades divergem a propósito de um interesse experiencial, isso mostra que meu juízo original, que tinha um caráter de predição, estava errado. Minha identidade anterior avaliou erradamente aquilo que minha identidade posterior iria realmente desfrutar. No caso dos interesses críticos, uma divergência não significa necessariamente que a identidade anterior tenha cometido qualquer espécie de erro, pois o juízo anterior não tinha esse caráter de previsão, e é possível que o juízo errado fosse o segundo, isto é, o posterior.

Um fiduciário, que deve agir em nome dos melhores interesses de uma outra pessoa, não deve perder de vista essa distinção. Ele agirá em nome dos interesses experienciais dessa pessoa quando suas decisões realmente a levarem a um maior desfrute de sua vida. É mais difícil dizer quando um fiduciário age em nome dos interesses críticos de alguém; para fazê-lo, precisamos de uma outra distinção. Um médico age em nome do interesse crítico *subjetivo* de seu paciente quando muda a vida desse paciente de uma maneira que ele possa considerar como uma melhora. (Para alguns propósitos, precisamos aqui de uma outra subdivisão: um médico age em nome dos interesses subjetivos avaliatórios *ex ante* de seu paciente quando melhora a vida desse paciente segundo os critérios do próprio paciente na ocasião em que toma a decisão, e age em nome dos interesses subjetivos avaliatórios *ex post* de seu paciente quando melhora a vida desse paciente segundo os critérios do próprio paciente depois de a decisão ter surtido seu efeito.) Um médico age em nome do que considera como o interesse crítico *genuíno* de seu paciente quando muda a vida deste de uma maneira que *ele*, o médico, acredita que irá torná-la melhor. Às vezes, esses dois sentidos de interesse crítico entram em conflito: por exemplo, um administrador de bens de terceiros pode ter de decidir se vai ou não permitir que um beneficiário tome posse dos bens confiados à sua guarda para iniciar um negócio que o administrador considera indigno ou degradante.

Essas diferentes distinções entre tipos de interesses permitem uma melhor formulação das modalidades e dos graus de paternalismo. Permitem-nos estabelecer uma distinção entre impedir que uma pessoa consuma drogas porque achamos que ela ignora a verdadeira natureza das experiências pelas quais irá passar, ou porque achamos que o consumo de drogas irá levá-la ao tipo de vida que ela atualmente desaprova, ou porque irá levá-la ao tipo de vida que nós desaprovamos, mas que ela não desaprova. Neste último caso, temos um exemplo genuíno de paternalismo moral que é quase sempre questionável no caso de adultos, quando pode ser evitado.

tar do conforto material e da solidariedade que lhe prestam – o leitor estará lembrado de que o que Mary mais apreciava era o apoio e o carinho dos amigos e familiares. No referido estágio, os doentes podem ter medo ou perspectivas futuras que lhes dêem prazer. Em estado avançado de demência, porém, as vítimas de Alzheimer já perderam a capacidade de pensar sobre como tornar suas vidas mais bem-sucedidas em termos gerais. Desconhecem a própria identidade não como um amnésico – não apenas por não poderem identificar seu passado –, mas, de modo mais fundamental, por lhes faltar o sentido de uma vida em sua totalidade, de um passado ligado a um futuro, que pudessem ser objeto de uma avaliação ou de uma consideração geral[21]. Não podem ter projetos ou planos do tipo que se faz necessário à vida de qualquer pessoa dotada de senso crítico. Não têm, portanto, nenhuma opinião atual sobre seus próprios interesses críticos.

Não obstante, continuam a ter tais interesses. Sem dúvida, se só pensarmos na vida de uma pessoa demenciada em termos de seu futuro, como a vida que ela levará a partir de agora, parece haver pouco sentido em especular sobre seus interesses críticos, sobre o que poderia tornar sua vida mais ou menos valiosa, pois ela não é mais capaz dos atos ou das ligações afetivas que lhe poderiam dar valor. Não se pode conferir valor a uma vida a partir de fora; este deve ser gerado pela própria pessoa, e isso já se tornou impossível para ela. Porém, quando consideramos de que modo o destino de uma pessoa demenciada pode afetar o caráter de sua vida, consideramos tal vida em sua totalidade, não apenas os seus lamentáveis estágios finais, e consideramos seu futuro em termos do modo como este afeta a natureza do todo.

Sob muitos aspectos, o demenciado encontra-se na mesma situação de um paciente inconsciente que já entrou em estado vegetativo permanente. Aqui se verifica, contudo, uma diferença importante. Posso pensar em quais seriam meus inte-

---

21. Ver Israel Rosenfield, *The Strange, Familiar, and Forgotten* (Nova York: Alfred A. Knopf, 1992).

resses fundamentais se eu viesse a entrar em estado vegetativo irreversível, e posso fazê-lo sem me preocupar com qualquer conflito de interesses: se estou convencido de que minha vida seria arruinada se, durante anos, me mantivessem vivo como um vegetal, posso agir com base nessa convicção sem que isso acarrete qualquer perspectiva de conflito – posso assinar um testamento no qual determino que não quero ser mantido vivo. Mas sei que, se me tornar demenciado, é provável que queira continuar vivo e que então talvez seja capaz de experimentar alguns prazeres imediatos. É verdade que algumas vítimas de demência levam vidas terríveis e dolorosas, cheias de medo e paranóia. Algumas são brutalmente desoladoras e ingratas para os que cuidam delas, mas ainda assim parecem querer continuar vivas. E como posso saber se minha vida será desoladora? A vida de Margo, por exemplo, não era assim, e mesmo depois que seu estado se agravou ela poderia muito bem ter continuado a desfrutar seus sanduíches de manteiga de amendoim e geléia, virando a esmo as páginas de seu romance policial, aquecendo-se ao sol, sem reconhecer ninguém e sem ligar-se a nada, sorrindo e parecendo feliz. Estaria entre meus interesses fundamentais continuar vivendo desse modo, ou seria melhor morrer o mais breve possível?

As pessoas cuja opinião pedi divergem profundamente sobre essa dolorosa questão. Grosso modo, metade delas rejeita a idéia de viver em estado demencial, totalmente dependentes, balbuciando absurdos, incapazes de entender que existe um mundo à sua volta e, menos ainda, de participar desse mundo. Pensam que chegar assim ao fim da vida é o mesmo que desfigurá-la por inteiro, que o dano crítico é ainda maior do que viver como um vegetal inerte, o que não é uma contradição tão violenta de sua razão e seu sentido. Não acreditam que os possíveis prazeres infantis da demência possam compensar seu horror; para algumas, a capacidade de apreciar tais prazeres faria parte desse horror. Prefeririam não continuar vivas. A outra metade das pessoas, porém, pensa de modo diferente. Não acham que uma vida em estado de demência seja pior do que vida nenhuma e acreditam que os insignificantes prazeres infantis são melhores que nada.

As pessoas do primeiro grupo podem considerar a possibilidade de assinar testamentos de vida nos quais determinem que, se vierem a entrar em um estado de demência grave e irreversível, desenvolvendo em seguida alguma doença grave, não sejam submetidas a nenhum tratamento médico, a menos que este se destine a evitar a dor. Podem considerar a possibilidade de tentar tomar as outras providências que mencionei: que seu dinheiro seja dado a outras pessoas, ou mesmo, se possível, que sejam mortas. Já argumentei que o respeito por sua autonomia constituiria uma razão para se fazer o que pedem. Mas coloquei a questão de saber se, nesse caso, poderia haver algum conflito entre respeitar sua autonomia e atender a seus interesses fundamentais. Existe um conflito entre respeitar a autonomia anterior de Margo, se ela tivesse assinado um testamento de vida, e fazer o que estaria, mais tarde, entre seus interesses fundamentais? Esse caso é semelhante àquele outro em que temos de escolher entre respeitar a autonomia de uma testemunha de Jeová ou, quando esta já está inconsciente, fazer-lhe uma transfusão de sangue que lhe salve a vida?

É evidente que haverá um conflito entre a autonomia anterior de Margo e seus interesses experienciais atuais se ela ainda estiver desfrutando sua vida, mas não há conflito com seus interesses críticos nos moldes em que ela própria os concebeu quando era competente para fazê-lo. Se eu decidir, quando ainda sou competente, que o melhor para mim seria não continuar vivo se me encontrasse em estado de demência grave e permanente, um fiduciário só poderia contradizer-me ao exercer uma forma inaceitável de paternalismo moral. Ao contradizer o juízo de um adulto competente sobre a demência, um médico não se justifica mais do que o faria ao contradizer seu juízo sobre a inconsciência permanente. Uma vez excluída essa forma de paternalismo – uma vez que aceitemos que devemos julgar os interesses críticos de Margo como ela o fez quando ainda era competente –, então o conflito entre autonomia e beneficência parece desaparecer. Se Margo tivesse pedido para não ser submetida a nenhum tratamento médico caso contraísse alguma doença incurável depois de entrar em estado demencial, nem seu direito à autonomia *nem* seu direito à beneficência nos daria fundamentos para negar esse pedido, ainda que Margo estivesse desfrutando a vida apesar de já acometida pela demência. Não podemos dizer que estaríamos demonstrando compaixão por Margo se nos recusássemos a fazer o que ela pediu quando ainda era competente, pois isso não seria piedoso com a pessoa integral, a pessoa que se tornou tragicamente demenciada. Poderíamos ter outros motivos para nos recusar a cumprir o testamento de vida de Margo – poderíamos nos considerar incapazes de negar ajuda médica a alguém que esteja consciente e não a rejeita –, mas não podemos alegar, de nossa parte, nenhuma atuação em *seu* favor.

Seria um erro opor-se a essa conclusão com base no pressuposto de que deixar Margo morrer nessas circunstâncias seria uma atitude irrevogável. Afinal, ambas as opções – honrar ou não seu pedido anterior – são irrevogáveis. Assim como o juiz Rehnquist estava errado ao presumir que não há dano algum em permitir que um paciente viva como um vegetal, também seria errado presumir que não há dano algum em permitir que viva em estado de demência. Consideremos, porém, uma oposição diferente: a de que, nos casos de demência, os interesses críticos tornam-se menos importantes e os interesses experienciais adquirem maior importância, de modo que os fiduciários podem, legitimamente, ignorar os primeiros e concentrar-se nos segundos. É verdade, como afirmei, que os demenciados não têm nenhuma percepção de seus interesses críticos, mas que a tinham antes, quando ainda eram competentes, e este é um fato que não podemos ignorar ou considerar desimportante nas atuais circunstâncias. Os pacientes em estado vegetativo irreversível não se dão conta de seus interesses críticos, mas esta não é uma boa razão para ignorar seu destino, nem um bom motivo para ignorar os que se encontram em estado demencial.

Em 1991, Elizabeth Dew, indicada por um tribunal para avaliar a melhor maneira de cuidar de Joseph Finelli – que vivia em Boston, tinha quatro filhos e estava consciente, mas tinha a idade mental de um bebê de seis meses – recomendou que ele parasse de receber a medicação imunossupressora necessária para impedir a rejeição de seu coração transplantado e pudesse então morrer. Finelli não sofria do mal de Alzheimer; tinha sofrido um grave dano neurológico durante a operação de transplante do coração, quando, segundo afirmava sua família, a sonda por meio da qual recebia oxigênio havia se soltado. O Brigham and Women's Hospital, onde a operação fora realizada, havia cuidado dele durante muitos anos, a um custo exorbitante, e pedira ao tribunal que lhe permitisse transferi-lo para uma clínica particular ou para sua própria casa. A família se opôs ao pedido, e o juiz indicou Elizabeth Dew para avaliar os interesses do paciente e representá-los. Finelli não tinha assinado nenhum testamento de vida, e não havia indícios de que ele houvesse dito que preferia morrer a viver com a idade mental de um bebê. Não parecia sentir dores ou sentir-se infeliz; reconhecia os rostos familiares com evidente prazer, sorria e via televisão. Não obstante, Elizabeth Dew disse que, se Finelli pudesse decidir por si próprio, preferiria morrer; esse juízo hipotético também deve ter refletido sua opinião sobre os interesses fundamentais do paciente. A família ficou estarrecida com a recomendação, e o juiz a rejeitou[22]. A família de Finelli saiu vencedora. E ele?

### *Dignidade*

A expressão "direito à dignidade" é usada de muitas formas e em muitos sentidos na filosofia moral e política. Às vezes, por exemplo, significa o direito a viver em condições, quaisquer que sejam, nas quais o amor-próprio é possível ou pertinente. Aqui, porém, devemos examinar uma idéia mais li-

---

22. Ver Alexander Reid, "Report Says Patient Would Prefer Death", *Boston Globe*, 4 de julho de 1991, 13. O tribunal fez um acordo temporário em cujos termos Finelli foi levado para casa e o hospital contribuiu com as despesas para mantê-lo ali, enquanto se aguardava o resultado de um processo judicial que a família iniciara contra o hospital. Ver Alexander Reid, "Judge Orders Hospital to Pay for Brain-injured Man's Home Care Aid", *Boston Globe*, 18 de julho de 1991, 33.

mitada: a de que as pessoas têm o direito de não ser vítimas da *indignidade*, de não ser tratadas de um modo que, em sua cultura ou comunidade, se entende como demonstração de desrespeito. Toda sociedade civilizada tem padrões e convenções que definem essas indignidades, que diferem conforme o lugar e a época em que se manifestam.

Recorremos freqüentemente a esses padrões para definir as condições mínimas de guarda e proteção de outrem: dizemos, por exemplo, que os presos condenados, inclusive pelos crimes mais graves, têm direito à dignidade na punição que lhes for aplicada. Isso exige, pensamos hoje, que as celas sejam limpas, que eles não sejam torturados nem sofram abusos de qualquer espécie e que se lhes conceda ao menos um certo nível de privacidade. Algo semelhante costuma ser dito a respeito dos pacientes demenciados que se encontram sob os cuidados da comunidade. Afirma-se que eles também têm direito à dignidade em decorrência do qual devem ser mantidos limpos quando não forem capazes de cuidar do asseio e da higiene pessoais, que não devem ser amontoados em espaços exíguos que os privem de privacidade, que devem receber algum tipo de atenção e preocupação individuais e que não devem ser ignorados ou sedados para se tornarem mais tratáveis.

Em geral se acredita que esse direito à dignidade é mais fundamental e urgente do que o direito à beneficência que até aqui examinamos, o qual, como enfatizei, é apenas um direito a que todos os recursos disponíveis sejam utilizados em favor do paciente. O direito à dignidade é mais imperativo: exige que a comunidade lance mão de qualquer recurso necessário para assegurá-lo. (Os dois direitos são ainda mais claramente contrastados no caso dos presos. Não exigimos que as condições carcerárias atendam aos interesses fundamentais dos presos, mas insistimos em que tais condições respeitem ao máximo sua dignidade.) Os demenciados têm direito à dignidade? Alguns deles, sobretudo nos estágios finais de sua doença, parecem ter perdido a capacidade de reconhecer ou avaliar a indignidade, ou de sofrer por ela. Terão direito à dignidade mesmo assim? Ou será que, nessas circunstâncias, nossa preocupação por sua dignidade não passa de um sentimentalismo que não podemos nem devemos nos dar ao luxo de ostentar? São perguntas de importância prática considerável. É caro, tedioso e difícil manter pacientes gravemente demenciados limpos, garantir-lhes um espaço onde tenham privacidade e dar-lhes a atenção pessoal de que freqüentemente tanto precisam. Uma vez mais, só podemos dar uma resposta a essas perguntas se aprofundarmos nossas reflexões sobre a finalidade do direito à dignidade quando o reconhecemos para os que desfrutam plenamente de sua competência. Por que nos preocupamos com a indignidade? Por que nos preocupamos tanto?

Existe uma teoria para a qual a indignidade é condenável por ser demasiado contrária a nossos interesses experienciais. Essa teoria pressupõe que a indignidade provoca em suas vítimas um sofrimento mental especialmente grave e característico, do qual as pessoas se ressentem e que as leva, em conseqüência, a sofrer mais com a indignidade do que com qualquer outra forma de privação. Além disso, as pessoas às quais se nega a dignidade podem perder o amor-próprio que ela protege, e tal recusa, por sua vez, faz com que mergulhem em uma forma ainda mais terrível de sofrimento: o desprezo e a aversão que passam a sentir por si próprias. Se essa explicação da dignidade for bem fundada, é possível, afinal, que muitos pacientes mentalmente incapacitados não tenham direito algum à dignidade. Poucos demenciados – inclusive aqueles que não querem manter-se limpos nem ter sua privacidade respeitada – são capazes de reconhecer um claro insulto a seu amor-próprio, ou de ter o senso de auto-identidade necessário para magoar-se profundamente quando esse amor-próprio se vê afrontado. Assim como a autonomia, o respeito por si mesmo exige um certo grau de competência geral e, em especial, um senso de auto-identidade ao longo do tempo, que já se perderam para as pessoas gravemente demenciadas. (O ódio e a aversão por si próprio pressupõem um senso de identidade ainda mais agudo, e, embora alguns doentes se sintam profundamente angustiados quando se dão conta de que estão no limiar da demência, essa angústia desaparece quando o estado demencial se torna pleno e irreversível.) Portanto, com base na explicação experiencial, parece duvidoso que o demenciado tenha algum direito geral à dignidade, e a preocupação por seu amor-próprio parece ser, de fato, apenas um sentimentalismo dispendioso, algo como chamar um cabeleireiro para alguém que está em coma. Ainda assim, sem dúvida, podemos considerar importante manter o demenciado em circunstâncias dignas por respeito à sensibilidade de seus parentes ou de outras pessoas que, de outro modo, poderiam sentir-se ultrajadas e culpadas. Contudo, se o próprio paciente não sentir a angústia que decorre da indignidade, seus parentes poderiam ser levados a crer que sua indignação e seu sentimento de culpa não têm razão de ser. De qualquer modo, o respeito pelos sentimentos dos outros não exige que reconheçamos o direito à dignidade para os pacientes demenciados que não têm parentes ou amigos.

Ainda assim, essa teoria experiencial da indignidade não é convincente, pois não dá conta de características centrais de nossas convicções sobre a dignidade. Não explica nosso entendimento de que a dignidade tem tanto uma voz ativa quanto uma voz passiva e que as duas são interligadas. Desagrada-nos, e inclusive desaprovamos, uma pessoa que se mostra indiferente à higiene e vive em meio à sujeira, ou que negligencia e sacrifica a independência que, em nosso ponto de vista, a dignidade requer, ou que se rebaixa para obter alguma vantagem imediata. Dizemos que essas pessoas comprometeram sua *própria* dignidade e achamos que alguém age de modo ainda pior, e tem mais do que se envergonhar, quando não reconhece a indignidade que infligiu a si mesmo. Também achamos que as indignidades não reconhecidas são condenáveis, ou ainda piores que as reconhecidas; quase todos acreditamos, por exemplo, que os escravos vivem no estágio mais degradante da indignidade quando sua subjugação é tão completa que eles a consideram apropriada e não se ressentem nem se angustiam por viverem como escravos. Se a explicação experiencial da indignidade fosse correta, essas atitudes críticas seriam perversas. Uma pessoa que não se importa com o que os outros vêem como indignidade poderia ser incomum, mas não se rebaixaria, e uma indignidade não reconhecida tampouco seria uma indignidade. Essa teoria também não consegue explicar por que a maior indignidade que podemos infligir a uma pessoa é torná-la inconsciente de outras indignidades – por exemplo, por meio de sedação ou de lavagem cerebral.

Que outra descrição do direito à dignidade pode explicar tudo isso? Por que a indignidade é uma modalidade especial de injúria, seja auto-infligida ou infligida por outros, e por que parece ser pior quando não é reconhecida por sua vítima? Tenho argumentado que não apenas temos, em comum com todas as criaturas dotadas de consciência, interesses experienciais relativos à qualidade de nossas experiências futuras, mas também interesses críticos relativos ao caráter e ao valor de nossas vidas como um todo. Como afirmei, esses interesses críticos são interligados a nossas convicções sobre o valor intrínseco – a santidade ou a inviolabilidade – de nossas próprias vidas. Uma pessoa se preocupa com seus interesses críticos porque lhe parece ser importante o tipo de vida que tem levado; importante por si mesmo e não simplesmente pelo prazer experiencial que o fato de levar uma vida valiosa (ou de acreditar em seu valor) poderia ou não tê-la levado a sentir. Quero agora sugerir que o direito de uma pessoa a ser tratada com dignidade é o direito a que os outros reconheçam seus verdadeiros interesses críticos: que reconheçam que ela é o tipo de criatura cuja posição moral torna intrínseca e objetivamente importante o modo como sua vida transcorre. A dignidade é um aspecto central do valor que examinamos ao longo de todo este livro: a importância intrínseca da vida humana.

Colocar as coisas desse modo explica como e por que o direito à dignidade é diferente do direito à beneficência. Podemos admitir que é importante a maneira como transcorre a vida de uma pessoa sem aceitar qualquer obrigação positiva geral de torná-la ainda melhor. Essa distinção é necessária para explicar a amplitude de nossa preocupação com a dignidade – o porquê de insistirmos, como afirmei, inclusive na dignidade dos presos. Quando encarceramos alguém que foi condenado por um crime com o objetivo de impedir que outros também o cometam, não o tratamos com beneficência; ao contrário, agimos contra seus interesses de obter um benefício geral. Insistimos, porém, em que tal pessoa seja tratada com dignidade de acordo com nosso entendimento do que isso requer – que não seja torturada nem humilhada, por exemplo –, pois continuamos a vê-la como um ser humano integral, como alguém cujo destino continuamos a tratar como objeto digno de interesse e preocupação[23]. A exigência de que seus guardiães respeitem sua dignidade mostra, entre outras coisas, que temos consciência da gravidade do que estamos fazendo: que sabemos estar encarcerando um ser humano cuja vida tem importância, que nossas razões para fazê-lo são razões que, ao mesmo tempo, exigem e justificam essa terrível injúria, e que não temos o direito de tratá-lo como um mero objeto à total disposição de nossa conveniência, como se tudo o que importasse fosse a utilidade, para o resto de nós, de trancafiá-lo em uma cela. (O fato de entender que a dignidade significa reconhecer os inte-

---

23. Entender as exigências da dignidade nesse sentido avaliatório ajuda a explicar uma característica da instituição da dignidade que à primeira vista parece enigmática. Muitos de nós consideraríamos errado permitir que um prisioneiro optasse por ser torturado ou mutilado como condição para ser libertado em seguida, em vez de passar muito tempo na prisão, ainda que considerássemos que o efeito inibitório da tortura sobre outros criminosos potenciais fosse tão convincente quanto o efeito inibitório de uma sentença de prisão. Para nós, o simples fato de colocar o prisioneiro diante dessa opção já seria uma afronta à sua dignidade. A interpretação experiencial da dignidade condenaria essa opinião como excesso de zelo irracional, pois só encontra o erro da indignidade nas conseqüências sentidas por sua vítima, razão pela qual nega que possa ser errado tratar uma pessoa do modo como ela possa preferir. A explicação avaliatória é diferente em dois sentidos. Em primeiro lugar, vê o erro da indignidade em uma relação entre os que demonstram indignidade e aqueles aos quais esta é demonstrada, e atribui aos primeiros, bem como aos últimos, um papel em qualquer decisão que envolva sua manifestação. Temos o direito de não agir de uma maneira que, em nosso ponto de vista, negue nossa percepção da importância moral de outra pessoa, mesmo que ela demonstrasse preferir que assim procedêssemos. Em segundo lugar, a explicação avaliatória pressupõe que o dano infligido a uma vítima de indignidade é avaliatório, seja ou não experiencial. De acordo com a explicação avaliatória, portanto, o dano pode ser genuíno mesmo quando não for reconhecido e, para a vítima, for pior do que alguma alternativa – ainda que ela a considere como a melhor de todas.

resses críticos de uma pessoa, como coisa distinta de fomentar esses interesses, nos proporciona uma leitura útil do princípio kantiano segundo o qual as pessoas devem ser tratadas como fins, nunca simplesmente como meios. Assim compreendido, esse princípio não exige que as pessoas nunca sejam colocadas em desvantagem com o objetivo de oferecer vantagens a outras, mas sim que nunca sejam tratadas de maneira que se negue a evidente importância de suas próprias vidas.) É de crucial importância que façamos e enfatizemos essa distinção. Em certo sentido, a dignidade é uma questão de convenção, uma vez que são diferentes os sistemas de gestos e tabus aos quais as sociedades recorrem para traçar os limites entre desvantagem e indignidade. Mas o direito que todas as pessoas têm – o de que a sociedade em que vivem reconheça a importância de suas vidas e que a expresse não importa em que linguagem – não constitui, em si, uma questão de convenção.

Essa descrição geral do significado da dignidade explica o que chamei de sua voz ativa: nossa compreensão de que as pessoas se importam, e devem importar-se, com sua própria dignidade. Alguém que comprometa sua dignidade está negando, seja qual for a linguagem usada por sua comunidade, o sentido de si mesmo como alguém que tem interesses críticos e cuja vida é importante em si. O que temos, aí, é uma traição de si mesmo. E nossa descrição também explica por que a indignidade é mais grave quando sua vítima não mais sofre em decorrência dela. Afinal, uma pessoa que aceita a indignidade aceita a classificação nela implícita, e é uma grande e lamentável derrota aceitar que a própria vida não tem a importância crítica de outras vidas, que seu transcurso é intrinsecamente menos importante.

O que nos interessa no momento, porém, é a questão específica de se as pessoas em estado demencial grave têm direito à dignidade no contexto de sua guarda e custódia. Argumentei que uma pessoa que se tornou demenciada conserva seus interesses críticos porque o que lhe acontece afeta o valor ou o sucesso de sua vida como um todo. O fato de continuar sendo uma pessoa e de o valor geral de sua vida continuar tendo importância intrínseca são verdades que pesam decisivamente em favor de seu direito à dignidade. Agora podemos completar o argumento. Assinalamos a postura moral ininterrupta da pessoa em questão, e afirmamos a importância da vida que levou, ao insistir em que nada seja feito por ou para ela que lhe possa negar dignidade na linguagem empregada por nossa comunidade. Embora a dignidade seja diferente da beneficência nos sentidos para os quais chamamos a atenção, seria incoerente negar dignidade e, ao mesmo tempo, reconhecer os interesses críticos que ela confirma. Aqui temos, portanto, uma prova adicional do poder da idéia de que a vida humana tem importância intrínseca e pessoal para os seres humanos – a idéia complexa, porém inevitável, de que é sagrada no sentido que venho me empenhando em definir.

### *Conclusão: as primeiras e as últimas coisas*

La Rochefoucauld afirmou que a morte, como o Sol, não deve ser encarada de frente. Não levamos em conta seu conselho: estamos encarando a morte de frente desde a primeira página deste livro, ainda que a argumentação nos tenha sempre trazido de volta à vida, ao domínio da vida e não da morte, à verdade devastadoramente importante de que o significado da morte depende de como e por que nossas vidas são sagradas. Começamos com a espinhosa discussão sobre o aborto. Essa batalha nos parece tão intratável, tão contaminada por rancor e ódio, porque fomos enganados, ou nos deixamos enganar, por um mal-entendido sobre o que nela se encontra realmente em jogo. Fomos convencidos de que no centro desse debate existe uma questão metafísica – saber se o feto é ou não uma pessoa – em relação à qual nenhum argumento pode ser decisivo e nenhuma solução conciliatória é aceitável, pois para um dos lados a questão é saber se os bebês podem ser assassinados e para o outro saber se as mulheres devem ser vítimas da superstição religiosa. Quando examinamos mais de perto o que as pessoas comuns realmente sentem sobre o aborto, podemos rejeitar essa explicação fatalmente enganosa. Entre os que defendem as leis antiaborto, quase ninguém realmente acredita que um feto recém-concebido seja uma pessoa; por sua vez, quase nenhum dos que se opõem a essas leis acredita, de fato, que a argumentação contra o aborto se fundamente apenas na superstição. O verdadeiro argumento é muito diferente: divergimos tão profundamente porque todos levamos muito a sério um valor que nos une como seres humanos – a santidade ou a inviolabilidade de cada etapa de toda e qualquer vida humana. Nossas violentas divisões demonstram a complexidade do valor e do modo acentuadamente distinto como culturas, grupos e pessoas diferentes – todos igualmente comprometidos com tal valor – interpretam seu significado.

Um compromisso absoluto com a santidade da vida domina também nossas preocupações com o outro extremo da vida: é o sustentáculo de nossas preocupações e perplexidades diante da eutanásia. Os interesses da maioria das pessoas não se esgotam no desejo de prazer ou fruição, mas incluem, como um aspecto crucial para seu senso de identidade, um desejo de ser bem-sucedido na vida, de transformá-la em algo valioso. Ainda que muito poucos o colocassem com tal dramaticidade, a maioria das pessoas trata a vida como uma responsabilidade sagrada, e essa responsabilidade parece mais intensa quando elas refletem sobre a morte, tanto a sua própria quanto a dos outros. Os que desejam uma morte prematura e serena para si mesmos ou para seus parentes não estão rejeitando ou denegrindo a santidade da vida; ao contrário, acreditam que uma morte mais rápida demonstra mais respeito para com a vida do que uma morte protelada. Uma vez mais, os dois lados do debate sobre a eutanásia compartilham uma preocupação com a santidade da vida; estão unidos por esse valor e só divergem sobre a melhor maneira de interpretá-lo e respeitá-lo.

A dignidade – no sentido de se respeitar o valor inerente de nossas próprias vidas – encontra-se no cerne de ambos os argumentos. Preocupamo-nos muito com o que as outras pessoas fazem com o aborto e a eutanásia e temos bons motivos para isso, pois essas decisões expressam um ponto de vista sobre o valor intrínseco de toda e qualquer vida, razão pela qual também dizem respeito à nossa própria dignidade. No que diz respeito ao aborto, esperamos que todos tomem decisões que estejam de acordo com a enorme importância que atribuímos à questão. Para nós, um aborto inconseqüente ou injustificado demonstra desprezo por toda a vida humana, um respeito menor por toda e qualquer vida, e desejamos, sempre que houver a possibilidade de optar, que todos morram de uma maneira que nos pareça demonstrar auto-respeito, uma vez que esse sino também dobrará por nós.

Contudo, ainda que possamos sentir que nossa própria dignidade está em jogo nas atitudes que os outros tomam diante da morte, e que às vezes possamos desejar que os outros ajam como nos parece correto, uma verdadeira apreciação da dignidade argumenta decisivamente na direção oposta – em favor da liberdade individual, não da coerção; em favor de um sistema jurídico e de uma atitude que incentive cada um de nós a tomar decisões individuais sobre a própria morte. A liberdade é a exigência fundamental e absoluta do amor-próprio: ninguém concede importância intrínseca e objetiva à própria vida a menos que insista em conduzi-la sem intermediação alguma e não ser conduzido pelos outros, por mais que os ame ou respeite. Dentre todas as decisões tomadas por alguém, as que dizem respeito à vida e à morte são as mais importantes e cruciais para a formação e expressão da personalidade; achamos crucial que sejam tomadas com acerto, mas também consideramos crucial que nós mesmos as tomemos, que estejam em consonância com nosso modo de ver as coisas. Mesmo as pessoas que querem impor suas convicções a todos por meio do direito criminal, quando elas e seus colegas, que pensam do mesmo modo, são politicamente poderosos, ficariam horrorizadas, talvez a ponto de deflagrar uma revolução, se ocorresse uma inversão de sua sorte política e se vissem diante da perda da liberdade que agora pretendem negar aos demais.

Insistimos na liberdade porque prezamos a dignidade e colocamos em seu centro o direito à consciência, de modo que um governo que nega esse direito é totalitário, por mais livres que nos deixe para fazer escolhas menos importantes. É por honrarmos a dignidade que exigimos a democracia, e, nos termos em que definimos esta última, uma Constituição que permita que a maioria negue a liberdade de consciência será inimiga da democracia, jamais sua criadora. Qualquer que seja nosso ponto de vista sobre o aborto e a eutanásia, queremos ter o direito de decidir por nós mesmos, razão pela qual deveríamos estar sempre dispostos a insistir em que qualquer Constituição honorável, qualquer Constituição verdadeiramente centrada em princípios, possa garantir esse direito a todos.

Para nós, o fato de viver de acordo com nossa liberdade é tão importante quanto o fato de possuí-la. A liberdade de consciência pressupõe uma responsabilidade pessoal de reflexão e perde muito de seu significado quando essa responsabilidade é ignorada. Uma vida boa não precisa ser especialmente reflexiva; em sua maioria, as vidas mais proveitosas são aquelas que foram vividas, não as que resultaram de projetos e fórmulas. Ainda assim, há momentos que clamam pela auto-afirmação, quando uma submissão ao destino ou uma decisão mecânica em nome da deferência ou da conveniência implica uma traição, pois abre mão da dignidade apenas para tornar as coisas mais fáceis. Encontramos, ao longo deste livro, um grande número de intensas convicções pessoais sobre o aborto e a eutanásia, algumas liberais, outras conservadoras. São convicções dignas de respeito, e os que as defendem devem viver e morrer de acordo com o que defendem. Ainda assim, é imperdoável ignorar por completo a grande importância dessas questões, optar pelo aborto ou aconselhar sua prática apenas por uma conveniência irrefletida, ou deixar o destino de um amigo inconsciente ou demenciado nas mãos de estranhos de avental branco, com base no pressuposto de que não mais importa o que possa lhe acontecer. O maior insulto à santidade da vida é a indiferença ou a preguiça diante de sua complexidade.

Ainda não começamos a avaliar essa complexidade em todas as suas dimensões. Recentemente, os médicos anunciaram um novo avanço no tratamento do mal de Parkinson mediante o uso de tecido fetal, e alguns acreditam que tratamentos semelhantes poderiam beneficiar as vítimas de outras doenças terríveis, entre as quais, talvez, o mal de Alzheimer. É possível que algum dia as mulheres sejam encorajadas a engravidar apenas para produzir tecidos capazes de salvar vidas através de um aborto feito no momento certo. Dentro de uma ou duas gerações, as grandes batalhas sobre o aborto e a eutanásia talvez já tenham sido substituídas, no imaginário popular e no debate político, por questões ainda mais complexas sobre o valor intrínseco da vida humana. A ciência promete – ou ameaça – alterar dramaticamente os processos de reprodução humana e do desenvolvimento do embrião, aperfeiçoar as técnicas de fertilização sem sexo e talvez, inclusive, desenvolver novas técnicas para o nascimento sem fertilização, alterar ou criar códigos genéticos e produzir crianças segundo um modelo previamente escolhido, clonar pessoas dotadas de qualidades muito apreciadas ou que, por serem muito ricas, anseiam pela imortalidade. A ciência também promete – ou ameaça – produzir novas técnicas médicas e cirúrgicas que aumentem a expectativa de vida, levando-a, em alguns casos, a magnitudes bíblicas, mas a um custo tão exorbitante que o desenvolvimento dessas técnicas – e, mais ainda, o desafio de colocá-las ao alcance não apenas de uma minoria insignificante – acabaria com todos os recursos necessários para tornar a vida das pessoas igualmente boa e prolongada.

Qualquer desses avanços, ou de dúzias de outros que podem passar da ficção científica para a rotina médica, nos forçaria a um confronto com as questões que até aqui examinamos – a importância relativa das contribuições natural e humana para a santidade da vida – em termos muito diversos, e seria absurdo, inclusive, especular sobre o modo como tais questões poderiam ser mais bem definidas, para não dizer resolvidas. Contudo, se as pessoas conservarem a autoconsciência e o amor-próprio, as mais importantes conquistas de nossa espécie, não permitirão que a ciência nem a natureza simplesmente sigam seu curso; irão empenhar-se por expressar, nas leis que criam como cidadãos e nas escolhas que fazem como pessoas, o melhor entendimento possível do porquê de a vida humana ser sagrada e do lugar ideal que a liberdade deve ocupar em seu domínio.

# *Agradecimentos*

O título *Domínio da vida* (*Life's Dominion*) foi-me sugerido pela leitura do poema "And Death Shall Have No Dominion", de Dylan Thomas. Vários argumentos do livro foram primeiro apresentados, em forma experimental, em conferências – inclusive uma conferência Oliver Wendell Holmes Lecture na Universidade de Harvard, no outono de 1990, uma Leon Lecture na Universidade da Pensilvânia em fins de 1990 e uma Melvin Nimmer Lecture na Universidade da Califórnia, em Los Angeles, em 1991 – e em todas elas o público fez comentários bastante úteis. O livro incorpora, de forma reelaborada e mais aprofundada, algum material já publicado em revistas de direito e em outros artigos, inclusive a maior parte do artigo "Unenumerated Rights: Whether and How *Roe vs. Wade* Should Be Overruled", que apareceu na *University of Chicago Law Review*, artigo que, por sua vez, foi baseado em uma conferência feita na Faculdade de Direito da Universidade de Chicago em 1991, em um simpósio que comemorava o bicentenário da Declaração de Direitos e Garantias dos Estados Unidos. Sou grato aos editores dessa revista pelas sugestões e citações.

Partes do manuscrito foram discutidas em um Colóquio de Filosofia, Direito e Sociedade realizado na Universidade de Nova York, e foram-me particularmente úteis os comentários de participantes como Lea Brilmayer, Francis Kamm, Lewis Kornhauser, Linda McClain, Nancy Morowitz, David Richards,

William Ruddick, Larry Sager e Sibyl Schwartzenbach. Thomas Nagel discutiu comigo os temas do livro em diversas ocasiões e, como de hábito, seus inteligentes comentários foram de grande influência para mim. Bernard Williams dividiu comigo um seminário sobre o manuscrito em Oxford, em 1992, e o impacto caracteristicamente inventivo de seus questionamentos e suas sugestões pode ser rastreado ao longo de todo o livro. Susan Hurley e Joseph Raz fizeram comentários muito valiosos em outras discussões sobre diferentes capítulos do livro, e Derek Parfit e Gerald Cohen escreveram comentários longos, generosos e iluminadores sobre o manuscrito, a exemplo do que foi feito por Nicos Stavropoulos e Mark Greenberg. John Finnis impediu que eu cometesse erros sobre a história do catolicismo e do aborto, e Mary Finlay passou-me informações valiosas sobre a abordagem recente do tema na Irlanda. Richard Posner fez preciosos comentários enquanto preparávamos nossa participação no simpósio de Chicago. Anand Agneshwar, Alex Gendzier e Sharon Perley, da Faculdade de Direito da Universidade de Nova York, fizeram um extraordinário trabalho de pesquisa, assim como Alice Hofheimer, que me ajudou com esmero e imaginação inesgotáveis do começo ao fim. Cada um desses estudiosos de talento contribuiu para tornar este livro melhor e minha vida mais fácil. Bobby Jindal e Sujit Choudhry, de Oxford, forneceram-me informações valiosas sobre medicina e assistência clínica e sanitária aos pacientes. Lynn Nesbit e Lydia Wills, meus incomparáveis agentes, convenceram-me a escrever o livro, e sua colaboração foi extremamente valiosa ao longo de todo o trabalho. Minha editora, Elisabeth Sifton, tem uma extraordinária capacidade de perceber o que se passa na cabeça de um escritor através do que seus olhos deixam entrever; contudo, como freqüentemente o faz com muito maior clareza, o livro foi extremamente enriquecido por seus conselhos sobre quando eu deveria dizer mais e, o que acontecia mais amiúde, quando deveria dizer menos. George Andreous, do Knopf Publishing Group, orientou-me com paciência e desprendimento ao longo de um número assustador de decisões editoriais. Stuart Proffitt, da Harper/Collins inglesa, contribuiu com importantes sugestões editoriais que me ajudaram a dar ao livro uma feição mais internacional. Minha secretária na Universidade de Nova York, Lynn Gilbert, foi eficiente, prestativa, incansável e criativa. Betsy Dworkin, como de costume, foi ao mesmo tempo implacável em suas observações críticas e angelical em seu estímulo. Por último, agradeço ao Fundo de Pesquisas Filomen D'Agostino e Max E. Greenberg, da Universidade de Nova York, e a John Sexton, seu reitor, pelo generoso apoio. Sem dúvida, nenhuma das pessoas arroladas nesta longa lista concorda com tudo que se diz no livro, e algumas há, inclusive, cujo desacordo é substancial.

# *Índice remissivo*

Impresso por :

Graphium
gráfica e editora

Tel.:11 2769-9056